"十二五"普通高等教育本科国家级规划教材
高等学校交通运输与工程类专业教材建设委员会规划教材

公路养护与管理

(第3版)

曹丽萍　侯相琛　李新凯　**主编**
张金喜　马松林　**主审**

人民交通出版社股份有限公司
北京

内 容 提 要

本书为"十二五"普通高等教育本科国家级规划教材。全书共分十一章,内容包括绪论、路基养护、路面技术状况检测评定、路面养护、公路防灾与冬季养护、桥涵构造物养护、公路隧道养护、公路交通工程及沿线设施养护、公路养护安全作业、公路管理组织机构与工作内容、公路管理系统简介。

本书可作为土木工程专业(道路和桥梁方向)、道路桥梁与渡河工程专业本科生教材,亦可供从事公路养护与管理的工程技术人员参考。

本教材有配套课件,教师可通过加入道路工程课群教学研讨 **QQ 群(328662128)** 获取。

图书在版编目(CIP)数据

公路养护与管理 / 曹丽萍主编. — 3 版. — 北京:人民交通出版社股份有限公司,2023.6
ISBN 978-7-114-18477-2

Ⅰ.①公… Ⅱ.①曹… Ⅲ.①公路养护—技术管理—高等学校—教材 Ⅳ.①U418

中国版本图书馆 CIP 数据核字(2022)第 257363 号
审图号:GS 京(2023)1172 号

"十二五"普通高等教育本科国家级规划教材
高等学校交通运输与工程类专业教材建设委员会规划教材
Gonglu Yanghu yu Guanli

书　　名:	公路养护与管理(第 3 版)
著 作 者:	曹丽萍　侯相琛　李新凯
责任编辑:	李　瑞
加工编辑:	王景景
责任校对:	孙国靖　卢　弦
出版发行:	人民交通出版社股份有限公司
地　　址:	(100011)北京市朝阳区安定门外外馆斜街 3 号
网　　址:	http://www.ccpcl.com.cn
销售电话:	(010)59757973
总 经 销:	人民交通出版社股份有限公司发行部
经　　销:	各地新华书店
印　　刷:	北京市密东印刷有限公司
开　　本:	787×1092　1/16
印　　张:	25.25
字　　数:	604 千
版　　次:	2010 年 7 月　第 1 版
	2017 年 5 月　第 2 版
	2023 年 6 月　第 3 版
印　　次:	2024 年 7 月　第 3 版　第 2 次印刷　总第 14 次印刷
书　　号:	ISBN 978-7-114-18477-2
定　　价:	59.00 元

(有印刷、装订质量问题的图书,由本公司负责调换)

第3版前言

"公路养护与管理"是高等学校道路桥梁与渡河工程,以及土木工程专业(道路和桥梁方向)的一门本科专业课,同时,也是部分院校相关专业的研究生课程。课程涉及内容广泛,综合性和实践性强。本课程的任务是通过课程教学使学生掌握公路养护与管理的基本内容和基本方法,为学生毕业后从事相关工作打下良好的基础。

《公路养护与管理》第1版由马松林教授、侯相琛教授主编,第2版在第1版的基础上进行了修订,由侯相琛教授、曹丽萍教授担任主编。由于公路养护技术的迅猛发展,相关标准的不断更新,本教材在第2版的基础上,进行了系统性修订,增补了近几年国内外最新的、比较成熟的研究成果,重新编写和修订了部分章节。其中,重点重新编写了第三章路面技术状况检测评定、第四章路面养护和第六章桥涵构造物养护,对其他章节进行了修订。

再版后的教材共分11章、编写分工如下:第1章绪论、第11章公路管理系统简介由哈尔滨工业大学侯相琛编写,第3章路面技术状况检测评定、第4章路面养护、第5章公路防灾与冬季养护由哈尔滨工业大学曹丽萍编写,第7章公路隧道养护、第8章公路交通工程及沿线设施养护、第10章公路管理组织机构与工作内容由哈尔滨工业大学李新凯编写,第2章路基养护、第9章公路养护安全作业由哈尔滨工业大学周涛编写,第6章桥涵构造物养护由哈尔滨工业大学吴红林编写。哈尔滨工业大学曹丽萍、侯相琛、李新凯任主编,并负责全书统稿工作,北京工业大学张金喜教授、哈尔滨工业大学马松林教授任主审。

  限于编者水平有限,难免有疏误之处,敬请有关院校师生和读者提出宝贵意见,以便及时修改完善。

曹丽萍　侯相琛　李新凯

2023 年 4 月

目录
CONTENTS

第1章 绪论 ··· 1
 1.1 我国公路网概况 ·· 1
 1.2 公路养护与管理的主要任务及工程分类 ·· 4
 1.3 公路养护质量评定与管理模式 ·· 6
 1.4 公路养护与管理的发展方向 ··· 7
 【复习思考题】 ··· 9

第2章 路基养护 ·· 10
 2.1 路基养护的内容与要求 ··· 10
 2.2 路基日常养护 ··· 11
 2.3 常见路基病害防治 ··· 23
 2.4 特殊地区路基养护 ··· 34
 【复习思考题】 ·· 39

第3章 路面技术状况检测与评定 ··· 40
 3.1 公路技术状况评定体系 ··· 40
 3.2 路面损坏状况检测与评定 ·· 46
 3.3 路面平整度检测与评定 ··· 65
 3.4 路面跳车检测与评定 ·· 72
 3.5 路面抗滑性能检测与评定 ·· 73
 3.6 路面磨耗检测与评定 ·· 78

1

3.7　路面结构强度检测与评定 ………………………………………… 83

3.8　路面车辙检测与评定 ……………………………………………… 90

3.9　公路技术状况评定示例 …………………………………………… 96

【复习思考题】 …………………………………………………………… 116

第4章　路面养护 …………………………………………………… 118

4.1　沥青路面养护设计 ………………………………………………… 119

4.2　沥青路面养护技术 ………………………………………………… 131

4.3　沥青路面再生利用 ………………………………………………… 164

4.4　水泥混凝土路面养护技术 ………………………………………… 196

4.5　沥青路面养护方案选择流程示例 ………………………………… 224

【复习思考题】 …………………………………………………………… 228

第5章　公路防灾与冬季养护 ……………………………………… 230

5.1　公路防灾主要内容 ………………………………………………… 230

5.2　公路水毁的预防、抢修与治理 …………………………………… 231

5.3　公路沙害的防治 …………………………………………………… 238

5.4　涎流冰与雪害的防治 ……………………………………………… 242

5.5　公路冬季养护技术 ………………………………………………… 247

【复习思考题】 …………………………………………………………… 254

第6章　桥涵构造物养护 …………………………………………… 255

6.1　桥梁检查、监测和评定 …………………………………………… 256

6.2　桥梁上部构造养护 ………………………………………………… 271

6.3　墩台基础养护 ……………………………………………………… 279

6.4　涵洞养护 …………………………………………………………… 284

6.5　调治构造物养护 …………………………………………………… 286

【复习思考题】 …………………………………………………………… 288

第7章　公路隧道养护 ……………………………………………… 289

7.1　隧道技术状况检查与评定 ………………………………………… 290

7.2　隧道养护与维修 …………………………………………………… 297

7.3　隧道机电设施检查与养护 ………………………………………… 302

【复习思考题】 …………………………………………………………… 308

第8章　公路交通工程及沿线设施养护 …………………………… 309

8.1　交通安全设施养护基本要求 ……………………………………… 309

8.2 护栏、护网及其他防护设施 310
8.3 交通标志、标线 314
8.4 其他交通安全设施 318
【复习思考题】 320

第9章 公路养护安全作业 321
9.1 公路养护安全作业的基本要求 321
9.2 公路养护作业控制区及安全设施 322
9.3 公路养护作业控制区布置 330
【复习思考题】 343

第10章 公路管理组织机构与工作内容 344
10.1 公路养护管理的组织机构 344
10.2 公路养护的技术管理 346
10.3 公路养护生产管理 356
10.4 路政管理 357
【复习思考题】 364

第11章 公路管理系统简介 365
11.1 路面管理系统概述 366
11.2 桥梁管理系统概述 377
11.3 高速公路绿化管理系统概述 379
11.4 公路资产管理系统概述 383
【复习思考题】 390

参考文献 391

第 1 章
绪论

【学习目的与要求】

学习本章的主要目的是对本门课程有一个宏观的认识与了解。通过本章的学习,认识到公路养护与管理的必要性和重要性,了解公路养护与管理的任务、公路养护工程的分类,了解公路养护的技术政策与组织模式、公路养护与管理的发展方向。

1.1 我国公路网概况

公路交通系统是现代交通运输系统的重要组成部分,其现代化水平是衡量一个国家现代化水平的重要标志之一。

自改革开放以来的四十多年间,我国公路建设取得了令人瞩目的巨大成就。路网总里程接近 530 万 km,位列世界第三位;高速公路总里程接近 17 万 km,位列世界第一位。图 1-1、图 1-2 分别给出了 2001—2021 年间公路总里程、高速公路总里程的增长历程。公路网的快速发展,极大提高了我国公路网的整体技术水平和服务水平,优化了交通运输结构,有力地支撑了我国的经济发展和社会进步,提高了国家国际竞争力和国防安全水平。

图 1-1　我国公路里程增长态势图

图 1-2　我国高速公路里程增长态势图

根据交通运输部的统计公报,截至 2021 年底,全国公路总里程达 528.1 万 km(公路养护里程为 525.16 万 km,占公路总里程的 99.4%),其中:高速公路 16.91 万 km、一级公路 12.67 万 km、二级公路 42.77 万 km、三级公路 46.47 万 km、四级公路 387.08 万 km、等外公路 21.88 万 km。国道 37.54 万 km、省道 38.75 万 km、农村公路 446.60 万 km,其中县道 67.95 万 km、乡道 122.30 万 km、村道 256.35 万 km;公路桥梁 96.11 万座、7380.21 万延米,其中特大桥梁 7417 座、1347.87 万延米,大桥 13.45 万座、3715.89 万延米;公路隧道 23268 处、2469.89 万延米,其中特长隧道 1599 处、717.08 万延米,长隧道 6211 处、1084.43 万延米。2021 年完成公路固定资产投资近 2.6 万亿元。

随着公路交通基础设施建设规模的扩大和公路技术等级的提高,公路运输在综合交通运输体系中所发挥的作用越来越明显。表 1-1 给出了 2021 年度各种运输工具运输服务状况的统计情况,从中可见,公路运输仍然是旅客运输、货物运输分担率最高的运输方式。

2021 年度各种运输工具运输服务状况统计表　　　　表 1-1

运输方式	旅客运输量（亿人）	旅客运输量分担率（%）	旅客周转量（亿人公里）	旅客周转量分担率（%）	货物运输量（亿吨）	货物运输量分担率（%）	货物周转量（万亿吨公里）	货物周转量分担率（%）
综合	83.03	100.00	19 758.15	100.00	521.60	100.00	21.82	100.00
公路	50.87	61.27	3 627.54	18.36	391.39	75.04	6.91	31.67
铁路	26.12	31.46	9 567.81	48.42	47.74	9.15	3.32	15.23
水运	1.63	1.96	33.11	0.17	82.40	15.80	11.56	52.97
民航	4.41	5.31	6 529.68	33.05	0.07	0.01	0.03	0.13

根据《国家公路网规划（2022 年~2035 年）》,国家公路网规划总规模 46.10 万 km,由国家高速公路网和普通国道网组成。国家高速公路网(图 1-3)由 7 条首都放射线、11 条南北纵向线、18 条东西横线,以及地区环线、并行线、联络线等组成,约 11.80 万 km,另规划远期展望线约 1.80 万 km。此外,还包括 6 条地区性环线以及若干条并行线、联络线等。

图 1-3　国家高速公路布局方案图

保证这样庞大的公路网具有较高的服务水平,其后期的养护管理任务十分艰巨。公路投入使用之后,在车辆荷载、自然因素和人为因素等的综合作用下,公路基础设施各方面的性能会发生衰变。为了保持或恢复公路基础设施各方面的使用品质,必须对其进行养护和管理。

从发达国家的公路交通发展历程看,美国从20世纪50年代建成高速公路网以来,经历了基础设施建设—路网养护管理—智能交通三个主要发展阶段。我国公路交通的发展模式与西方发达国家略有不同。目前,虽然公路基础设施建设仍是我国国民经济建设和发展的主战场之一,但国家干线公路网建设的重心已经逐步向西部转移,而东部地区已相继进入公路发展的第二阶段——路网养护管理阶段。所面临的主要任务是如何保障公路网安全、畅通、舒适、耐久和高效运营,科技上主要体现在发展交通管理方法与技术,交通基础设施养护管理方法与技术以及交通运输经济分析方法与技术三个方面;管理策略上主要体现在路网养护管理目标确定、养护资金供给和养护管理队伍培育三个方面。

随着经济的发展和技术的进步,公路养护与管理的技术水平也在不断提高。新材料、新技术、新工艺、新方法的应用大大提高了公路网养护与管理的效率和水平。

1.2 公路养护与管理的主要任务及工程分类

公路养护与管理主要包括:路基、路面、桥涵及排水工程设施、防护工程设施、交通工程设施、其他附属设施等的养护与管理。

1.2.1 公路养护与管理的任务

公路养护与管理的目的是保障公路具有较高的服务水平,同时延长公路的使用寿命,其主要任务有:

(1)公路养护工作必须贯彻"预防为主、防治结合"的方针,加强预防性养护。

(2)加强公路及其沿线设施的基本技术状况调查,及时发现和消除隐患。

(3)保持公路及其沿线设施良好的技术状况,及时修复损坏部分,保证公路行车安全、畅通、舒适。

(4)吸收和采用新技术、新工艺、新材料、新设备等先进的科学技术措施,不断提高公路养护技术水平,有效延长公路的使用寿命,降低公路设施的全寿命周期成本,提高养护资金使用效率。

(5)加强公路的技术改造和升级,以适应社会经济发展对公路交通业的新需求。

1.2.2 公路养护工程分类

按照公路养护目的和养护对象,我国公路养护工程分为预防养护、修复养护、专项养护和应急养护四类(表1-2)。

公路养护工程分类　　　　　　　　　　　　　　表1-2

类别	定义	具体作业内容
预防养护	公路整体性能良好但有轻微病害，为延缓性能过快衰减、延长使用寿命而预先采取的主动防护工程	路基：增设或完善路基防护，如柔性防护网、生态防护、网格防护等；增设或完善排水系统，如边沟、截水沟、排水沟、拦水带、泄水槽等；集中清理路基两侧山体危石等；其他。 路面：针对整段沥青路面面层轻微病害采取的防损、防水、抗滑、抗老化等表面处治；整段水泥混凝土路面防滑处治、防剥落表面处理、板底脱空处治、接缝材料集中清理更换等；其他。 桥梁涵洞：桥梁涵洞周期性预防处治，如防腐、防锈、防侵蚀处理等；桥梁构件的集中维护或更换，如伸缩缝、支座等；其他。 隧道：隧道周期性预防处治，如防腐、防侵蚀处理、防火阻燃处理等；针对隧道渗水、剥落等的预防处治；其他
修复养护	公路出现明显病害或部分丧失服务功能，为恢复技术状况而进行的功能性、结构性修复或定期更换工程	路基：处治路堤路床病害，如沉降、桥头跳车、翻浆、开裂滑移等；增设或修复支挡结构物，如挡土墙、抗滑桩；维修加固失稳边坡；集中更换安装路缘石、硬化路肩、修复排水设施等；局部路基加高、加宽、裁弯取直；防雪、防石、防风沙设施的修复养护等；其他
修复养护	公路出现明显病害或部分丧失服务功能，为恢复技术状况而进行的功能性、结构性修复或定期更换工程	路面：改善沥青路面结构强度，如直接加铺、铣刨加铺、翻修加铺或其他各类集中修复等；水泥混凝土路面结构形式改造、破碎板或其他路面病害修复等；砂石、块石、条石路面的结构修复或改善等；配套路面修复完善相关附属设施，如调整标志标线、护栏、路缘石、路口及分隔带开口等；其他。 桥梁涵洞：桥梁涵洞加固、病害修复，如墩台（基础）、锥坡翼墙、护栏、拉索、调治结构物、径流系统等的维修完善；桥梁加宽、加高、重建、增设、接长涵洞等；其他。 隧道：对隧道结构进行加固、病害修复，如洞门、衬砌、顶板、斜井、侧墙等的修复；其他。 机电：对通信、监控、通风、照明、消防、收费、供配电设施、健康监测系统等进行增设、维修或更新；其他。 交通安全设施：集中更换或新设标志标牌、防眩板、隔音屏、隔离栅、中央活动门、限高架等；整段路面标线的施划；集中维修、更换或新设公路护栏、警示桩、道口桩、减速带等；其他。 管理服务设施：公路养护、管理、服务等的房屋、场地和设施设备的维修、改造、扩建或增设；其他。 绿化景观：更换、新植行道树及花草，开辟苗圃等；公路景观提升、路域环境治理等
专项养护	为恢复、保持或提升公路服务功能而集中实施的完善增设、加固改造、拆除重建或灾后恢复等工程	针对阶段性重点工作实施的专项公路养护治理项目

续上表

类别	定义	具体作业内容
应急养护	在突发情况下造成公路损毁、中断、产生重大安全隐患等,为较快恢复公路安全通行能力而实施的应急性抢通、保通、抢修工程	对自然灾害或其他突发事件造成的障碍物的清理; 公路突发损毁的抢通、保通、抢修; 突发的经判定可能危及公路通行安全的重大风险的处治

1.3 公路养护质量评定与管理模式

1.3.1 公路养护的技术政策及原则

公路养护工作应遵循下列技术政策:
(1)贯彻实施"智慧交通"战略,坚持"科技兴交、科学养路"的方针,大力推广和应用先进的养护技术、机械装备和科学的管理方法。
(2)贯彻实施"绿色交通"战略,重视资源节约和环境保护。
(3)贯彻实施"平安交通"战略,注重养护生产作业安全及减少对通行车辆的影响。
实施公路养护工程应遵循下列原则:
(1)注重基础数据调查,建立完善的公路技术状况和交通状况检测与评价机制,建立健全公路养护管理数据库。
(2)注重前期准备工作,建立完备的各种材料试验及施工质量检验监督机制,确保工程质量。
(3)注重科学决策,建立健全路面、桥梁、隧道、绿化、设备设施、人员、资产等管理系统,以全寿命周期成本最小和社会效益最大为目标,实现决策最优化。
(4)注重养护生产组织,采取有效措施保证生产作业安全,最大程度地发挥养护技术人员的优势和养护机具设备的效率,显著提高劳动生产率。
(5)注重投资效益,分析论证养护技术方案的经济效益和社会效益,平衡公路养护的短期和长期效益。
(6)注重技术进步,积极采用新技术、新材料、新工艺,不断提升养护管理技术水平,推动养护技术更新换代。

1.3.2 公路养护质量评定与要求

与新建公路要进行质量验收和评定一样,公路养护也同样要进行质量评定。

1.公路养护的质量要求

保持路面整洁,横坡适度,行车舒适;路肩整洁,边坡稳定,排水畅通;构造物完好;沿线设施完善;绿化协调美观。力争构成畅、洁、绿、美的公路交通环境。

2.公路养护的质量评定

根据路况实际达到质量要求的程度,划分为优、良、中、次、差五个等级,作为衡量公路养护质量的主要依据。具体评定方法按照现行《公路技术状况评定标准》(JTG 5210)执行。

3.桥梁养护的质量评定

对桥梁开展经常检查、定期检查和特殊检查,根据检查结果,将桥梁技术状况划分为一、二、三、四、五类,作为衡量桥梁养护质量、确定桥梁养护对策级别的依据。同时,还要对桥梁的承载力、通行能力、抗洪能力等适应性开展周期性评定,以作为桥梁改造升级的依据。具体评价方法按照现行《公路桥涵养护规范》(JTG 5120)相关规定执行。

1.3.3 公路养护管理组织模式

我国公路养护管理组织模式一般为:

一级及一级以下公路,一般设有省级(自治区、直辖市)、地区级(市、区、盟)、县级(旗)等三级公路事业发展中心。每级公路事业发展中心分设不同的处、科、室,各自完成相应的工作。

高速公路,一般设省级交通投资集团公司,下设高速公路运营公司。每级管理部门分设不同的处、科、室。

各级管理部门组成技术管理体系,负责管辖范围内的公路养护与管理工作。主要工作包括:

(1)贯彻执行国家有关公路技术法规和公路养护、施工的技术政策和规章制度,负责制定本地区公路养护技术管理的有关规定和办法。

(2)定期组织检查公路各项工程设施的技术状况,提出或审定各类养护工程的技术措施和方案。

(3)依据法律法规要求,负责组织履行养护工程建设程序,监督养护工程实施及其竣工验收,参与组织新、改建工程的竣工验收。

(4)负责组织公路交通状况调查,系统地观测公路使用状况,掌握各项技术经济指标,充实和修订公路路况技术档案,逐步建立数据库系统。

(5)掌握国内外公路科技发展动态,积极引进、开发、推广公路养护新技术、新材料、新工艺,组织科技交流和培训专业人才。

(6)地区级(市、区、盟)以下管理机构配备足够数量的专职养护工程技术人员。

(7)为实现公路养护工程逐步达到机械化的目标要求,对公路养护机械的配备标准及其相应的技术指标提出意见和建议。

1.4 公路养护与管理的发展方向

公路养护与管理是一个工作范围大、项目繁杂、技术对策多样、需要持续投入资金的多层次决策的系统工程。随着社会、经济的发展和技术的进步,公路养护与管理逐步向更加先进的检测技术智能化、养护决策科学化、养护技术现代化、养护管理信息化方向发展。

1.4.1 检测技术智能化

公路交通基础设施的各个组成部分,如路基路面、桥涵隧构造物、交通工程及沿线设施等技术状况的检查、监测、检测与评定,虽然目前还没有完全实现自动化,但随着技术的不断创新和进步,涌现了一大批具有自动检测功能和数据自动处理功能的检测装备,具体如下:

(1)多功能道路综合检测车的开发与应用,已基本实现了路面技术状况(路面状况损坏、路面平整度、沥青路面车辙、路面抗滑性能)的自动检测与数据处理。

(2)落锤式弯沉仪FWD(Falling Weight Deflectometer)、自动弯沉车、摩擦系数测定车等实现了路面弯沉、摩擦系数的快速检测、数据自动处理。

(3)桥梁检测车的开发与应用,已实现了桥梁结构和表面损坏的快速检测和数据存储。

(4)3D雷达、超声波检测技术的应用,已实现了各类结构的厚度、内部缺陷及材料等技术参数的快速检测。

(5)通过预埋高精度、长寿命传感器,并建立数据自动采集、远程实时传输与分析系统,已逐步实现大型桥梁、特大型桥梁、重要道路边坡、隧道等的实时健康监测和灾害预警。

(6)通过前方数字图像获取、模式识别等技术的应用,已实现了对交通工程及沿线设施状况等进行快速检查与分析。

上述这些技术都是高新技术在交通领域应用的最新成果,虽然已经部分实现了自动化,但还需要大量的人工辅助。今后将通过采用人工智能技术、数字化技术、光机电一体化技术等进一步提高检测技术的自动化程度和智能化程度。

1.4.2 养护决策科学化

通过各种先进技术手段对公路交通基础设施的技术状况进行检测,其目的是通过对检测数据的分析,建立公路交通基础设施不同性能的评价模型并对其技术状况作出科学评价,为制定合理的养护对策提供科学依据,为制定公路网养护投资规划奠定基础。

公路养护决策是一项系统工程。一个路网采用什么样的养护策略,路网的养护规划如何制定等,这些都需要一套行之有效的科学方法。目前,常用到的决策方法可以分为:决策树法(Decision Tree)、排序法(Ranking)、数学规划的优化方法、人工智能的优化方法和近似优化方法等。数学规划的优化方法主要包括:整数规划IP(Integer Programming)、线性规划LP(Liner Programming)、目标规划GP(Goal Programming)、动态规划DP(Dynamic Programming)等。人工智能的优化方法主要包括遗传算法、人工神经网络、模糊逻辑等。

这些方法的应用大大提高了公路网养护决策的科学化水平,为实现在有限的养护资金水平下最大程度地提高路网的服务水平提供了科学依据。但是,目前这些方法的应用还存在一定的局限性,如:因不同路网特性的影响,还不能够将高速公路网、国省干道网、农村公路网等一并考虑;因模型有效时限的影响,还不能做出更合理的五年以上的养护规划;因计算机性能的影响,还不能将每一个养护单元直接作为规划变量参与规划计算;因某些社会效益还难以量化的影响,养护规划分析中有关效益的目标函数还不够准确、全面等。所有这些不足,必将随着技术的进步和对路网特性认识的深化而不断完善,养护决策科学化也必将越来越受到重视。

1.4.3 养护技术现代化

随着科技的进步和经济的发展,公路养护技术也得到了飞跃式发展。新设备、新材料、新工艺等不断在公路养护中得到应用。

目前,公路养护设备发展到了全面机械化程度,并且不断向着高度集成、小型化、智能化、低碳环保方向发展。例如:沥青路面养护从小面积快速修复机具到大面积就地热再生设备、路面裂缝灌缝系列设备、路面破碎机械、除冰雪设备、桥梁加固工作平台、交通工程设施维护工作平台、路基边坡整治工程机械、公路绿化专用设备、公路养护作业安全隔离与警示设备等。这些设备的应用极大地提高了公路养护的效率和质量，收到了很好的经济和社会效益。随着时间的推移，公路养护机械将会继续向养护机械装备专业化、标准化、系列化方向发展，以保障养护工程质量，提高养护生产效率，降低劳动强度，改善劳动环境。

当前，公路养护材料呈现了向高性能、低成本、绿色、环保、低碳、可持续等方向发展的态势。例如高性能灌缝胶、环保型除雪剂、常温沥青混合料、低温沥青混合料、稀浆混合料、沥青再生剂、温拌沥青混凝土、自密实混凝土等新型路面养护材料，碳纤维、芳纶纤维、纤维增强复合材料FRP（Fiber Reinforced Pobymer/Plastic）等新型桥梁养护加固材料，经过多年的持续研发，已形成系列产品，并且已得到了广泛的应用。

伴随着养护新材料的诞生，公路养护技术工艺也快速跟进，并且向着安全、规范、高效、低碳方向发展。例如，体外预应力加固桥梁工艺、路面预防性养护工艺（稀浆封层、微表处、碎石封层等）、超薄磨耗层施工工艺、路面灌缝工艺、路面热再生工艺、路面冷再生工艺等，都得到了行业的认可，逐渐出现普及化的态势。

1.4.4　养护管理信息化

采用信息化管理技术是提高公路养护管理水平、实现高效有序的组织管理的必然途径。

目前，路面管理系统、桥梁管理系统在我国的公路管理部门中已得到了比较广泛的应用，基本上实现了为国家级、省市级公路管理数据库提供基础数据，为公路养护管理部门提供养护决策的依据数据的目标。但在养护管理部门网上办公系统、养护计划管理、路政管理、设备管理、人员管理、材料管理、绿化管理、交通工程设施管理、养护作业管理、应急管理等方面，亟待开发可靠、实用、高效的信息管理系统，搭建公路养护管理部门的公共信息化平台，逐步实现可视化监控、移动化办公、远程指挥与控制的管理体系。近几年，包括道路养护与管理子平台在内的多个省市智慧交通云平台的建立就是这种公共信息化平台建设的最新进展。

【复习思考题】

1. 公路养护与管理的任务是什么？
2. 简述公路养护的质量要求。
3. 我国公路养护工程的分类和主要内容是什么？
4. 我国公路养护与管理的发展方向体现在哪几方面？

第 2 章 路基养护

【学习目的与要求】

通过本章的学习,了解路基养护工作的主要内容、基本要求;掌握路基损坏的主要类型、评定方法及养护措施;掌握路基翻浆的发生过程、影响因素及防治措施,了解路基滑坍病害的主要类型、产生原因及防治措施;了解特殊地区路基养护的基本方法。

路基是公路的重要组成部分,是路面的基础,与路面共同承担着车辆荷载的作用。路基的强度和稳定性是保证路面强度、稳定性和良好路用性能的基本条件。因此,为了保证公路的正常使用品质,必须对路基进行周期性、预防性、科学合理的养护,使其经常处于良好的技术状态,不致发生较大的变形和其他病害。本章主要介绍路基养护的内容与要求、路基的日常养护、常见路基病害防治和特殊地区路基防护。

2.1 路基养护的内容与要求

2.1.1 路基养护的内容

路基养护工作对象包括公路用地范围内的路肩、路堤与路床、边坡、既有防护及支挡结构物、排水设施、特殊路基等。路基养护的内容与公路养护一致,包括日常养护和养护工程。路基日常养护包括日常巡查、日常保养和日常维修。路基养护工程包括预防养护、修复养护、专项养护和应急养护。

(1)路基预防养护

路基预防养护是指对存在病害隐患、暂未影响正常运营的路基及其附属结构物,以预防病害隐患过快发展、提高安全运行为目标,进行的主动性养护工程。主要包括:

①增设或完善路基防护,如柔性防护网、生态防护、网格防护等;
②增设或完善排水系统,如边沟、截水沟、排水沟、拦水带、泄水槽等;
③集中清理路基两侧山体危石等;
④其他。

(2)路基修复养护

路基修复养护是指在路基出现明显病害或部分丧失服务功能的情况下,以恢复良好的路基状况为目标,进行的维修加固性养护工程。主要包括:

①处治路堤路床病害,如沉降、桥头跳车、翻浆、开裂滑移等;
②增设或修复支挡结构物,如挡土墙、抗滑桩等;
③维修加固失稳边坡;集中更换安装路缘石、硬化路肩、修复排水设施等;
④局部路基加高、加宽、裁弯取直等;防雪、防石、防风沙设施的修复养护等;
⑤其他。

(3)路基专项养护

路基专项养护是指为恢复、保持或提升路基服务功能而集中实施的路基维修、加固、专项处治、灾后恢复等养护工程。

(4)路基应急养护

路基应急养护是指在突发情况下路基严重损坏或损毁,并危及或已造成交通中断,以快速恢复安全通行能力为目标,进行的应急性抢通、保通和抢修养护工程。

2.1.2 路基养护的要求

公路路基养护应遵循规范管理、安全运行、预防为主、防治结合、因地制宜、经济适用、节约资源、保护环境的原则,并应符合下列要求:

(1)应逐步建立路基管理系统,加强路基运行的动态管理,建立健全安全运行保障制度。
(2)应加强路基技术状况的检测与评定,推进预防养护工作,及时对路基病害进行养护处治。
(3)结合各地区实际情况及路基病害特点,应选用安全、耐久、经济、适用的养护技术,并积极稳妥采用新技术、新材料、新工艺和新设备。
(4)宜充分考虑自然环境和地质条件,采取工程防治、植物防护及两者相结合的措施,并注重节能环保技术应用和材料循环利用。

2.2 路基日常养护

路基日常养护要结合路基的主要损坏类型进行,主要内容包括:路肩的加固与维修、边坡的加固与维修、排水设施的加固与维修以及支挡防护工程的加固与维修。

2.2.1 路基损坏类型与评定

2.2.1.1 路基损坏类型

根据对路基各部分常见病害形式的调查,《公路技术状况评定标准》(JTG 5210—2018)将路基损坏类型分为7类,包括:路肩损坏、边坡坍塌、水毁冲沟、路基构造物损坏、路缘石损坏、路基沉降及排水不畅。

1. 路肩损坏

路肩是路基的基本组成部分,由外侧路缘带、硬路肩以及保护性土路肩组成。路肩损坏(图2-1)指土路肩、硬路肩或紧急停车带表面出现各种损坏,如坑槽、裂缝、松散等。硬路肩产生的损坏可参照同类型路面的损坏形式进行识别,土路肩产生的损坏主要指路肩出现沉陷、坑槽和露骨等损坏。造成路肩损坏的主要原因包括排水不畅、雨水冲刷、施工或材料不良以及外力作用等,此外,车辆在紧急停车带检查修理时也会给路肩留下千斤顶痕迹及油污,形成路肩坑槽等损坏。

a) 硬路肩损坏

b) 路肩裂缝

图 2-1 路肩损坏

沥青路面和水泥混凝土路面路肩损坏应符合表3-2、表3-5和表3-6的分类规定。所有损坏均应按面积计算,以m^2为计量单位,累计面积不足$1m^2$的按$1m^2$计。路肩损坏分为轻度、重度两个等级,表3-2、表3-5和表3-6中的轻度、中度损坏归为轻度路肩损坏,重度损坏归为重度路肩损坏。路肩损坏的测量与路面损坏相同,根据不同的损坏类型按长度或面积进行丈量和记录。

2. 边坡坍塌

边坡包括路堑边坡和路堤边坡,对路肩有重要的保护作用。边坡坍塌是指边坡发生岩石塌落、缺口、冲沟、沉陷和塌方等(图2-2)。引起边坡坍塌的主要原因包括:边坡设计坡度过大、切坡过多、岩石风化、洪水冲刷以及春融等。严重的边坡坍塌会堵塞路面、边沟,威胁交通安全。

边坡坍塌按处进行记录和统计。根据坍塌边坡的长度将损坏程度分为轻、中和重三个等级,其中坍塌长度小于或等于5m的计为轻度损坏,坍塌长度介于5~10m的计为中度损坏,坍塌长度大于10m的计为重度损坏。边坡坍塌的长度按行车方向实地丈量或目测估计。

3.水毁冲沟

水毁冲沟是另一种形式的边坡损坏,它是指边坡出现冲沟、缺口、因水冲蚀而引发的局部沉陷等损坏(图2-3)。水毁冲沟损坏会严重影响路基的稳定性。路基压实不够、工程地质不良、路基填料土质差、路基排水不畅或缺乏防护等都会造成水毁冲沟损坏。

图2-2 边坡坍塌　　　　　图2-3 水毁冲沟

水毁冲沟损坏按处进行记录和统计。按冲沟的深度将损坏分为轻、中和重三个等级,其中冲沟深度小于或等于0.2m的计为轻度损坏,冲沟深度介于0.2~0.5m的计为中度损坏,冲沟深度大于0.5m的计为重度损坏。测量冲沟深度时用直尺架在冲沟两侧,测定直尺与冲沟底部的最大距离。

4.路基构造物损坏

路基构造物损坏是指路肩边坡挡土墙等圬工砌体出现的表面、局部和结构等损坏,如断裂、沉陷、倾斜、局部坍塌、松动、较大面积勾缝脱落等(图2-4)。路基本身不稳定或构造物施工不良是造成路基构造物损坏的主要原因。

a)边坡损坏　　　　b)边坡损坏　　　　c)挡土墙损坏

图2-4 路基构造物损坏

路基构造物损坏以处为计量单位,损坏程度分为轻、中和重三个等级,其中轻度损坏指勾缝损坏、沉降缝损坏、表面破损、钢筋外露和锈蚀等,每10m计1处,不足10m按1处计算;中度损坏指局部基础掏空、墙体脱落、轻度裂缝、鼓肚、下沉等,每10m计1处,不足10m按1处计算;重度损坏指整体开裂、倾斜、滑移、坍塌等。路基构造物损坏的长度按损坏沿行车方向实地丈量或目测估计。

5. 路缘石缺损

路缘石包括中央分隔带及路肩边侧的缘石和挡水带的缘石。路缘石缺损是指路缘石损坏或缺少(图2-5)。路缘石损坏按长度测量和统计,以 m 为单位,不分轻重。测量时按损坏沿行车方向的长度进行实地丈量或目测估计。

6. 路基沉降

路基沉降是指路基出现深度大于30mm的整体下沉(图2-6)。路基沉降易发生在高填方路段,严重时会直接影响到公路的正常使用,并导致路面损坏。路面标线扭曲通常是路基发生整体沉降的标志之一。路基施工时压实不足、填筑方案不合理以及路基承载力不足是造成路基沉降的主要原因。

图2-5 路缘石缺损

图2-6 路基沉降

路基沉降损坏按处进行记录和统计。根据路基沉降的长度分为轻、中和重三个等级,其中损坏长度小于或等于5m的计为轻度损坏,长度介于5~10m的计为中度损坏,长度大于10m的计为重度损坏。损坏长度按沉降部分沿行车方向的长度实地丈量或目测估计。

7. 排水不畅

路基排水系统包括边沟、排水沟、截水沟及暗沟等。排水不畅指各种排水设施发生淤积或

图2-7 排水不畅

堵塞(图2-7)。排水系统淤塞导致水无法从路面或路基及时排出,会加剧水对公路的损坏。沟内杂草未能及时清除,或有垃圾、碎砾石、土等堆积物是造成排水系统淤塞的主要原因。

按淤积程度及排水情况将损坏分为轻、中和重三个等级,采用不同的计量方法,但均以处为计量单位。轻度损坏为边沟、排水沟、截水沟等排水系统存在杂物、垃圾,每10m计1处,不足10m按1处计算;中度损坏为边沟、排水沟、截水沟等排水系统全截面堵塞,出现衬砌剥落、破损、圬工体破裂、管道损坏等,每10m计1处,不足10m按1处

计算;重度损坏为路基排水系统与外部排水系统不连通。

目前,路基损坏主要依靠人工检测,有条件的地区还可以借助便携式路况数据采集仪进行现场记录、汇总、计算与评定。

2.2.1.2 路基状况评定

路基技术状况用路基技术状况指数 SCI(Subgrade Condition Index)评价,按照式(2-1)计算:

$$\text{SCI} = \sum_{i=1}^{7} w_i (100 - \text{GD}_{i\text{SCI}}) \tag{2-1}$$

式中:$\text{GD}_{i\text{SCI}}$——第 i 类路基损坏的总扣分(Global Deduction),最高分值为100,按表2-1的规定计算;

w_i——第 i 类路基损坏的权重,按表2-1取值;

i——路基损坏类型。

路基损坏扣分标准表　　　　表2-1

类型(i)	损坏名称	损坏程度	计量单位	单位扣分	权重(w_i)	备注
1	路肩损坏	轻	m²	1	0.10	
		重		2		
2	边坡坍塌	轻	处	20	0.25	边坡坍塌为重度且影响交通安全时,该评定单元的MQI(公路技术状况指数)值为0
		中		50		
		重		100		
3	水毁冲沟	轻	处	20	0.15	
		中		30		
		重		50		
4	路基构造物损坏	轻	处	20	0.10	路基构造物损坏为重度时,该评定单元的SCI值为0
		中		50		
		重		100		
5	路缘石缺损	—	m	4	0.05	
6	路基沉降	轻	处	20	0.25	
		中		30		
		重		50		
7	排水不畅	轻	处	20	0.10	
		中		50		
		重		100		

不同类型的路基损坏会对路基产生不同的影响效果。为了反映不同类型损坏的影响程度,引进权重 w_i。SCI损坏扣分值确定的主要依据是抽样调查和专家调查。下面,将结合算例给出路基损坏的评定方法。

例2-1 对某段沥青路面的路基损坏状况进行了检测,路基长度为1km,经检测该段路基共包括路肩坑槽、边坡坍塌、路基挡土墙勾缝损坏、水毁冲沟、路基沉降5种损坏类型,具体损坏长度(面积)见表2-2。

路基损坏检测结果　　　　　　　　表 2-2

编　号	路基损坏类型	损坏长度(面积),程度
1	路肩坑槽	有效面积 0.7m²,轻度
2	边坡坍塌	共 1 处,长度为 4.0m,轻度
3	路基挡土墙勾缝损坏	共 1 处,长度为 3.0m,轻度
4	水毁冲沟	共 1 处,沟深 20cm,轻度
5	路基沉降	共 1 处,沉降长度为 7.8m,中度

(1) 计算扣分值

根据表 2-2 可以看出：

路肩坑槽：轻度,不足 1m² 按照 1m² 计算,扣 1 分；

边坡坍塌：共 1 处,长度 4.0m,轻度,扣 20 分；

路基挡土墙勾缝损坏：共 1 处,长度 3.0m,不足 10m 按 1 处计算,轻度,扣 20 分；

水毁冲沟：共 1 处,深度 0.2m,轻度,扣 20 分；

路基沉降：共 1 处,长 7.8m,中度,扣 30 分。

结果见表 2-3 中第 2 列。

(2) 计算每项得分

以路肩坑槽为例进行计算：该项得分 $= 0.10 \times (100 - 1) = 9.9$。其他计算结果见表 2-3 中第 4 列。

路基损坏计算结果　　　　　　　　表 2-3

路基损坏类型	扣分值 GD_{iSCI}	权重 w_i	该项得分
路肩坑槽	1	0.10	9.9
边坡坍塌	20	0.25	20
路基挡土墙勾缝损坏	20	0.10	8
水毁冲沟	20	0.15	12
路基沉降	30	0.25	17.5
路缘石损坏	0	0.05	5
排水不畅	0	0.1	10

(3) 计算最终评分

经计算,该段路基的最终得分为各项得分之和,为 82.4 分。

2.2.2　路肩的加固与维修

路肩的功能是保护路面边缘,加强路基的稳定性,便于行人和非机动车的通行,也可用于紧急情况下的临时停车,偶尔兼供错车之用。如果养护不当,路肩松软,往往会使路面边缘发生毁坏,即所谓的"啃边"破坏。水是导致路肩松软的主要原因,因此,减少或消除水对路肩的危害是路肩养护工作的重点。下面将分别介绍土路肩的加固与维修、陡坡路段(纵坡大于 5%)路肩的防排水治理、路肩上养护材料的堆放。

1. 土路肩的加固与维修

土路肩上出现车辙、坑洼或与路面产生错台现象时,必须及时整修,并使用与原路基相同的土填平夯实,使其顺适。

土路肩过高妨碍路面排水时,应铲削整平。铲削整平宜在雨后土壤湿润状态下,结合清理边沟同时进行。土路肩横坡度过大时,宜采用良好的砂类土及其他合适的材料填补压实,不得使用清沟挖出的淤泥或含有草根的土壤填补。填补厚度大于 0.15m 时,应分层夯压密实。砂类土或粉质土地段,应掺拌黏质土加固表面,以提高路肩的稳定性。土路肩横坡过小时,应削高补低,整修至规定坡度。土或有草的路肩应满足其横坡度比路面横坡度大 1%~2% 的要求,以利排水。

公路路肩通常不用于行车,但从功能上要求其能承受车辆荷载。因此,为减少路肩养护工作量,对于行车密度大的路线,应该有计划地将土路肩改铺成硬路肩。

硬路肩的类型主要包括以下几种:

(1)砂石加固的硬路肩,如泥结碎(砾)石、烧陶粒路肩。
(2)稳定类路肩,如石灰土、二灰碎石、泥结碎(砾)石、水泥土路肩等。
(3)有铺面结构的硬路肩,如在基层上做沥青表面处治的综合结构路肩。
(4)草皮加固的硬路肩。

为了防止雨水对路肩的冲刷以及雨中会车时路肩泥泞、陷车,应对路肩进行加固。主要加固方法是:采用粗砂、小砾石、风化石、炉渣、碎砖、贝壳等粒料掺拌黏土,铺筑加固层,加固厚度不小于 50mm。应尽量采用挖槽铺压,也可在雨后路肩湿软时直接将粒料撒铺到路肩上,并进行碾压。

2.陡坡路段(纵坡大于 5%)路肩的防排水治理

陡坡路段的纵坡(>5%)较大时,暴雨易将路肩冲成纵横沟槽,甚至冲坏路堤边坡,可根据路基排水系统的情况,采取如下措施:

(1)自纵坡坡顶起每隔 20m 左右两边交错设置宽 0.3~0.5m 的斜向截水明槽,并用碎(砾)石填平;同时,在路肩边缘处设置高 0.1m、上边宽 0.1m、下边宽 0.2m 的拦水土埂。在每条截水明槽处留一淌水口,其下面的边坡用草皮或砌石加固,使水集中由槽内流出,见图 2-8。

图 2-8 路肩截水明槽

(2)在暴雨中可沿路肩截水明槽下侧临时设置阻水埂,迫使雨水从槽内排出,但雨后应立即铲除。

(3)二级或二级以下路面的路肩上自然生长的草皮应予保留。植草皮应选择适宜于当地土壤的种子。草成活后需加以维护和修整,使草高不超过 0.15m,丛集的杂草应铲除重铺,以保持路容美观。如路肩草中淤积砂土过多妨碍排水时,应立即铲除,以恢复路肩应有的横坡度。

(4)路肩外侧易被洪水冲缺或牲畜踩踏形成缺口处,可用石块、水泥混凝土预制块或草皮铺砌宽 0.2m 左右的护肩带,这样既可消除病害,又能美化路容。

3.路肩上养护材料的堆放

应根据地形情况,选择适宜地点设置堆料坪,堆料坪的间距以 200~500m 为宜。堆料坪长 5~8m,宽约 2m。机械化养路或高速公路及一级公路路面,可以不设堆料坪。

对于改善工程及修补路肩坑槽所需的砂石材料,如果必须堆放在路肩上时,应选择在较宽的路段沿一边堆放,但不得在桥头引道、弯道内侧、陡坡等处堆放。料堆离路面边缘应至少保持 0.3m,料堆长度不大于 10m,以利行车。每隔 10~20m 必须留出不小于 1m 的空隙以利排水。堆料的时间一般不宜超过 10 天。

2.2.3 边坡的加固与维修

边坡是路基的重要组成部分,主要用于保证路基稳定。边坡包括路堑边坡和路堤边坡。

1.边坡加固与维修的要求

边坡加固与维修应使边坡坡面经常保持平顺、坚实、无裂缝,遇有缺口、坍塌、高边坡碎落、侧滑等病害时,应分别针对具体情况采取相应的加固整修措施。

2.边坡稳定的影响因素

影响路堤边坡稳定的主要因素包括填料种类、边坡高度以及路堤的类型。

影响路堑边坡稳定的因素较为复杂,除了路堑深度和坡体土石的性质之外,地质构造特征、岩石的风化和破碎程度、土层的成因类型、地面水和地下水的影响、坡面的朝向以及当地的气候条件等都会影响路堑边坡的稳定性。土质(包括粗粒土)路堑边坡,则应考虑边坡高度、土的密实程度、地下水和地面水的情况、土的成因及生成年代等因素。

3.石质边坡的加固与维修

对于石质路堑边坡,应经常注意边坡坡面岩石风化发展情况,以及边坡上的危岩、浮石的变动,及时发现问题,并采取适当的处理措施,如抹面、喷浆、勾缝、灌浆、嵌补、锚固等,以免堵塞边沟或危及行车和行人。

4.土质边坡的加固与维修

对于土质边坡、碎落台、护坡槽等,如经常出现缺口、冲沟、沉陷、塌落或受洪水、边沟流水冲刷及浸水时,应根据水流、土质等情况,选用种草、铺草皮、栽灌木丛、铺柴束、篱格填石、投放石笼、干砌或浆砌片石护坡等措施,进行防护和加固处理,见图 2-9~图 2-11。

图 2-9 石笼护坡(尺寸单位:m)

图2-10 干砌片石护坡(尺寸单位:m)
h-干砌片石护坡防护厚度

图2-11 浆砌片石护坡(尺寸单位:m)
h-干砌片石护坡防护厚度

边坡如发生坍塌需要修整时,不能在边坡上贴土修补,应在毁坏的地段上,从下到上先挖成土台阶,再分层填土夯实,夯实后的宽度要稍超出原来的坡面,以便最后切出坡面。

5.植物坡面防护技术

为使边坡状况尽可能与周边自然景观相协调,在有条件的路段应优先采取坡面植物防护技术,如种植灌木丛、铺草皮,也可采用"液压喷播""客土喷播"和"岩质坡面喷混植生技术"等技术措施。

"液压喷播"是利用液态播种原理,先将植物种子(草种、花种或树种)或植物体的一部分(芽、根、茎等可发芽萌生的部分),经科学处理后混入水中,并配以一定比例的专用配料(如肥料、纸浆、黏合剂、保水剂、土壤改良剂等),通过喷播机搅拌,利用高压泵体的作用,喷播在公路路基坡面,促使其生长而形成坡面植被的技术措施。

"客土喷播"技术主要应用于稳定的砂、砾质以及风化岩质边坡坡面,将植物种子、保水材料(高吸水树脂)、稳定材料(水泥和合成树脂类土壤稳定剂)、疏松材料(木糠、谷壳等)、客土和肥料等,经科学配方和混合,通过压缩空气喷于坡面,经过良好养护,生长成植被。

"岩质坡面喷混植生技术"是对裸露的岩质边坡,利用人工配制的有机植物生长基材,配以黏结剂、固网技术,喷射于坡面,使这层适合于植物生长的有机物料紧贴坡面,通过成孔物质的合理配置,使种植基土壤固体、气体、液体三相物质处于平衡状态,创造草类与灌木的良好生长环境,再选用草、灌、藤等种子混合配方,进行液态喷播,使石质坡面起到生态复合作用。

2.2.4 排水设施的加固与维修

路基排水设施分为地面排水设施和地下排水设施。地面排水设施主要包括边沟、截水沟、泄水槽、排水沟、跌水及急流槽、拦水带等;地下排水设施主要包括暗沟、盲沟、有管渗沟、洞式渗沟及防水隔离层等。

1.路基排水设施的功能

路基排水设施的主要功能是将路基范围内的土基湿度降低到一定的限度以内,保持路基常年处于干燥状态,确保路面具有足够的强度和稳定性。

2.路基排水设施的养护要求

对路基排水设施应进行经常性、预防性的养护,确保其功能完好、排水顺畅。同时,根据实际使用情况,不断改善路基排水条件。

3.路基排水设施的日常养护

（1）对边沟、截水沟、排水沟以及暗沟（管）等排水设施，在春融前，特别是汛期前，应全面进行检查和疏浚，下雨时必须上路巡查，及时排除堵塞、疏导水流，保持水流通畅，并防止水流集中冲坏路基。

（2）暴雨后应进行重点检查，如有冲刷、损坏，须及时修理加固，如有堵塞应立即清除。

（3）路堤边坡出现冲沟或缺口时，选用与原路基相同的填料填筑夯实，路堑段应将截水沟内的积水引至坡外。

（4）针对现有排水系统不完善的部分，应逐步加以改进、完善，充分发挥各种排水设施的功能。

（5）有中央分隔带的路面，确保中央分隔带的排水畅通无阻。设有集中排水设施的中央分隔带（集水井、横向排水管），应经常清淤、维修，确保排水畅通。

（6）雨季前后，应对拦水缘石及泄水槽进行检查维修，保持其完好，连接处平顺无裂缝。未设置拦水缘石及泄水槽的路段，宜通过养护手段逐步完善。

（7）如高速公路路面局部积水，应针对积水原因，及时采取清扫、整平路面及增设排水设施等相应措施。雨后应采取措施排除高速公路互通立交区内的积水。所有从排水设施中排出的水，不得冲毁农田或其他建筑物，同时还应注意不能污染环境。

（8）如发现渗沟、盲沟出水口处长草、堵塞，应进行清除和冲洗；对有管渗沟应经常检查疏浚，以保证管内水流通畅；如发现反滤层淤塞失效，应翻修并剔除其中较小颗粒的砂石，以保证其排水；如发现位置不当，则应另建渗沟或盲沟。

2.2.5 支挡、防护工程的加固与维修

本部分重点介绍挡土墙、护岸设施和透水路堤的加固与维修。

1.挡土墙

挡土墙是支承路基填土或山坡土体，以防填土或土体失稳的构造物，是公路的重要组成部分，其技术状况的好坏对公路的安全运营影响较大。进行挡土墙的加固与维修，首先要对其进行检查。

（1）挡土墙检查

除经常检查挡土墙是否有损坏外，每年还应在春秋两季各进行一次定期检查，北方冰冻严重地区尤应注意，主要检查挡土墙在冰冻融化后墙身及基础的变化情况，以及冰冻前应采取的防护措施效果。另外，在反常气候、地震或重型车辆通过等特殊情况下应及时进行检查，发现裂缝、断裂、倾斜、鼓肚、滑动、下沉或表面风化、泄水孔堵塞、墙后积水、周围地基错台、空隙等情况，应查明原因，并观察其发展情况，采取相应的加固、维修措施，并做好工作记录，建立技术档案备查。

（2）挡土墙加固

当挡土墙发生倾斜、局部鼓出、滑动或下沉等病害时，可采用下列方法之一进行加固。

①锚固法。适用于水泥混凝土或钢筋混凝土挡土墙。该方法采用直径25mm以上的高强螺纹钢筋作锚杆，穿入预先钻好的孔内，灌入水泥砂浆，将锚杆固定，待砂浆达到一定强度后对锚杆进行张拉，并紧固锚头，见图2-12。必要时，在加固前，可先在挡土墙外侧设置锚杆的断面

处现浇宽 0.3~0.4m、厚 0.15~0.25m 的水泥混凝土条块,以供埋置锚头之用。

图 2-12　锚固法加固挡土墙

②套墙加固法。用钢筋混凝土在原挡土墙外侧加宽基础,加厚墙身(图 2-13)。施工时,先挖除墙后一部分填土,减除一部分土压力,以保证安全。采用该方法时,应注意新旧基础、墙体的结合,应凿毛旧基础和旧墙体,设置联系石榫,必要时可设置钢筋锚栓增强连接。

③增建支撑墙加固法。在挡土墙外,增建新的支撑墙,其基础埋置深度、尺寸和间距,应通过计算确定,见图 2-14。

图 2-13　套墙加固法加固挡土墙　　　　图 2-14　增建支撑墙加固挡土墙

④如挡土墙损坏严重,必要时也可将损坏的部分拆除重建。但必须注意新旧墙的不均匀沉降,在新旧墙结合处应设置沉降缝,并注意新旧挡土墙接头的协调,还应根据公路所在地区地形及水文地质等条件合理选择挡土墙类型。各类挡土墙的适用条件见表 2-4。

各类挡土墙适用条件　　　　表 2-4

挡土墙类型	适 用 条 件
重力式挡土墙	适用于一般地区、浸水地区和地震地区的路肩、路堤和路堑等支挡工程。墙高不宜超过 12m,干砌挡土墙的高度不宜超过 6m。高速公路、一级公路不应采用干砌挡土墙
半重力式挡土墙	适用于不宜采用重力式挡土墙的地下水位较高或较软弱的地基上,墙高不宜超过 8m
悬臂式挡土墙	宜在石料缺乏、地基承载力较低的填方路段采用,墙高不宜超过 5m

续上表

挡土墙类型	适用条件
扶壁式挡土墙	宜在石料缺乏、地基承载力较低的填方路段采用,墙高不宜超过15m
锚杆挡土墙	宜用于墙高较大的岩质路堑地段,可用作抗滑挡土墙,可采用肋柱式或板壁式单级墙或多级墙,每级墙高不宜大于8m,多级墙的上、下级墙体之间应设置宽度不小于2m的平台
锚定板挡土墙	宜使用在缺少石料地区的路肩墙或路堤式挡土墙,但不应建筑于滑坡、坍塌、软土及膨胀土地区。可采用肋柱式或板壁式,墙高不宜超过10m。肋柱式锚定板挡土墙可采用单级墙或多级墙,每级墙高不宜大于6m,上、下级墙体之间应设置宽度不小于2m的平台,上、下两级墙的肋柱宜交错布置
加筋土挡土墙	用于一般地区的路肩式挡土墙,但不应修筑在滑坡、水流冲刷、崩塌等不良地质地段。高速公路、一级公路墙高不宜大于12m,二级及二级以下公路不宜大于20m。当采用多级墙时,每级墙高不宜大于10m,上、下级墙体之间应设置宽度不小于2m的平台
桩板式挡土墙	用于表土及强风化层较薄的均质岩石地基,挡土墙高度可较大,也可用于地震区的路堑或路堤支挡或滑坡等特殊地段的治理

如地基处理工程复杂,可采用干砌块石或码砌石笼进行加固。挡土墙的泄水孔应保持通畅,如有堵塞应加以疏通;疏通困难时,应视墙后地下水情况增设泄水孔,或加做墙后排水设施。砖、石、混凝土或钢筋混凝土挡土墙墙面出现碱蚀或风化时,可将风化表层凿除,露出新茬,然后用水泥砂浆抹面或喷涂。

2.护岸设施

应在洪水期前后详细观察、检查护岸设施的作用和效果是否达到稳定、完好,如发现损坏,应及时修理和加固。

传统的沿河路堤边坡的防护、加固措施已在路基工程课程中讲述。土工膜袋可用作护岸设施,土工膜袋(图2-15)就像一个中间带有许多节点的超大型塑料编织袋,其规格可以按照工程要求加工。施工时,将膜袋平铺于岸坡上(也可按设计要求延伸至水下),从袋口(可以多处同时施工)连续灌注流动性良好的混凝土或水泥砂浆,使充满混凝土浆体的膜袋紧贴在岸坡上,形成一个稳固的、连续的、具有凸起的大面积混凝土浆体壁,起到护岸和消能的作用。这项技术的特点是施工速度快、简便、经济,而且可以省去管养工作,尤其适用于冲刷严重的沿河路堤。

图2-15 土工膜袋护岸

3.透水路堤

受季节性影响或长期浸水的路堤、沿河路堤和桥头引道等,其路堤的下部每年遭受短期或长期的淹没,这些路堤称为透水路堤。透水路堤透水层及设置于其内的泄水管应保持稳定和良好的透水(泄水)性能,上下游护堤铺砌应保持平整、密实,若有损坏应及时修复。当透水层失去透水性能,影响路堤稳定且无法修复时,应考虑改建为桥涵。透水路堤顶面与路基之间应设置厚0.3~0.5m的隔离层,以防止毛细水上升而软化上部路基。如果上部路基发软变形,说明隔离层失去作用,应及时进行维修。

2.3 常见路基病害防治

2.3.1 路基翻浆的防治

因地下水位高、排水不畅、路基土质不良、含水过多,经行车反复作用,路基会出现弹簧、裂缝、鼓包、冒泥等现象,称为翻浆。翻浆的发生,不仅会破坏路面,妨碍行车,增加道路养护的工作量,严重时还会中断交通,对国民经济建设、国防战备都具有一定的危害。我国东北、华北、西北、西南等季节性冰冻地区的春融时节,以及盐渍、沼泽、水网发达等地区常发生路基翻浆。

2.3.1.1 翻浆发生的过程及其影响因素

1. 翻浆发生的过程

秋季,由于降水或灌溉的影响,地面水下渗、地下水位升高,使路基中水分增多,为冬季水分积聚提供了必要条件。

冬季气温下降,路基上部土首先开始冻结,此时土孔隙内的自由水在0℃时开始冻结,形成冰晶体。当温度继续下降时,与冰晶体接触的土粒表面的薄膜水(弱结合水在-0.1~-10℃时开始冻结)受冰的结晶力作用,迁移到冰晶体上面冻结。因此,该部分土粒表面的水膜变薄,破坏了原来的吸附平衡状态,由此产生的剩余分子引力将不断汲取邻近土粒的薄膜水。同时,当水膜变薄时,薄膜水内的离子浓度增加,产生渗透压力差。在土粒分子引力和渗透压力差的共同作用下,薄膜水从水膜较厚处向水膜较薄处迁移,并逐层向下传递。在温度为0~-3℃(-5℃)的条件下,当未冻区有充足的水源供给时,水分发生连续迁移,致使路基上部大量聚冰。

如果冻结线在某一深度停留时间较长,水分有充分的聚积时间,当水源供给充足时,便在冻结线附近形成聚冰层。聚冰层通常只出现在路基上部的某一深度范围内,一般有0.05~0.3m厚,呈一层或多层分布,凡聚冰层所在之处即是路基土含水率最大之处。

冻胀是翻浆过程中的一个阶段。冬季土基下部的水向上积聚并冻结成冰,就会形成冻胀,过大的冻胀会使柔性路面产生鼓包、开裂,使刚性路面出现拱起、错台或断板。次年春融时期,由于路面结构层的吸热和导温性较强,路面下的路基土先于路肩下的土体融化,于是路基下残余未融化的冻土形成凹槽,融化后的水分难以排出,路基上部土处于过湿状态。

当融化至聚冰层时,路基湿度变大,有时甚至超过液限,导致路基在融化过程中强度显著降低,以致丧失承载能力,在车辆荷载作用下发生弹簧、开裂、鼓包、车辙,严重时泥浆外冒,路面大面积破坏,从而形成翻浆,见图2-16。

2. 翻浆的影响因素

翻浆的主要影响因素有:土质、温度、水、路面、车辆荷载、人为因素等,其中土质、温度、水三者的共同作用是形成翻浆的三个自然因素。

(1)土质

粉质土是最容易翻浆的土,当粉质土和黏质土含有大量腐殖质和易溶盐时,则更易形成翻浆,砂类土在一般情况下不会发生翻浆。

图 2-16 路基翻浆

(2) 温度

当初冻的时候气温较高或冷暖交替出现,温度在 0～-3℃(或-5℃)之间停留时间较长,冻结线长期停留在路面下较浅处时,就会使大量水分积聚到距路面很近的地方,产生严重翻浆。春融期,天气骤暖,土基急速融化,则会加重翻浆的程度。

(3) 水

秋雨及灌溉会使路基土的含水率增加,使地下水位升高,将会加剧翻浆的程度。

(4) 路面

路面的结构与类型对翻浆也有一定的影响,例如,在比较潮湿的土基上铺筑沥青路面后,由于沥青面层透气性较差,路基土中的水分不能通畅地从表面蒸发,使水分滞积于土基顶部与基层,导致路面失稳变形,以致出现翻浆。

(5) 车辆荷载

路基翻浆是通过行车荷载的作用形成和暴露出来的。当其他条件相同时,在翻浆季节,交通量越大,车辆轴载越重,则翻浆越为严重。

(6) 人为因素

①设计方案不合理。如路基设计高度不够,特别是低洼地带,路线没有避开不利的水文地质地带,缺乏防治翻浆的措施,以及路面结构设置不当、厚度偏薄等。

②施工质量有问题。如填筑方案不合理、不同土质填料混杂填筑,或采用大量的粉质土、腐殖土、盐渍土、大块冻土等劣质填料,或分层填筑时压实度不足。

③养护措施不当。如排水设施堵塞,路拱有反向坡,路面、路肩积水,对翻浆估计不足,且无适当的抢防措施。

2.3.1.2 翻浆的分类和分级

根据路基土水分来源的不同,翻浆分为地下水类、地表水类、土体水类、气态水类及混合水类 5 类,见表 2-5。根据路面变形的破坏程度不同,翻浆分为轻度、中度和重度三个等级,见表 2-6。

路 基 翻 浆 分 类　　　　　　表 2-5

序号	翻浆类型	导致翻浆的水分来源
①	地下水类	受地下水的影响,土基经常处于潮湿状态,导致翻浆。地下水包括上层滞水、潜水、层间水、裂隙水、泉水、管道漏水等。潜水多见于平原区,层间水、裂隙水、泉水多见于山区

续上表

序号	翻浆类型	导致翻浆的水分来源
②	地表水类	受地表水的影响,土基潮湿,导致翻浆。地表水主要指季节性积水,也包括路基、路面排水不良而造成的路旁积水和路面积水
③	土体水类	因施工遇雨或用过湿的土填筑路堤,造成土基原始含水率过大,在负温度作用下上部含水率显著增加,导致翻浆
④	气态水类	在冬季强烈的温差作用下,土中水主要以气态形式向上运动,积聚于土基顶部和路面结构层内,导致翻浆
⑤	混合水类	受地下水、地表水、土体水或气态水等两种以上水类综合作用产生的翻浆。此类翻浆需要根据水源主次定名,如地下水类、地表水类等

路基翻浆分级   表 2-6

翻浆等级	路面变形破坏程度
轻	路面龟裂、湿润,车辆行驶时有轻微弹簧
中	大片裂纹、路面松散、局部鼓包、车辙较浅
重	严重变形、翻浆冒泥、车辙很深

2.3.1.3 翻浆的防治措施

防治翻浆的基本途径是:防止地面水、地下水或其他水分在冻结前或冻结过程中进入路基上部;在春融期,可将聚冰层中的水分及时排除或暂时蓄积在透水性好的路面结构层中;改善土基及路面结构;采取综合措施防治。各种防治翻浆的措施见表 2-7。

各种防治翻浆措施   表 2-7

序号	措施种类	适用翻浆类型	翻浆等级	适用地区或条件	使用说明
1	路基排水	①②⑤	轻、中、重	平原、丘陵、山区	适用于一切新、旧道路
2	提高路基	①②⑤	轻、中、重	平原、洼地、平地	新、旧路均可用,必要时也可与本表中序号3,4,5,6,7,9任一类措施组合应用
3	砂桩、砂(砾)垫层	①②③⑤	中、重	产砂、砾地区	新、旧路均可用,主要做垫层或与2、4类措施组合应用
4	石灰土结构层	①②③④⑤	轻、中、重	缺少砂、石地区	新、旧路均可用,做基层或垫层,或与3,5类措施组合应用
5	煤渣、石灰土结构层	①②③④⑤	中、重	缺少砂、石地区,煤渣供应有保证	新、旧路均可用,做基层或垫层,或与4类措施组合应用
6	透水性隔离层	①⑤	中、重	产砂、石地区	适用于新路
7	不透水隔离层	①②④⑤	中、重	沥青、油毡、塑料薄膜供应有保证	多用于新路

续上表

序号	措施种类	适用翻浆类型	翻浆等级	适用地区或条件	使用说明
8	盲沟	①⑤	轻、中、重	坡腰或横向地下水出露地段,地下水位高的地段	新、旧路均可使用
9	换土	①②③⑤	中、重	产砂砾或水稳性好的材料地区	适用于新、旧路

注:1.表2-5~表2-7内容摘自《公路养护技术规范》(JTG H10—2009)。
   2.表2-7中适用翻浆类型见表2-5。
   3.冰冻地区的潮湿路段上,不宜采用石灰土做基(垫)层。

具体的防治措施包括如下几个方面:

1. 做好路基排水及提高路基

做好路基排水是预防和处理地面水类和地下水类翻浆的首要措施。良好的路基排水可以防止地面水或地下水浸入路基,使路基土体保持干燥。

提高路基是一种效果显著、简便易行、比较经济的常用措施。即增大路基边缘至地下水或地面水位间的距离,使路基上部土层保持干燥,在冻结过程中不致因过分聚冰而失稳。提高路基的措施适用于取土方便的路段,并宜采用透水性良好的土填筑路基。在重冰冻地区及粉质土地段,提高路基时还要与其他措施,如砂垫层、石灰土等配合使用。

2. 铺设隔离层

隔离层设在路基顶面下 0.5~0.8m 处,目的在于阻断毛细水上升通道,保持上部土基干燥,防止翻浆发生。地下水位或地面积水水位较高,又不宜提高路基时,可铺设隔离层。

隔离层按使用材料可分为透水性隔离层和不透水隔离层两类。

(1) 透水性隔离层

其位置应在地下水位以上,一般在土基 0.5~0.8m 深度处,在盐渍土地区的翻浆路段,其深度应同时考虑防止盐胀和次生盐渍化等要求,用粗集料(碎石、砾石、粗砂或炉渣)铺筑,其厚度一般为 0.1~0.2m,且宜做成 3% 的排水横坡。为了防止淤塞,应在隔离层的上面和下面铺设 10~20mm 的泥炭、草皮或炉渣、石屑、针刺无纺布等透水性材料防淤层。路基与边坡连接部位,应铺大块片石防止碎落。隔离层上部与路基边缘的高差不小于 0.5m,底部高出边沟底 0.2~0.3m,见图 2-17。

(2) 不透水隔离层

不透水路基可设置不透水隔离层,设置深度与透水性隔离层相同。当路基较窄时,隔离层可横跨全部路基,称为贯通式,见图 2-18a);当路基较宽时,隔离层可铺至延伸出路面边缘外 0.5~0.8m,称为不贯通式,见图 2-18b)。

不透水隔离层所用材料和厚度要求如下:

① 沥青含量为 8%~10% 的沥青土或 6%~8% 的沥青砂,厚度为 25~35mm。

② 直接喷洒沥青,厚度为 2~3mm。

③ 用油毛毡(一般为 2~3 层)或不易老化的特制塑料薄膜摊铺(盐渍土地区不可用塑料薄膜)。

图 2-17 透水性隔离层　　　　　图 2-18 不透水隔离层

3.设置路肩盲沟或渗沟

(1)路肩盲沟

为及时排除春融期间路基中的自由水,达到疏干路基上部土体的目的,可在路肩上设置横向盲沟。该方法适用于路基土透水性较高、由地下水引起的翻浆路段。盲沟布置应与路中心线垂直,如路段纵坡大于1%时,则宜与路中心线成60°~75°的交角,两边交错排列,间距5~10m,深度0.2~0.4m,宽度0.4m左右。盲沟应用渗水性良好的碎(砾)石填充,沟底宜做成4%~5%的坡度。盲沟出水口应高出边沟水面0.2m以上,出口按一般盲沟设置要求处理,见图2-19。

(2)排水渗沟

为了降低路基的地下水位,可在边沟下设置盲沟或有管渗沟,见图2-20。为了拦截并排除流向路基的层间水,可采用截水渗沟。

图 2-19 横向盲沟布置图　　　　　图 2-20 路基两侧边沟下面的盲沟

4.换土

对因土质不良造成翻浆的路段,可在路基上部换填水稳定性好、冰冻稳定性好、强度高的粗颗粒土,以提高土的强度和稳定性。

一般可根据地区情况、道路等级、行车要求、换填材料等因素确定换土厚度。一些地区的经验认为,在路基上层换填0.4~0.6m厚的砂类土,路基可以基本稳定。换土厚度也可以根据强度要求,按路面结构层厚度的计算方法计算确定。

用换土法治理翻浆路段时,发现翻浆苗头,应及时进行开挖,这样用较少的工作量可取得较好的效果。换土适合于路基高程受到限制,不能加高路基,且附近有砂类土的路段。

5.改善路面结构层

(1)铺设砂(砾)垫层

通过在路面结构中铺设砂(砾)垫层改善路面结构。砂(砾)垫层是用砂砾、粗砂或中砂做成的垫层,它具有较大的空隙,能隔断毛细水的上升,春融时能蓄水、排水;冻融过程中体积变化小,可减小路面的冻胀和沉陷。它还具有一定的强度,能将荷载进一步扩散,以减小路基承受的应力和应变。

砂(砾)垫层的厚度可按蓄水原则或排水原则设置。

蓄水原则是指春融期间,路基融化后的过量水分能全部集中于砂垫层中。根据蓄水的需要并考虑砂(砾)垫层被污染后降低蓄水能力的情况,中湿路段砂(砾)垫层的经验厚度为0.15~0.20m,潮湿路段为0.2~0.3m。

排水原则是将春融期汇集于砂垫层中的水分通过路肩盲沟排走,其厚度应由路面强度及砂(砾)垫层构造和施工要求决定,一般为0.1~0.2m。

(2)铺设水泥稳定类、石灰稳定类或石灰工业废渣类基(垫)层

这类基(垫)层具有良好的板体性、水稳定性和抗冻稳定性,可以提高路面的整体强度,起到减缓和防止路基冻胀和翻浆的作用。但在重冰冻地区潮湿路段,不宜直接采用石灰土,须与其他措施配合应用,如在石灰土下铺设砂垫层等。

(3)设置防冻层

对于高速公路和一级公路路面,结构层的总厚度除满足强度要求外,还应满足防冻层厚度要求,以避免路基内出现较厚的聚冰带,导致路面冻胀和开裂。

2.3.1.4 翻浆路段的养护

翻浆路段一年四季都在发生变化,因此,在不同季节,应采取不同的养护措施,加强预防性的防治工作,以防止或减轻翻浆病害。

1.秋季养护

对于翻浆路段来说,秋季养护的重点是排水,尽可能防止水分进入路基,保持路基处于干燥状态,以减少冬季冻结过程中由于温差作用向路面下土层积聚的水分,这是一项最根本的措施。所以,秋季养护要做好下列工作:

(1)随时整修路面、路肩、边坡。对于路面,应维护好路拱和平整度,如有裂纹、松散、车辙、坑槽、搓板、纵向冲沟等病害,应及时处理,避免积水。对于路肩,应保持规定的排水横坡,尤其应在雨后夯压密实,保持路肩坚实平整。对于边坡,要保持规定坡度、拍压密实,防止冲刷和坍塌阻塞边沟,造成积水。

(2)修整地表排水设施,保证地表排水通畅。

(3)检查地下排水设施,保证地下水能及时排出。

2.冬季养护

冬季养护的重点是采取措施减轻路基内的水分在温差作用下向路基上层积聚的程度,同时要防止水分渗入路基。冬季养护要做好下列工作:

(1)及时清除翻浆路段的积雪。雪层导温性能差,具有保温作用,将减缓路基土冻结速度,使冻结线长期停留在路基上层,使路基下层水分有机会大量积聚到路基上层,加重路基翻浆。

(2)经常上路检查,发现路面出现裂缝、坑槽等病害要及时修补,融化雪水要及时排除。

(3)经常发生翻浆的路段,应在翻浆前做好准备工作,有翻浆苗头的路段,应及早进行抢修,包括准备好抢防的用料。

3.春季养护

春季是翻浆的暴露时期,在天气转暖的情况下,翻浆发展很快,养护工作的重点是抢防。当路面出现潮湿斑点、松散、龟裂时,表明翻浆已开始露头。有鼓包、车辙、大片裂缝、行车颠簸、路基发软等现象发生时,应采取以下措施:

(1)在两边路肩上每隔3~5m交错开挖横沟,沟宽一般0.3~0.4m,沟的深度根据解冻深度逐渐加深,直到路面底层以下,沟的外口高于边沟沟底。

(2)路面坑洼严重的路段,除横沟外,还应顺路面边缘加修纵向小盲沟或渗水井。渗水井的直径大小以不超过0.4m为宜,井与井的间距应根据实际情况确定,沟或渗水井的深度应至路面底层以下。如交通量不大,也可挖成明沟。

(3)如条件许可,应尽量绕道行车或限制重车通过,避免因行车碾压,加剧路面破坏。

(4)在交通量较小的县乡公路上,可以用木料、树枝等做成柴排,铺在翻浆路段上,上面再铺碎石、砂土,以临时维持翻浆期间通车,防止将路面压坏。

4.夏季养护

夏季是翻浆的恢复期,这时养护工作的重点是修复翻浆破坏的路基和路面,采取措施根治翻浆。首先,要查明翻浆的原因,对病害路段的长度、发生时间、损坏特征、养护情况,以及季节的气温变化情况等进行调查分析,做好记录,确定治理方法和措施。

2.3.2 滑坍的防治

滑坍是最常见的路基病害,也是水毁路基的普遍现象。根据形成条件、原因和规模大小,滑坍大体可分为:滑坡、崩塌、泥石流、坍塌四种形式(图2-21)。本节主要介绍滑坡与崩塌的产生原因及其防治方法。

a)滑坡　　　　　　　　　　　　b)崩塌

c)泥石流　　　　　　　　　　　d)坍塌

图2-21　滑坍的四种形式

2.3.2.1 滑坡

1. 滑坡形成的主要原因

路基山坡土体或岩体,由于长期受地面水、地下水活动的影响,结构被破坏,逐渐失去支撑力,在自重力作用下,整体沿着一定软弱面(或带)向下滑动,这种地质现象称为滑坡。这种滑动一般是缓慢的,可延续相当长的时间,但坡度较陡时,也会突然下滑。

发育完整的滑坡,一般都具备图 2-22 所示的形态,包括后缘环形滑坡壁、与滑坡壁毗邻的封闭滑坡洼地、微向后倾的滑坡台阶、滑动面与滑坡床,以及各种类型的滑坡裂缝和滑坡面等。

图 2-22 滑坡形态示意图

滑坡形成的原因很多,主要包括地质因素和水的作用。

(1) 地质因素

地质因素包括具有蓄水构造层、聚水条件、软弱面(或带),以及有向路基倾斜的岩层山坡等地质条件。

① 山坡表层为渗水的土或岩层,下层为不透水的土或岩层(形成隔水层),且岩层向路基倾斜。在这种情况下,当有地下水经常活动时,就会使表层土(或岩层)沿隔水层滑动,造成滑坡。

② 山坡岩层软硬交错,且其软弱面向路基倾斜,由于风化程度不同或地下水侵蚀等原因,使岩层可能沿某一软弱面向下滑动。

③ 路线穿过软硬不均的岩石断开地带,而断开地带为地下水集中活动地区时,开挖路堑处容易引起滑坡。

(2) 水的作用

水是加剧滑坡的重要条件,主要表现为以下几种情况:

① 雨水渗入。大量雨水渗入边坡,使土体潮湿软化,增加土体重量,降低土的强度,从而加速滑坡的活动。

② 地下水。地下水量增加,浸湿滑坡面,降低滑坡面的抗滑能力,从而加速滑坡的形成。

③ 排水设施布设不合理。例如在渗水性强的边坡上设置天沟,沟内没有铺设防水层,当地面水集中流入天沟内时,水分大量渗入土体内部,以致产生滑坡。

④ 溪、河水位涨落。水分渗入坡体内,润湿滑坡面,或河水冲刷滑坡坡脚,减弱支撑力,引起坡体下滑。

⑤ 灌溉渠道或水田。边坡上有灌溉渠道或水田,没有进行适当处理,渗漏严重,使土体潮

湿软化,增加土体自重,降低土的强度,从而导致滑坡。

2.滑坡的防治

滑坡的类型很多,且成因复杂,因此,要针对各种不同情况采取不同的防治措施。公路上的滑坡多发生于路基上方边坡,这是由于修筑公路改变了地貌的自然平衡。因此,防治滑坡的措施应以上方排水疏导为主,再配合抗滑支撑措施,或上部减重,维持边坡平衡。

(1)地面排水

滑坡体以外的地面水,应予拦截引离;滑坡体上的地面水,要做好防渗处理并尽快汇集引出。各种地面排水措施的适用条件、布置要求,以及设计和施工原则列于表2-8。

滑坡排水措施表　　　　表2-8

排水措施	适用条件	布置要求及设计施工原则
环形截水沟	滑体外	截水沟应设在滑坡可能发展的边界5m以外,根据需要可以设置数条,分段拦截地表水,向一侧或两侧的自然沟系排出。在坡度陡于1:1的山坡上,常采用陡坡排水槽来拦截山坡上方的坡面径流。沟槽断面以满足宣泄坡面径流为准,如土质渗水性强,应采用黏质土、石灰三合土或浆砌片石铺砌防渗层
树枝状排水系统	滑体内	结合地形条件,充分利用自然沟系作为排水渠道,汇集并旁引坡面径流于滑坡体外排出,排水沟布置应尽量避免横切滑体,主沟宜与滑移方向一致。支沟与主沟以30°~45°斜交。如土质松软,可将土夯成沟形。上铺黏质土或石灰三合土加固。通过裂缝处,可采用搭叠式木质水槽或陶管、混凝土槽、钢筋混凝土槽,以防山坡变形拉断水沟,使坡面水集中下渗
明沟与渗沟相配合的引水工程	滑体内的泉水或湿地	目的在于排除山坡上层滞水和疏干边坡土体含水,埋入地下部分类似集水渗沟,露出地面部分是排水明沟
平整夯实自然山坡坡面	滑体内	如山坡土质疏松,坡面水易于阻滞下渗,应整平夯实坡面,填塞裂缝,防止坡面径流汇集下渗
绿化工程(植树、铺种草皮)	山坡滑体内	绿化工程是配合表面排水的一项有效措施,特别对于渗水严重的黏质土滑坡和浅层滑坡,效果显著。在滑坡面上植灌木或阔叶果树,可疏干滑体水分,植物根系起加固坡面土层的作用。铺种草皮可滞缓坡面径流流速,防止冲刷,减少下渗,避免坡面泥土淤塞沟槽

(2)地下排水

各种渗沟是应用较多的排除滑坡地下水的工程措施,主要包括以下几种:

①支撑渗沟。支撑渗沟用以支撑不稳定的滑坡体,兼具排除和疏干滑坡体内地下水的作用,适用深度(高度)为2~10m。支撑渗沟包括主干沟和支沟两种,见图2-23。主干沟一般顺滑坡方向平行修筑,布置在地下水露头处或由土中水形成坍塌的地方;支沟应根据坡面汇水情况合理布置,一般可与滑坡移动方向成30°~45°交角,并可伸展到滑坡范围以外,起到挡截地下水的作用。

支撑渗沟断面一般采用矩形,深度不宜超过10m,宽度为2~4m。基底应设在滑动面以下的稳定地层内0.5m,并设置2%~4%的排水纵坡。若滑坡面较陡,应将沟底基脚筑成台阶形,将沟底埋入稳定的干硬岩层内,以加强渗沟的支撑作用及稳定性。台阶宽不宜小于1~2m,高深比宜为1:1.5~1:2,以免施工时台阶本身形成坍塌。底部应采用浆砌片石铺砌隔水层,厚度为0.2~0.3m。为防止淤积,在支撑渗沟的进水侧壁及顶端应做0.2m厚的砂砾反滤层。

图 2-23 支撑渗沟平面布置图与结构示意图

② 边坡渗沟。当滑坡前缘的路基边坡有地下水均匀分布或坡面大片潮湿时,可修建边坡渗沟,以疏干和支撑边坡,同时也能起到阻截坡面径流和减轻坡面冲刷的作用。

边坡渗沟的平面形状有垂直形、分支形及拱形。分支渗沟的主沟主要起支撑作用,而支沟则起疏干作用。分支渗沟可以互相连接成网状布置,见图 2-24。

③ 截水渗沟。当有丰富的深层地下水进入滑坡体时,可在垂直于地下水流的方向上设置截水渗沟,以拦截地下水,并排出至滑坡体外,见图 2-25。

图 2-24 边坡渗沟　　　　图 2-25 截水渗沟

(3) 减重

减重就是在滑坡体后缘挖除一定数量滑坡土体或岩体,使滑坡体稳定下来。这种措施适用于推动式滑坡,一般滑动面不深,滑床上陡下缓,滑坡后壁或两侧有岩层外露或土体稳定不可能再发展的滑坡。减重主要是减小滑体的下滑力,而不能改变其下滑趋势,所以减重常与其他措施配合使用。

(4)支挡工程

支挡工程分以下几类：

①抗滑垛。一般用于滑体不大、自然坡度平缓、滑动面位于路基附近或坡脚下部较浅处的滑坡。片石垛可用片石干砌或石笼堆成，是依靠片石垛的自重以增加抗滑力的一种简易抗滑措施，见图2-26。

②抗滑挡土墙。在滑坡下部修建抗滑挡土墙是整治滑坡常用的有效措施之一。对于大型滑坡，挡土墙常作为排水、减重等综合措施的一部分；对中、小型滑坡，挡土墙常与支撑渗沟联合使用。其优点是对山体的破坏少，稳定滑坡收效快。抗滑挡土墙一般多采用重力式结构，其尺寸应经计算确定。

③抗滑桩。抗滑桩是一种利用桩的支撑作用稳定滑坡体的有效抗滑设施（图2-27）。一般适用于非塑性体层和小厚度滑坡前缘，以及使用重力式支撑建筑物圬工量过大、施工困难的场合。

图2-26　干砌片石抗滑垛　　　　　图2-27　抗滑桩

2.3.2.2 崩塌

崩塌是岩体突然而猛烈地从陡峻的斜坡上崩离翻滚而下的现象。崩塌可发生在高峻的自然山坡上，也可发生在高陡的人工路堑边坡上。发生崩塌的物体一般为岩体，但某些土坡也会发生崩塌。崩塌的规模有大有小，由于岩体风化、破碎比较严重，边坡上经常发生小块岩石的坠落，这种现象称为碎落，一些较大岩块的零星崩落称为落石，规模巨大的崩塌也称山崩。

崩塌与滑坡的明显区别是：崩塌发生急促，破坏体散开，并有倾倒、翻滚现象，而滑坡体一般总是沿着固定滑动面（或带）整体地、缓慢地向下滑动。

公路路堑开挖过深，边坡过陡，或由于切坡使软弱结构面暴露，都会使边坡上的岩体失去支撑，在水流冲刷或地震作用下引起崩塌。

防治崩塌的措施主要有：

（1）路基上方的危岩及危石应及时检查清除，特别在雨季前要细致检查。如有威胁行车安全的路段，可根据地形和岩层情况，采用嵌补、支顶的方法予以加固。

（2）在小型崩塌或落石地段，应尽量采取全部清除的办法。如由于基岩破坏严重，崩塌、落石的物质来源丰富，则宜修建落石平台、落石槽等拦截结构物。

（3）存在软弱结构面而易引起崩塌的高边坡，可根据情况采用支撑墙或支护墙等措施，以支撑边坡，并防止软弱结构面的张开或扩大。

（4）受河水冲刷而易形成崩塌的边坡，在河岸要做防护工程。

（5）在可能发生崩塌的地段，必须做好地面排水设施。

2.4 特殊地区路基养护

特殊地区主要指盐渍土地区、黄土地区、沙漠地区、多年冻土地区、泥沼和软土地区等,特殊地区路基需要采取特殊的养护方式。

2.4.1 盐渍土地区路基

地表 1m 以内的土层,易溶盐(如氯化盐、硫酸盐、碳酸盐等)含量大于 0.3% 的称为盐渍土。在我国西北、东北的干旱气候地区及沿海平原地区分布有大面积的盐渍土。其含盐量通常是 5%~20%,有的甚至高达 60%~70%。由于土中含有易溶盐,土的物理、力学性质和筑路性质发生变化,引起许多路基病害。盐渍土在干旱季节和干旱地区,因盐类的胶结和吸湿、保湿作用,有利于路基稳定,而一旦受到雨水、冰雪融化的淋湿,含水率将急剧增加,出现湿化坍塌、沉陷、路基发软,路基强度降低甚至失去承载力,导致路基容易出现病害,如道路泥泞、路基翻浆及冻胀病害加重等;受水浸时,路基强度会显著下降,发生沉陷;硫酸盐会发生盐胀作用,使土体表面层结构破坏和疏松,以致产生路面被拱裂及路肩、边坡被剥蚀等现象。针对这些情况,主要采取下述措施加以防治:

(1)加密、加大或加深排水沟。

(2)加深、加宽边沟,产生的弃土可堆筑在边沟外缘,形成护堤,以保护路基不被水淹。

(3)盐湖地区用盐晶块修筑的路基表面,原来没有覆盖层或覆盖层已失散的宜用砂土混合料进行覆盖和恢复。路肩出现车辙、坑槽、泥泞,应清除浮土,泼洒盐水湿润,再填补碎盐晶块整平夯实,最后仍用砂、土混合料覆盖压实。

(4)秋冬季节或春融季节,路肩容易出现盐胀隆起,甚至翻浆,对隆起部分应予以铲平,使地面水及时排除。

(5)当边坡出现沟槽、溶洞、松散等病害时,也可采用盐壳平铺或砂砾黏土平铺拍实、加固。

(6)为防止边坡水土流失,在坡脚处增设各宽 2m 的护坡道,护坡道宜高出常水位 0.2m 以上。护坡道上可选择种植一些耐盐性的树木或草本植物(如红杨、甘草、白茨等)以增强边坡稳定。

(7)在过盐地区,对于高等级道路,为防止路肩风蚀、泥泞以及防止水分从路肩部分下渗而造成路面沉陷,其路肩可考虑采取下列措施防护:

①用粗粒渗水材料掺在土内封闭路肩表层。

②用沥青材料封闭路肩。

③就地取材,用 0.15m 厚的盐壳加固。

(8)对于硫酸盐渍土路基,为处治边坡疏松、风蚀和人畜踩踏而造成的破坏,可根据需要并考虑取材可能性,将卵石、砾石、黏土和盐壳平铺在路堤边坡上进行防护。

2.4.2 黄土地区路基

黄土主要分布在昆仑山、秦岭、山东半岛以北的干旱和半干旱地区,其中以黄土高原的黄土沉积最为典型。黄土地区路基遇雨水容易发生沉陷、坍塌、边沟冲深和蚀宽、边坡松散等病

害,应根据各种病害特征采取相应的处治措施,具体如下:

(1)对于疏松的坡面,宜拍打密实,或用轻碾自坡顶沿坡面碾实,如坡度缓于1:1,雨量适宜草类生长的坡面,可用种草、铺草皮等方法加固。

(2)雨量较小、冲刷不严重的坡面,可采用黏土掺拌铡草进行抹面,并每隔0.3~0.4m打入木楔,增强草泥与坡面的结合。

(3)雨雪量较大的地区,无论坡度大小,宜用石灰、黄土、细砂三合土或加炉渣的四合土进行抹面加固。

(4)对坡脚易受雨水冲刷或坡面剥落严重地段应进行修理加固。

(5)路基上出现的陷穴,首先要查清造成陷穴的水的来源、水量、发展情况等,可采用灌砂、灌泥浆填塞或挖开填塞孔道后再回填夯实的方法处理,也可以设地下暗管、盲沟。

(6)公路通过纵横向沟壑时,对于沟壑边坡处的疏松土层,应采用挖台阶的办法予以清除,台阶宽度不小于1m,见图2-28。

图2-28 边坡疏松土挖台阶(尺寸单位:m)

(7)因地表水侵蚀,路肩上出现坑凹时,可用砂土混合料改善表层。采用无机结合料稳定类基层、沥青表处面层或其他硬化结构硬化路肩时,在路肩尚未硬化路段,为防止地表水渗入路面底层中,应每隔0.2~0.3m设置一处盲沟。盲沟口与边坡急流槽相接,盲沟与盲沟之间铺设塑料薄膜防水层,见图2-29。

(8)在高路堤(路堤高度大于12m)地段,为防止路基下沉,应在垫层下铺设塑料薄膜防水层(塑料薄膜厚度不小于0.14mm),且必须设置盲沟,路面宜采用水泥混凝土预制块铺砌。

(9)通过沟壑时,如未设置防护工程,应在上游一侧路基边坡底部先铺设塑料薄膜或其他隔水材料,然后在隔水层上直接铺浆砌片石坡脚,铺砌高度高于水位0.2~0.5m,见图2-30。

图2-29 路肩未硬化,设置盲沟与铺塑料薄膜

图2-30 坡脚铺设塑料薄膜及片石铺砌(尺寸单位:m)

2.4.3 沙漠地区路基

我国沙漠地区主要分布在北方干旱、半干旱地区,由于气候比较干燥、雨量稀少、风沙大,均为稀疏、低矮的地表植被,容易发生边坡或路肩被风蚀、整个路基被风沙掩埋等情况。沙漠地区路基的养护往往需要大量的防护材料。因此,沙漠地区路基养护应采取"固、阻、输、导"等措施进行综合治理。

1. 沙漠路基病害的防护措施

(1) 对于路基两侧原有的沙障、石笼、风力加速堤、用黏土覆盖的植被、防沙栅栏等措施,如有被掩埋、倾倒、损坏和失效的,应拔高、扶正或修理补充。

(2) 对路基的砌石护坡或草格防沙设施,如有塌方破坏,应及时修理,保持其完好状态。

(3) 必须维护路基两侧现有植物的正常生长,并有计划地补植防沙树木和防护林。

(4) 对路基边坡上出现的风蚀、空洞、塌缺应予填实并加做护坡。

(5) 路肩上严禁堆放任何材料和杂物,以免造成沙丘。对公路上的积沙,应及时清除运到路基下风侧 20m 以外的地形开阔处摊撒平顺。

2. 砂质路基的防护措施

(1) 柴草类防护

①层铺防护:采用麦草、稻草、芦苇、沙蒿、野麻或其他草类,将其基杆砍成 0.3~0.5m 的短节,从坡脚开始向上每层按 0.05~0.10m 厚度层铺捣实。如采用沙蒿等带有根系的野生植物时,可将其根茎劈开,并使根系向外,按上述方法进行层铺。沙蒿可用 10 年以上,其他草类一般可用 3~5 年,材料用量大。

②平铺植物束成笆块:采用各种枝条、芦苇、芨芨草等,扎成直径为 0.05~0.10m 的束把,或编织成笆块,沿路基坡脚向上平铺,以桩钉固定,可用 5~10 年,材料用量大。

③平铺或叠铺草皮:以 0.4~0.5m² 为一块挖取草皮,其厚度为 0.05~0.10m,沿路基坡脚向上错缝平铺或叠铺,一般可用 3~5 年,如能成活,可起永久稳固边坡作用。

(2) 土类防护

①黏土防护:采用塑性指数大于 7 的黏土,用于边坡时,厚度为 0.05~0.10m;用于路肩时,厚度为 0.10~0.15m。为增加抗冲蚀强度和避免干裂,可掺 10%~15% 的砂或 20%~30% 的砾石(体积分数)。

②盐盖防护:可将盐盖打碎为 50mm 的碎块,予以平铺(松软的盐盖可直接平铺而形成硬壳)。

3. 砾、卵石防护

(1) 平铺卵石防护:用于边坡时,厚度为 0.05~0.10m;用于路肩时,厚度为 0.10~0.15m,均按平铺、整平、夯实的步骤进行。

(2) 格状砾卵石防护:用于边坡时,厚度为 0.05~0.07m;用于路肩时,厚度为 0.10~0.15m,先用粒径 0.1m 以上的卵石在边坡上做成 1m×1m 或 2m×2m 并与路肩边缘成 45°角的方格,格内平铺粒径较小的砾石;路肩平铺砾石,应进行整平并夯实。

4. 沥青防护

(1) 平铺沥青砂:采用 10%~20% 热沥青与 80%~90% 的风积沙混合,直接平铺、拍实。

(2) 直接喷洒沥青:采用低标号沥青,熬热后喷洒在边坡上,然后撒一薄层风积沙。

2.4.4 多年冻土地区路基

多年冻土是指天然条件下,冻结状态持续二年或二年以上的土石层。多年冻土约占地球陆地面积的26%,主要分布在高纬度或高海拔的寒冷地区。我国多年冻土约有238.7万km^2,主要分布在青藏高原、大兴安岭和小兴安岭地区,以及阿尔泰山、天山、祁连山和喜马拉雅山等山地。低温地带的多年冻土往往含存大量水分,或夹有冰层,易引起的路基病害主要有:路堑边坡坍塌、路基底发生不均匀沉陷;由于水分向路基上部积聚而引起冻胀、翻浆;路基底的冰丘、冰堆导致路基鼓胀,引起路基、路面的开裂与变形,而融化后又发生不均匀沉陷等。针对其病害的不同情况,可以采取以下措施:

(1)多年冻土地区的路基养护,应遵循"保护冻土"的原则,填土路基坡脚20m范围内不得破坏原地貌,取土坑应设在坡脚20m以外。

(2)多年冻土地区路基应注意加强排水,排水沟、截水沟应保持深度不小于0.6m,沟底宽度为0.4~0.6m,边坡坡率一般为1:1.0~1:1.5。截水沟应设置于填土路基坡脚上方20m以外、路堑坡顶5m以外。当地下冰层较厚时,排水沟、截水沟不宜过深,必要时可加设挡水埝。当路基处于有涎流冰的山坡时,可在路基上侧边沟外增设聚冰坑和挡冰墙,也可在公路边沟外侧上方10~15m外山坡开挖与路线平行的深沟,沟深1~1.2m,底宽0.8~1.0m,以截断活动层泉流,使冬季涎流冰聚集到离公路较远处。

(3)养护材料尽量选用砂砾等非冻胀性材料,不宜选用黏土、重黏土等毛细作用强、冻胀性大的养护材料。

(4)受地形限制,路基填筑高度不够时,应铺筑保温隔离层,隔温材料可采用泥炭、炉渣、碎砖等,防止热融对冻土的破坏。

(5)提高溪旁路基的高度,使其高于流冰面0.6m以上。因受地形或纵坡限制不能提高路基时,可在临水一侧路外加筑堤埂或从中部凿开一道水沟,用树枝、杂草覆盖并加铺土层进行保温,使水流沿水沟流动,避免溢流上路。如地形允许,可将溪流改至远离公路处通过。

2.4.5 泥沼及软土地带路基

我国东北地区的大兴安岭、小兴安岭、长白山、三江平原、松辽平原、青藏高原、西北地区的湖盆洼地和高寒山地均分布有泥沼;在湖塘、盆地、江河湖海沿岸和山河洼地,则分布有近代沉积的软土。泥沼、软土地带的路基,多因地面低洼、降水充足、地下水位高、含水饱和、透水性小、压缩性大、抗剪强度低,在填土荷载和车辆荷载作用下,容易出现沉降、冰冻膨胀、弹簧、沉陷、滑动、基底向两侧挤出等病害。泥沼及软土地带路基损坏的整治应针对病害情况,采取下列措施:

(1)降低水位

当在路基两侧开挖沟渠的工程量不大时,可加深路堤两侧边沟,以降低水位,促进路基土渗透固结,达到稳固路基的效果。

(2)修筑反压护道

当路堤下沉,路堤下坡两侧(或单侧)隆起时,可在相应位置填筑适当高度与宽度的护道,在护道自重作用下,使路堤两侧(或单侧)被挤出隆起的趋势得以平衡,从而保证路堤稳定,见图2-31。

图 2-31 用反压护道加固软土路堤

(3) 换土

将病害处路堤下软土全部挖出,换填强度较高、渗透性较好的砂砾石、碎石,见图 2-32。

图 2-32 换填砂砾石(碎石)

抛石挤淤为强迫换土的一种形式,适用于软土液性指数大、软土层较薄且片石能沉达下部硬卧层的路基,一般采用较大的片(块)石,直径不小于 0.3m。先将病害路段路堤挖至软土层,抛石自路堤中部开始,逐步向两侧展开,以使淤泥挤出;在片(块)石抛至一定高度后(一般要露出淹没水面),用压路机对抛石层碾压,然后在其上铺设反滤层,最后填土至路基设计高度,见图 2-33。

图 2-33 抛石挤淤

(4) 侧向压缩

在路堤坡脚砌筑纵向结构,限制软土侧向挤出,可采用板桩、木排桩、钢筋混凝土桩、片石齿墙等,见图 2-34。

图 2-34 侧向压缩方法

(5) 挤密

在软土路基中采取冲击或振动等方法形成一定直径的孔,在孔中灌以砂、石、灰土或石灰等材料,捣实而成直径较大的桩体,利用横向挤密作用,使路基土粒彼此靠紧,孔隙减小。桩体具有较高的承载能力,群桩的面积约占松散土加固面积的 20%,桩和原土组成复合地基,达到加固的作用。

除上述方法外,还可以采用砂石垫层、石灰桩、砂井(桩)、袋装砂井、塑料排水板,以及土工织物滤垫等方法,从而改善排水条件来稳定路基。目前,较常用的技术还包括:现浇水泥混凝土薄壁筒桩、粉体喷射搅拌桩、复合载体夯扩桩等。

现浇水泥混凝土薄壁筒桩是一种空心薄壁结构,其主要原理是根据筒桩的设计壁厚,制作成钢质双层环状桩体(类似钢质模板),连同环形水泥混凝土桩尖打入路基土层,在上层钢质桩体形成的夹层空间内灌入水泥混凝土(同时逐渐拔出钢质桩体,桩尖脱离留于基底),形成环状薄壁桩,利用其桩身内外的摩阻力及桩尖阻力提高地基及路基土的承载力。

粉体喷射搅拌桩是利用专用的粉喷搅拌钻机,将水泥等粉体固化剂强行喷入软土地基中,利用固化剂与软土之间所产生的一系列物理化学反应,使软土结成具有一定强度的不规则桩体而形成复合地基的技术措施。

复合载体夯扩桩是利用打桩设备,将软土层在钢质护筒内用细长重锤夯压至设计深度,而后填入碎石、碎砖、干硬性水泥混凝土等填充料继续夯压,在其底部挤密土体,形成复合载体(挤密体),然后灌注水泥混凝土桩身,振捣密实(同时缓慢拔出护筒),从而形成深度复合地基,提高地基的变形模量,使其承载能力较原状土有较大幅度的提高。

【复习思考题】

1. 简述路基养护工作的内容与要求。
2. 简述路基损坏类型及评定方法。
3. 陡坡路段路肩的防排水治理措施有哪些?
4. 挡土墙损坏有哪些加固方法?
5. 简述路基翻浆的形成过程、影响因素及防治措施。
6. 试述滑坡产生的原因及防治滑坡的措施。
7. 简述盐渍土路基的防治措施。
8. 简述泥沼及软土地带路基病害的防治措施。

第 3 章 路面技术状况检测与评定

【学习目的与要求】

通过本章的学习,掌握路面技术状况评定的主要内容,掌握路面损坏类型及识别方法,掌握路面技术状况的评价指标与评价体系、典型损坏的检测方法、数据处理与分析方法;了解国内外检测设备的使用以及检测技术的发展概况,通过案例分析掌握公路路面技术状况评定的过程。

路面投入使用后,由于车辆荷载、自然因素、人为因素的作用,以及路面自身的缺陷,路面会出现各种不同的损坏,如果不及时进行养护就会影响路面的使用性能和使用寿命。因此,路面的技术状况评定尤为重要,不仅可以反映路面技术状况及使用性能,还可以为制定公路养护工作计划和养护方案提供依据,也是公路养护工作质量检查考核的依据。

本章将分别对路面技术状况检测与评定的七项内容进行介绍。

3.1 公路技术状况评定体系

20 世纪 60 年代初期美国的 AASHTO 中提出了路面现时服务指数 PSI,标志着世界范围路面使用性能评价技术研究的开始。此后,多国纷纷提出了自己的评价指标,如加拿大的行驶舒适性指数 RCI(Riding Comfort Index)、英国的道路状况指数 RCI(Road Condition Indicator)、日本的养护管理指数 MCI(Maintenance Control Index)、美国空军提出的路面状况指数 PCI(Pavement Condition Index)等。20 世纪 80 年代末,我国在河北、浙江等省市选择试验路进行路况调查和专家评价,开始了路面状况评价技术研究,逐步建立了我国的路面状况评价指标体系。1994 年,交通部颁布了《公路养护质量检查评定标准》(JTJ 075—94),对客观反映公路技术状况水平起到了重要作用;2007 年,交通部颁布了《公路技术状况评定标准》(JTG H20—2007),对公路技术状况的评定标准、计算方法、检测和评定要求等作了明确规定,在吸收国内外先进成熟的新方法、新技术等基础上,对其进行了全面修订,于 2019 年交通运输部颁布了《公路技术状况评定标准》(JTG 5210—2018)。

本节主要介绍我国公路技术状况评定体系构成与公路技术状况检测要求,并对其中的自动化检测设备及方法进行介绍。

3.1.1 我国公路技术状况评定体系构成

目前,我国的公路技术状况评定主要依据《公路技术状况评定标准》(JTG 5210—2018)(以下简称《评定标准》)进行。其中,要求对路面、路基、桥隧构造物及沿线设施四部分内容进行技术状况评定,分别采用路面技术状况指数 PQI(Pavement Maintenance Quality Index)、路基技术状况指数 SCI(Subgrade Condition Index)、桥隧构造物技术状况指数 BCI(Bridge,Tunnel and Culvert Condition Index)和沿线设施技术状况指数 TCI(Traffic Facility Condition Index)表征,总体公路技术状况采用公路技术状况指数 MQI(Highway Maintenance Quality Indicator)表征。MQI 体系具体关系见图 3-1。

图 3-1　公路技术状况评价指标体系

公路技术状况指数 MQI 与各分项指标之间的关系见式(3-1):

$$MQI = w_{SCI}SCI + w_{PQI}PQI + w_{BCI}BCI + w_{TCI}TCI \qquad (3-1)$$

式中:w_{SCI}——SCI 在 MQI 中的权重,取值为 0.08;

w_{PQI}——PQI 在 MQI 中的权重,取值为 0.70;

w_{BCI}——BCI 在 MQI 中的权重,取值为 0.12;

w_{TCI}——TCI 在 MQI 中的权重,取值为 0.10。

公路技术状况指数 MQI 的四个分项,无论是在内容上还是在属性上都有本质差别,将属性不同的四部分内容结合在一起用一个指标表示,完全出于管理上对公路技术状况整体评价的需要。

在 MQI 的四个分项中,路面技术状况指数 PQI 是最重要的一项内容,主要包括路面损坏、路面平整度、路面车辙、路面跳车、路面磨耗、路面抗滑性能、路面结构强度七项内容。但是,水泥混凝土路面技术状况评定不包括路面车辙和路面结构强度两项内容,有刻槽的水泥混凝土路面不应作路面磨耗评定。

相应的,对应于路面技术状况检测的指标分别为路面破损率 DR(Pavement Distress Ratio)、国际平整度指数 IRI(International Roughness Index)、路面车辙深度 RD(Rutting Depth)、路面跳车 PB(Pavement Bumping)、路面构造深度 MPD(Pavement Mean Profile Depth)、横向力系数 SFC(Side-Way Force Coefficient)、弯沉 l(Pavement Deflection),经过计算将会得到各分项评价指标:路面损坏状况指数 PCI(Pavement Condition Index)、路面行驶质量指数 RQI(Ridding Quality Index)、路面车辙深度指数 RDI(Rutting Depth Index)、路面跳车指数 PBI(Pavement Bumping Index)、路面磨耗指数 PWI(Pavement Surface Wearing Index)、路面抗滑性能指数 SRI(Skidding Resistance Index)和路面结构强度指数 PSSI(Pavement Structure Strength Index)。各项评价指标经过计算后可以得到路面技术状况的综合评价指标 PQI。

路面使用性能与各项内容之间的关系见图 3-2。

图 3-2 路面技术状况评价指标关系图

由于路面结构强度是抽样评定指标,抽样检测的路线或路段应按路面养护管理需要确定,最低抽样比例不得低于公路网列养里程的 20%。路面磨耗和路面抗滑性能是通过不同方式表达的路面抗滑性能,两者之间选择一个进行评定即可。因此,PQI 的计算因公路等级和路面类型而有所不同,高速公路和一级公路沥青路面包括五项内容,高速公路、一级公路水泥混凝土路面包括四项内容,二、三、四级公路只包括前两项内容。路面技术状况指数 PQI 的计算模型见公式(3-2)。

$$PQI = w_{PCI}PCI + w_{RQI}RQI + w_{RDI}RDI + w_{PBI}PBI + w_{PWI}PWI + w_{SRI}SRI + w_{PSSI}PSSI \quad (3-2)$$

式中:w_{PCI}——PCI 在 PQI 中的权重;

　　　w_{RQI}——RQI 在 PQI 中的权重;

　　　w_{RDI}——RDI 在 PQI 中的权重;

　　　w_{PBI}——PBI 在 PQI 中的权重;

　　　w_{PWI}——PWI 在 PQI 中的权重;

　　　w_{SRI}——SRI 在 PQI 中的权重;

　　　w_{PSSI}——PSSI 在 PQI 中的权重。

各分项指标的权重见表 3-1。

PQI 各分项指标权重 表 3-1

路面类型	权重	高速公路、一级公路	二、三、四级公路
沥青路面	w_{PCI}	0.35	0.60
	w_{RQI}	0.30	0.40
	w_{RDI}	0.15	—
	w_{PBI}	0.10	—
	$w_{SRI(PWI)}$	0.10	—
	w_{PSSI}	—	—
水泥混凝土路面	w_{PCI}	0.50	0.60
	w_{RQI}	0.30	0.40
	w_{PBI}	0.10	—
	$w_{SRI(PWI)}$	0.10	—

3.1.2 公路技术状况检测要求

为了满足路面技术状况评定的要求,需要对路面技术状况进行自动化检测。路面技术状况检测与调查以 1km 路段为基本检测(或调查)单元,公路技术状况检测与调查应按上行方向(桩号递增方向)和下行方向(桩号递减方向)分别检测,二、三、四级公路可不分上下行。使用快速检测方法和设备采集路面技术状况评定所需数据时,每个检测方向至少要检测一个主要行车道。

公路技术状况评定的最低检测与调查频率见表 3-2。有条件的省市或地区可根据实际情况适当增加部分指标的检测与调查频率或者按照季度检测,以确保公路技术状况的变化能够被及时掌握。

公路技术状况评定最低检测与调查频率 表 3-2

检测与调查内容		沥青路面		水泥混凝土路面	
		高速公路、一级公路	二、三、四级公路	高速公路、一级公路	二、三、四级公路
路面 PQI	路面损坏	1 年 1 次	1 年 1 次	1 年 1 次	1 年 1 次
	路面平整度	1 年 1 次	1 年 1 次	1 年 1 次	1 年 1 次
	路面车辙	1 年 1 次	—	—	—
	路面跳车	1 年 1 次	—	1 年 1 次	—
	路面磨耗	1 年 1 次	—	1 年 1 次	—
	路面抗滑性能	2 年 1 次	—	2 年 1 次	—
	路面结构强度	抽样检测	抽样检测	—	—
路基 SCI		1 年 1 次			
桥隧构造物 BCI		按现行标准规范的有关规定执行			
沿线设施 TCI		1 年 1 次			

3.1.3 公路路面技术状况自动化检测方法和检测设备

为提高公路技术状况检测效率、降低检测成本、提升检测精度和可靠度,研究人员研发了路面技术状况自动化综合检测设备。该类设备可以实现路面结构损伤、路面病害识别和智能化快速检测,相对于传统方法检测效率高、成本低、精度可靠、通用易操作。目前,国内常用的自动化检测设备有交通运输部公路科学研究院的路况快速检测系统(CiCS)[图3-3a)]和哈尔滨工业大学的多功能道路检测车[图3-3b)]等。

a)交通运输部公路科学研究院的路况快速检测系统(CiCS)

b)哈尔滨工业大学的多功能道路检测车

图3-3 路面状况自动化检测设备

多功能道路检测车主要由距离测量装置、地理位置信息检测装置、路面损坏信息检测装置、路面纵断面信息检测装置、路面横断面信息检测装置、前方图像信息检测装置和相关载体组成。检测车可以实现路面损坏、路面平整度、路面车辙、路面磨耗、路面跳车的检测,还可以进行定位及前方摄像,因此,检测车是综合性检测设备。目前,路面抗滑性能和路面结构强度还需要单独的设备进行检测,这部分将在后续章节分别介绍。

(1)综合定位系统

路面技术状况评定时,需要给出各个检测单元的里程信息、病害的位置信息等。因此,需要采用各种类型的距离测量装置进行里程位置定位。综合定位子系统采用"卫星导航定位系统(如GPS和北斗定位系统)+测距仪定位技术(如轮码仪)+里程桩号标定"相结合的综合定位技术,距离测量分辨率为毫米级,误差不大于0.1%,可以满足路面技术状况评定的需要。

(2)路面损坏检测

路面损坏检测以车流速度自动检测并存储包含裂缝等损坏信息的路面图像,通过路面图像损坏自动识别分析,获得路面损坏数据,计算路面破损率。

以哈尔滨工业大学的多功能道路检测车为例,路面图像采集及数据分析子系统由图像采集、A/D转换、速度匹配、综合定位、人工照明(闪光仪)、数据分析等部分组成。在检测速度为0~120km/h时,通过人工照明与图像采集系统同步工作,可以有效采集路面裂缝类病害信息,运用全程回放、人工判读以及自动分类统计的方法对图像进行处理,通过对快速检测设备采集回来的图片进行自动识别,可以得到损坏的类型、严重程度和面积,并通过计算得到各路段的路面损坏状况指数PCI。采集系统的控制界面示例如图3-4所示。

沥青路面损坏图像识别系统界面见图3-5。图中给出了单个行车道宽度、长度为4.0m范围内的路面损坏图像、损坏类型及损坏面积。

水泥混凝土路面损坏图像识别系统界面见图3-6,图中给出了单个行车道宽度、长度为4.0m范围内的路面损坏图像、损坏类型及损坏面积。

图 3-4 采集系统的控制界面示例

图 3-5 沥青路面损坏图像识别系统界面

图 3-6 水泥混凝土路面损坏图像识别系统界面

(3) 路面平整度检测

路面平整度检测是利用激光传感器等各种距离测量装置,以车流速度自动检测并存储路面纵断面高程变化信息,通过纵断面信息处理获得路面平整度数据。路面平整度的检测位置为左或右轮迹带中心线,采样点间距不大于 100mm,最大检测能力(国际平整度指数 IRI)应不小于 10m/km,纵断面高程传感器分辨率应不大于 0.5mm;检测结束后,要保存路面纵断面高程等原始检测数据及 10m 平整度实时计算结果。

(4) 路面车辙检测

路面车辙检测是利用激光传感器等各种距离测量装置,以正常行车速度自动检测并存储路面横断面高程变化信息,通过横断面信息处理获得路面车辙深度数据。

以哈尔滨工业大学的多功能道路检测车为例,沥青路面车辙测量子系统采用了 17 个红外激光器多点同步测量技术,可根据需要自由地设定传感器数量及位置,能够实现自动化采集和数据处理的一体化。该子系统采用的红外传感器测量精度高,而且对采集的数据实时存储,便于采集过后对数据进行再现和再分析,能够实现车速在0~120km/h的连续测量。

(5) 路面构造深度检测

路面构造深度利用激光传感器等各种距离测量装置,以车流速度自动检测并存储路面纹理断面高程变化信息,通过纹理断面信息处理获得路面构造深度数据。

以哈尔滨工业大学的多功能道路检测车为例,路面纹理测量子系统采用两个激光纹理仪测量路面构造深度,将激光测距传感器安装在车体轮迹带前方,在车辆行驶的过程中检测出路面集料表面到车体传感器的高程数据,然后对这一线性数据序列进行数据处理、计算,得出路面集料的平均构造深度。激光传感器采样频率为20kHz,测量精度可达0.001mm。

(6) 前方图像采集

能够利用各种图像信息检测装置,自动检测并存储道路前方图像。既可以用于公路资产管理,又可以作为路面技术状况评价的辅助手段。以上模块的检测数据可以自动传输到检测车的系统中心数据库,经过自动化识别和计算程序,实现对路面技术状况的自动化检测(图3-7)。

图3-7 路面检测系统的主要构成

3.2 路面损坏状况检测与评定

路面在使用过程中会不可避免地出现各种损坏,路面损坏状况检测与评定是路面养护与管理中最重要、最根本的一项内容。但是,由于路面损坏形式多样、诱因复杂,导致损坏状况的定量描述非常困难。本节将对沥青路面、水泥混凝土路面的损坏类型与识别进行介绍,进而介绍路面损坏状况的检测与评定方法。

3.2.1 沥青路面损坏类型与识别

目前,《评定标准》中将沥青路面的损坏分为 11 类 21 种损坏。分别为:龟裂分轻、中、重三级,块状裂缝、纵向裂缝、横向裂缝、坑槽、松散、沉陷、车辙、波浪拥包分轻、重两级,泛油和修补不分级。

1.龟裂

龟裂是沥青路面最为严重的一种裂缝形式,是路面上呈相互交错的小网格状裂缝(图3-8)。龟裂发生的程度及密度(范围)是判断路面是否存在结构性损坏及承载能力是否满足要求的重要依据。龟裂产生的最主要原因是疲劳破坏。在车辆荷载的反复作用下,沥青路面结构逐渐失去承载能力,疲劳破坏就会产生。龟裂是沥青路面最主要的结构性病害之一,其发生的程度及密度(范围)是养护工程师用于判断路面是否存在结构性损坏及承载能力是否足够的重要依据。

a) b)

图 3-8 龟裂

2.块状裂缝

块状裂缝(块裂)表现为纵向和横向裂缝的交错而使路面分裂成多边形大块(图 3-9)。块裂主要是由面层材料的低温收缩和沥青老化所引起,与车辆荷载作用的关系不大。块裂可能出现在整个路面宽度内,范围较大,其深度一般仅限于路面表面,对路面承载能力和功能性能都没有太大影响。有时由于基层材料强度不足发生的碎裂也会反射到面层上来,形成图 3-9c)所示的块裂。

a) b) c)

图 3-9 块状裂缝

3.纵向裂缝

纵向裂缝(纵裂)是路面上与行车方向基本平行的裂缝(图3-10)。纵裂产生的主要原因包括:

(1)承载能力不足。在重复荷载作用下,路面承载能力逐渐不足,就会在经常承受荷载的路面轮迹带处首先产生多条平行的小纵向裂缝,逐渐发展就会成为龟裂[图3-10b)]。

(2)路基不均匀沉降。由于不均匀沉降和裂缝的反射作用也会在路表产生纵裂[图3-10c)]。

(3)路基不均匀冻胀。季节性冻土地区由于路基填料不均匀或路基含水率差异或地下水等因素引起的不均匀冻胀,也会导致路面出现纵向开裂。

(4)混合料摊铺时纵向施工搭接质量不好,或者旧路面层纵向裂缝的反射作用,也往往会在路面的中线处产生纵裂。

a) b) c)

图3-10 纵向裂缝

4.横向裂缝

横向裂缝(横裂)是路面上与行车方向基本垂直的裂缝(图3-11)。横裂产生的主要原因包括:

(1)温度变化。如果沥青劲度过大或沥青变硬,在气温下降的时候由于温度应力就容易在垂直于行车方向形成间距大致相同的横向裂缝。

(2)反射裂缝。半刚性基层裂缝或原路面裂缝的反射裂缝也是沥青路面产生横向裂缝的一个重要原因。这种横向裂缝是自下而上发展的,因此贯穿整个路面结构。

(3)沥青路面与构造物连接处填土压实不足、固结沉陷等也易在相应的位置产生横向裂缝。

a) b)

图3-11 横向裂缝

5. 沉陷

沉陷是指路面的局部凹陷下沉(图 3-12)。沉陷产生的主要原因是路基不均匀沉降、路面局部开挖回填压实不足或桥涵台背填土不实。路面基层结构损坏或不稳定也会产生路面的局部沉陷变形。路面沉陷直接影响道路行车舒适性及安全性,因此,出现后必须及时进行修复。

图 3-12 沉陷

6. 车辙

车辙是在沥青路面表面形成的沿轮迹方向深度大于 10mm 的纵向凹陷(图 3-13)。车辙可分为结构型车辙、流动型车辙(失稳型车辙)、压密型车辙及磨耗型车辙。结构型车辙是指路面结构层及土基在车辆荷载重复作用下,材料压缩产生的永久累积变形,车辙断面一般呈两边高中间低的 U 形,同时常伴有块裂、龟裂和坑槽发生。流动型车辙是指炎热季节仅在沥青混凝土层内产生的侧向流动变形而形成的车辙,车辙断面一般呈 W 形。压密型车辙是指由于路面施工缺陷如混合料温度过低、压实次数过少等造成沥青面层压实度不足,而在车辆荷载作用下进一步压密产生的车辙,其断面一般也呈 W 形。磨耗型车辙是指由于重载渠化交通对路面的磨耗作用形成的车辙。车辙会导致行车舒适性的降低,雨天车辙的积水对行车安全性也有极大的威胁。

a)

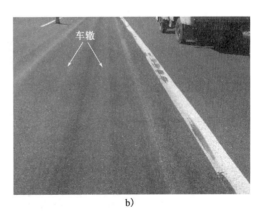
b)

图 3-13 车辙

7.波浪拥包

波浪拥包是指由于局部沥青面层材料移动而在路面表面形成的有规律的纵向起伏,波峰和波谷间隔很近(图 3-14)。波浪拥包产生的主要原因包括:路面材料及设计与施工缺陷、面层与基层之间存在不稳定夹层和路基冻胀。

8.坑槽

坑槽是局部集料丧失而在路面表面形成的坑洞,可深及不同的路面结构层(图 3-15)。按照面积进行计量,分为轻、重两个等级。坑槽产生的主要原因包括:

(1)其他病害衍生。当车轮驶过龟裂、松散等病害区域时,会带走已经碎裂的小块面层材料,形成坑槽。

(2)施工质量不好或水损害。单独发生的坑槽可能是由于路面施工质量不好,如压实不足、上面层厚度不够引起的,也可能是由水损坏引起,多发生在面层较厚的高等级沥青路面上。

图 3-14　波浪拥包

图 3-15　坑槽

9.松散

松散是一种从路面表面向下不断发展的集料颗粒流失和沥青结合料流失而造成的路面损坏(图 3-16)。松散是由于沥青和集料之间失去黏结而产生的。沥青混合料中沥青用量偏少、低温施工或沥青和集料黏结性差、沥青老化变硬、压实不足或局部集料级配不均匀,都有可能在沥青路面表面形成松散。

图 3-16　松散

在沥青路面上述9种损坏中,按照各自的损坏程度又可分为不同的损坏等级,沥青路面损坏分级汇总见表3-3。

沥青路面损坏分级汇总表　　　表3-3

损坏类型	轻度特征	中度特征	重度特征
龟裂	主要裂缝块度在0.2~0.5m之间,平均裂缝宽度<2mm	主要裂缝块度<0.2m,平均裂缝宽度在2~5mm之间	主要裂缝块度<0.2m,平均裂缝宽度>5mm
块裂	主要裂缝块度>1m,平均裂缝宽度在1~2mm之间	—	主要裂缝块度在0.5~1m之间,平均裂缝宽度>2mm
纵裂	主要裂缝宽度≤3mm	—	主要裂缝宽度>3mm
横裂	主要裂缝宽度≤3mm	—	主要裂缝宽度>3mm
沉陷	深度在10~25mm之间,行车无明显颠簸感	—	深度>25mm,行车有明显颠簸感
车辙	辙槽浅,深度在10~15mm之间	—	辙槽深,深度>15mm
波浪拥包	波峰波谷高差在10~25mm之间	—	波峰波谷高差>25mm
坑槽	坑槽深度<25mm,或者面积小于0.1m²	—	坑槽深度≥25mm,或者面积大于或等于0.1m²
松散	路面细集料散失、脱皮、麻面等	—	路面粗集料散失、脱皮、麻面、露骨、表面剥落

10.泛油

沥青混合料中的沥青向上迁移至路面表面,形成一层有光泽的沥青膜,被称为泛油(图3-17)。泛油损坏不分严重程度等级,按泛油涉及的面积计算。泛油主要是由于沥青材料或设计缺陷造成的。一般发生在天气炎热时,天冷时又不存在逆过程,因而沥青永久地积聚在路面表面,致使路面宏观构造深度不足,路面抗滑能力降低,泛油是影响道路行驶安全性的主要病害之一。

图3-17　泛油

11.修补

修补应为裂缝、坑槽、松散、沉陷、车辙等损坏的修复(图3-18)。修补可分为块状修补和条状修补。块状修补一般指坑槽、沉陷等的局部,块状修补,应按面积计算;条状修补一般指横裂、纵裂等的修补,在人工调查时,应将条状修补的调查长度(m)乘以影响宽度(0.2m)换算成面积。长度大于5m的整车道修复不计为路面修补损坏。修补范围内再次发生的损坏,应按新的损坏类型计算。自动化检测时,块状修补系数为0.1,条状修补系数为0.2。

a) 坑槽修补

b) 裂缝修补

图3-18 修补

随着沥青路面材料、技术的发展及施工质量的提高,沥青路面尤其是高等级公路沥青路面的损坏类型集中在横向裂缝、纵向裂缝、龟裂、坑槽、修补等,泛油、沉陷、松散、波浪拥包等损坏所占比重较小。因此,对于裂缝类病害的正确识别将直接影响路面技术状况评定的结果。在实际的路面技术状况检测与评定过程中,处治过的裂缝的识别容易引发争议。第一种方式是将其识别成裂缝,认为处治后的路面裂缝仍然存在,会影响路面服役性能,按照裂缝的权重进行计算;第二种方式是识别成修补,认为处治后的路面可以正常使用,仅轻微影响服役性能,按照修补的权重进行计算;第三种方式是识别成正常路面,认为处治后的路面不会影响服役性能,不计入损坏。不同的识别方式导致的评定结果截然不同。《评定标准》按照第二种方式进行处治后的裂缝识别,即将其识别为修补。对于未经处治的裂缝,仍按照裂缝识别。在确定路面养护方案时,要在分析主导损坏类型、产生原因等基础上综合确定养护对策。

3.2.2 水泥混凝土路面损坏类型及识别

水泥混凝土路面的损坏分为11类20种损坏。分别为:裂缝、板角断裂、边角剥落分轻、中、重三级,破碎板、错台、接缝料损坏分轻、重两级,拱起、坑洞、唧泥、露骨和修补不分级。

1.破碎板

破碎板是指混凝土板被裂缝分为3块及以上板块(图3-19),损坏按水泥混凝土板整块面积计算。破碎板是较为严重的一种损坏形式,通常是在重载作用下由横向裂缝、纵向裂缝、斜向裂缝及板角断裂进一步发展形成的。在荷载的作用下,破碎板会进一步破碎直至完全失去整体性。

a)　　　　　　　　　　　　　　　　　b)

图 3-19　破碎板

2. 裂缝

裂缝是指板块上只有一条裂缝,可以为横向、纵向[图 3-20a)]或不规则的斜裂缝[图 3-20b)],按裂缝长度计量,检测结果应乘以影响宽度(1.0m)换算成损坏面积。裂缝通常由于收缩应力、重载反复作用、温度或湿度翘曲应力、丧失地基支撑等因素单独或多种因素综合作用而产生。施工时切缝不及时也会导致水泥混凝土路面出现裂缝。

a)纵向裂缝　　　　　　　　　　　　b)斜向裂缝和纵向裂缝

图 3-20　水泥混凝土路面裂缝

3. 板角断裂

板角断裂是指水泥混凝土板的板角出现裂缝,裂缝与纵横接缝相交,交点距板角小于或等于板边长度的一半的损坏(图 3-21),按断裂板角的面积计算。

a)　　　　　　　　　　　　　　　　　b)

图 3-21　板角断裂

板角断裂需和斜向裂缝区分开来,主要看裂缝与纵横缝交点的距离是否小于板边长度的一半。板角是水泥混凝土路面较薄弱的部位,由于施工的原因,板角相对于其他部位来说强度稍低,但却处于不利的受力位置,因此在重载反复作用及温度和湿度翘曲应力作用下,再加上地基软弱、唧泥和传荷能力差等因素,就会出现板角断裂损坏。

4.错台

错台是指接缝两边出现的高差(图3-22)。损坏按发生错台的接缝长度(m)计算,检测结果应乘以影响宽度(0.1m)换算成损坏面积。由于接缝处渗水,在高速行车条件下造成基层材料反复受到冲刷,板底堆积被冲刷掉的材料,造成接缝一端的面板向上抬起,从而形成错台,有的错台是由于唧泥将基层表面的细料带走后水泥混凝土路面板下沉所致。此外,在施工时胀缝的填缝板未予牢固固定,在振捣时被振歪或使缝壁倾斜,或接缝的上部填缝料同下部接缝板未能对齐,两板伸胀挤压过程也会导致错台。错台是水泥混凝土路面最为常见的损坏之一,也是造成水泥混凝土路面行驶舒适性下降的主要原因之一。

5.边角剥落

边角剥落是指沿接缝方向板边出现碎裂或脱落,裂缝面与板面成一定角度(图3-23)。损坏按发生剥落的接缝长度(m)计算。检测结果应乘以影响宽度(1.0m)换算成损坏面积。由于接缝和边角处形状较"锐",是路面的薄弱点,在车辆荷载和其他因素的作用下,很容易出现边角剥落破坏。

图3-22 错台

图3-23 边角剥落

6.接缝料损坏

接缝料损坏是指由于接缝的填缝料老化、剥落等原因,填料不密水或接缝内已无填料,接缝被砂、石、土等填塞形成的损坏(图3-24)。按出现接缝料损坏的接缝长度(m)计算,检测结果应乘以影响宽度(1.0m)换算成损坏面积。

在水泥混凝土路面上述6种损坏中,按照各自的损坏程度又可分为不同的损坏等级,将其汇总见表3-4。

图 3-24 接缝料损坏

水泥混凝土路面损坏分级汇总表　　　　　　表 3-4

损坏类型	轻度特征	中度特征	重度特征
破碎板	破碎板未发生松动和沉陷	—	破碎板块有松动、沉陷和唧泥等现象
裂缝	主要裂缝宽度小于 3mm，一般为未贯通裂缝	主要裂缝宽度在 3~10mm 之间	裂缝较宽，主要裂缝宽度 >10mm
板角断裂	主要裂缝宽度小于 3mm	主要裂缝宽度在 3~10mm 之间	主要裂缝宽度 >10mm
错台	接缝两侧高差在 5~10mm 之间	—	接缝两侧高差 >10mm
边角剥落	板边上的碎裂和脱落	板边上的碎裂和脱落，接缝附近水泥混凝土有开裂	板边上的碎裂和脱落，接缝附近水泥混凝土多处开裂，开裂深度超过接缝槽底部
接缝料损坏	填料老化，不密水，但尚未剥落脱空，未被砂、石、泥土等填塞	—	三分之一以上接缝出现空缝或被砂、石、土填塞

7.拱起

拱起是指横缝两侧板体高度大于 10mm 的抬高损坏（图 3-25），损坏应按拱起涉及板块的面积计算。

8.坑洞

坑洞是指板面出现直径大于 30mm、深度大于 10mm 的坑槽（图 3-26）。损坏按坑洞或坑洞群的包络面积计量，损坏不分轻重。

图 3-25 拱起

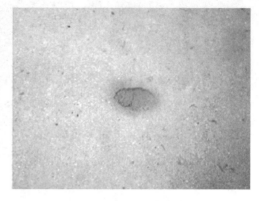
图 3-26 坑洞

9. 唧泥

唧泥是指板块接缝处有基层泥浆涌出(图 3-27)。损坏按唧泥处接缝的长度(m)计算,检测结果应乘以影响宽度(1.0m)换算成损坏面积。损坏不分严重程度。唧泥的明显标志是接缝附近的路面表面有污渍或基层材料沉积物,唧泥是造成水泥混凝土路面板底脱空的主要原因。

图 3-27 接缝处唧泥示意图

10. 露骨

露骨是指板块表面出现细集料散失、粗集料暴露或表层疏松剥落等现象(图 3-28)。损坏按面积计算,不分严重程度。

11. 修补

修补是指裂缝、板角断裂、边角剥落和坑洞等损坏的修复(图 3-29)。块状修补应按面积计算,人工检测时,条状修补应按长度(m)乘以 0.2m 影响宽度计算;自动化检测时,块状修补的换算系数为 0.2。长度大于 5m 的整车道修复不计为路面修补损坏。修补范围内再次发生的损坏,应按新的损坏类型计算。

图 3-28 露骨

图 3-29 修补

3.2.3 路面损坏状况检测方法与要求

路面损坏的类型多样、诱因复杂,进行检测时需要将专业理论和实际经验相结合。损坏状况检测以往只能采用人工目测和经验判断的方式完成。随着科学技术的不断发展和进步,检测技术逐步向机械化、自动化发展,对路面损坏状况的检测与评定也更加准确、科学。为准确评价各种损坏对路面结构的完好程度和使用性能的影响,应建立科学的路面损坏状况评价方法——包括选取检测指标、构建量化的评价指标和评价模型以及制定评价标准等。不同国家根据各自的实际情况对损坏类型有着不同的分类,并建立了相应的评定方法。我国经过多年的发展,也形成了几种不同的评定方法。本教材中介绍的评价方法主要依据《评定标准》,下面分别介绍路面损坏状况检测指标、检测设备和评价方法。

1. 路面损坏状况检测指标

路面损坏状况一般采用损坏类型、严重程度和损坏范围来表征。首先,假定路面没有任何损坏时的评分为 100 分,计算损坏面积占检测面积的比例,即路面破损率 DR(Pavement Distress Ratio),建立 DR 与路面损坏状况指数 PCI 之间的关系。因此,路面损坏状况检测指标是路面破损率 DR,它表征了各种损坏的折合损坏面积之和与路面检测面积的百分比。

(1) 路面损坏面积 A_i

假设第 i 类路面损坏的面积为 A_i,在人工调查时,由于沥青路面的横裂、纵裂、车辙和水泥混凝土路面的裂缝、错台、唧泥、边角剥落、接缝料损坏是按照长度进行检测的,因此,需要将其乘以相应的影响宽度得到损坏面积。沥青路面车辙的影响宽度为 0.4m,横裂、纵裂的影响宽度为 0.2m,修补中的条状修补的影响宽度为 0.2m;水泥混凝土路面条状修补的影响宽度为 0.2m,其余均为 1.0m。

自动化检测时,软件会自动识别损坏面积,不识别损坏程度。识别时,在系统上将路面分成 0.1m×0.1m 的网格,每个网格的面积为 0.01m²,将含有第 i 类路面损坏的网格数记为 GN_i,按式(3-3)计算损坏面积 A_i 为:

$$A_i = 0.01 \times GN_i \tag{3-3}$$

式中:GN_i——含有第 i 类路面损坏的网格数;

0.01——面积换算系数,一个网格的标准尺寸为0.1m×0.1m。

(2)折合损坏面积$\overline{A_i}$

损坏类型相同时,不同损坏程度对使用性能的影响程度不同,权重也不相同。人工检测时,需要将同一损坏类型的不同损坏程度的面积按照权重进行累加,从而得到折合损坏面积$\overline{A_i}$。

采用自动化检测时,根据损坏类型采用不同的换算系数,受检测技术和自动化识别精度的限制,自动化检测不考虑损坏程度的影响。沥青路面和水泥混凝土路面的损坏类型和权重分别见表3-5和表3-6。

沥青路面损坏类型和权重　　　　表3-5

类型(i)	损坏名称	损坏程度	计量单位(m^2)	权重(w_i)（人工调查）	换算系数(w_i)（自动化检测）
1	龟裂	轻	面积	0.6	1.0
2		中		0.8	
3		重		1.0	
4	块状裂缝	轻	面积	0.6	1.0
5		重		0.8	
6	纵向裂缝	轻	长度×0.2m	0.6	2.0
7		重		1.0	
8	横向裂缝	轻	长度×0.2m	0.6	2.0
9		重		1.0	
10	沉陷	轻	面积	0.6	1.0
11		重		1.0	
12	车辙	轻	长度×0.4m	0.6	—
13		重		1.0	
14	波浪拥包	轻	面积	0.6	1.0
15		重		1.0	
16	坑槽	轻	面积	0.8	1.0
17		重		1.0	
18	松散	轻	面积	0.6	1.0
19		重		1.0	
20	泛油	—	面积	0.2	0.2
21	修补	—	面积或长度×0.2m	0.1	0.1(0.2)

水泥混凝土路面损坏类型和权重　　　　表3-6

类型(i)	损坏名称	损坏程度	计量单位(m^2)	权重(w_i)（人工调查）	换算系数(w_i)（自动化检测）
1	破碎板	轻	面积	0.8	1.0
2		重		1.0	

续上表

类型(i)	损坏名称	损坏程度	计量单位(m^2)	权重(w_i)(人工调查)	换算系数(w_i)(自动化检测)
3	裂缝	轻	长度×1.0m	0.6	10
4		中		0.8	
5		重		1.0	
6	板角断裂	轻	面积	0.6	1.0
7		中		0.8	
8		重		1.0	
9	错台	轻	长度×1.0m	0.6	10
10		重		1.0	
11	拱起	—	面积	1.0	1.0
12	边角剥落	轻	长度×1.0m	0.6	10
13		中		0.8	
14		重		1.0	
15	接缝料损坏	轻	长度×1.0m	0.4	6
16		重		0.6	
17	坑洞	—	面积	1.0	1.0
18	唧泥	—	长度×1.0m	1.0	10
19	露骨	—	面积	0.3	0.3
20	修补	—	面积或长度×0.2m	0.1	0.1(0.2)

自动化检测按照换算系数由式(3-4)计算得到折合损坏面积。

$$\overline{A}_i = w_i A_i \tag{3-4}$$

式中：$\overline{A}_i$——第i类损坏的折合损坏面积(m^2)；

w_i——第i类损坏的权重或换算系数，按照表3-5和表3-6选取；

i——路面损坏类型，包括损坏程度(轻、中、重)；

A_i——第i类路面损坏的累计面积(m^2)。

(3)路面破损率DR

路面破损率DR是指在检测单元内折合损坏面积占检测面积的比例，按式(3-5)计算。

$$DR = 100 \times \frac{\sum_{i=1}^{i_0} w_i A_i}{A} = 100 \times \frac{\sum_{i=1}^{i_0} \overline{A}_i}{A} \tag{3-5}$$

式中：A——路面检测或调查面积(调查长度与有效路面宽度之积，m^2)；

i_0——包含损坏程度的损坏类型总数，沥青路面取21，水泥混凝土路面取20；

DR——路面破损率(%)。

(4)路面裂缝率CR

路面裂缝率是指路面裂缝面积与实际检测的路面面积的百分比，按式(3-6)计算。沥青路面包括纵向裂缝、横向裂缝、龟裂及块状裂缝等病害；水泥混凝土路面包括裂缝、板角断裂、

59

破碎板等病害。需要注意的是,这里的裂缝损坏面积是实际损坏面积,而不是折合损坏面积。

$$CR = 100 \times \frac{\sum_{i=1}^{i_C} A_i}{A} \tag{3-6}$$

式中:i_C——包含损坏程度的裂缝损坏类型总数,沥青路面取9,水泥混凝土路面取8。

2.路面损坏状况调查方法和检测设备

路面损坏状况检测的精度和识别方法直接影响到路面损坏状况的评价结果,只有正确地识别出损坏类型、损坏面积,才能够准确地评价路面损坏状况。

按照发展过程,路面损坏状况调查可以分为传统的人工调查法、图片比照法和图像识别法3种。随着信息技术的发展,路面损坏状况已经由传统的人工调查发展成自动化检测方式,而大规模的路面损坏状况调查应该采用自动化检测,以提高检测的效率和安全性;不具备自动化检测条件的路线或路段也可以采用人工调查方式。但是,自动化检测是未来发展的主要方向。

(1)传统人工调查法

人工调查法是指在封闭或不封闭交通的情况下,采用目测和简单工具丈量的方式,人工记录各种路面损坏的类型、严重程度和数量。人工调查法在交通量大的高速公路和干线公路上使用时实施困难、检测速度慢,不适应大规模公路检测的要求。

(2)图片比照法

图片比照法就是借助于事先拍摄好的、并经过路面养护专家审定的、若干套路况各等级的标准图片来给待评分路段打分。美国的纽约州交通运输部门采用的即是图片比照法。该方法速度快、效率高,但是比较主观笼统、模糊,精度较低。

(3)图像识别法

图像识别法是通过路面损坏状况自动化检测设备获取路表数字图像,通过计算机软件自动识别(或部分人工干预识别)实现不同路面损坏类型的识别和统计计算。发达国家对这一领域的研究开展较早,虽然早期曾受到硬件技术的限制,但长期的实验研究积累了丰富的经验。近年来,随着计算机、摄影/摄像、图像处理以及GNSS全球定位系统等技术的快速发展,为开发新型高效的多功能路面快速检测设备提供了条件。多功能路面快速检测设备可以同时采集多类公路路况信息,形成较为完整的数据库,大大节省了检测时间和检测费用。

根据图像采集和识别技术的发展,路面损坏快速检测设备大致可以分为四代。

①基于摄影技术的第一代路面损坏快速检测设备,以法国开发的路面损坏快速检测设备(Gerpho)为代表,该设备采用了高速摄影技术,在实验室通过人工判读的方式进行路面损坏数据处理与分析。

②基于模拟摄像(电视)技术的第二代多功能路面快速检测设备,以英国运输研究所TRL(Transport Research Laboratory)通过路面损坏识别技术研究和技术集成开发的HARRIS(Highway Agency Routine Road Investigation System)路况综合检测系统为代表。该系统的主要功能包括路面损坏、路面平整度、路面车辙和前方图像的自动检测。其中,路面损坏检测和识别系统采用了3套高性能CCD摄像机,检测结果存储在磁带上。

③基于数字摄像/照相技术的第三代多功能路面快速检测设备,以加拿大 RoadWare 公司研制开发的路况综合检测系统 ARAN(Automatic Road Analyzer)为代表,该设备是一种采用一体式、模块化、多测量平台的路况基础数据采集装备,可以同时采集路面损坏(裂缝)、路面平整度、路面车辙、路面纹理、道路几何形状、前方图像等多项数据。

④基于线扫描相机技术的第四代多功能路面快速检测设备,以美国的 WayLink 设备为代表,该设备采用线扫描相机采集路面损坏图像,速度达到了 12 帧/s,前方图像检测采用了 1/3 英寸(1 英寸≈0.0254m)的 3 个 CCD 数字摄像机,检测速度为 20~80km/h;路面损坏图像处理软件能够识别 2mm 以上的路面裂缝。

(4)3D 激光扫描技术

目前,3D 激光扫描技术的进步为路面损坏的检测提供了新的技术途径,路面损坏识别由二维图像识别向三维图像重建转变。激光扫描系统根据其搭建平台不同,主要分为三种:机载激光扫描系统、地面固定激光扫描系统和车载激光扫描系统,其中机载激光扫描系统发展速度较快,而车载激光扫描系统则发展较慢。三维激光扫描仪作为三维激光扫描系统的主要组成部分,是由激光发射器、接收器、时间计数器、马达控制可旋转的滤光镜、控制电路板、微电脑、CCD 机以及软件等组成,是测绘领域继 GNSS 技术之后的一次技术革命。它突破了传统的单点测量方法,具有高效率、高精度的独特优势。三维激光扫描技术能够提供扫描物体表面的三维点云数据,因此可以用于获取高精度、高分辨率的数字轮廓模型。

3.路面损坏自动化检测要求

目前,图像识别法是主要的自动化检测方法。采用多功能道路检测车进行检测时,需要满足以下要求:

①检测宽度:路面损坏检测时应沿着路面纵向连续检测,横向检测宽度要覆盖车道宽度的 70%以上,否则检测宽度过小而不能体现整个车道的损坏程度,影响结果的准确性。

②识别精度:检测设备应能分辨约 1mm 的路面裂缝,如果检测设备的分辨率达不到 1mm 的精度,将无法正确识别裂缝类损坏,影响检测结果。

③识别准确率:通过检测设备检测得到的数据,采用机器自动识别的方式进行处理,识别准确率应达到 90%以上,高速公路识别准确率应达到 95%以上。

④检测指标:采用自动化检测时,检测指标为路面破损率 DR,每 10m 计算得到 1 个 DR 的统计值。

3.2.4 路面损坏状况评定方法

1.路面损坏状况评价及分级

路面损坏状况评价采用路面损坏状况指数 PCI,按式(3-7)由路面破损率 DR 计算得出。

$$PCI = 100 - a_0 DR^{a_1} \tag{3-7}$$

式中:a_0——沥青路面采用 15.00,水泥混凝土路面采用 10.66;

a_1——沥青路面采用 0.412,水泥混凝土路面采用 0.461。

为了便于表示路面损坏状况的优劣,将路面损坏状况分为优、良、中、次、差五个等级(表3-7),高速公路路面损坏状况评定时,"优"的标准为 PCI≥92,"良"的标准为 80≤PCI<92,其他保持不变。

路面损坏状况评价标准　　　　　　　　　表 3-7

评价指标	评价等级				
	优	良	中	次	差
路面损坏状况指数 PCI	≥90	≥80,<90	≥70,<80	≥60,<70	<60

2.路面损坏状况评定结果影响因素分析

影响路面损坏状况评定结果的因素很多，可以简单概括为以下几方面：

(1)检测设备的影响：不同检测设备的检测精度不同，这将直接影响对路面损坏的采集精度，从而影响路面技术状况的评定结果。

(2)机器自动识别精度：检测车采集得到的图像或高程(3D 激光扫描)等数据需要经过机器自动识别软件进行损坏识别，路面损坏类型的正确识别和识别的精度都将影响路面技术状况评定结果。如，横向裂缝和纵向裂缝识别成病害还是修补，块状裂缝识别成块状裂缝还是横向裂缝和纵向裂缝，轻微裂缝是否能够识别清楚等。

(3)检测车行驶路径的影响：因检测车的行驶路径和检测宽度的不同，不同检测车实际采集到的图像可能并不完全相同；由于行驶过程中其他车辆的干扰，检测车可能涉及车道转换等问题，这也影响了路面损坏的采集质量。因而，检测车行驶路径会影响路面损坏状况评定结果。

(4)其他人为因素的影响。

3.路面损坏状况评定例题

例 3-1　采用人工调查法对某高速公路沥青路面行车道进行路面损坏状况检测，车道宽度为 3.75m，检测路段内仅有横向裂缝一种损坏类型，且每条裂缝长度均为 3.75m，所有裂缝均未进行养护。请根据表 3-8 中给出的基本信息，计算裂缝为轻度和重度时的损坏面积、裂缝率 CR、折合损坏面积、破损率 DR、路面损坏状况指数 PCI，并将表格补充完整。

例 3-1 空表　　　　　　　　　　　　　表 3-8

起点桩号	终点桩号	裂缝条数	损坏面积 (m²)		裂缝率 CR		折合损坏面积 (m²)		破损率 DR		路面损坏状况指数 PCI	
			轻度	重度	轻度	重度	轻度	重度	轻度	重度	轻度	重度
K277+000	K277+100	1										
K277+100	K277+200	2										
K277+200	K277+300	3										
K277+300	K277+400	4										
K277+400	K277+500	5										
K277+500	K277+600	6										

解：

以第一行桩号 K277+000～K277+100 仅有一条裂缝的情况为例进行分析。

(1)路面损坏面积

本段路面长度为 100m，仅有横向裂缝一种损坏类型，轻度和重度裂缝的损坏面积均为

$3.75 \times 0.2 = 0.75 (m^2)$。

（2）路面裂缝率 CR

路面裂缝率仅与裂缝面积有关，与裂缝损坏程度无关。本段路面的检测面积 A 为 $100 \times 3.75 = 375 (m^2)$，因此，CR $= 100 \times 0.75 / 375 = 0.2$。

（3）折合损坏面积 $\overline{A_i}$

轻度横向裂缝的折合损坏面积 $\overline{A_1} = w_1 A_1 = 0.6 \times 0.75 = 0.45 (m^2)$，重度横向裂缝的折合损坏面积 $\overline{A_2} = w_2 A_2 = 1.0 \times 0.75 = 0.75 (m^2)$。

（4）路面破损率 DR

轻度横向裂缝的破损率 $DR_1 = 100 \times \dfrac{\overline{A_1}}{A} = 100 \times \dfrac{0.45}{375} = 0.12$，重度横向裂缝的破损率 $DR_2 = 100 \times \dfrac{\overline{A_2}}{A} = 100 \times \dfrac{0.75}{375} = 0.20$。

（5）路面损坏状况指数 PCI

轻度横向裂缝的 $PCI_1 = 100 - a_0 DR_1^{a_1} = 100 - 15 \times 0.12^{0.412} = 93.74$，重度横向裂缝的 $PCI_2 = 100 - a_0 DR_2^{a_1} = 100 - 15 \times 0.20^{0.412} = 92.27$。

所有计算结果见表 3-9。

例 3-1 计算结果　　　　表 3-9

起点桩号	终点桩号	裂缝条数	损坏面积（m^2）		裂缝率 CR		折合损坏面积（m^2）		破损率 DR		路面损坏状况指数 PCI	
			轻度	重度	轻度	重度	轻度	重度	轻度	重度	轻度	重度
K277+000	K277+100	1	0.75	0.75	0.20	0.20	0.45	0.75	0.12	0.20	93.74	92.27
K277+100	K277+200	2	1.50	1.50	0.40	0.40	0.90	1.50	0.24	0.40	91.67	89.72
K277+200	K277+300	3	2.25	2.25	0.60	0.60	1.35	2.25	0.36	0.60	90.15	87.85
K277+300	K277+400	4	3.00	3.00	0.80	0.80	1.80	3.00	0.48	0.80	88.91	86.32
K277+400	K277+500	5	3.75	3.75	1.00	1.00	2.25	3.75	0.60	1.00	87.85	85.00
K277+500	K277+600	6	4.50	4.50	1.20	1.20	2.70	4.50	0.72	1.20	86.90	83.83

分析：从计算结果可以看出，随着横向裂缝条数增加，路面损坏状况指数 PCI 呈下降趋势；当 100m 路段仅出现两条未养护的横向裂缝时，PCI 就已经衰减到 90 以下，从"优"变成了"良"；裂缝的损坏程度对 PCI 影响较为显著，随着裂缝条数增加，影响越来越大，当每 100m 有 6 条横向裂缝时，轻度和重度横向裂缝的 PCI 差值达到 3。

下面，我们来探讨裂缝的识别方式，也就是将裂缝识别成裂缝、修补和无病害三种情况对检测结果的影响。

例 3-2 采用人工调查法对某高速公路沥青路面行车道进行路面损坏状况检测，车道宽度为 3.75m，检测路段内仅有重度横向裂缝一种损坏类型，且每条裂缝长度均为 3.75m，所有裂缝均进行过灌缝修补。请根据表 3-10 中给出的基本信息，计算裂缝识别为裂缝、修补和无病害时的裂缝率、破损率和路面损坏状况指数 PCI，并将表格补充完整。

例 3-2 空表　　　　　　　　　　　　　　　　　　　　　　　　　　　表 3-10

起点桩号	终点桩号	裂缝条数	裂缝率 CR			破损率 DR			路面损坏状况指数 PCI		
			裂缝	修补	无病害	裂缝	修补	无病害	裂缝	修补	无病害
K277+000	K277+100	1									
K277+100	K277+200	2									
K277+200	K277+300	3									
K277+300	K277+400	4									
K277+400	K277+500	5									
K277+500	K277+600	6									

解：

以第一行桩号 K277+000～K277+100 仅有一条裂缝的情况为例进行分析。

(1) 路面裂缝率 CR

本段路面长度为 100m，仅有横向裂缝一种损坏类型，其损坏面积均为 $3.75 \times 0.2 = 0.75$（m^2）。检测面积 A 为 $100 \times 3.75 = 375$（m^2），因此，识别成重度裂缝时 CR = $100 \times 0.75/375 = 0.2$，识别成修补和无病害时的裂缝率均为 0。

(2) 路面破损率 DR

首先，计算折合损坏面积。识别成裂缝时的折合损坏面积 $\overline{A_1} = w_1 A_1 = 1.0 \times 0.75 = 0.75$（$m^2$），识别成修补时的折合损坏面积 $\overline{A_2} = w_2 A_2 = 0.1 \times 0.75 = 0.075$（$m^2$），识别成无病害时的折合损坏面积为 0。

识别成裂缝时的破损率 $DR_1 = 100 \times \dfrac{\overline{A_1}}{A} = 100 \times \dfrac{0.75}{375} = 0.20$，识别成修补时的破损率 $DR_2 = 100 \times \dfrac{\overline{A_2}}{A} = 100 \times \dfrac{0.075}{375} = 0.02$，识别成无病害时的破损率为 0。

(3) 路面损坏状况指数 PCI

识别成裂缝时的 $PCI_1 = 100 - a_0 DR_1^{a_1} = 100 - 15 \times 0.20^{0.412} = 92.27$，识别成修补时的 $PCI_2 = 100 - a_0 DR_2^{a_1} = 100 - 15 \times 0.02^{0.412} = 97.01$，识别成无病害时的 PCI 为 100。

所有计算结果见表 3-11。

例 3-2 计算结果　　　　　　　　　　　　　　　　　　　　　　　　　表 3-11

起点桩号	终点桩号	裂缝条数	裂缝率 CR			破损率 DR			路面损坏状况指数 PCI		
			裂缝	修补	无病害	裂缝	修补	无病害	裂缝	修补	无病害
K277+000	K277+100	1	0.20	0.00	0.00	0.20	0.02	0.00	92.27	97.01	100.00
K277+100	K277+200	2	0.40	0.00	0.00	0.40	0.04	0.00	89.72	96.02	100.00
K277+200	K277+300	3	0.60	0.00	0.00	0.60	0.06	0.00	87.85	95.29	100.00
K277+300	K277+400	4	0.80	0.00	0.00	0.80	0.08	0.00	86.32	94.70	100.00
K277+400	K277+500	5	1.00	0.00	0.00	1.00	0.10	0.00	85.00	94.19	100.00
K277+500	K277+600	6	1.20	0.00	0.00	1.20	0.12	0.00	83.83	93.74	100.00

为进一步分析,绘制了不同识别方式时 PCI 随裂缝条数增加的对比图(图 3-30)。从图中可以看出,识别方式不同,PCI 的差别很大。当把修补过的裂缝识别成裂缝时,PCI 迅速衰减,裂缝条数达到 6 条时,PCI 已经衰减至 83.83,而此时识别成修补时的 PCI 仍然处于优的状态,达到 93.74。因此,正确地识别裂缝可以正确地反映路面的损坏状况;同时,也要求养护部门要对裂缝进行规范化处治。

图 3-30 不同裂缝识别方式 PCI 对比图

3.3 路面平整度检测与评定

路面平整度是路面技术状况评定的一个重要指标,其不仅与驾乘舒适性,还与道路运营经济性有关。路面平整度不但与车辆振动、运行速度、轮胎摩擦等有关,也与乘坐车辆的人员有关。路面平整度受人、车、路三方面因素的影响,既是路面施工验收的控制指标,也是设计阶段的控制指标。

路面平整度描述的是道路路面纵向的高程变化情况,它从行车舒适性、安全性和车辆运营经济性等方面影响路面行驶质量和服务水平。由于路面平整度问题本身的复杂性,从不同角度出发,对路面平整度所给出的定义有很多种。交通运输部行业标准《公路工程名词术语》(JTJ 002—1987)及国家标准《道路工程术语标准》(GBJ 124—1988)将路面平整度定义为:路面表面纵向凹凸量的偏差值。该定义比较模糊,只涉及路的特性,而没有提及人、车方面。《公路路基路面现场测试规程》(JTG 3450—2019)(以下简称《测试规程》)中将其定义为:路面表面相对于理想平面的竖向偏差(图 3-31),通常以最大间隙、颠簸累积值、国际平整度指数表征,以 mm 或 m/km 计。美国试验与材料协会 ASTM(American Society for Testing Materials)的定义(E867)为:道路平整度是路面表面相对于理想平面的竖向偏差,而这种偏差会影响到车辆动力特性、行驶质量、路面所受动荷载及排水。这个定义比较合理,它明确了路面平整度测量的参照系,有利于测定;而且定义中综合考虑了人、车、路三方面因素,并对其所导致的影响论述较为清楚,目

图 3-31 路面平整度示意图

前应用较多。

3.3.1 路面平整度检测指标

目前,已经有很多检测方法能够测得路面纵向高程,国内外也有很多学者对路面平整度的检测指标进行过研究。但是,不同指标之间差异性较大、难以进行统一和换算。目前,得到广泛认可的指标是国际平整度指数IRI(International Roughness Index)。

1. 国际平整度指数IRI

国际平整度指数IRI是世界银行于1982年在巴西制定的,其定义为:由固定的弹簧体质量与非弹簧体质量以及弹簧和阻尼组成的虚拟1/4车模型,在80km/h的速度下,在一定行驶距离内,车身悬挂系统累积竖向位移与行驶距离之比,其单位一般是m/km或mm/m。需要注意的是,这里的1/4车并不是真实存在的车辆,而是为了便于计算引入的虚拟车辆,该车辆的质量、阻尼等参数是固定的;这里的速度是虚拟1/4车模型的行驶速度,并不是实际检测车的行驶速度;IRI是一个无量纲单位,IRI越大,单位距离内的累计高程变化越大,平整度越差,反之亦然。

(1)IRI计算方法

为便于计算,世界银行将1/4车模型进行了简化(图3-32),车辆质量简化为弹簧质量和非弹簧质量。其中,m_s为弹簧质量,即车身部分质量;m_u为非弹簧质量,即轮胎质量;k_s为车身悬架刚度;k_t为轮胎刚度;C_s为悬架阻尼;Z_s为弹簧质量的位移;Z_u为非弹簧质量的位移;$r(X)$为路面的纵断面高程;b为轮胎的固定接触长度。

图3-32 1/4车模型

对1/4车模型按动力学方法进行求解,得到的动力平衡微分方程见式(3-8)。

$$\begin{cases} \ddot{Z}_s + k_2(Z_s - Z_u) + c(\dot{Z}_s - \dot{Z}_u) = 0 \\ \ddot{Z}_s + U\ddot{Z}_u + k_1 Z_u = k_1 y \end{cases} \quad (3-8)$$

国际平整度指数IRI就是指行驶距离内车身悬挂系统累积竖向位移($|Z_s - Z_u|$)与行驶距离(L)之比,见式(3-9)。

$$\text{IRI} = \frac{1}{L}\int_0^L |Z_s - Z_u|\,\mathrm{d}x \tag{3-9}$$

离散型的公式见式(3-10)。

$$\text{IRI} = \frac{1}{L}\sum_{i=1}^{n}|Z_{si}-Z_{ui}| \tag{3-10}$$

为了保证评价指标 IRI 的一致性及标准化,通常采用金车模型(不与任何实际车辆相对应)的方法使评价指标达到统一,即标准化的 1/4 车模型,其具体参数见式(3-11)。

$$\begin{cases} k_1 = k_t/m_s = 653\text{s}^{-2} \\ k_2 = k_s/m_s = 63.3\text{s}^{-2} \\ \mu = m_u/m_s = 0.15 \\ c = C_s/m_s = 6.00\text{s}^{-1} \end{cases} \tag{3-11}$$

进一步运用世界银行的计算程序就可以求解并计算得到 IRI。

(2) IRI 的特点

IRI 作为道路平整度检测的标准方法已经被各国广泛采用。综合来看,相比于其他路面平整度评价方法,IRI 代表的是纵断面各点高程偏差的统计值,对路面 1.2~30.5m 范围内的波长有较好的频率响应特征,具有时间和空间的稳定性;同时,IRI 也与大多数平整度测试结果有良好的相关性,包括与标准差 σ 也有良好的线性关系,因此便于把不同设备的测试结果统一向 IRI 转换和标定,使不同平整度测试系统的结果可以相互比较。

2. 不同状态路面的 IRI 值域范围

不同类型路面的结构、材料及施工等各不相同,对应的 IRI 也不相同。各类路面的 IRI 的大致变化范围见图 3-33,从图中可以看出,路面表面状态不同时,对应的 IRI、可以行驶的速度也不相同。以新建路面为例,表面基本没有损坏,IRI 基本在 3.0m/km 以下,可以行驶的速度在 100km/h 以上;而随着服役时间的增长,路面表面逐渐出现损坏,IRI 值随之增大,可以行驶的车速随之降低。

图 3-33 各类路面的 IRI 变化范围

3.3.2 路面平整度检测设备和检测方法

1.路面平整度检测设备

平整度的检测设备从原理上可分断面类和反应类两种技术类型。断面类平整度测定方法又可分静态纵断面测定与动态纵断面测定两类。早期路面平整度测定主要通过静态法测量路面表面的凹凸变化,沿行驶车辆的轮迹测量路面表面的高程后得到纵断面,通过数学分析后采用一个综合性统计量表征其平整度。反应类测定方法是以车辆的某一位置的动态响应来描述路面的平整度,是一种间接式的测量方法;反应类指标是驾驶员和乘客直接感受到的舒适性指标,主要用来评价行驶质量。

(1)断面类

断面类平整度测定方法主要包括水准仪及水准尺、3m 直尺、直梁基准测量仪、多轮仪和激光平整度仪等。

①水准仪及水准尺

水准测量是使用水准仪和水准尺沿轮迹测量路表高程,由此得到精确的路表纵断面。水准测量结果稳定,不会因人、因时、因地而异,但是水准仪测量效率极低,不适用于较长路段及大面积施工质量验收。

②3m 直尺

3m 直尺测定法有单尺测定最大间隙及等距离(1.5m)连续测定两种。两种方法测定的路面平整度有较好的相关性。前者常用于施工质量控制与检查验收,测定时需要计算出测定段的合格率;等距离连续测试也可用于施工质量检查验收,用标准差来表示平整度。

③直梁基准测量仪

英国运输研究所 TRL 研制的 3m 直梁基准测量仪是一种半自动化梁式断面测量仪(图 3-34)。直梁基准测量仪为一根长 3m 的铝制梁,两端支于可以调整水平的三角架上,直径为 250mm 的跟随轮装在可以在梁上滑移的支架上,跟随轮沿梁的长度方向在路面表面滚过,装在支架内的仪器测出跟随轮相对于梁的竖向位移,分辨率达 1mm,取值间距为 100mm。滑移支架由人工操作,以步行速度由梁的一端推移到另一端。每隔 3m 进行一次测试,通过连续测量可以得到路段的纵断面。此方法可以得到精确的断面数据,测量速度较水准测量仪快,同时节省劳动力。

图 3-34 直梁基准测量仪

④连续式平整度仪

连续式平整度仪(多轮仪)可以连续测量路面平整度,具有连续测量、自动运算、显示并打印路面平整度标准差的功能,主要有八轮仪和十六轮仪(图 3-35)两种,由平衡轮、平衡梁、基准梁、测量仪器和测量轮组成。平衡轮两两成对装配成平衡形式,当路面不平时,各轮架可绕平衡架转动,各平衡架又可绕基准梁转动。轮兼有平衡和支承仪器的功能,沿行驶方向两排平衡轮共 16 个。随动基准梁是一根直梁,直梁中点是测量的参考点,该点处于 16 个平衡轮的平均位置。测量轮在弹簧的作用下保持与路面接触,用于测量基准梁和路面的相对竖向位移并记录在仪器上。采用标准差 σ 表示路面的平整度,以 mm 计。

图 3-35　连续式平整度仪(十六轮仪)

⑤激光平整度仪

断面类的代表性设备为激光平整度仪,是一种非接触式的平整度仪(图 3-36)。原理为通过激光测距测量车体到路面的距离 d,同时采用加速度传感器或惯性平台测量并计算车体的振动加速度和竖向位移 s,将路面表面相对于同一参考平面的高程设为 $h=d-s$,按一定的采样间隔持续采样,就可以得到路面的相对纵断面。测量结束后采用专用软件自动计算国际平整度指数 IRI。一般来说,d 的检测精度都能满足要求,而 s 的计算则较为复杂,往往因为 s 计算不准导致平整度测试有偏差。

a) 封装后的激光平整度仪

b) 激光平整度仪工作原理

图 3-36　激光平整度仪

上述测量方法中,水准测量能够得到精确的纵断面数据,但是测试速度慢,只适用于小范围检测或设备标定;3m 直尺、直梁基准测量仪、连续式平整度仪在施工检测中的应用较多,但由于测试仪器自身长度的限制,存在效率低、精度差、难以反映路面较长波长的颠簸和起伏状况等问题。激光平整度仪是目前最为先进的测试设备,不受速度、长度等限制。

(2)反应类

反应类测量仪是一个由检测车、传感器和显示器构成的机械振动系统,可以传感和累积车辆以某一速度驶经不平整路面时机械系统的动态反应。

反应类平整度仪以英国产的颠簸累积仪为代表,分车载式和拖挂式两种(图3-37)。其原理是测试车以一定速度在路面上行驶,由于路面上的凹凸不平状况,引起汽车的激振,通过机械传感器可测量后轴同车厢之间的单向位移累积值 VBI,以 m/km 计。VBI 越大,则路面的平整性越差。车载式颠簸累积仪由机械传感器、数据处理器及微型打印机组成,测试速度以 32km/h 为宜,一般不宜超过 40km/h,最小读数为 10mm,最大测试幅值为 ±300mm。颠簸累积仪受车辆类型、车辆状况、轮胎压力、检测速度的影响较大,不适用于较差的路况。汽车的减震性能越好,则 VBI 测值越小;车速越高,则 VBI 测值越大。

图 3-37 颠簸累积仪测距原理及拖挂式颠簸累积仪

反应类指标表征的是路面凹凸不平引起的车辆振动的颠簸情况,是驾驶员和乘客直接感受到的平整度指标,因此,它实际上是行驶舒适性指标。

反应类平整度仪还有美国的 PCA 仪(PCA Meter)和梅氏仪(Mays Meter)等。

2.路面平整度自动化检测方法

《评定标准》规定,在进行公路技术状况评定时,要采用断面类检测设备进行路面平整度自动化检测,检测指标是 IRI,每 10m 计算 1 个统计值,以 m/km 计,保留 2 位小数。目前,普遍采用的断面类检测设备是车载式激光平整度仪。

(1)车载式激光平整度仪的检测要求

①检测设备要能够覆盖所有的路面类型,能够检测沥青路面、水泥混凝土路面或砂石路面等不同类型的路面平整度。

②检测位置为左或右轮迹带中心线,沿纵向采样点间距不大于 100mm,最大检测能力(国际平整度指数 IRI)不小于 10m/km,纵断面高程传感器分辨率应不大于 0.5mm。

③检测设备平整度等速重复性试验、不同速度检测性能试验结果的偏差系数应不大于 5%,不同路段平整度相关性试验的相关性系数 R 应不小于 0.99。

（2）路面平整度采集软件要求

①具有设置检测路线、起点桩号、检测方向、采样间距、保存位置和显示方式等参数的功能，能实施检测过程中的里程桩号校准与核对；

②能实时显示并保存路面纵断面高程等原始检测数据及10m平整度实时计算结果。

（3）激光平整度仪的标定

目前，我国的平整度测试设备品牌较多，各种测试设备的精度、平整度算法等均不相同，为保证测试结果的可比性和合理性，各种平整度检测设备必须定期标定，每年至少标定一次，标定的相关系数应大于0.95。不同类型的平整度检测设备输出的指标不尽相同，在引进了IRI的概念之后，就可以利用IRI对各种检测设备进行标定，以得到"时间-空间"稳定的平整度数据。

3.3.3 路面平整度的评定方法

行驶质量不仅与路面的平整度及车辆的动态特征有关，还与乘车人对行驶舒适性的要求和颠簸的耐受能力有关。因此，通过建立路面平整度与主观评分之间的关系进行路面行驶质量评定时，要邀请具有不同代表性的乘客组成评分小组，评分小组成员按个人的主观意见对路面进行评分，以平均分值代表主观评价值。

我国路面平整度的评价指标采用路面行驶质量指数RQI，其与IRI的关系见式(3-12)和图3-38：

$$RQI = \frac{100}{1+a_0 e^{a_1 IRI}} \quad (3\text{-}12)$$

式中：RQI——路面行驶质量指数，数值范围为0~100；

a_0——高速公路和一级公路采用0.026，其他等级公路采用0.0185；

a_1——高速公路和一级公路采用0.65，其他等级公路采用0.58。

图3-38 IRI与行驶质量指数之间的关系

由于公路的使用者对不同等级公路的舒适性要求和期望不同，因此，高速公路（包括一级公路）和其他等级公路的模型参数不同。在《高速公路养护质量检评方法（试行）》中，IRI为4.0m/km和6.0m/km时对应的RQI分别被定义为优(90)和良(80)。随着我国公路管理能力的不断进步和公路养护技术的逐渐提高，《评定标准》将优（RQI=90）和良（RQI=80）对应的IRI分别提高至2.3m/km、3.5m/km（高速、一级公路）和3.0m/km、4.5m/km（普通公路）。调整后的行驶质量评价模型在一定程度上反映了我国公路路面铺筑技术的进步和公路用户对道路平整度期望水平的提高。

路面平整度评价标准见表3-12。考虑到水泥混凝土路面的平整度受到自身接缝等影响，在《评定标准》中，将水泥混凝土路面行驶质量指数RQI的"优"调整为RQI≥88，"良"调整为80≤RQI<88，其他保持不变。

路面平整度评价标准　　　　　　　　　　表3-12

评价指标	评价等级				
	优	良	中	次	差
路面行驶质量指数RQI	≥90	≥80,<90	≥70,<80	≥60,<70	<60

3.4 路面跳车检测与评定

路面跳车是《评定标准》中新增的检测指标,用于表示由路面异常突起或沉陷等损坏引起的车辆突然颠簸。路面跳车影响因素包括水泥混凝土路面的错台、沥青路面的坑槽、拥包、沉陷、波浪,井盖凸起或沉陷,路面与桥隧构造物异常连接等。《评定标准》中提出对路面跳车进行检测与评定,主要关注路面与桥隧构造物等异常连接引起的跳车。路面跳车会影响行车安全、降低行车速度、影响车辆运营费用和加速桥梁及路面的病害,对道路桥梁的运行影响极大。

3.4.1 路面跳车检测指标

以路面跳车 PB(Pavement Bumping)作为检测指标,采用 10m 路面纵断面高程作为路面跳车的计算依据,按处计算,每 10m 计算一个统计值,并通过 PB 计算路面跳车指数。

3.4.2 路面跳车检测方法和检测设备

与路面平整度的自动化检测一样,路面跳车采用断面类自动化设备进行检测。目前,普遍采用的是车载式激光平整度仪。具体的检测设备和方法参见第 3.3 节。

采用断面类自动化检测设备对路面纵断面高程进行检测,每 0.1m 计 1 个高程 h_i,10m 路面纵断面共有 100 个高程数据,按式(3-13)计算 10m 内纵断面最大高程和最小高程之差 Δh:

$$\Delta h = \max\{h_1, h_2, \cdots, h_i, \cdots, h_{100}\} - \min\{h_1, h_2, \cdots, h_i, \cdots, h_{100}\} \tag{3-13}$$

式中:Δh——路面纵断面高差(cm),10m 路面纵断面最大高程和最小高程之差;

h_i——第 i 点的路面纵断面高程。

根据路面纵断面高差,将路面跳车划分为轻度、中度和重度三个等级。其中,路面高差 $2\text{cm} \leqslant \Delta h < 5\text{cm}$,为轻度;高差 $5\text{cm} \leqslant \Delta h < 8\text{cm}$,为中度;高差 $\Delta h \geqslant 8\text{cm}$,为重度。具体见表 3-13。

路面跳车程度划分标准及扣分值 表 3-13

检测指标	轻度	中度	重度
路面纵断面高差 Δh(cm)	≥2,<5	≥5,<8	≥8
扣分值	0	25	50

路面跳车按处计算,若 10m 路面纵断面存在轻度、中度或者重度路面跳车,则该 10m 路面跳车应取严重程度最大的段落,计为 1 处路面跳车。若 10m 路面内存在 1 处轻度跳车,则扣 0 分;存在 1 处中度跳车,扣 25 分;存在 1 处重度跳车,扣 50 分。

需要注意的是,10m 路面纵断面高程需要通过数据预处理剔除桥梁伸缩缝等处可能存在的异常高程值,消除路面纵坡对路面纵断面高差计算的影响。

3.4.3 路面跳车的评定方法

路面跳车采用路面跳车指数 PBI 进行评价,路面跳车指数 PBI 是路面跳车数和路面跳车程度(轻度、中度、重度)的函数,路面跳车程度与路面纵断面高差相关。

路面跳车指数 PBI,总体采用 100 分制,对于测试路段得分采用扣分制,按式(3-14)计算,路面跳车评价标准见表 3-14。

$$PBI = 100 - \sum_{i=1}^{i_0} \alpha_i PB_i \qquad (3-14)$$

式中:PB_i——第 i 类程度的路面跳车;

α_i——第 i 类程度的路面跳车单位扣分值,按表 3-13 规定取值;

i——路面跳车类型;

i_0——路面跳车类型总数,取 3。

路面跳车评价标准   表 3-14

评价指标	评价等级				
	优	良	中	次	差
路面跳车指数 PBI	≥90	≥80,<90	≥70,<80	≥60,<70	<60

3.5 路面抗滑性能检测与评定

路面抗滑性能直接影响行车的安全性。随着行车荷载的反复作用,路面抗滑性能会发生不同程度的衰减。影响路面抗滑性能的因素很多,包括路面材料的影响,如集料性质、混合料级配、沥青用量等;同时,也受外界因素的影响。一般而言,干燥的路面可以提供较高的抗滑性能,潮湿或水膜的存在将降低抗滑性能或增加滑溜、水漂的可能性。快速行车时,路面的抗滑性能低;反之亦然。因此,对路面抗滑性能进行检测非常重要,检测的目的就是为了评价路面抗滑性能的衰减程度,从而保证路面的行车安全。

路面抗滑性能的研究最初基于物理学概念,涉及车辆轮胎与路面材料之间的摩擦作用并受其他因素影响。目前,世界各国已经形成了多种路面抗滑性能的测试方法,可以分为测定摩擦系数的直接法和测定路面宏、微观构造的间接法。本节将对第一种方法进行介绍。

3.5.1 路面抗滑性能检测指标

路面的抗滑性能可以用路面摩擦系数来表征,它体现了路面能否提供防止车辆轮胎滑动和减小制动距离的能力。根据测试方法不同,摩擦系数分为制动力系数和横向力系数两种。制动力系数只能表明车辆制动距离的长短,横向力系数既能体现车辆制动距离的长短,又能表征路面防止车辆侧滑的能力。《评定标准》建议采用横向力系数 SFC 作为检测指标,并通过 SFC 计算路面抗滑性能指数。

横向力系数是一定速度下,车辆在路面上发生侧滑的可能性的反映,是路面纵横向摩擦系数的综合反映,能够很好地表征车辆制动时路面阻止其发生侧滑的抗力。

3.5.2 路面抗滑性能检测方法和检测设备

路面抗滑性能的检测方法主要包括人工法和车辆法两种,人工法比较常见的是摆式仪法,而车辆法用得较多的是摩擦系数测试车法。常用的抗滑性能检测方法和设备见图 3-39。其中动态摩擦系数 DF 为 Dynamic Friction Coefficient,摆式仪的摩擦摆值 BPN 为 British Pendulum

Number,制动距离 SDN 为 Stopping Distance Number,滑移指数 SN 为 Slip Number,纵向摩擦系数 BFC 为 Braking Friction Coefficient。下面,对其中常用的测试设备和方法进行介绍:

图 3-39　抗滑性能检测方法和设备

1.摆式摩擦系数测试仪

摆式摩擦系数测试仪(图 3-40)是一种小型路面抗滑性能测试装备,在世界范围内使用广泛。其工作原理是根据能量守恒定律,将摆臂的势能损失转化为路面摩擦力所做的功,进而反算出摩擦系数并通过摆式仪的摩擦摆值 BPN 读出。摆式仪价格低廉、便于携带、操作简便,但只能测试相当于较低车速下的单点的路面摩擦系数,且在宏观构造粗糙的路面上进行测试时容易产生较大偏差,测试时对交通的干扰较大,现阶段已明显不能适应高等级公路对路面抗滑性能在检测精度和检测频率方面的需要。

2.动态摩擦系数测试仪

动态摩擦系数测试仪 DFT(Dynamic Friction Tester)(图 3-41)与摆式仪相似,也是通过摩擦力做功使旋转动能损失来反算动态摩擦系数值。该仪器的特点是便于携带,可测试单采样点处 0~80km/h 范围内的摩擦系数值,但不适用于宏观构造较粗糙的路面。

图 3-40　摆式摩擦系数测试仪

图 3-41　动态摩擦系数测试仪

上述两种方法都是直接测试法中的人工法,采用的设备简单便捷,但均为单点固定操作,采样频率低且不适用于构造深度大的路面,因此在高速公路检测中应用较少。

3.横向力系数测试系统

路面摩擦系数自动化测试系统主要包括以英国的 SCRIM(图 3-42)为代表的横向力系数测试系统和广泛应用于北美、欧洲和日本等地区和国家的纵向摩擦系数测定系统。路面摩擦系数自动化测试系统又分为车载式和拖挂式两种,均需在潮湿路面上进行测试。

横向力系数测试系统是进行公路技术状况评定时测试路面抗滑性能的自动化测试方法,其他方法可以用于摩擦系数或抗滑性能测试,但不能作为公路技术状况评定使用。横向力系数测试系统分为单轮式和双轮式,下面以单轮式横向力系数测试系统为例进行详细介绍。

(1)横向力系数测试系统构成

横向力系数测试系统由承载车、距离测试装置、横向力测试装置、供水装置和主控制单元组成(图 3-43)。主控制单元除实施对测试装置和供水装置的操作控制外,同时还控制数据的传输、记录与计算等环节。

图 3-42 横向力系数测试车(SCRIM)

图 3-43 横向力系数测试系统示意图

①承载车的主要功能是为系统提供载重车底盘,在水罐满载状态下能够以 100km/h 以上的速度行驶。

②测试轮胎采用光面天然橡胶充气轮胎,规格为 3.00-20-4PR,标准气压为 (3.5 ± 0.2)kg/cm^2,测试时测试轮偏置角度为 19.5°~21°,测试轮的静态垂直标准荷载为 2000N±20N。

③用于测试摩擦系数的拉力传感器的量程为 0~2000N,非线性误差<0.05%。

(2)横向力系数测试原理

为了使测试条件更加符合实际最不利状态,利用洒水箱喷头在测试轮前喷洒一定量的水,保持一定厚度的水膜。通过选择不同的测试模式(干燥、洒水)来控制水膜厚度,喷水系统自动地按设置的水膜厚度保持和控制待测路面的水膜厚度。

测试时,测试轮与路面紧密接触,承载车以恒定速度沿车辆前进方向平行前进,并始终保持测试轮呈一定偏角(19.5°~21°),以便产生一个同测试轮拉力传感器测得平面垂直的横向力,该横向力与测试轮对路面荷载的比值即为横向力系数 SFC。与测试轮相连的力传感器电信号和距离轮测得的距离信号将通过脉冲传感器传送至中央单元进行处理,将测得的横向力系数和相关信息实时存储,同时在电脑屏幕上显示测试距离与横向力系数的二维锯齿线图。测试结束后可将存储的测试文件用 Excel 表格导出、编辑及打印输出。

在实际应用中,有的横向力系数测试系统采用的是单轮偏角的形式(如 SCRIM),其工作原理见图3-43；有的装备采用双轮合角的形式(如Mu-Meter)。英国、比利时和丹麦等国均规定将横向力系数SFC作为路面抗滑性能控制指标。表3-15中汇总了几种常见横向力系数测试装备的技术参数。

横向力系数测试装备的技术参数汇总表　　　　表3-15

国家	测试设备	传感器	测试轮			洒水系统			标准测试速度 (km/h)
			个数	轮荷 (kN)	偏角 (°)	容积 (m^3)	洒水方式	水膜厚度 (mm)	
英国	SCRIM	液压式	1~2	2.0	20	5.5	自流	0.5~1.0	50~90
英国	Mu-Meter	液压式	2	2.0	7.5	专用水车	自流	1.0	64~96
比利时	Odoliographe	液压式	1	2.5	20	专用水车	自流	1.0	55~80
丹麦	Stradograf	应变式	2	2.5	12	4.4	压力泵	0.2	60

国内使用的横向力系数检测系统主要有英式装备和国产装备两种。图3-44所示为交通运输部公路科学研究院研制开发的横向力系数测试车(RiCS)，它由承载车辆、横向力测试装置、供水装置和主控制系统组成。主控制系统实施对测试装置和供水装置的操作控制，同时由计算机控制数据的传输、转换、存储与计算过程。RiCS为高效自动化检测装备，能够对路面进行长距离连续测试，结果可直接导入路面管理系统数据库。

a)检测车　　　　　　　　　　　　　　b)测试轮

图3-44　横向力系数测试车(RiCS)

检测系统的测定结果受车辆性能、测试轮胎、车速和洒水量等条件影响，测试前应认真进行检查和标定，各项参数必须符合规定要求；检测时以标准测试速度行驶，每10m计算1个统计值。

4.纵向摩擦系数测试系统

纵向摩擦系数测试系统的工作原理是使测试轮与车辆的前进方向保持一致，测定完全制动或不完全制动时测试轮上产生的纵向摩阻力和承受的竖向荷载，二者的比值即为纵向制动力摩擦系数BFC或滑移指数SN，由此可反映路面对车辆制动距离长度的影响。摩擦系数测试部件可安装在车体上，也可以拖挂。该系统能在较宽速度范围内测试路段的平均摩擦系数，测试结果符合车辆实际制动时的情况，并且不影响其他车辆的正常行驶。此类代表性设备主要有英国的GripTester[图3-45a)]、瑞典的SAAB ASFT[图3-45b)]以及美国的ITX Friction Tester等，常用的纵向摩擦系数检测装备见表3-16。

a) Grip Tester

b) SAAB ASFT

图 3-45 纵向摩擦系数检测设备

纵向力系数检测装备的技术参数汇总表　　表 3-16

开发国别	装备名称	装备类型	工作方式
瑞典	Skiddometer BV8	拖车式	制动轮,固定滑移率20%
	Skiddometer BV11	拖车式	制动轮,固定滑移率17%
	SAAB ASFT	内置式/拖车式	制动轮,固定滑移率12%
英国	Grip Tester	拖车式	制动轮,固定滑移率15%
丹麦	Dynatest Friction Tester	内置式	制动轮,固定滑移率13%
		拖车式	制动轮,锁定
荷兰	RWL-Trailer	拖车式	制动轮,固定滑移率86%
挪威	Norsemeter ROAR	拖车式	制动轮,可变滑移率
波兰	Skid Resistance Tester	拖车式	制动轮,锁定
法国	LCPC Skid Trailer Adhera	拖车式	制动轮,锁定
美国	ITX Friction Tester	拖车式	制动轮,锁定

3.5.3 路面抗滑性能的评定方法

1.SFC 值的速度修正

横向力系数测试时受到路面温度和行驶速度的影响,测试温度越高、行驶速度越高,测得的横向力系数越小。因此,需要对 SFC 进行速度和温度修正。以测试结果使用时所需的速度作为标准测试速度,其他速度条件下测试的 SFC 值通过式(3-15)转换为标准速度下的等效 SFC 值:

$$\mathrm{SFC}_{标} = \mathrm{SFC}_{测} - 0.22(v_{标} - v_{测}) \quad (3\text{-}15)$$

式中:$\mathrm{SFC}_{标}$——标准测试速度下的等效 SFC 值;

$\mathrm{SFC}_{测}$——现场实际测试速度条件下的 SFC 值;

$v_{标}$——标准测试速度(km/h),根据实际情况选取;

$v_{测}$——现场实际测试速度(km/h)。

进行公路技术状况评定时,按照《公路沥青路面设计规范》(JTG D50—2017)的要求,标准测试速度可以设定为 60km/h。

2.SFC 值的温度修正

路表温度会实时发生变化,需要对其进行监测。测试系统的标准现场测试地面温度范围为 20℃±5℃，其他路面温度条件下测试的 SFC 值可以通过表 3-17 转化至标准温度下的等效 SFC 值，不在表里的温度可以采用插值法计算。路表温度越高测得的 SFC 值越小，修正系数越大。

SFC 值温度修正　　　　　　　　　　　　表 3-17

温度(℃)	10	15	20	25	30	35	40	45	50	55	60
修正	−3	−1	0	+1	+3	+4	+6	+7	+8	+9	+10

3. SFC 代表值计算

测试时，每 10m 计算 1 个统计值，每个评价单元计算 SFC 的代表值，按式(3-16)计算：

$$\mathrm{SFC}_r = \overline{\mathrm{SFC}} - \frac{t_\alpha}{\sqrt{n}} S \quad (3\text{-}16)$$

式中：SFC_r——SFC 标准值；

$\overline{\mathrm{SFC}}$——SFC 平均值；

t_α——t 分布表中随测点个数和保证率而改变的系数；

n——数据个数；

S——标准差。

4. 路面抗滑性能指数 SRI 的计算

路面抗滑性能用路面抗滑性能指数(SRI)评价，按式(3-17)计算：

$$\mathrm{SRI} = \frac{100 - \mathrm{SRI}_{\min}}{1 + a_0 e^{a_1 \mathrm{SFC}}} + \mathrm{SRI}_{\min} \quad (3\text{-}17)$$

式中：SFC——横向力系数；

$\mathrm{SRI}_{\min}$——标定参数，采用 35.0；

a_0——模型参数，采用 28.6；

a_1——模型参数，采用 −0.105。

路面抗滑性能评价标准见表 3-18。

路面抗滑性能评价标准　　　　　　　　　　　　表 3-18

评价指标	评价等级				
	优	良	中	次	差
路面抗滑性能指数 SRI	≥90	≥80, <90	≥70, <80	≥60, <70	<60

3.6　路面磨耗检测与评定

车辆行驶过程中，轮胎与路面直接接触，随着行车荷载的不断磨耗，路表的构造深度会发生不同程度的衰减，从而影响路面的抗滑性能。因此，通过测定路面表面的构造深度的磨耗情况，可以间接评价路面抗滑性能的衰变规律。本节将详细介绍路面磨耗的检测与评定。

3.6.1 路面磨耗检测指标

《评定标准》规定,将路面构造深度 MPD 作为独立的检测指标,据此计算路面磨耗指数 PWI。进行路面技术状况评定时,可以选择路面磨耗和路面抗滑性能中的一项进行检测。

路面构造深度主要包括路面表面微观构造和宏观构造(图 3-46)。微观构造是指集料表面纹理,它随车轮的反复磨耗而逐渐被磨光,通常采用石料的磨光值来表征抗磨光性能,也可以采用更精确的摄像分析法和电镜扫描法来测试微观构造。宏观构造是指路表外露集料间形成的构造,可以使车轮下的路表水迅速排除,以免形成水膜,可用构造深度表征。一般而言,微观构造在低速(30~50km/h)时对路表抗滑性能起主要作用,宏观构造在高速行驶时对路表抗滑性能起主要作用,不同路面的构造深度差异很大(图 3-47)。

图 3-46 路面构造深度示意图

图 3-47 构造深度对比图

3.6.2 路面磨耗检测设备和检测方法

路面磨耗常用的检测方法包括铺砂法、激光测定法、摄像分析法等,常用的路面构造深度检测方法见图 3-48。

图 3-48 路面构造深度检测方法

1. 路面磨耗检测设备

为了解路面的宏观纹理状况,传统的检测方法多是基于接触式的检测技术,如手动铺砂法、电动铺砂法、排水测定法等,存在人为因素影响较大、检测效率低、误差大等问题;现代方法则是利用光度立体成像和激光等非接触式的检测技术,由于检测效率高、检测结果精准而获得大力推广应用。

(1) 动态激光断面构造仪

激光断面构造仪是断面类的测试方法,如图 3-49 所示。动态激光断面构造仪是在车前悬挂红外线激光测距装置扫描路表面断面,得到路表面的不平整度;试验车辆以一定速度行驶,进行连续测定,得到平均断面深度。动态激光断面构造仪适合连续的宽幅路面构造深度的测量,得到的数据量大且连续性好,并且受人为和路况因素影响小,但缺点是测试设备体积大、造价高。

图 3-49 动态激光断面构造仪

（2）线激光三维检测系统

该系统利用线激光照射路面，用面阵 CCD 工业相机拍摄路面上变形的激光线，根据激光三角法计算路面的构造深度，其基本思路如图 3-50 所示，激光光源发射出的激光光束经透镜扩束后照射在道路表面上形成一条激光线，此激光线由于路面的高低起伏而发生变形，在表面上形成由被测路面形状所调制的光栅条纹三维图像，该三维条纹图像由处于另一位置的工业相机拍摄，获得光栅条纹的二维变形条纹图像，条纹的变形程度取决于光学投射器与工业相机之间的相对位置和路面变形轮廓。对此变形后的条纹图像进行计算分析就可以得到道路表面的凹凸状况，进行三维重构后可以计算出路面的构造深度。

图 3-50　线激光三维检测系统原理图

2.路面磨耗自动化检测方法

进行公路技术状况评定时，路面构造深度的自动化检测设备应采用断面类激光测距检测设备，目前，大部分多功能检测车上都集成了满足构造深度精度要求的激光测距设备。测试时，检测车沿车道中心线行驶，检测轨迹的中心线应与车道中心线基本吻合。检测位置应为车道的左轮迹带、右轮迹带和无磨耗的车道中线或同质路肩，一般采用单轮迹检测法，也可以同时采集左轮迹带、右轮迹带及车道中间 3 条线的构造深度。为保证测试精度，纵向采样间距小于 2mm，高程传感器分辨率小于 0.05mm。通过激光测距的方法可以得到测试纵断面的高程数据，采用不同方法计算可以分别得到断面平均构造深度 MPD（图 3-51）和路面构造深度 SMTD，两者均可以用于计算路面磨耗指数 PWI，采用两种方法计算得到的结果在趋势上具有一致性。

图 3-51　断面平均构造深度 MPD

（1）MPD 计算方法

MPD 采用的是 100mm 范围内的断面平均构造深度，具体计算方法（图 3-52）如下：

①以 100mm 为 1 个计算单元,分别测前 50mm 和后 50mm 断面高程峰值,计算两者的平均值 MPD_1;

②计算 100mm 计算单元断面平均值 MPD_0,该值是计算单元内所有构造深度的平均值;

③计算 100mm 计算单元的构造深度 $MPD = MPD_1 - MPD_0$;

④计算 10m 的 MPD 平均值,作为统计值保存,以上是 1 个轮迹带的 10m 统计值;

⑤计算评定单元内的构造深度,一般为 1km 范围的构造深度。

⑥按单轮迹检测或同时采集左轮迹带 MPD_L、右轮迹带 MPD_R 及无磨损的车道中线路面构造深度 MPD_C。

图 3-52 断面平均构造深度 MPD 计算方法

(2)SMTD 计算方法

SMTD 是通过一定长度段落内测试点的高程数列进行二次抛物线回归后的计算残差来表征沥青路面宏观纹理。将纵断面高程数据按纵向划分为长 0.3m 的若干计算单元,并按式(3-18)分别计算各单元 SMTD。

$$SMTD_D = \sqrt{\dfrac{n\sum_{i=1}^{n}y_i^2 - (\sum_{i=1}^{n}y_i)^2 - \dfrac{12(\sum_{i=1}^{n}x_iy_i)^2 + p}{n^2 - 1}}{n^2}} \quad (3\text{-}18)$$

$$p = \dfrac{5[(n^2-1)\sum_{i=1}^{n}y_i - 12\sum_{i=1}^{n}x_i^2 y_i]^2}{4(n^2-4)}$$

$$n = \dfrac{D}{l}$$

式中:$SMTD_D$——基准计算长度 D 内的路面构造深度(mm);

D——基准计算长度(m),取 0.3m;

y_i——第 i 点的纵断面高程测量值(mm);

n——基准计算长度 D 内纵断面高程数量,近似为最近的奇数(偶数进 1);

x_i——基准计算长度 D 内,第 i 点的名义距离(m),$x_i = (n-1)/2$,当 $i=1$ 时,$x_1 = -(n-1)/2$;

l——纵断面取样间距(m)。

3.6.3 路面磨耗的评定方法

路面磨耗采用路面磨耗率 WR 作为检测指标,路面磨耗率是指路面经过行车荷载作用后路面构造深度的降低百分率。首先,分别检测评定单元内左、右轮迹的构造深度 MPD_L 和 MPD_R,取两者之中磨耗程度最大的作为断面构造深度,一般情况,右轮迹的磨耗程度大于左轮迹;检测无磨损的车道中线路面构造深度 MPD_C 作为路面构造深度基准值;最后,按式(3-19)计算路面磨耗率。

$$WR = 100 \times \frac{MPD_C - \min\{MPD_L, MPD_R\}}{MPD_C} \quad (3\text{-}19)$$

式中:WR——路面磨耗率(%);

MPD_C——路面构造深度基准值(mm),采用无磨损的车道中线路面构造深度;

MPD_L——左轮迹带的路面构造深度(mm);

MPD_R——右轮迹带的路面构造深度(mm)。

路面磨耗采用路面磨耗指数 PWI 进行评定,按式(3-20)计算:

$$PWI = 100 - a_0 WR^{a_1} \quad (3\text{-}20)$$

式中:a_0——模型参数,采用 1.696;

a_1——模型参数,采用 0.785。

根据路面磨耗指数可以对其进行评级,见表 3-19。

路面磨耗评价标准 表 3-19

评价指标	评价等级				
	优	良	中	次	差
路面磨耗指数 PWI	≥90	≥80,<90	≥70,<80	≥60,<70	<60

3.7 路面结构强度检测与评定

不同国家、地区和部门进行路面结构强度检测的目的和方法各不相同。一般情况下,进行路面结构强度检测的目的包括掌握设施的服务潜能、分析路面结构强度的变化趋势、预测结构的剩余寿命、为结构的加固和补强提供设计依据或设计参数等。我国对路面结构强度的检测非常重视,往往作为判断结构承载能力以及损坏原因的主要依据。

3.7.1 路面结构强度检测指标

路面弯沉是路面结构强度的检测指标。路面弯沉 l 是指路基或路面表面在规定标准车的荷载作用下轮隙位置产生的总垂直变形值(总弯沉)或垂直回弹变形值(回弹弯沉)(0.01mm),如图3-53所示。根据检测时荷载的施加方式,路面弯沉可分为静态弯沉和动态弯沉,由贝克曼梁和自动弯沉仪等静态加载设备得到的是静态弯沉,由落锤式弯沉仪和激光弯沉仪等动态加载设备得到的是动态弯沉。

图 3-53　路面弯沉示意图

《评定标准》规定对路面结构强度采用抽样检测的评定方法,检测范围控制在养护里程的 20% 以内。应根据路面养护需求和路基的地质条件等因素,确定路面弯沉的检测范围和检测位置。

3.7.2 路面结构强度检测方法和检测设备

路面弯沉检测及分析技术是随着机械、电子、计算机和激光技术的发展而不断进步的,其发展大致分为三个阶段:人工测试方式、机械自动化测试方式和高速激光测试方式。不同类型的路面弯沉检测设备,其工作原理和测量方式不同。本教材将重点介绍目前常用的路面弯沉检测设备。

(1) 贝克曼梁弯沉仪

贝克曼梁弯沉仪(Benkelman Beam)采用的是人工测试方式,它利用标准车对路面进行加载,通过百分表观测路面回弹弯沉,属于静态检测、固定采样(图3-54)。其工作原理简单、操作方便,目前被广泛应用于弯沉检测。但是,贝克曼梁也具有一定局限性。其一,沥青路面的弹性系数与温度和荷载作用时间密切相关,而贝克曼梁难以测定荷载的作用时间,导致弯沉精度受到影响;其二,贝克曼梁仅能测得单点最大弯沉值,难以测得弯沉盆的形状和大小。

(2) 自动弯沉仪

自动弯沉仪为行驶采样、静态弯沉类检测设备,其工作原理与贝克曼梁相似,不同点在于测量端传感器(自动弯沉仪采用位移传感器代替了百分表)及前后测臂比例。测试过程为:自动弯沉仪测定车在检测路段以一定速度行驶,将安装在测试车前后轴间底盘上弯沉测定梁放到车辆底盘前端并支于地面保持不动。当后轴双轮轮隙通过测头时,弯沉通过位移传感器等装置被自动记录下来。此时,测定梁被拖动,以二倍速拖到下一测点,周而复始地连续测定。

自动弯沉仪的测试结果为静态总弯沉,按照我国相关规范的要求,应与贝克曼梁进行对比试验,将测试结果换算为标准回弹弯沉。图3-55为交通运输部公路科学研究院研制开发的自动弯沉仪(ABB),其原型为法国的洛克鲁瓦型弯沉仪(Lacroix Deflectgrap)。

图 3-54　贝克曼梁弯沉仪

图 3-55　路面自动弯沉仪（ABB）

（3）落锤式弯沉仪

落锤式弯沉仪 FWD 于 20 世纪 70 年代末由丹麦和瑞典研制成功，目前被世界各国广泛应用于路面结构的动态弯沉检测和结构性能评价。落锤式弯沉仪主要由液压冲击加载系统、信号采集系统和计算机操作控制系统三部分组成。其工作原理为：电动液压装置将规定重量的落锤提升到预设高度后，使其自由下落到缓冲装置上，再通过承载板（直径 0.30m 或 0.45m）给路面施加近似半正弦的脉冲荷载。荷载脉冲由压力盒测量，持续时间 0.02~0.045s（相当于 40~60km/h 的行车速度），通过改变锤重（50~300kg）、落高（0.04~0.4m）及缓冲垫等调节冲击荷载的大小及波形，然后利用沿荷载轴线布置的多道传感器（位移型或速度型）采集记录下各测点在冲击荷载作用瞬间的动态变形信号，通过 A/D 转换器输入计算机内进行运算。落锤式弯沉仪的测量结果可以反映动态弯沉峰值和弯沉盆形状，其工作原理示意图见图 3-56。

图 3-56　落锤式弯沉仪工作示意图

落锤式弯沉仪有内置式和拖车式两种，见图 3-57。

落锤式弯沉仪已经广泛用于路面弯沉测试，具有以下优点：①较好地模拟了车辆荷载的作用，可快速准确测量路面的弯沉盆，为路面结构层的模量反算提供了基础；②荷载大小可调，可实测路面的荷载-弯沉关系曲线；③可用于整体刚度较大的高等级路面及机场道面弯沉测定。因此，落锤式弯沉仪是路面弯沉测试和结构性能评价的理想工具。

a)内置式FWD

b)拖车式FWD

c)拖车式FWD传感器布置

图3-57 落锤式弯沉仪FWD示例

(4)激光式高速路面弯沉测定仪

激光式高速路面弯沉测定仪是一种新的弯沉测试装置,其工作原理为:测试系统在高速行驶过程中通过激光多普勒效应来测试地面在荷载作用下的垂直下沉速度,通过一套惯性系统实时记录多普勒激光传感器的振动情况和运行姿态修正计算路面实际弯沉变化的速度,其工作原理见图3-58a)。

a)工作原理图

b)结构示意图

图3-58 激光式高速路面弯沉测定仪
1-承载车;2-检测控制系统;3-多普勒激光传感器;4-距离测量系统;5-温度控制系统

当测试表面达到最大弯沉时,表面速度为零。分析计算沿弯沉盆分布各点速度变化,获取测点最大弯沉值。

该类设备最早由丹麦GreenWood公司研发,由承载车、检测控制系统、多普勒激光传感器、距离测量系统、温度控制系统等基本部分组成[图3-58b)],其基本技术参数的要求如下:

①测试速度范围:30~90km/h。
②激光传感器分辨率:0.01mm/s。
③测试激光器数量:不少于4个。
④距离标定误差:≤0.1%。
⑤承载车应不少于两轴。对于中后轴双侧四轮的载重车,其技术参数(后轴标准轴载、单侧双轮荷载、轮胎气压和单轮传压面当量圆面积)应符合现行《公路路基路面现场测试规程》(JTG 3450)的要求。

目前,我国科研机构已经研制了具有自主知识产权的激光式高速路面弯沉测定仪,已逐步在国内推广使用。

3.7.3 路面结构强度的评定方法

1.路面代表弯沉

路面弯沉是竖向荷载作用下路面结构各层变形的累积,沥青面层由于模量低、距离荷载近,对路面弯沉的贡献最大。沥青面层弯沉受到路面温度、荷载大小、测试设备等综合影响,需要修正后才能进行路面结构强度评定。

(1)弯沉的温度修正

沥青面层的弯沉受温度和层厚的影响较大。沥青面层的温度越高,模量越小,测得的弯沉越大;反之亦然。沥青面层厚度越大,面层温度沿深度方向分布越不均匀,受温度的影响越显著。因此,需要考虑面层厚度的影响并将不同温度下的弯沉值修正到标准温度(20℃)下。

当沥青面层厚度小于等于50mm时,层间的温度差异较小,可以按照路面温度进行修正;当沥青面层厚度大于50mm时,回弹弯沉值应根据沥青面层的平均温度进行温度修正。修正步骤如下所示:

①计算 T_0

沥青面层温度受到太阳辐射、风速、气温等多因素的影响,同时,受到此前气温的综合影响。因此,需要测得测试时的路表温度,计算测定前5d日平均气温的平均值,取两者之和作为 T_0。其中,日平均气温为日最高气温与最低气温的平均值。

②计算测定时沥青面层的平均温度

分别计算沥青面层路表下25mm处、面层中间深度处、面层底面处的温度,取其均值作为沥青面层的平均温度,见式(3-21):

$$T=\frac{T_{25}+T_m+T_e}{3} \qquad (3-21)$$

式中:T——测定时沥青面层平均温度(℃);

T_{25}——根据 t_0 由图3-59决定的路表下25mm处的温度(℃);

T_m——根据 t_0 由图3-59决定的沥青面层中间深度处的温度(℃);

T_e——根据 t_0 由图3-59决定的沥青面层底面处的温度(℃)。

也可以按照表3-20中的公式计算路表不同深度处的温度,表中未给出的采用线性插值法获取。

图 3-59 沥青面层平均温度

沥青层平均温度 表 3-20

从路表向下的不同深度	路表下不同深度的温度
25mm	$T_{25} = 0.5943T_0 - 12.3120$
50mm	$T_{50} = 0.5383T_0 - 9.2248$
100mm	$T_{100} = 0.5034T_0 - 9.8736$
150mm	$T_{150} = 0.4667T_0 - 8.6477$
200mm	$T_{200} = 0.4464T_0 - 7.8857$
300mm	$T_{300} = 0.4227T_0 - 7.0723$

③计算温度修正系数 k

当沥青面层平均温度在 20℃±2℃时,温度修正系数 $k=1$。当沥青面层平均温度为其他温度时,应根据沥青面层厚度和基层材料类型,分别由图 3-60 及图 3-61 获取不同基层的沥青路面弯沉值的温度修正系数 k,也可以通过表 3-21 和表 3-22 进行计算得到。

图 3-60 路面弯沉温度修正系数曲线(适用于粒料类基层或沥青稳定类基层)

图 3-61 路面弯沉温度修正系数曲线(适用于无机结合料稳定类基层)

路面弯沉温度修正系数(适用于粒料类基层及沥青稳定基层)　　　　表 3-21

沥青层厚度	温度修正系数	
	0~20℃	20~50℃
50mm	$k_{50,1}=-0.0077T+1.1544$	$k_{50,2}=-0.0068T+1.1328$
100mm	$k_{100,1}=-0.0136T+1.2688$	$k_{100,2}=-0.0118T+1.2340$
200mm	$k_{200,1}=-0.0159T+1.3153$	$k_{200,2}=-0.0169T+1.3321$
300mm	$k_{300,1}=-0.0172T+1.3425$	$k_{300,2}=-0.0208T+1.4124$

路面弯沉温度修正系数(适用于无机结合料稳定类基层)　　　　表 3-22

沥青层厚度	温度修正系数	
	0~20℃	20~50℃
50mm	$k_{50,1}=-0.0045T+1.0916$	$k_{50,2}=-0.0065T+1.1319$
100mm	$k_{100,1}=-0.0061T+1.1220$	$k_{100,2}=-0.0117T+1.2365$
200mm	$k_{200,1}=-0.0084T+1.1690$	$k_{200,2}=-0.0179T+1.3599$
300mm	$k_{300,1}=-0.0112T+1.2251$	$k_{300,2}=-0.0208T+1.4173$

④计算修正后沥青路面回弹弯沉值

路面弯沉是按照单个测点进行检测的,每个测点的温度不同。因此,每个相应的修正系数不同,需要对每个测点进行单独的温度修正,见式(3-22),其中每个行车道的左、右轮迹按照单独测点进行计算。

$$l_{20}=l_t\times k \tag{3-22}$$

式中:l_{20}——修正后沥青路面回弹弯沉值(0.01mm);

k——温度修正系数。

当测试时的贝克曼梁或荷载等不是标准条件时,需要进行修正。本教材省略这一过程,具体见现行《公路路基路面现场测试规程》(JTG 3450)。

(2)计算实测代表弯沉 l

进行路面弯沉检测时,应每 20m 检测 1 点,作为统计值;每个评价单元需要计算 1 个代表弯沉值。一般评价单元长度为 1km,路段的代表弯沉 l 按式(3-23)计算:

$$l = \bar{l} \pm S \frac{t_{\alpha/2}}{\sqrt{N}} \tag{3-23}$$

式中:$\bar{l}$——评定路段路面弯沉的平均值(0.01mm);

S——评定路段路面弯沉的标准差;

$t_{\alpha/2}$——t 分布表中随自由度($N-1$)和置信水平 α(保证率)而变化的系数。

(3)路面弯沉标准值

对于按照《公路沥青路面设计规范》(JTG D50—2006)设计的公路,当设计资料充足时,采用设计弯沉作为路面标准弯沉;对于按照《公路沥青路面设计规范》(JTG D50—2017)设计的公路,由于取消了弯沉的设计指标,可以按照《评定标准》进行修正。

2.路面结构强度指数 PSSI

路面结构强度可以通过路面回弹弯沉计算得到,并采用路面结构强度指数 PSSI 表示,见式(3-24)和式(3-25)。

$$PSSI = \frac{100}{1 + a_0 e^{a_1 SSR}} \tag{3-24}$$

$$SSR = \frac{l_0}{l} \tag{3-25}$$

式中:a_0——模型参数,采用 15.71;

a_1——模型参数,采用 –5.19;

SSR——路面结构强度系数,即路面弯沉标准值与路面实测代表弯沉之比;

l_0——路面弯沉标准值(0.01mm),计算方法见《公路技术状况评定标准》(JTG 5210—2018)附录 C;

l——路面实测代表弯沉(0.01mm)。

根据路面结构强度指数可以对其进行评级,见表 3-23。

路面结构强度评价标准　　　　表 3-23

评价指标	评价等级				
	优	良	中	次	差
路面结构强度指数 PSSI	≥90	≥80,<90	≥70,<80	≥60,<70	<60

3.8　路面车辙检测与评定

车辙是在沥青路面表面形成的沿轮迹方向深度大于 10mm 的纵向凹陷,是最常出现的沥青路面损坏现象。车辙的存在将影响行车的安全性,对于道路使用者来说,能够直接感觉到的并不是路面结构的强度与稳定性,而是与路面不平度、溜滑、噪声等有关的功能性能。道路使用者更加关心的是其驾车行驶在公路上时,车辆操纵的难易程度和车辆稳定性的好坏。由于车辙的出现,路表发生过度变形,不仅路面平整性被破坏、行车舒适性被降低,而且轨道状的车辙严重危及车辆行驶过程中的稳定性。因此,对车辙检测与评定非常重要。

3.8.1 路面车辙检测指标

我国 2001 年发布的《公路沥青路面养护技术规范》(JTJ 073.2—2001)和 2002 年印发的《高速公路养护质量检评方法(试行)》,都未将路面车辙列为一项独立的评价内容,只是将其视为路面病害形式的一类,在计算路面损坏状况指数(PCI)时予以考虑,主要原因是我国当时缺少快速高效和经济适用的路面车辙检测设备,缺乏足够的调查数据和经验来建立相关模型及标准。

随着我国经济的飞速发展,交通量的迅速增长,车辆渠道化行驶以及重载、超载问题凸现,车辙已经成为我国高速公路沥青路面的一种主要损坏形式,车辙的存在严重缩短了路面的使用寿命,降低了高速公路的服务质量,构成了交通运输的安全隐患。因此,2007 年交通部发布的《公路技术状况评定标准》(JTG H20—2007)规定了高速公路和一级公路的路面车辙检测方法。将路面车辙深度 RD 作为独立的检测指标,据此计算路面车辙深度指数 RDI,由于其他等级公路车辙问题并不突出,沿用传统做法,在调查路面损坏状况时量取车辙长度,通过影响宽度(0.4m)换算成路面车辙的损坏面积,《公路技术状况评定标准》(JTG 5210—2018)沿用了这一指标和 RDI 计算方法。

3.8.2 路面车辙检测方法和检测设备

根据检测方式的不同,路面车辙检测方法可以分为人工检测方法和自动化检测方法两类。随着技术的进步,很多传统的人工检测设备如 AASHTO 车辙量规、表面高程计、手推式断面仪、横向轮廓仪等检测设备由于检测速度慢、效率低、人为因素影响大、安全性差,已经不适用于大规模路面车辙检测,自动化检测方法得到越来越广泛的应用。路面车辙自动化检测设备可采用梁式多传感器、扫描式激光传感器和光学影像传感器等不同装置。目前,车载式路面激光车辙仪是自动化检测中广泛使用的检测设备,本教材将进行详细介绍,对扫描式激光传感器和光学影像传感器则进行简要介绍。

1. 直尺测量

直尺测量的操作方法是把直尺横放在轮迹带的车辙位置处,用量尺或量规测量最大车辙深度。直尺测量可以是 3m 直尺沿着地面测量,也可以是两端有把手及高度为 100~200mm 支脚的横断面尺(图 3-62)。前者可以在车辙深度最大处测得横断面的最大车辙;后者沿横断面尺每隔 200mm 测量 1 点,可以测得横断面高程。

图 3-62 路面横断面尺

2. 水准测量

水准测量沿着车辙横断面每隔一定距离放一次塔尺,从中间向道路两侧用水准仪读数,为了消除塔尺不垂直的影响,可以每一点读两次数,取低值以避免人为的读数偏高。水准测量易于实施,而且结果稳定,不会因时因地有大的差异,因此适用于作为标定方法使用。

3.光学影像车辙检测装置

光学影像车辙检测装置(图 3-63)是采用线激光发射器和高速图像采集装置获得路面横断面图像,通过分析路面图像光线变形,确定路面车辙深度。

图 3-63 光学影像车辙检测装置

4.车载式路面激光车辙仪

车载式路面激光车辙仪(图 3-64、图 3-65)是梁式多传感器车辙检测装置中的一种,它主要由检测横梁、位移传感器和计算机系统三部分组成。多个位移(距离)传感器安装在检测横梁上,通过位移传感器测得的横断面不同位置的相对高程可以得到路面车辙轮廓,并以此计算路面车辙深度。位移传感器主要有激光传感器、超声波传感器和红外传感器三种。绝大多数传感器都是利用光时差原理测量车体与路面之间的相对距离;但是,与平整度测量类似,测得的数据不能直接用于车辙计算,还需考虑车身振动、路面坡度等的影响。当传感器数量足够多时,可以检测出路面车辙形状。因此,传感器数量不能少于13个。

图 3-64 车载式路面激光车辙仪　　图 3-65 车载式路面激光车辙仪结构图

为更好地检测横断面的车辙形状,同时,描述车辙深度沿着里程桩号的变化情况,检测时应满足以下要求:

（1）横向有效检测宽度应≥3.5m以覆盖整个车道,横向平均采样距离≤300mm以更好地描述横断面车辙形状;

（2）纵向断面采样间距应≤200mm,建议采用100mm,纵向距离测量误差≤0.1%;

（3）传感器的测点不少于13点,测试精度0.1mm,车辙深度测量范围0~50mm;

（4）每10m计算1个车辙深度统计值。

5.扫描式激光车辙检测装置

扫描式激光车辙检测装置是通过1个或多个激光发射器高速扫描路面横断面,获得连续横断面曲线,据此计算路面车辙深度。检测时,检测车以正常速度行驶获得车道的横断面信息。由于采用的是扫描式的激光检测方法,因此,激光断面仪可以数字化路面的横断面,持续的光学和高能量的脉冲激光线系统在白天和夜晚都能工作。代表设备包括路面轮廓扫描仪 PPS(Pavement Profile Scanner)(图3-66)和3D激光车辙扫描系统 LRMS(Laser Rut Measurement System)(图3-67)。

图3-66 路面轮廓扫描仪 PPS

图3-67 3D激光车辙扫描系统 LRMS

PPS硬件系统的核心是一个六面体棱镜和相位测量激光雷达,棱镜能够以10000r/min的速度旋转并与经过调制的激光束保持同步,引导激光束以90°视角快速扫描道路横断面;软件系统用于处理"距离-角度"数据,并将之转换为路面点的(x,y)坐标。PPS系统的设计扫描宽度为4.3m,采样频率为1000Hz,当车速为100km/h时,纵向采样间隔为28mm,横断面测量结果由943个测点构成,测点平均间距约为5mm。目前,PPS已经集成于多套道路综合检测设备之中,如美国的Mandli系统、英国的HARRIS系统和日本的PASCO系统等。

LRMS采用一对大功率脉冲激光发射器对路面的3D特征进行同步扫描,测量宽度为4m,测量深度范围为500mm时采样频率为30Hz,测量深度范围为450mm时采样频率可达150Hz;当车速为90km/h时,纵向采样间隔为1m。每一个测量断面最多由4000个测点组成,系统从这些原始的数据点中再筛选出40个点用于描述路面车辙的形状。LRMS已经在加拿大的多功能道路测试车ARAN和美国的多功能道路测试车Pathway等检测系统中得到应用。

综上所述,各种路面车辙检测设备的实质都是测量道路横断面上各点的高程数据信息,然后描述出横断面的形状,据此计算路面车辙深度;不同的是横断面检测方式、覆盖宽度、测点密度和检测精度等。车辙快速检测装置是基于非接触式位移传感器工作的,因此具有快速、高效、操作安全和不影响车辆正常通行等优点,是目前应用最为广泛的自动化路面车辙检测设备,但是其测量结果随传感器类型、数量和位置的不同差异很大。近年来研制开发的 PPS 和 LRMS 等横断面扫描类仪器是目前较为先进的路面车辙检测设备,代表了未来路面车辙检测技术的发展方向,但是这类设备价格非常昂贵,在现有条件下还难以普及,而且应用效果有待进一步验证。

3.8.3 路面车辙计算

大多数车辙检测设备并不是直接测量路面的最大车辙深度,而是首先确定横断面上一些离散点的相对高程或者连续的横断面形状,再用一定的方法计算得到路面车辙深度指标。基于连续的横断面形状,可以采用模拟直尺车辙深度和包络线车辙深度计算路面车辙深度指标。前者可以用于人工检测,也可用于自动化检测,是我国现行《公路路基路面现场测试规程》(JTG 3450)采用的方法,英国、美国(AASHTO、LTTP)、世界道路协会等国家和机构也采用直尺法测量车辙深度。

1. 模拟直尺车辙深度

模拟直尺车辙深度(图 3-68)是模拟人工直尺的检测方法,利用虚构的直尺沿车道横断面曲线进行测量。按照图 3-68 中规定的方法画出横断面及顶面基准线,分别计算左右轮迹处的最大路面车辙深度(RD_1 和 RD_2,即模拟直尺与路面表面之间的最大垂直距离),取最大值为测试断面的车辙深度。

图 3-68 模拟直尺车辙深度

(1)车辙断面形式

由于车辆荷载的横向分布系数不同、车辆的行驶轨迹不同、路面材料的差异性等原因,路面车辙形状并不是规则的"W"形,最大车辙的位置也会发生变化。利用机器自动化软件进行车辙深度计算时,不同的车辙形状对应不同的计算方法。《公路路基路面现场测试规程》(JTG 3450—2019)中将车辙形状分为 7 种类型(图 3-69)。若车辙形状为 a)、b)、c)形式,则需要采用两个模拟直尺分别测量左、右轮迹带的车辙深度 R_{U1} 和 R_{U2};若车辙形状为其他形式,则直接将模拟基准尺置于断面辙槽两端最高位置,分别测量左、右轮迹带的车辙深度 R_{U1} 和 R_{U2}。

(2)车辙深度计算方法

在横断面图上确定车辙深度 R_{U1} 和 R_{U2},以其中最大值作为断面的最大车辙深度 R_U,测试路段各测试断面最大车辙深度的平均值作为该测试路段的平均车辙深度,10m 计算 1 个统计值。

2. 包络线车辙深度

包络线车辙深度(图 3-70)是两侧轮迹处横断面包络线与路面表面之间的最大垂直距离。横断面包络线的定义为沿车道横断面逐点连接凸出的路面峰值点,并且连线在峰值点处的外转折角应该不小于 180°。直观的描述是,虚构一条线横跨整个车道横断面(即包络线),拉线两端与横断面的端点重合,线落在路面最高点或凸出点上。

图 3-69 车辙断面形式

图 3-70 包络线车辙深度

3.8.4 路面车辙的评定方法

我国路面车辙的评价指标现采用路面车辙深度指数 RDI,按式(3-26)计算:

$$\mathrm{RDI} = \begin{cases} 100 - a_0 \mathrm{RD} & (\mathrm{RD} \leqslant \mathrm{RD}_a) \\ 90 - a_1 (\mathrm{RD} - \mathrm{RD}_a) & (\mathrm{RD}_a < \mathrm{RD} \leqslant \mathrm{RD}_b) \\ 0 & (\mathrm{RD} > \mathrm{RD}_b) \end{cases} \quad (3\text{-}26)$$

式中:RD——车辙深度(mm);
RD_a——车辙深度参数,采用 10.0;
RD_b——车辙深度参数,采用 40.0;
a_0——模型参数,采用 1.0;
a_1——模型参数,采用 3.0。

路面车辙的评价标准见表3-24。

路面车辙评价标准　　　　　　　　　　表3-24

评价指标	等级				
	优	良	中	次	差
路面车辙深度指数 RDI	≥90	≥80,<90	≥70,<80	≥60,<70	<60

3.9 公路技术状况评定示例

公路技术状况评定是制定路面养护方案的基础和前提,为了更好地理解和掌握公路技术状况评定的方法和过程,本节按照沥青路面和水泥混凝土路面分别编制了公路技术状况评定的示例,示例中的数据部分来自于真实的检测结果,部分进行了简化。

3.9.1 沥青路面状况调查和评定示例

某二级公路沥青路面路段全长 14km,起始桩号为 K61+000,终点桩号为 K75+000。路面宽度 7.5m。沥青路面结构为厚 70mm 的沥青混凝土面层,厚 180mm 的水泥稳定砂砾底基层。该路段自投入使用以来,历年正常养护,未进行整体大修,路面破损状况较为严重。

为便于理解损坏程度的影响,示例中采用人工调查法调查路面损坏;采用多功能检测车检测路面平整度;采用横向力系数测试车检测路面抗滑性能;采用标准车和 5.4m 贝克曼梁测试路面结构强度,测试时路表温度为 45℃,测试前 5 天平均气温为 27.1℃。该路段的设计弯沉为 35(0.01mm)。以 1km 为 1 个评价单元,K61+0 代表起始桩号为 K61+0 到终点桩号为 K62+0 共 1000m 路段,其他桩号类推。

1.路面损坏状况评定

路面损坏调查结果见表 3-25,共有横向裂缝、纵向裂缝、块状裂缝、坑槽、龟裂、修补共 6 种损坏类型。其中横向裂缝、纵向裂缝以 m 计,其他损坏以 m^2 计。路面损坏状况评定时不分上下行,按整个路面宽度 7.5m 进行计算。

沥青路面损坏调查表　　　　　　　　　　表3-25

列编号	1	2	3	4	5	6	7	8	9	10	11
单元桩号	横向裂缝轻(m)	横向裂缝重(m)	纵向裂缝轻(m)	纵向裂缝重(m)	块状裂缝轻(m^2)	块状裂缝重(m^2)	修补(m^2)	坑槽重(m^2)	龟裂轻(m^2)	龟裂中(m^2)	龟裂重(m^2)
K60+0	0.30	144.10	1.30	210.40	0.00	0.00	14.27	0.00	21.74	11.29	52.94
K61+0	1.90	165.50	17.60	0.00	7.30	153.50	22.51	0.00	0.00	99.65	156.00
K62+0	1.00	121.80	17.00	0.00	27.50	524.70	229.40	0.00	1.77	125.27	112.17
K63+0	1.30	87.10	13.10	156.34	0.00	468.50	60.08	0.00	0.00	115.89	450.20
K64+0	0.50	96.60	6.00	256.86	0.00	83.20	28.34	0.90	0.00	99.62	720.12
K65+0	0.20	77.50	2.50	10.23	0.00	69.60	82.46	2.46	74.01	120.88	196.80
K66+0	0.00	109.10	0.00	50.56	36.40	138.80	1.25	0.00	30.84	24.00	320.10

续上表

列编号	1	2	3	4	5	6	7	8	9	10	11
单元桩号	横向裂缝轻(m)	横向裂缝重(m)	纵向裂缝轻(m)	纵向裂缝重(m)	块状裂缝轻(m²)	块状裂缝重(m²)	修补(m²)	坑槽重(m²)	龟裂轻(m²)	龟裂中(m²)	龟裂重(m²)
K67+0	0.00	111.50	5.00	100.56	0.00	25.36	1.97	1.92	19.45	6.86	0.00
K68+0	0.00	120.10	11.30	177.60	0.00	37.90	14.29	0.08	5.47	0.00	20.65
K69+0	0.30	119.00	3.50	150.56	30.50	453.50	6.48	0.00	5.69	0.00	268.50
K70+0	0.00	92.50	1.10	100.38	114.80	297.30	21.83	0.00	0.00	0.00	36.89
K71+0	0.00	136.10	0.40	175.63	18.90	197.20	13.44	0.11	0.00	0.00	25.65
K72+0	0.00	201.10	0.50	241.10	23.70	142.80	0.00	0.00	0.00	0.00	67.68
K73+0	0.00	250.90	0.00	215.90	13.00	32.60	4.00	0.00	15.09	6.22	230.85

在本示例中以 K60+0~K61+0 的轻度横向裂缝为例演示计算过程。

(1) 计算路面损坏面积

由于横向裂缝、纵向裂缝的检测结果为损坏长度,需要乘以影响宽度 d_i 得到损坏面积 A_i:

$$A_i = l_i \times d_i$$

则 $A_1 = l_1 \times d_1 = 0.3 \times 0.2 = 0.06 (m^2)$。

(2) 计算折合损坏面积 $\overline{A}_i$

将不同类型、不同严重程度的损坏面积按照权重 w_i 进行折算,得到折合损坏面积 $\overline{A}_i$:

$$\overline{A}_i = w_i \times A_i$$

则 $\overline{A}_1 = w_1 \times A_1 = 0.6 \times 0.06 = 0.036 (m^2)$,各损坏的折合损坏面积见表3-26。

计算后的沥青路面折合损坏面积表　　表3-26

单元桩号	横向裂缝轻(m)	横向裂缝重(m)	纵向裂缝轻(m)	纵向裂缝重(m)	块状裂缝轻(m²)	块状裂缝重(m²)	修补(m²)	坑槽重(m²)	龟裂轻(m²)	龟裂中(m²)	龟裂重(m²)
K60+0	0.04	28.82	0.16	42.08	0.00	0.00	1.43	0.00	13.04	9.03	52.94
K61+0	0.23	33.10	2.11	0.00	4.38	122.80	2.25	0.00	0.00	79.72	156.00
K62+0	0.12	24.36	2.04	0.00	16.50	419.76	22.94	0.00	1.06	100.22	112.17
K63+0	0.16	17.42	1.57	31.27	0.00	374.80	6.01	0.00	0.00	92.71	450.20
K64+0	0.06	19.32	0.72	51.37	0.00	66.56	2.83	0.90	0.00	79.70	720.12
K65+0	0.02	15.50	0.30	2.05	0.00	55.68	8.25	2.46	44.41	96.70	196.80
K66+0	0.00	21.82	0.00	10.11	21.84	111.04	0.13	0.00	18.50	19.20	320.10
K67+0	0.00	22.30	0.60	20.11	0.00	20.29	0.20	1.92	11.67	5.49	0.00
K68+0	0.00	24.02	1.36	35.52	0.00	30.32	1.43	0.08	3.28	0.00	20.65
K69+0	0.04	23.80	0.42	30.11	18.30	362.80	0.65	0.00	3.41	0.00	268.50
K70+0	0.00	18.50	0.13	20.08	68.88	237.84	2.18	0.00	0.00	0.00	36.89
K71+0	0.00	27.22	0.05	35.13	11.34	157.76	1.34	0.11	0.00	0.00	25.65
K72+0	0.00	40.22	0.06	48.22	14.22	114.24	0.00	0.00	0.00	0.00	67.68
K73+0	0.00	50.18	0.00	43.18	7.80	26.08	0.40	0.00	9.05	4.98	230.85

(3)计算路面破损率 DR 和路面损坏状况指数 PCI

评定单元长度 1km,按全幅宽度进行检测,路面面积为 $A = 1000 \times 7.5 = 7500(\text{m}^2)$。

$$\text{DR} = 100 \times \frac{\sum_{i=1}^{i_0} w_i A_i}{A} = 100 \times \frac{0.04+28.82+0.16+42.08+1.43+13.04+9.03+52.94}{7500} = 1.97$$

$$\text{PCI} = 100 - a_0 \text{DR}^{a_1} = 100 - 15.00 \times 1.967^{0.412} = 80.18$$

DR 和 PCI 计算结果见表 3-27,PCI 随桩号的分布见图 3-71。

沥青路面损坏计算结果　　　　　表 3-27

单元桩号	DR	PCI	评价等级
K60+0~K61+0	1.97	80.18	良
K61+0~K62+0	5.34	70.09	中
K62+0~K63+0	9.32	62.37	次
K63+0~K64+0	12.99	56.86	差
K64+0~K65+0	12.55	57.46	差
K65+0~K66+0	5.63	69.43	次
K66+0~K67+0	6.97	66.62	次
K67+0~K68+0	1.10	84.39	良
K68+0~K69+0	1.56	82.01	良
K69+0~K70+0	9.44	62.17	次
K70+0~K71+0	5.13	70.59	中
K71+0~K72+0	3.45	75.02	中
K72+0~K73+0	3.80	74.01	中
K73+0~K74+0	4.97	70.97	中

图 3-71　沥青路面损坏状况指数随里程桩号分布图

(4) 路面损坏状况评级

沥青路面损坏状况评级分为优、良、中、次、差五个等级。对所有调查路段的损坏情况进行分析，统计各个等级路段所占比例，统计结果见表3-28和图3-72。

沥青路面损坏评价结果 表3-28

评价等级	优级	良级	中级	次级	差级
里程(km)	0	3	5	4	2
所占比例(%)	0	21.43	35.71	28.57	14.29

图3-72 沥青路面损坏状况评价结果分布图

从表3-28可以看出，没有路面损坏状况达到"优级"的路段；"良级"路段共有3km，占总里程的21.43%；"中级"路段共有5km，占总里程的35.71%；"次级"路段共有4km，占总里程的28.57%；"差级"路段共有2km，占总里程的14.29%。可见，沥青路面损坏较为严重。

(5) 各种路面损坏类型分布

路面损坏状况评定后，可以得到路段评价结果，但是，还需要进一步分析哪些损坏是主导损坏，为后期的路面养护提供依据。主导损坏类型的分析方法有两种，一种是以真实损坏面积分析，另一种是以折合损坏面积分析。本教材中以真实损坏面积进行分析，此种分析结果能够为养护决策提供更加真实、合理的数据，也便于统计损坏面积。

计算调查路段范围内，第i种损坏的总面积及其占总损坏面积的比例，其中对于同一种损坏的不同类型（如横向裂缝轻、重），按照同一种损坏面积计算。因此，本例题中共有6种损坏类型。第i种损坏的总面积按式(3-27)计算，第i种损坏占总损坏面积的比例按式(3-28)计算：

$$M_i = \sum_{j=60}^{73} A_{ji} \tag{3-27}$$

$$R_i(\%) = \frac{\sum_{j=60}^{73} A_{ji}}{\sum_{i=1}^{6}(\sum_{j=60}^{73} A_{ji})} \times 100\% = \frac{M_i}{\sum_{i=1}^{6} M_i} \times 100\% \tag{3-28}$$

式中：j——路面桩号数；

A_{ji}——桩号$Kj+0$处，第i种破损的面积(m^2)。

以横向裂缝为例进行损坏类型的分布：

横向裂缝的总面积 $M_1 = \sum_{j=60}^{73} A_{j1} = 367.68 m^2$

横向裂缝损坏占损坏面积的比例 $R_1 = \dfrac{M_1}{\sum\limits_{i=1}^{6} M_1} \times 100\% = \dfrac{367.68}{7597.90} \times 100\% = 4.84\%$

由以上公式计算得出调查路段内,各种损坏的面积及占总损坏面积的比例,并绘制损坏类型分布图,见表3-29和图3-73。可以看出,此段沥青路面,主要损坏类型为龟裂,占总损坏面积的45.31%;其次为块状裂缝,占总损坏面积的38.13%;再次为修补,占总损坏面积的6.58%;横向裂缝和纵向裂缝所占比例相当,为5%左右;此外,还有部分坑槽。

沥青路面损坏类型分布表　　　　　　　　　　　　　　表3-29

损坏类型	横向裂缝	纵向裂缝	块状裂缝	修补	坑槽	龟裂
损坏面积（m²）	367.68	385.08	2897.06	500.32	5.47	3442.29
所占总损坏面积的比例（%）	4.84	5.07	38.13	6.58	0.07	45.31

图3-73　沥青路面损坏类型分布图

2.路面行驶质量评定

采用哈尔滨工业大学自主研发的多功能道路检测车对沥青路面上、下行车道左右轮迹的平整度分别进行了检测,检测结果按照1km为一个评价单元进行输出,结果见表3-30。

沥青路面平整度检测结果　　　　　　　　　　　　　　表3-30

单元桩号	止点桩号	上行 IRI(m/km)			下行 IRI(m/km)		
		左轮迹	右轮迹	统计值	左轮迹	右轮迹	统计值
K60+0	K61+0	3.23	3.33	3.33	3.02	3.13	3.13
K61+0	K62+0	4.15	4.43	4.43	2.88	2.94	2.94
K62+0	K63+0	4.01	4.40	4.40	3.14	3.15	3.15
K63+0	K64+0	3.46	4.26	4.26	2.57	2.86	2.86
K64+0	K65+0	5.01	5.45	5.45	4.36	4.79	4.79
K65+0	K66+0	3.89	4.21	4.21	3.45	3.60	3.60
K66+0	K67+0	3.68	3.70	3.70	3.40	3.42	3.42
K67+0	K68+0	3.45	3.58	3.58	3.35	3.61	3.61
K68+0	K69+0	4.05	4.12	4.12	3.15	3.26	3.26
K69+0	K70+0	3.40	3.46	3.46	2.56	2.76	2.76

续上表

单元桩号	止点桩号	上行 IRI(m/km)			下行 IRI(m/km)		
		左轮迹	右轮迹	统计值	左轮迹	右轮迹	统计值
K70+0	K71+0	3.88	4.11	4.11	3.77	3.86	3.86
K71+0	K72+0	5.89	6.21	6.21	5.28	5.39	5.39
K72+0	K73+0	6.04	6.46	6.46	5.55	6.07	6.07
K73+0	K74+0	7.15	7.56	7.56	5.87	6.21	6.21

取同一桩号中左右轮迹中 IRI 较大值为 IRI 统计值进行计算。根据式(3-12)，以 K60+0~K61+0 段上行右轮迹为例计算路面行驶质量指数 RQI。

$$\mathrm{RQI} = \frac{100}{1+a_0 \mathrm{e}^{a_1 \mathrm{IRI}}} = \frac{100}{1+0.0185 \times \mathrm{e}^{0.58 \times 3.33}} = 88.68$$

对调查路段各单元的路面平整度进行评级，分为优、良、中、次、差五个等级。IRI、RQI 以及平整度的评价结果见表 3-31，RQI 随里程桩号分布图见图 3-74。从表 3-31 和图 3-74 可以看出，路面平整度状态大部分良好，且下行平整度好于上行平整度。

沥青路面平整度分布表　　　　　表3-31

单元桩号	止点桩号	上行右轮迹			下行右轮迹		
		IRI(m/km)	RQI	评价等级	IRI(m/km)	RQI	评价等级
K60+0	K61+0	3.33	88.68	良	3.13	89.79	良
K61+0	K62+0	4.43	80.54	良	2.94	90.76	优
K62+0	K63+0	4.40	80.81	良	3.15	89.69	良
K63+0	K64+0	4.26	82.04	良	2.86	91.14	优
K64+0	K65+0	5.45	69.61	次	4.79	77.06	中
K65+0	K66+0	4.21	82.47	良	3.60	87.01	良
K66+0	K67+0	3.70	86.34	良	3.42	88.15	良
K67+0	K68+0	3.58	87.14	良	3.61	86.95	良
K68+0	K69+0	4.12	83.21	良	3.26	89.08	良
K69+0	K70+0	3.46	87.90	良	2.76	91.60	优
K70+0	K71+0	4.11	83.29	良	3.86	85.21	良
K71+0	K72+0	6.21	59.58	差	5.39	70.35	中
K72+0	K73+0	6.46	56.05	差	6.07	61.52	次
K73+0	K74+0	7.56	40.26	差	6.21	59.58	差

图 3-74 沥青路面行驶质量指数随里程桩号布图

为进一步分析,对调查路段内各等级路面所占里程以及占调查总里程的比例进行了统计,见表 3-32 和图 3-75。可以看出,上行路段没有评价等级为"优级"和"中级"的路段,"良级"占主要比例,路段共有 10km,占总里程的 71.43%;"次级"路段仅有 1km,占总里程的 7.14%;"差级"路段共 3km,占总里程的 21.43%。下行路段评价结果好于上行路段,"优级"路段共有 3km,占总里程的 21.43%;"良级"路段共有 7km,占总里程的 50%;"中级"路段共有 2km,占总里程的 14.29%;"次级"和"差级"路段各有 1km,各占总里程的 7.14%。

沥青路面平整度评价结果   表 3-32

	评价等级	优级	良级	中级	次级	差级
上行	里程(km)	0	10	0	1	3
	所占比例(%)	0.00	71.43	0.00	7.14	21.43
下行	里程(km)	3	7	2	1	1
	所占比例(%)	21.43	50.00	14.29	7.14	7.14

图 3-75 沥青路面平整度评价结果分布图

3.路面结构强度评定

经调查,该段沥青路面的设计弯沉为 35(0.01mm),采用贝克曼梁法对上、下行车道分别进行弯沉检测,测试车为后轴重 10t 的标准轴载 BZZ-100 的汽车;测试时路表温度为 45℃,测试前 5 天平均气温为 27.1℃;弯沉仪长 5.4m,测点间距为 100m(为便于计算,测点间距取 100m,实际检测中按规范要求进行检测)。实测弯沉时,按照左、右轮迹分别测试了回弹弯沉值,见表 3-33。

沥青路面实测弯沉数据表（0.01mm）　　表 3-33

桩号	上行车道		下行车道		桩号	上行车道		下行车道		桩号	上行车道		下行车道	
	左轮迹	右轮迹	左轮迹	右轮迹		左轮迹	右轮迹	左轮迹	右轮迹		左轮迹	右轮迹	左轮迹	右轮迹
K60+000	37	40	15	22	K64+700	14	19	34	37	K69+400	27	31	32	37
K60+100	48	49	50	55	K64+800	38	43	20	22	K69+500	31	34	41	46
K60+200	40	46	40	43	K64+900	36	40	40	43	K69+600	34	38	15	20
K60+300	49	49	25	31	K65+000	38	43	44	47	K69+700	22	25	58	55
K60+400	45	46	48	52	K65+100	37	40	43	46	K69+800	45	49	44	49
K60+500	25	31	50	55	K65+200	26	31	58	61	K69+900	38	40	17	22
K60+600	28	28	75	80	K65+300	47	52	40	40	K70+000	24	28	24	31
K60+700	42	40	30	34	K65+400	12	19	22	25	K70+100	51	55	17	22
K60+800	30	34	40	43	K65+500	56	61	43	46	K70+200	48	52	26	31
K60+900	28	31	40	43	K65+600	23	28	47	49	K70+300	50	52	56	61
K61+000	35	37	40	43	K65+700	23	28	34	37	K70+400	91	95	42	49
K61+100	42	46	35	40	K65+800	56	61	34	37	K70+500	71	74	44	49
K61+200	40	50	35	40	K65+900	70	77	20	22	K70+600	51	55	20	28
K61+300	60	71	40	44	K66+000	56	61	34	37	K70+700	42	46	45	50
K61+400	58	51	36	31	K66+100	64	69	29	32	K70+800	32	37	36	41
K61+500	50	53	40	44	K66+200	26	31	25	67	K70+900	30	34	35	37
K61+600	60	57	42	43	K66+300	66	71	46	49	K71+000	30	34	32	37
K61+700	30	34	30	31	K66+400	38	39	49	51	K71+100	25	25	35	40
K61+800	35	37	42	40	K66+500	35	40	28	31	K71+200	21	25	35	40
K61+900	35	37	40	46	K66+600	41	46	49	52	K71+300	30	34	39	43
K62+000	55	58	40	46	K66+700	75	77	35	34	K71+400	35	34	41	46
K62+100	30	34	40	43	K66+800	44	49	31	34	K71+500	57	61	52	57
K62+200	58	61	35	37	K66+900	66	71	40	43	K71+600	33	37	31	36
K62+300	40	43	50	52	K67+000	27	28	44	43	K71+700	38	40	25	34
K62+400	30	34	35	37	K67+100	29	34	43	46	K71+800	30	34	14	19
K62+500	28	31	50	52	K67+200	23	28	35	31	K71+900	33	37	44	49
K62+600	47	49	28	28	K67+300	44	49	28	31	K72+000	45	49	29	34
K62+700	45	46	46	43	K67+400	29	34	57	61	K72+100	48	46	36	39
K62+800	40	43	40	46	K67+500	34	37	32	37	K72+200	42	46	23	28
K62+900	28	40	42	43	K67+600	32	37	43	46	K72+300	30	34	35	40
K63+000	25	31	40	49	K67+700	29	34	22	25	K72+400	12	16	48	49
K63+100	40	43	36	37	K67+800	35	40	29	31	K72+500	32	37	55	60
K63+200	22	22	35	37	K67+900	38	43	37	40	K72+600	30	34	56	61
K63+300	47	52	27	26	K68+000	26	31	60	68	K72+700	30	34	45	49
K63+400	40	42	40	43	K68+100	35	32	31	34	K72+800	30	34	35	40
K63+500	26	31	32	39	K68+200	26	31	22	28	K72+900	41	49	56	61
K63+600	38	39	28	31	K68+300	50	55	40	43	K73+000	30	34	29	34
K63+700	35	37	35	39	K68+400	37	37	41	46	K73+100	39	43	36	41
K63+800	30	34	25	28	K68+500	44	49	43	46	K73+200	30	39	20	25
K63+900	40	43	32	37	K68+600	43	48	31	34	K73+300	36	40	44	49
K64+000	30	34	25	28	K68+700	30	31	22	31	K73+400	31	35	35	40
K64+100	28	40	59	61	K68+800	44	49	25	28	K73+500	42	46	38	41
K64+200	30	39	35	37	K68+900	29	34	47	49	K73+600	29	34	28	31
K64+300	25	31	40	49	K69+000	29	34	40	43	K73+700	28	31	38	39
K64+400	50	52	50	52	K69+100	28	28	38	40	K73+800	23	28	31	34
K64+500	36	34	42	49	K69+200	30	34	35	40	K73+900	28	31	25	31
K64+600	38	43	19	22	K69+300	33	37	30	37					

由于本次调查采用的是标准车、5.4m贝克曼梁弯沉仪,因此,不需要对各测点实测弯沉值进行荷载修正和支点修正。但是,由于路面温度为45℃,需要进行温度修正。

(1)弯沉的温度修正

弯沉的温度修正可以采用《公路路基路面现场测试规程》(JTG 3450—2019)T 0951—2008中的方法进行,具体方法如下:

①测定时的沥青面层平均温度 T 按下式计算:

$$T_0 = 45 + 27.1 = 72.1(℃)$$

$$T = \frac{T_{25}+T_m+T_e}{3} = \frac{30.54+30.16+28.32}{3} = 29.67(℃)$$

②沥青面层平均温度不在20℃+2℃范围内,应根据沥青面层厚度计算路面弯沉值的温度修正系数 k,沥青面层厚度为70mm,底基层为水泥稳定砂砾,因此由 $k_{50,2}$ 和 $k_{100,2}$ 插值计算路面弯沉值的温度修正系数 k:

$$k_{50,2} = -0.0065T + 1.1319 = -0.0065 \times 29.67 + 1.1319 = 0.939$$

$$k_{100,2} = -0.0117T + 1.2365 = -0.0117 \times 29.67 + 1.2365 = 0.889$$

计算得到路面弯沉值的温度修正系数 k 为0.919。

③计算修正后沥青路面回弹弯沉值:

$$l_{20} = l_t \times k$$

式中: l_{20}——修正后的沥青路面回弹弯沉值(0.01mm)。

按照《公路工程质量检验评定标准 第一册 土建工程》(JTG F80/1—2017)中的要求,每个行车道的左、右轮迹按照单独测点进行计算,因此,对所有数据进行了温度修正。修正后的结果见表3-34。

温度修正后的沥青路面弯沉数据表(0.01mm)(K60+000~K63+000示例) 表3-34

桩号	上行车道 左轮迹	上行车道 右轮迹	下行车道 左轮迹	下行车道 右轮迹	桩号	上行车道 左轮迹	上行车道 右轮迹	下行车道 左轮迹	下行车道 右轮迹	桩号	上行车道 左轮迹	上行车道 右轮迹	下行车道 左轮迹	下行车道 右轮迹
K60+000	34	37	14	20	K61+000	32	34	37	32	K62+000	51	53	37	51
K60+100	44	45	46	51	K61+100	39	42	32	39	K62+100	28	31	37	28
K60+200	37	42	37	40	K61+200	37	46	32	37	K62+200	53	56	32	53
K60+300	45	45	23	28	K61+300	55	65	37	55	K62+300	37	40	46	37
K60+400	41	42	44	48	K61+400	53	47	33	53	K62+400	28	31	32	28
K60+500	23	28	46	51	K61+500	46	49	37	46	K62+500	26	28	46	26
K60+600	26	26	69	74	K61+600	55	52	39	55	K62+600	43	45	39	43
K60+700	39	37	28	31	K61+700	28	31	28	28	K62+700	41	42	42	41
K60+800	28	31	37	40	K61+800	32	34	39	32	K62+800	37	40	37	37
K60+900	26	28	37	40	K61+900	32	34	37	32	K62+900	26	37	39	26

(2)计算实测代表弯沉 l

由于本次检测是在最不利季节进行,因此不需要进行季节修正,可以按照1km为1个路段单元直接进行实测代表弯沉计算。路段的代表弯沉 l 按式(3-23)计算:

以K60+0~K60+1000上行车道为例,路段路表弯沉平均值为35,标准差 S 为7.45,测点数

N 为 10，保证率 95%，则 $\frac{t_{\alpha/2}}{\sqrt{N}} = 0.715$，此时代表弯沉 $l = 35 + 7.45 \times 0.715 = 41$，计算后的各路段弯沉平均值、代表弯沉见表 3-35。

（3）计算路面结构强度指数 PSSI

路面结构强度用路面结构强度指数 PSSI 评价，根据式（3-24）和式（3-25），以 K60+0~K61+0 段上行车道为例计算 PSSI：

$$SSR = \frac{l_0}{l} = \frac{35}{41} = 0.86$$

$$PSSI = \frac{100}{1 + a_0 e^{a_1 SSR}} = \frac{100}{1 + 15.71 \times e^{-5.19 \times 0.86}} = 84.91$$

（4）路面结构强度评级

对调查路段各单元的路面结构强度进行评级。《公路技术状况评定标准》（JTG 5210—2018）明确给出了路面结构强度评级标准，以 10 分为一个级差对路面结构强度进行评级。

SSR、PSSI 以及路面结构强度的评价结果见表 3-35，路面结构强度指数随里程桩号的分布见图 3-76。

沥青路面结构强度分布表　　　　　表 3-35

桩号	上行车道					下行车道				
	弯沉均值 (0.01mm)	代表弯沉 (0.01mm)	SSR	PSSI	等级	弯沉均值 (0.01mm)	代表弯沉 (0.01mm)	SSR	PSSI	等级
K60+0	35	41	0.86	84.91	良	40	50	0.70	70.26	中
K61+0	42	49	0.71	71.48	中	36	39	0.90	87.16	良
K62+0	39	45	0.77	77.81	中	38	43	0.82	81.66	良
K63+0	33	38	0.92	88.09	良	32	36	0.97	90.86	优
K64+0	33	38	0.91	87.80	良	36	44	0.80	80.35	良
K65+0	38	50	0.71	71.21	中	37	44	0.80	80.18	良
K66+0	49	59	0.59	57.73	差	37	43	0.81	80.74	良
K67+0	31	36	0.98	91.30	优	35	41	0.84	83.61	良
K68+0	35	41	0.86	84.68	良	35	43	0.81	81.06	良
K69+0	31	35	1.00	92.10	优	34	41	0.84	83.59	良
K70+0	47	59	0.59	57.76	差	34	42	0.83	82.61	良
K71+0	32	38	0.92	88.28	良	34	41	0.85	84.14	良
K72+0	33	40	0.88	86.24	良	40	48	0.73	73.83	中
K73+0	31	35	1.01	92.22	优	32	36	0.97	90.58	优

图 3-76　沥青路面结构强度指数随里程桩号分布图

对调查路段内"优级""良级""中级""次级"和"差级"所占的里程以及占调查总里程的比例进行了统计,见表 3-36 和图 3-77。

沥青路面结构强度评价结果　　　　　　　　　表 3-36

	评价等级	优级	良级	中级	次级	差级
上行	里程(km)	3	6	3	0	2
	所占比例(%)	21.43	42.86	21.43	0.00	14.29
下行	里程(km)	2	10	2	0	0
	所占比例(%)	14.29	71.43	14.29	0.00	0.00

图 3-77　沥青路面结构强度评价结果分布图

从表 3-37 和图 3-77 可以看出,上行路段评价等级为"优级"的路段共有 3km,占总里程的 21.43%;"良级"占主要比例,路段共有 6km,占总里程的 42.86%;"中级"路段有 3km,占总里程的 21.43%;"差级"路段共 2km,占总里程的 14.29%。下行路段评价结果为"优级"的路段共有 2km,占总里程的 14.29%;"良级"路段占主要比例,共有 10km,占总里程的 71.43%;"中级"路段共有 2km,占总里程的 14.29%;无"次级"和"差级"的路段。可见,经过多年的使用,大部分路段的结构强度已经严重不足,需要进行补强设计。

4.路面抗滑性能评定

本次调查采用某型号路面横向力系数测试车对路面的横向力系数 SFC 进行了检测,测试时按照 100m 为单元进行检测,测试时的路面温度为 38℃,测试速度和测试值见表 3-37。

沥青路面横向力系数实测值 表3-37

桩号	上行车道 测试值	上行车道 测试速度(km/h)	下行车道 测试值	下行车道 测试速度(km/h)	桩号	上行车道 测试值	上行车道 测试速度(km/h)	下行车道 测试值	下行车道 测试速度(km/h)	桩号	上行车道 测试值	上行车道 测试速度(km/h)	下行车道 测试值	下行车道 测试速度(km/h)
K60+000	43.0	57.0	38.7	70.8	K64+700	39.3	56.3	41.2	64.5	K69+400	39.4	59.7	38.7	60.8
K60+100	42.8	60.1	38.7	70.8	K64+800	39.4	53.6	40.8	65.7	K69+500	39.0	60.3	38.7	60.8
K60+200	43.2	64.9	38.4	70.8	K64+900	40.0	61.7	40.1	65.3	K69+600	38.7	58.7	38.4	60.8
K60+300	43.2	69.1	38.6	70.5	K65+000	40.5	61.8	40.0	64.3	K69+700	40.4	60.2	38.6	60.5
K60+400	42.6	56.0	38.6	70.1	K65+100	40.0	63.7	39.8	63.6	K69+800	40.8	57.4	38.6	60.1
K60+500	41.0	60.2	38.5	70.1	K65+200	39.6	65.2	39.7	64.2	K69+900	40.7	54.7	38.5	60.1
K60+600	39.8	56.9	38.5	70.3	K65+300	39.7	66.3	40.0	56.0	K70+000	40.5	54.7	38.5	60.3
K60+700	40.4	62.8	38.8	71.0	K65+400	40.8	66.9	40.5	57.7	K70+100	39.5	57.3	38.8	61.0
K60+800	41.0	62.6	38.8	71.7	K65+500	41.1	67.6	41.0	59.0	K70+200	38.8	60.0	38.8	61.7
K60+900	40.2	65.0	38.8	72.2	K65+600	42.3	59.4	41.6	59.9	K70+300	39.0	62.9	38.8	62.2
K61+000	39.5	62.8	38.6	72.6	K65+700	42.2	60.9	41.7	61.8	K70+400	39.0	65.3	38.6	62.6
K61+100	38.2	65.8	37.9	72.8	K65+800	41.7	62.2	41.1	65.3	K70+500	38.9	56.6	37.9	62.8
K61+200	36.8	62.8	37.2	73.1	K65+900	41.6	63.1	40.7	64.3	K70+600	39.4	56.9	37.2	63.1
K61+300	37.0	62.5	36.9	73.2	K66+000	40.6	63.4	39.8	68.2	K70+700	39.3	57.4	36.9	63.2
K61+400	37.1	62.6	36.5	73.1	K66+100	40.5	64.5	38.9	65.6	K70+800	39.0	58.7	36.5	63.1
K61+500	37.2	64.7	37.1	72.8	K66+200	40.5	65.4	37.9	65.7	K70+900	39.2	60.5	37.1	62.8
K61+600	37.6	64.8	37.8	72.3	K66+300	40.3	65.7	37.8	64.6	K71+000	38.7	63.0	37.8	62.3
K61+700	37.6	60.0	38.3	72.7	K66+400	40.0	65.6	37.9	63.5	K71+100	38.3	65.2	38.3	62.7
K61+800	37.8	60.3	38.8	72.1	K66+500	39.9	64.8	38.6	63.3	K71+200	37.8	61.6	38.8	62.1
K61+900	37.7	61.1	39.5	71.9	K66+600	39.8	63.7	39.1	63.2	K71+300	37.2	62.4	39.5	61.9
K62+000	37.5	62.4	39.4	71.7	K66+700	40.0	62.7	38.6	63.4	K71+400	37.1	62.4	39.4	61.7
K62+100	37.6	64.1	39.8	70.2	K66+800	39.9	61.3	38.1	62.7	K71+500	37.1	61.5	39.8	60.2
K62+200	37.3	63.5	40.0	70.0	K66+900	39.4	58.9	37.3	59.6	K71+600	37.6	60.5	40.0	60
K62+300	37.0	68.2	39.8	69.6	K67+000	38.8	64.9	37.7	60.8	K71+700	37.9	59.2	39.8	59.6
K62+400	37.1	70.0	41.1	67.1	K67+100	39.0	61.2	38.1	57.7	K71+800	37.9	58.2	41.1	57.1
K62+500	36.7	61.4	42.6	64.1	K67+200	38.9	59.7	38.6	55.8	K71+900	38.3	57.7	42.6	64.1
K62+600	36.6	62.0	43.6	61.8	K67+300	38.5	60.5	38.6	56.1	K72+000	38.0	56.9	43.6	61.8
K62+700	36.9	62.0	43.9	60.2	K67+400	37.7	62.8	38.2	57.5	K72+100	38.0	55	43.9	60.2
K62+800	36.8	61.5	42.9	61.1	K67+500	37.1	65.5	38.0	58.7	K72+200	37.1	60.5	42.9	61.1
K62+900	36.9	60.9	41.8	61.8	K67+600	37.0	66.9	38.1	59.4	K72+300	37.0	61.9	41.8	61.8
K63+000	36.5	60.3	41.8	60.1	K67+700	36.9	67.7	38.5	59.7	K72+400	36.9	62.7	41.8	60.1
K63+100	36.4	59.5	41.9	66.1	K67+800	37.1	58.8	38.5	59.7	K72+500	37.1	63.8	41.9	56.1
K63+200	36.7	58.8	41.6	61.6	K67+900	36.7	59.9	37.6	59.1	K72+600	36.7	64.9	41.6	56.6
K63+300	37.5	58.2	40.6	59.1	K68+000	36.9	60.3	37.3	58.3	K72+700	36.9	60.3	40.6	59.1
K63+400	38.1	57.4	40.0	58.9	K68+100	37.7	60.1	37.2	57.2	K72+800	37.7	60.1	40.0	58.9
K63+500	37.9	56.5	39.8	61.4	K68+200	37.8	59.5	37.4	60.5	K72+900	37.8	59.5	39.8	61.4
K63+600	37.7	56.4	40.5	64.5	K68+300	38.4	58.6	39.3	59	K73+000	38.4	58.6	40.5	64.5
K63+700	36.8	57.3	41.5	58.0	K68+400	38.8	56.8	40.6	56.7	K73+100	38.8	56.8	41.5	63
K63+800	36.6	59.0	41.8	61.6	K68+500	38.6	64.9	41.8	56	K73+200	38.6	59.9	41.8	66.6
K63+900	36.5	61.1	42.2	64.5	K68+600	39.1	64.0	42.8	57.7	K73+300	39.1	59	42.2	64.5
K64+000	36.6	62.8	41.5	56.6	K68+700	38.8	63.9	42.9	59.4	K73+400	38.8	58.9	41.5	66.6
K64+100	36.8	63.4	41.1	66.3	K68+800	38.8	64.7	42.8	59.0	K73+500	38.4	59.7	41.1	66.3
K64+200	37.5	63.4	40.4	64.6	K68+900	38.9	64.9	41.9	60.5	K73+600	38.9	59.9	40.8	64.6
K64+300	38.4	63.0	40.3	62.6	K69+000	39.9	62.5	40.9	62.3	K73+700	38.4	59.7	40.3	62.6
K64+400	38.8	62.1	40.6	60.9	K69+100	40.6	60.7	40.3	63.3	K73+800	38.9	59.9	40.6	60.9
K64+500	39.5	61.4	40.2	60.2	K69+200	41.7	59.7	40.1	64.0	K73+900	39.9	57.5	40.2	60.2
K64+600	39.1	60.9	39.1	58.9	K69+300	41.9	61.1	39.5	64.2					

(1) SFC 值的速度修正

测试系统的标准测试速度为 60km/h,首先对其他速度条件下测试的 SFC 值按照式(3-15)转换为标准速度下的等效 SFC 值。

(2) SFC 值的温度修正

测试系统的标准现场测试地面温度范围为 20℃±5℃,本次调查的地面温度为 38℃,因此,经查表后,按插值方法得到温度修正系数为+5.2。

以 K60+0~K61+0 上行车道为例(其中,K61+0 点的数据不包含在该段),其实测 SFC 为 43.0,首先进行速度修正:

$$SFC_{标} = SFC_{测} - 0.22(v_{标} - v_{测}) = 43.0 - 0.22 \times (60.0 - 57.0) = 42.3$$

然后进行温度修正,温度修正后的 SFC = 42.3+5.2 = 47.5。各测点修正后的路面横向力系数 SFC 见表 3-38。

修正后的沥青路面横向力系数(K60+000~K63+000 示例) 表 3-38

桩号	上行车道 测试值	上行车道 测试速度(km/h)	下行车道 测试值	下行车道 测试速度(km/h)	桩号	上行车道 测试值	上行车道 测试速度(km/h)	下行车道 测试值	下行车道 测试速度(km/h)	桩号	上行车道 测试值	上行车道 测试速度(km/h)	下行车道 测试值	下行车道 测试速度(km/h)
K60+000	42.3	47.5	41.1	46.3	K61+000	40.1	45.3	41.4	46.6	K62+000	38.0	43.2	42.0	47.2
K60+100	42.8	48.0	41.1	46.3	K61+100	39.5	44.7	40.7	45.9	K62+100	38.5	43.7	42.0	47.2
K60+200	44.3	49.5	40.8	46.0	K61+200	37.4	42.6	40.1	45.3	K62+200	38.1	43.3	42.2	47.4
K60+300	45.2	50.4	40.9	46.1	K61+300	37.6	42.8	39.8	45.0	K62+300	38.8	44.0	41.9	47.1
K60+400	41.7	46.9	40.8	46.0	K61+400	37.7	42.9	39.4	44.6	K62+400	39.3	44.5	42.7	47.9
K60+500	41.0	46.2	40.7	45.9	K61+500	38.2	43.4	39.9	45.1	K62+500	37.0	42.2	43.5	48.7
K60+600	39.1	44.3	40.8	46.0	K61+600	38.7	43.9	40.5	45.7	K62+600	37.0	42.2	44.0	49.2
K60+700	41.0	46.2	41.2	46.4	K61+700	37.6	42.8	41.1	46.3	K62+700	37.3	42.5	43.9	49.1
K60+800	41.6	46.8	41.4	46.6	K61+800	37.9	43.1	41.5	46.7	K62+800	37.1	42.3	43.1	48.3
K60+900	41.3	46.5	41.5	46.7	K61+900	37.9	43.1	42.1	47.3	K62+900	37.1	42.3	42.2	47.4

(3) 计算 SFC 代表值

根据《公路工程质量检验评定标准 第一册 土建工程》(JTG F80/1—2017)中规定,横向力系数使用代表值进行工程质量评定,根据式(3-16)计算。经查表,测点数为 10,保证率为 90%时:

$$\frac{t_\alpha}{\sqrt{n}} = 0.437$$

以 K60+0~K61+0 上行车道为例,其路段横向力系数平均值 $\overline{SFC}$ 为 47.2,标准差 S 为 1.65,则 SFC 代表值为:

$$SFC_r = \overline{SFC} - \frac{t_\alpha}{\sqrt{n}} S = 47.2 - 0.437 \times 1.65 = 46.5$$

计算后的各路段横向力系数平均值和代表值见表 3-39。

沥青路面抗滑性能分布表 表3-39

桩号	上行车道					下行车道				
	均值	标准差	SFC代表值	SRI	等级	均值	标准差	SFC代表值	SRI	等级
K60+0	47.2	1.65	46.5	88.4	良	46.2	0.26	46.1	88.0	良
K61+0	43.5	0.86	43.1	84.6	良	45.8	0.82	45.5	87.4	良
K62+0	43.0	0.79	42.7	84.1	良	48.0	0.78	47.6	89.5	良
K63+0	41.9	0.41	41.8	82.9	良	46.7	1.14	46.2	88.1	良
K64+0	43.9	0.95	43.5	85.1	良	46.3	1.03	45.9	87.8	良
K65+0	47.0	0.74	46.6	88.6	良	46.2	0.92	45.8	87.7	良
K66+0	46.1	0.74	45.8	87.7	良	44.5	1.08	44.0	85.7	良
K67+0	43.6	0.93	43.2	84.7	良	43.0	0.33	42.9	84.4	良
K68+0	43.9	1.07	43.5	85.1	良	45.3	2.29	44.3	86.0	良
K69+0	45.4	1.10	44.9	86.8	良	44.8	1.14	44.3	86.1	良
K70+0	44.2	0.54	44.0	85.7	良	43.6	0.72	43.3	84.9	良
K71+0	43.2	0.70	42.9	84.4	良	45.2	1.31	44.6	86.4	良
K72+0	42.6	0.33	42.5	83.9	良	46.9	1.48	46.3	88.2	良
K73+0	43.8	0.38	43.6	85.3	良	47.1	1.01	46.7	88.6	良

(4)计算路面抗滑性能指数SRI

路面抗滑性能用路面抗滑性能指数SRI评价,根据式(3-17),以K60+0～K61+0段上行车道为例计算SRI:

$$SRI = \frac{100-SRI_{min}}{1+a_0 e^{a_1 SFC}} + SRI_{min} = \frac{100-35}{1+28.6 \times e^{-0.105 \times 46.5}} + 35 = 88.4$$

对调查SRI以及路面抗滑性能的评价结果见表3-39,路面抗滑性能指数随里程桩号的分布见图3-78。

图3-78 沥青路面抗滑性能指数随里程桩号分布图

可以看出,上行路段和下行路段评价结果都为"良级"。整体上看,该段公路的抗滑性能较好。

3.9.2 水泥混凝土路面状况调查和评定示例

某二级公路水泥混凝土路面路段全长18km,起始桩号为K3+000,终点桩号为K21+1000。

路基宽度12m,路面宽度7.5m。面层为200mm水泥混凝土,基层为200mm水泥稳定砂砾。该段路自投入使用以来,历年正常养护,但由于多种原因,路面损坏状况较为严重。

采用多功能道路检测车对路面的损坏状况和平整度进行检测和评定。桩号增加方向为上行,桩号递减方向为下行,以1km为1个评定单元,其中,桩号K3+0的数据代表K3+0~K4+0共1km路段的数据,以下同。

1.路面损坏状况评定

路面损坏调查结果见表3-40,调查路段共有破碎板、裂缝、板角断裂、边角剥落、露骨和修补(块状)共6种损坏类型。其中裂缝、边角剥落以m计,其他损坏以m^2计。路面损坏状况评价时不分上下行,按整个路面宽度7.5m进行计算。

在本示例中以K3+0~K4+0的轻度裂缝为例演示计算过程。

(1)对旧水泥混凝土路面分板块逐一编号,绘制病害平面图

(略。)

(2)计算路面损坏面积

裂缝和边角剥落损坏的检测结果为损坏长度,需要乘以影响宽度d_i得到损坏面积A_i:

$$A_i = l_i \times d_i$$

则$A_1 = l_1 \times d_1 = 32.3 \times 1.0 = 32.3(m^2)$。由于裂缝和边角剥落的影响宽度均为1.0m,因此,计算得到的各种损坏面积在数值上与表3-40一致,这里不单独给出计算表。

水泥混凝土路面损坏调查表　　　　表3-40

单元桩号	破碎板轻(m^2)	破碎板重(m^2)	裂缝轻(m)	裂缝重(m)	板角断裂轻(m^2)	板角断裂中(m^2)	板角断裂重(m^2)	边角剥落轻(m)	边角剥落重(m)	露骨(m^2)	修补(m^2)
K3+0	0.00	0.00	32.30	33.60	1.95	0.00	0.00	22.60	21.70	290.25	0.00
K4+0	0.00	15.00	50.10	82.50	1.06	2.57	3.13	0.60	9.20	175.82	0.00
K5+0	0.00	0.00	83.50	35.60	2.27	0.36	0.00	1.40	3.00	425.20	0.00
K6+0	0.00	0.00	38.50	45.30	1.85	0.00	0.24	5.50	5.40	167.54	34.23
K7+0	0.00	0.00	32.30	35.60	0.00	0.10	1.11	14.00	10.00	42.81	0.00
K8+0	0.00	0.00	22.70	11.80	0.00	0.68	0.09	11.90	24.40	46.07	41.19
K9+0	60.00	75.00	29.10	52.50	7.54	9.00	13.74	0.00	0.00	10.43	1.32
K10+0	45.00	75.00	78.90	94.30	8.34	2.12	13.00	2.50	4.20	43.26	0.00
K11+0	15.00	15.00	43.00	23.10	8.90	0.00	6.38	2.20	5.20	16.50	0.00
K12+0	15.00	30.00	155.90	58.40	20.15	13.71	10.41	8.90	1.60	98.55	12.57
K13+0	30.00	15.00	80.10	48.40	23.19	25.34	5.27	16.40	1.90	54.47	42.60
K14+0	330.00	660.00	145.40	191.90	8.00	0.60	20.92	0.00	4.90	321.33	0.00
K15+0	195.00	240.00	68.40	58.80	6.16	1.05	15.49	8.90	31.80	21.63	0.00
K16+0	285.00	195.00	98.50	101.00	4.72	4.02	19.01	0.00	25.30	146.99	0.33
K17+0	210.00	720.00	72.00	200.50	0.23	17.83	52.03	3.30	6.70	0.00	0.00
K18+0	0.00	550.00	32.50	50.50	1.95	0.00	0.00	22.60	21.70	290.25	0.00
K19+0	0.00	315.00	50.10	80.80	1.06	2.57	3.13	0.60	9.20	175.82	0.00
K20+0	0.00	225.00	83.50	56.30	2.27	0.36	0.00	1.40	3.00	425.20	0.00

(3)计算折合损坏面积$\overline{A}_i$

路面表面的损坏类型、损坏程度不同,对路面使用性能的影响也不相同。因此,需要将不同类型、不同严重程度的损坏面积按照换算系数w_i进行折算,得到折合损坏面积$\overline{A}_i$:

$$\overline{A}_i = w_i \times A_i$$

以 K3+0~K4+0 的轻度裂缝为例,则$\overline{A}_1 = w_1 \times A_1 = 10 \times 32.3 = 323.0 (m^2)$。

各种损坏的折合损坏面积见表 3-41。

计算后的水泥混凝土路面折合损坏面积表 表 3-41

单元桩号	破碎板轻(m^2)	破碎板重(m^2)	裂缝轻(m^2)	裂缝重(m^2)	板角断裂轻(m^2)	板角断裂中(m^2)	板角断裂重(m^2)	边角剥落轻(m^2)	边角剥落重(m^2)	露骨(m^2)	修补(m^2)
K3+0	0.00	0.00	323.00	336.00	1.95	0.00	0.00	226.00	217.00	87.08	0.00
K4+0	0.00	15.00	501.00	825.00	1.06	2.57	3.13	6.00	92.00	52.75	0.00
K5+0	0.00	0.00	835.00	356.00	2.27	0.36	0.00	14.00	30.00	127.56	0.00
K6+0	0.00	0.00	385.00	453.00	1.85	0.00	0.24	55.00	54.00	50.26	3.42
K7+0	0.00	0.00	323.00	356.00	0.00	0.10	1.11	140.00	100.00	12.84	0.00
K8+0	0.00	0.00	227.00	118.00	0.00	0.68	0.09	119.00	244.00	13.82	4.12
K9+0	60.00	75.00	291.00	525.00	7.54	9.00	13.74	0.00	0.00	3.13	0.13
K10+0	45.00	75.00	789.00	943.00	8.34	2.12	13.00	25.00	42.00	12.98	0.00
K11+0	15.00	15.00	430.00	231.00	8.90	0.00	6.38	22.00	52.00	4.95	0.00
K12+0	15.00	30.00	1559.00	584.00	20.15	13.71	10.41	89.00	16.00	29.57	1.26
K13+0	30.00	15.00	801.00	484.00	23.19	25.34	5.27	164.00	19.00	16.34	4.26
K14+0	330.00	660.00	1454.00	1919.00	8.00	0.60	20.92	0.00	49.00	96.40	0.00
K15+0	195.00	240.00	684.00	588.00	6.16	1.05	15.49	89.00	318.00	6.49	0.00
K16+0	285.00	195.00	985.00	1010.00	4.72	4.02	19.01	0.00	253.00	44.10	0.03
K17+0	210.00	720.00	720.00	2005.00	0.23	17.83	52.03	33.00	67.00	0.00	0.00
K18+0	0.00	550.00	325.00	505.00	1.95	0.00	0.00	226.00	217.00	87.08	0.00
K19+0	0.00	315.00	501.00	808.00	1.06	2.57	3.13	6.00	92.00	52.75	0.00
K20+0	0.00	225.00	835.00	563.00	2.27	0.36	0.00	14.00	30.00	127.56	0.00

(4)计算路面破损率 DR 和路面损坏状况指数 PCI

根据水泥混凝土路面损坏状况指数 PCI 的计算公式,计算出水泥混凝土路面的 PCI。以 K3+0~K4+0 段为例,调查的路面面积为 $A = 1000 \times 7.5 = 7500 (m^2)$。

$$DR = 100 \times \frac{\sum_{i=1}^{i_0} w_i A_i}{A} = 100 \times \frac{323.00 + 336.00 + 1.95 + 226.00 + 217.00 + 87.08}{7500} = 15.88$$

$$PCI = 100 - a_0 DR^{a_1} = 100 - 10.66 \times 15.88^{0.461} = 61.86$$

通过以上公式计算得到的 DR 和 PCI 见表 3-42，PCI 随里程桩号分布见图 3-79。

水泥混凝土路面损坏计算结果　　　　　表 3-42

单元桩号	DR	PCI	评价等级
K3+0～K4+0	15.88	61.86	次
K4+0～K5+0	19.98	57.60	差
K5+0～K6+0	18.20	59.39	差
K6+0～K7+0	13.37	64.77	次
K7+0～K8+0	12.44	65.92	次
K8+0～K9+0	9.69	69.63	次
K9+0～K10+0	13.13	65.07	次
K10+0～K11+0	26.07	52.07	差
K11+0～K12+0	10.47	68.53	次
K12+0～K13+0	31.57	47.65	差
K13+0～K14+0	21.17	56.46	差
K14+0～K15+0	60.51	29.34	差
K15+0～K16+0	28.58	50.00	差
K16+0～K17+0	37.33	43.44	差
K17+0～K18+0	51.00	34.69	差
K18+0～K19+0	25.49	52.56	差
K19+0～K20+0	23.75	54.08	差
K20+0～K21+0	23.96	53.90	差

图 3-79　水泥混凝土路面损坏状况指数 PCI 随里程桩号分布图

(5) 路面损坏状况评级

水泥混凝土路面损坏状况评级分为优、良、中、次、差五个等级。以 1km 为评价单元，对整个调查路段 18km 的路面损坏情况进行分析，统计各个等级路段所占的比例，统计结果见

表 3-43 和图 3-80。

水泥混凝土路面损坏评价结果 表 3-43

路面损坏等级	优级	良级	中级	次级	差级
里程(km)	0	0	0	6	12
所占比例(%)	0	0	0	33.33	66.67

从表 3-44 和图 3-80 可以看出,没有路面损坏状况达到"优级""良级"或"中级"的路段。"次级"路段共有 6km,占总里程的 33.33%;"差级"路段共有 12km,占总里程的 66.67%。可见,水泥混凝土路面损坏状况非常严重。

(6)各种路面损坏类型分布

统计调查路段范围内,第 i 种损坏的总面积及第 i 种损坏占总损坏面积的比例,其中对于同一种损坏的不同类型(如裂缝轻、重),按照同一种损坏面积计算。因此,本例题中共有 6 种损坏类型。

图 3-80 水泥混凝土路面损坏状况评价结果分布图

以裂缝为例进行损坏类型的分布:

裂缝的总面积 $M_1 = \sum_{j=3}^{20} A_{j1} = 2457.7 \text{m}^2$

裂缝损坏占损坏面积的比例 $R_1 = \dfrac{M_1}{\sum_{i=1}^{6} M_i} \times 100\% = \dfrac{2454.7}{10313.0} \times 100\% = 23.83\%$

由以上公式计算得出调查路段内,各种损坏的面积及占总损坏面积的比例,并绘制损坏类型分布图,见表 3-44 和图 3-81。可以看出,此段水泥混凝土路面,主要损坏类型为破碎板,占总损坏面积的 41.84%;其次为露骨,占总损坏面积的 26.69%;裂缝占总损坏面积的 23.83%;板角断裂和边角剥落所占比例相当,占 3% 左右;此外,还有 1.28% 的修补。

水泥混凝土路面损坏类型分布表 表 3-44

损坏类型	破碎板	裂缝	板角断裂	边角剥落	露骨	修补
破损面积(m²)	4315.00	2457.70	343.90	312.00	2752.12	132.24
所占比例(%)	41.84	23.83	3.33	3.03	26.69	1.28

图 3-81 水泥混凝土路面损坏类型分布图

2.路面行驶质量评定

采用哈尔滨工业大学自主研发的多功能道路检测车对水泥混凝土路面上、下行车道左右轮迹的平整度分别进行了检测,检测结果按照1km为一个评价单元进行输出,结果见表3-45。

水泥混凝土路面平整度检测结果　　　　表3-45

单元桩号	止点桩号	上行 IRI(m/km)			下行 IRI(m/km)		
		左轮迹	右轮迹	较大值	左轮迹	右轮迹	较大值
K3+0	K4+0	4.68	4.70	4.70	4.01	4.08	4.08
K4+0	K5+0	3.75	3.80	3.80	3.70	3.77	3.77
K5+0	K6+0	3.55	3.61	3.61	3.20	3.21	3.21
K6+0	K7+0	4.01	4.05	4.05	3.23	3.38	3.38
K7+0	K8+0	4.00	4.11	4.11	3.26	3.26	3.26
K8+0	K9+0	3.80	3.85	3.85	3.15	3.15	3.15
K9+0	K10+0	3.10	3.25	3.25	2.88	2.91	2.91
K10+0	K11+0	2.82	2.86	2.86	2.87	2.87	2.87
K11+0	K12+0	2.80	2.92	2.92	2.85	2.86	2.86
K12+0	K13+0	3.02	3.28	3.28	3.09	3.17	3.17
K13+0	K14+0	3.02	3.28	3.28	2.82	2.84	2.84
K14+0	K15+0	4.05	4.39	4.39	3.66	3.80	3.80
K15+0	K16+0	4.05	4.10	4.10	3.86	3.93	3.93
K16+0	K17+0	4.02	4.29	4.29	4.12	4.12	4.12
K17+0	K18+0	4.12	4.15	4.15	4.01	4.08	4.08
K18+0	K19+0	4.06	4.08	4.08	3.30	3.37	3.37
K19+0	K20+0	4.45	4.45	4.45	4.01	4.10	4.10
K20+0	K21+0	4.60	4.64	4.64	4.02	4.09	4.09

由于检测中发现上、下行的右轮迹的 IRI 均大于左轮迹的 IRI,故本段水泥混凝土路面平整度评价以右轮迹 IRI 进行分析,即以较大 IRI 值进行计算。根据式(3-12),以 K3+0~K4+0 段上行右轮迹为例计算路面行驶质量指数 RQI。

$$RQI = \frac{100}{1+a_0 e^{a_1 IRI}} = \frac{100}{1+0.0185 \times e^{0.58 \times 4.70}} = 77.97$$

对调查路段各单元的路面平整度进行评级,将检测结果评级分为优、良、中、次、差五个等级。IRI、RQI 以及平整度的评价结果见表 3-46,路面行驶质量指数随里程桩号的分布图见图 3-82。从表 3-46 和图 3-82 可以看出,尽管该段路面的损坏严重,但是,其平整度状态大部分良好,且下行平整度好于上行平整度。

水泥混凝土路面平整度分布表 表3-46

单元桩号	止点桩号	上行右轮迹			下行右轮迹		
		IRI(m/km)	RQI	评价等级	IRI(m/km)	RQI	评价等级
K3+0	K4+0	4.70	77.97	中	4.08	83.53	良
K4+0	K5+0	3.80	85.64	良	3.77	85.86	良
K5+0	K6+0	3.61	86.95	良	3.21	89.36	良
K6+0	K7+0	4.05	83.77	良	3.38	88.39	良
K7+0	K8+0	4.11	83.29	良	3.26	89.08	良
K8+0	K9+0	3.85	85.28	良	3.15	89.69	良
K9+0	K10+0	3.25	89.14	良	2.91	90.91	优
K10+0	K11+0	2.86	91.14	优	2.87	91.10	优
K11+0	K12+0	2.92	90.86	优	2.86	91.14	优
K12+0	K13+0	3.28	88.97	良	3.17	89.58	良
K13+0	K14+0	3.28	88.97	良	2.84	91.24	优
K14+0	K15+0	4.39	80.90	良	3.8	85.64	良
K15+0	K16+0	4.1	83.37	良	3.93	84.69	良
K16+0	K17+0	4.29	81.78	良	4.12	83.21	良
K17+0	K18+0	4.15	82.96	良	4.08	83.53	良
K18+0	K19+0	4.08	83.53	良	3.37	88.45	良
K19+0	K20+0	4.45	80.36	良	4.1	83.37	良
K20+0	K21+0	4.64	78.56	中	4.09	83.45	良

图3-82 水泥混凝土路面行驶质量指数随里程桩号分布图

为进一步分析,对调查路段内各等级路面所占的里程以及占调查总里程的比例进行了统计,见表3-47和图3-83。可以看出,上行路段没有评价等级为"次级"和"差级"的路段;"良级"占主要比例,路段共有14km,占总里程的77.78%;"优级"路段和"中级"路段各有2km,各占总里程的11.11%。下行路段评价结果好于上行路段,"优级"路段共有4km,占总里程的22.22%;"良级"路段共有14km,占总里程的77.78%。

水泥混凝土路面平整度评价结果　　　　　表 3-47

	评价等级	优级	良级	中级	次级	差级
上行	里程(km)	2	14	2	0	0
	所占比例(%)	11.11	77.78	11.11	0.00	0.00
下行	里程(km)	4	14	0	0	0
	所占比例(%)	22.22	77.78	0.00	0.00	0.00

图 3-83　水泥混凝土路面平整度评价结果分布图

　　水泥混凝土路面技术状况评定仅包括路面损坏状况、路面行驶质量和路面抗滑性能三项内容，由于水泥混凝土路面抗滑性能评定与沥青路面抗滑性能评定类似，这里不单独给出示例，可参照沥青路面抗滑性能评定进行。

【复习思考题】

1. 简述公路技术状况评定体系的主要内容。
2. 简述沥青路面的使用性能评价内容、评价方法及评价指标。
3. 简述水泥混凝土路面的使用性能评价内容、评价方法及评价指标。
4. 简述沥青路面的损坏类型及其产生的原因。
5. 简述水泥混凝土路面的损坏类型及其产生的原因。
6. 简述路面使用性能检测方法与评价指标。
7. 路面损坏状况检测方法和检测设备有哪些？
8. 试述路面平整度的评定方法。
9. 简述抗滑性能测试方法。
10. 车辙的危害及其检测方法有哪些？
11. 试分析影响路面技术状况评定结果的因素。
12. 计算题。

　　某二级公路沥青路面的行车道损坏情况检测结果见表 3-48，路段长 1km，车道宽 3.75m，其中沥青混凝土路面不同损坏程度的权重参见表 3-5，请计算该路段的破损率、路面损坏状况

指数以及评价等级,并给出计算过程。(其中 a_0 为 15.00, a_1 为 0.412)

表 3-48

起点桩号	终点桩号	横向裂缝 (m)	纵向裂缝 (m)	修补 (m²)	龟裂 (m²)	坑槽 (m²)	车辙 (m)
K98+000	K99+000	692.77	647.40	20.17	32.98	0.94	106.00
损坏程度		重	重	重	重	轻	轻

第 4 章
路面养护

【学习目的与要求】

通过本章学习,熟悉路面养护的内容和质量标准,掌握路面常见病害的养护方法;掌握沥青路面的养护设计流程、沥青路面养护技术、沥青路面再生技术;了解水泥混凝土路面表面功能改善方法,掌握水泥混凝土路面加铺层技术及再生利用技术;通过路面大中修养护方案选择流程示例,了解路面养护对策选择的方法和流程。

路面投入使用后,由于车辆荷载和自然环境的作用,会出现不同类型、不同程度的损坏,如果不采取适当的措施进行养护,路面的使用性能会进一步恶化,并影响路面的使用寿命,增加路面的维修成本。在实际的使用过程中,应根据路面出现的病害类型、病害程度和范围、交通量等情况,采取合适的技术措施修复路面,以恢复路面的使用功能和强度。一般要先对路面进行科学、合理的质量检测与评定,分析路面出现的病害状况和病害原因,再依据科学的养护决策和养护设计,提出合理的路面养护方案。

本章将对沥青路面和水泥混凝土路面分别进行介绍,沥青路面养护部分包括沥青路面养护设计方法、沥青路面养护技术以及沥青路面再生技术;水泥混凝土路面养护技术部分主要包括常见病害维修、水泥混凝土路面表面功能恢复、直接加铺技术、现场处治再生利用技术以及集料再生技术;最后,结合沥青路面实体工程,介绍沥青路面大中修养护设计过程。

4.1 沥青路面养护设计

经过多年发展,沥青路面养护技术已经从以人工为主的简单的病害维修拓展到封层、功能性罩面、结构性补强、再生利用等多种养护技术。因此,在路面技术状况调查与评定的基础上,结合路面的基本信息、交通量数据等进行沥青路面养护设计,为沥青路面的科学养护决策提供依据是非常必要的。

4.1.1 沥青路面养护质量要求

当沥青路面不满足技术状况要求时,需要采取养护措施来恢复路面的技术状况。当公路网级沥青路面技术状况指数(PQI)不满足表4-1的要求时,需要合理安排养护计划,并采取综合养护措施,以达到沥青路面技术状况要求。

公路网级沥青路面技术状况要求　　　　　　　表4-1

路况指标	高速公路	一级及二级公路	三级及四级公路
PQI	≥90	≥85	≥80

当每个基本单元的PQI及其分项指标不满足表4-2的要求时,需要安排日常维修、养护工程或改扩建工程,恢复沥青路面技术状况。

每个基本单元沥青路面技术状况要求　　　　　　　表4-2

路况指标	高速公路	一级及二级公路	三级及四级公路
PQI	≥80	≥75	≥70
PCI	≥80	≥75	≥70
RQI	≥80	≥75	≥70
RDI	≥75	≥70	—
SRI	≥75	≥70	—

对于不满足表4-2中的要求但未实施养护的路段,或已列入养护工程和改扩建工程计划的路段,在工程实施前应采取维持性养护措施,保持沥青路面基本通行要求,并及时实施养护工程或改扩建工程。

4.1.2 沥青路面养护技术分类

沥青路面养护技术的类型按照《公路养护技术规范》(JTG H10—2009)分为日常养护、小修保养、中修和大修,按照《公路沥青路面养护设计规范》(JTG 5421—2018)(本章简称《养护设计规范》)分为日常养护和养护工程。日常养护包括日常巡查、日常保养和日常维修;养护工程包括预防养护、修复养护、专项养护和应急养护,如图4-1所示。两种分类方法没有本质上的区别。目前,在沥青路面的养护设计中采用的是第二种分类方法,本教材也将按照该方法进行介绍。

图 4-1 沥青路面养护分类

(1)预防养护

预防养护是指沥青路面整体性能良好但存在病害隐患或有轻微病害,为延缓路面性能过快衰减、延长使用寿命而预先采取的主动性养护工程。

预防养护主要以封层类为主,如:含砂雾封层、稀浆封层、微表处、碎石封层、纤维封层和复合封层等。功能性罩面类养护技术中的超薄罩面(厚度<25mm)和薄层罩面(厚度在25~40mm之间)也可以作为预防养护措施(表4-3)。

主要养护技术分类　　　　　　　　　　　表4-3

养护措施		主要养护技术类型
预防养护		含砂雾封层、稀浆封层、微表处、碎石封层、纤维封层、复合封层、超薄罩面、薄层罩面
修复养护	功能性修复	超薄罩面、薄层罩面、罩面
	结构性修复	结构性补强

(2)修复养护

修复养护是指沥青路面出现明显病害或部分丧失服务功能,为恢复路面技术状况而进行的功能性或结构性修复养护工程。

修复养护包括功能性修复和结构性修复两类(表4-3)。功能性修复是指针对路面结构的一般性损坏和功能衰减进行定期维修,以恢复至不低于路面原有技术状况的养护工程。结构性修复是指针对沥青路面结构整体或部分发生严重破损或使用功能严重丧失的路段实施的以修复沥青路面病害,恢复路面功能且不低于原路面结构承载能力为目的的养护工程。

(3)专项养护

专项养护是指为恢复、保持或提升沥青路面服务功能而集中实施的路面改造、局部加宽、专项处治、灾后恢复等养护工程。

(4)应急养护

应急养护是指突发情况下造成沥青路面损坏、中断、产生重大安全隐患等,为较快恢复路面安全通行能力而实施的应急性抢通、保通和抢修养护工程。

4.1.3 路面调查与评价

路面调查是确定养护方案的重要依据,可以为养护设计提供基础数据,包括基础资料调查、路面技术状况检测、专项数据检测及施工图设计相关资料调查等内容。其中,基础资料调查和路面技术状况检测是基本的路面数据调查方法,专项数据应在各设计单元确定养护类型后,根据具体养护需求开展检测。施工图设计相关资料应在养护方案确定后,在施工图设计阶段按要求开展调查。调查与评价应针对单元进行,评价单元的长度可根据路段实际情况确定,宜为 1000m。

1.基础资料调查

可以在既有资料的基础上按需要开展基础资料调查,主要内容包括路面技术标准、养护信息、交通状况、自然条件、经济参数、筑路材料等,见表 4-4。

基础资料收集项目 表 4-4

序号	收集项目	详细内容
1	技术标准	公路等级、设计标准、路面结构、几何线性、横断面形式等
2	养护信息	养护历史、历年路况检测数据及主要病害类型、历史处治措施及效果等
3	交通状况	历年交通量、交通组成数据、事故多发路段、轴载谱等
4	自然条件	气候、地形地貌、水文地质等
5	经济参数	人工费用、运输成本、地方经济指标等
6	筑路材料	材料来源、材料质量、材料单价等
7	其他资料	工程用水电、工程便道、绕行路线等

其中,有养护历史的路面,在收集基础资料时需要特别注意:由于路面结构已经发生了变化,既有路面结构形式调查需要综合技术标准及养护信息数据进行确认;对已实施养护措施的路面进行养护措施的使用效果评价时,应结合历年路况检测数据、交通状况及自然条件等进行。

2.路面技术状况检测

养护设计中涉及的路面技术状况检测与公路技术状况评定时的检测方法是相同的,但是,二者用途不同。进行养护设计时,需要提供更为细致的检测数据。由于车辆行驶时的渠化交通影响,每个车道的车流量不同,对路面损坏和车辙影响也不同,高速公路、一级公路的路面损坏和车辙应分方向、分车道检测,高速公路、一级公路的路面平整度、路面抗滑性能和路面磨耗应分方向检测。检测时间超过 6 个月的数据不能作为养护设计的依据,需要重新进行检测。为更加精准地进行路面养护设计,路面技术状况检测数据应有 10m 的原始数据。

具体检测要求见表 4-5。

路面技术状况数据检测要求 表 4-5

序号	数据类型	高速公路、一级公路		二级、三级、四级公路	
		需求	范围	需求	范围
1	路面损坏	应	全线、分车道	应	全线、单向
2	路面平整度	应	全线、分方向	应	全线、单向
3	路面车辙	应	全线、分车道	宜	全线、单向
4	路面抗滑性能/路面磨耗(二选一)	应	全线、分方向	宜	全线、单向

3. 预防养护专项数据检测

确定进行预防养护的设计单元,可能存在各种轻微裂缝、抗滑性能不良、渗水、坑槽等损坏,还要根据具体的损坏类型进行专项调查,以便得到有针对性的预防养护措施。总体上,需要结合路况特点,针对路表面结构层病害分布特点、纹理特征、材料特性及路面结构渗水状况等开展预防养护专项检测工作。

(1)路表面出现轻微裂缝的设计单元:应对其裂缝发展层位、发展形态、影响面积进行调查,分析裂缝产生原因。

(2)抗滑性能不良的设计单元:应对其路表面纹理特征及表面层集料性能进行调查,判断引起路面抗滑性能不良的原因。

(3)存在唧浆、坑槽等水损坏病害的设计单元:应对其路表面沥青混合料空隙率及渗水性能进行调查,判断路面沥青混合料的封水效果。

4. 修复养护专项数据检测

采用修复养护的设计单元,应结合路况特点按照表4-6开展修复养护专项数据检测工作。主要包括路面结构强度、结构层完整性、筑路材料性能、路面结构参数、排水系统状况等内容。

修复养护专项数据检测要求　　　　　　表4-6

序号	数据类型	高速公路、一级公路		二级、三级、四级公路	
		需求	范围	需求	范围
1	路面结构强度	应	全线、分方向	应	全线、分方向
2	结构层完整性	应	抽样、分方向	应	抽样、分方向
3	筑路材料性能	应	抽样、分方向	可	抽样、单向
4	路面结构参数	应	抽样、单向	可	抽样、单向
5	排水系统状况	应	抽样、分方向	应	抽样、分方向

修复养护专项检测可以采用自动化检测结合人工检测的方式展开,各项数据的检测按照《养护设计规范》附录中的方法进行,并符合表4-7的规定。对于功能性修复的路段,可不开展路面结构参数及筑路材料的检测。

修复养护专项数据检测方法　　　　　　表4-7

序号	数据类型	检测设备要求	抽样频率	数据项目
1	路面结构强度	落锤式弯沉仪(FWD)、自动弯沉仪(ABB)、贝克曼梁弯沉仪等	不小于20点/(km·车道)	弯沉值、弯沉盆等

续上表

序号	数据类型	检测设备要求	抽样频率	数据项目
2	结构层完整性	钻芯取样、探地雷达等	《养护设计规范》附录A.2（取芯） 《养护设计规范》附录A.3（雷达）	病害发展层位、病害发展形态、各层结构完整性、结构层厚度、层间黏结情况等
3	筑路材料性能	材料试验	不小于1点/(km·车道)	沥青老化程度、沥青混合料劈裂强度、沥青含量、空隙率、无机结合料无侧限抗压强度、路基土质分析、路基土含水率、CBR等
4	路面结构参数	落锤式弯沉仪（FWD）、承载板	不小于1点/(km·车道)	结构层模量
5	排水系统状况	人工检测、钻芯取样/挖坑观测、渗水仪检测等	全线（人工检测） 抽样（试验检测）	排水设施完好性、渗水系数等

（1）路面结构强度数据是确定是否进行结构性修复的重要依据。

（2）结构层完整性主要用于确定病害发展层位、形态、结构层完整性、层间黏结状况等，是确定铣刨层位和厚度的依据。

（3）筑路材料性能用于检测各结构层材料的性能，确定沥青老化程度、沥青混合料劈裂强度、沥青含量、空隙率等，确定无机结合料无侧限抗压强度、路基土质分析、路基土含水率、CBR等，可以利用钻孔或切割取得的现场试样开展材料性能试验（表4-8），对严重的变形类病害（如车辙），应在破坏位置开展钻芯取样及材料试验等调查工作，通过对各结构层厚度变化情况、沥青混合料力学性能及物理性质变化情况等进行分析，判断变形发生层位及产生原因。

材料性能试验要求　　　　表4-8

序号	结构层位	试验项目	试验方法及要求
1	面层	混合料劈裂强度；沥青针入度、延度、软化点；沥青含量；矿料级配等	将沥青面层分离后，分别针对各结构层材料开展试验
2	基层	无侧限抗压强度；材料组成分析等	针对完整的半刚性基层芯样整体进行无侧限抗压强度试验及组成分析； 针对基层发生松散破坏的位置开展材料组成分析
3	路基	土质分析；含水率；CBR试验等	对高填方或存在路基软弱层位的路段，应检测路基土材料性质，检测深度应达到软弱层位以下或填方层位以下

（4）路面结构参数主要用于确定结构层模量，为路面结构设计提供参数。既有路面结构参数检测项目应根据路面损坏状况确定：

①对既有路面破损不严重且结构强度充足的路段，应检测各结构层模量，可采用弯沉盆反演或芯样实测的方法获得。

②对既有路面破损严重或结构强度不足的路段，应检测路面或去除破坏层位后的整体模量，可采用弯沉盆反演或承载板实测的方法获得。

（5）排水系统状况检测用于确定排水设施的完好性、渗水系数等。

4.1.4 病害诊断与养护决策

通过路面的技术状况评定及专项检测之后,可以根据检测结果分析路面病害产生的原因,从而确定养护类型和养护对策,通过进一步的技术、经济等综合比选,确定最终的养护方案。

4.1.4.1 养护类型选择

1.养护类型划分方法

根据路面技术状况数据对评价单元(与检测单元相同,长度为1km)进行评价分析后,可将各评价单元划分为预防养护及修复养护等养护类型。养护设计指标包括 PCI、RQI、RDI、SRI 等,也可以根据各地区的路面主导损坏情况,有针对地提出新的养护设计指标,如开裂率、修补率等,并提出新的养护类型划分方法。常见的划分方法可参考表4-9。

评价单元养护类型划分方法　　　　　表 4-9

PCI	RQI	RDI	SRI	养护类型
≥A1	≥B1	≥C	<D	预防养护
		<C	—	修复养护
	B2~B1	—	—	预防养护
	<B2	—	—	修复养护
A2~A1	≥B2	—	—	预防养护
	<B2	—	—	修复养护
<A2	—	—	—	—

表4-9中各指标的值域应根据各评价单元的建养历史、交通状况、养护水平、路况现状及养护目标等因素综合确定。在缺少相关数据及经验的情况下,可参考表4-10。在有实际数据及经验的情况下,应根据实际工程的情况制定相应的养护标准。

养护标准值参考范围　　　　　表 4-10

公路等级	值域范围					
	PCI		RQI		RDI	SRI
	A1	A2	B1	B2	C	D
高速公路、一级公路	90	85	90	85	80	75
二级、三级公路	85	80	85	80	80	—
四级公路	80	75	—	—	—	—

以高速公路、一级公路为例,采用表4-10中的参考值时,其养护类型划分方法可参考表4-11。

高速公路、一级公路评价单元养护类型划分方法　　　　　表 4-11

值域范围				养护类型
PCI	RQI	RDI	SRI	
≥90	≥90	≥80	<75	预防养护
		<80	—	修复养护
	85~90	—	—	预防养护
	<85	—	—	修复养护
85~90	≥85	—	—	预防养护
	<85	—	—	修复养护
<85				修复养护

2.设计单元

不同于公路技术状况中以 1km 为 1 个评价单元,在进行养护设计时,在考虑路面类型、横断面形式、养护历史、交通状况、路面技术状况、养护类型等因素的基础上,将性质相似且空间连续的评价单元合并为设计单元,以设计单元作为基本单位进行养护设计(图 4-2)。设计单元长度需要满足养护施工最小长度要求,且各设计单元的养护对策应在开展专项数据调查、确定病害发展层位、诊断病害产生原因、判断病害发展趋势后进行确定。

图 4-2　设计单元示例

4.1.4.2　路面病害原因诊断

路面病害原因的诊断要综合多方面因素进行分析,包括专项数据调查和分析结果、典型病害类型以及建养历史等:

(1)根据设计单元的养护类型,分别进行预防养护专项数据检测与分析、修复养护专项数据检测与分析。

(2)根据病害发生的层位,将沥青路面病害分为路基结构不稳定、基层结构破坏、沥青面层结构破坏及沥青表面层性能衰减等原因类型(图 4-3 和表 4-12)。

图 4-3　主要的病害类型及位置

病害原因诊断　　　　　表 4-12

序号	原因类型	典型病害类型	病害位置专项调查结果	主要原因分析
1	路基结构不稳定	变形、沉陷;严重纵裂;唧浆等	1.路表面破坏严重,纵向裂缝较长; 2.路基土含水率大,土质不均匀; 3.路基土强度不足	1.温度应力导致路基拼接缝开裂; 2.路基土质不良导致不均匀沉陷; 3.软土地基结构承载能力不足

续上表

序号	原因类型	典型病害类型	病害位置专项调查结果	主要原因分析
2	基层结构破坏	龟裂、块裂；横向裂缝、纵向裂缝；严重车辙；唧浆等	1.病害发展至基层； 2.基层松散破坏； 3.路基结构强度不足； 4.基层材料无侧限抗压强度偏低； 5.裂缝发展形态为下宽上窄	1.基层结构疲劳破坏； 2.收缩应力导致基层开裂； 3.水分渗入基层产生水损坏
3	沥青面层结构破坏	龟裂、块裂；横向裂缝、纵向裂缝；车辙；推移；坑槽等	1.基层结构完整； 2.沥青面层整体开裂； 3.结构层整体厚度及空隙率变化较大； 4.面层与基层脱离； 5.面层沥青混合料劈裂强度偏低； 6.裂缝发展形态为上宽下细； 7.渗水系数偏大	1.沥青面层温缩开裂； 2.沥青面层疲劳裂缝； 3.沥青面层抗剪强度不足； 4.层间黏结不良； 5.沥青面层材料压实或流动变形； 6.水损坏
4	沥青表面层性能衰减	抗滑不良、泛油、松散；轻微车辙；细微裂缝等	1.构造深度不足； 2.石料磨光值不足； 3.表面层混合料空隙率变小	1.表面层材料压密变形； 2.表面层石料磨光； 3.表面层沥青黏附性下降； 4.表面层沥青老化变质

(3) 根据典型病害类型和病害发展层位，分析病害产生的主要原因，基于建养历史、交通荷载、路况特点和专项调查结果，并结合经验来综合确定病害原因类型。

4.1.4.3 预防养护对策选择

根据专项数据调查结果，结合使用年限、公路等级、交通荷载等级、外观要求、施工水平等因素，并进行技术经济分析比选后可以确定合适的预防养护措施。各预防养护措施预期使用年限及适用条件见表4-13和表4-14。

预防养护措施预期使用年限 表4-13

措施	含砂雾封层	稀浆封层	微表处	碎石封层	纤维封层	复合封层	超薄罩面	薄层罩面
时间（年）	2	2~3	2~3	2~3	2~3	3~4	3~4	3~5

预防养护措施适用条件 表4-14

公路等级	交通等级	预防养护措施							
		含砂雾封层	稀浆封层	微表处	碎石封层	纤维封层	复合封层	超薄罩面	薄层罩面
高速公路、一级公路	重及以上	▲	×	√	×	×	√	√	√
	中及以下	√	×	√	▲	▲	√	√	√
二级及以下等级公路	重及以上	▲	▲	√	▲	▲	√	√	√
	中及以下	√	√	√	√	√	√	√	√

注：√-推荐；▲-谨慎推荐；×-不推荐。

对于重交通及以上的沥青路面，推荐采用微表处、复合封层、超薄罩面、薄层罩面等措施。当交通量为中等及以下时，含砂雾封层也可以用于高速公路、一级公路沥青路面，所有预防养护措施都可以用于中等及以下交通的二级及以下公路。

4.1.4.4 修复养护对策选择

目前，常用的修复养护措施包括各类加铺和补强措施，也可以采用沥青路面再生技术。根据专项调查结果,结合病害发展程度、结构强度、病害原因诊断及结构层完整性评价等,并进行技术经济分析比选后可以确定合适的修复养护措施(表4-15)。开展修复养护工程前,应综合病害类型、分布范围、病害层位及产生原因等因素,合理确定既有路面病害的处治措施。

路面修复养护类型划分及养护对策选择　　　　　表4-15

类型划分	适用性条件			建议养护对策
	病害原因类型	路面结构完整性评价	整体强度	
功能性修复	表面层性能衰减	基层及中下面层保持完好,多数病害未贯穿表面层结构	满足	直接加铺罩面,直接加铺碎石封层+罩面
		基层及中下面层保持完好,表面层发生较大面积损坏	满足	表面层铣刨重铺
结构性修复	表面层性能衰减	基层及面层保持完好,多数病害未贯穿表面层结构	不足	直接加铺补强
	面层结构破坏	基层保持完好,面层整体发生较大面积损坏	满足	沥青面层铣刨重铺
			不足	面层铣刨,基层补强
	路基结构不稳定、基层结构破坏	基层或底基层发生较大面积损坏	不足	路基、路面结构重建

对于确定后的养护对策,还需要参考现行《公路沥青路面养护设计规范》(JTG 5421)进行详细的技术设计和施工图设计。

在进行修复养护设计时,典型的功能性修复工程常用结构组合形式见表4-16,主要包括直接加铺罩面和表面层铣刨重铺两类。直接加铺罩面措施的加铺层可以采用细粒式沥青混凝土、中粒式沥青混凝土、厂拌热再生、沥青碎石等形式,联结层可以采用碎石封层、改性沥青/改性乳化沥青/石油沥青等,当原路面结构存在裂缝类病害时,应设置碎石封层等以避免反射裂缝。表面层铣刨重铺措施的加铺层除细粒式沥青混凝土、中粒式沥青混凝土、厂拌热再生、沥青碎石外,也可采用就地热再生技术,联结层结构与直接加铺罩面相同。

功能性修复工程常用结构组合形式　　　　　表4-16

养护对策	结构层位	可选材料类型	结构层厚度(cm)	备注
直接加铺罩面	加铺层	1.细粒式沥青混凝土	4~6	功能性修复养护措施仅限于单层沥青表面层结构的处治或加铺,对原沥青中下面层结构不进行彻底翻修处治
		2.中粒式沥青混凝土	5~6	
		3.厂拌热再生	4~6	
		4.沥青碎石	4~6	
	联结层	1.碎石封层(可选)	1~2	
		2.改性沥青/改性乳化沥青/石油沥青(可选)	—	
	原结构	原路面整体结构		
表面层铣刨重铺	加铺层	1.细粒式沥青混凝土	4~6	
		2.中粒式沥青混凝土	5~6	
		3.厂拌热再生	4~6	
		4.现场热再生	4~6	
		5.沥青碎石	4~6	
	联结层	1.碎石封层(可选)	1~2	
		2.改性沥青/改性乳化沥青/石油沥青(可选)	—	
	原结构	原路面中下面层及基层结构		

在进行修复养护设计时,典型的结构性修复工程常用结构组合形式见表4-17。

结构性修复工程常用结构组合形式　　　　　　　表4-17

养护对策	结构层位	可选材料类型	结构层厚度（cm）	备注
直接加铺补强	加铺上面层	1.细粒式/中粒式沥青混凝土	4~6	结构性修复养护措施分为处治原路面面层及处治基层两类： 处治面层的措施主要是针对原路面沥青面层进行处治,处治或加铺的层位一般为两层或两层以上,原路面基层结构不进行彻底翻修处治
		2.厂拌热再生	4~6	
		3.沥青碎石	4~6	
	加铺下面层	1.中粒式/粗粒式沥青混凝土	6~8	
		2.厂拌冷再生	8~12	
		3.大粒径沥青碎石(开级配)	8~10	
		4.密级配沥青碎石	8~10	
	联结层	1.碎石封层(可选)	1~2	
		2.改性沥青/改性乳化沥青/石油沥青(可选)	—	
	原结构	原路面整体结构		
面层铣刨重铺（铣刨一层或两层,加铺两层）	新铺表面层	1.细粒式/中粒式沥青混凝土	4~6	
		2.厂拌热再生	4~6	
		3.沥青碎石	4~6	
	新铺中面层	1.中粒式/粗粒式沥青混凝土	6~8	
		2.厂拌冷再生	8~10	
		3.大粒径沥青碎石(开级配)	8~12	
		4.密级配沥青碎石	8~10	
		5.现场冷再生	8~10	
	联结层	1.碎石封层(可选)	1~2	
		2.改性沥青/改性乳化沥青/石油沥青(可选)	—	
	原结构	原路面中下面层及基层结构或原路面基层结构		
面层铣刨重铺（铣刨两层或三层,加铺三层）	新铺表面层	1.细粒式/中粒式沥青混凝土	4~6	结构性修复养护措施分为处治原路面面层及处治基层两类
		2.厂拌热再生	4~6	
	新铺中面层	1.中粒式/粗粒式沥青混凝土	6~8	
		2.密级配沥青碎石	6~8	
	新铺下面层	1.粗粒式沥青混凝土	8~10	
		2.厂拌冷再生	8~12	
		3.大粒径沥青碎石(开级配)	8~10	
		4.密级配沥青碎石	8~10	
		5.现场冷再生	8~10	
	联结层	1.碎石封层(可选)	1~2	
		2.改性沥青/改性乳化沥青/石油沥青(可选)	—	
	原结构	原路面下面层及基层结构或原路面基层结构		

续上表

养护对策	结构层位	可选材料类型	结构层厚度（cm）	备注
面层铣刨基层补强（原沥青面层为两层）	新铺上面层	1.细粒式/中粒式沥青混凝土	4~6	处治基层的措施主要包括彻底处治沥青面层并对原结构进行补强及彻底处治基层或底基层并重铺路面结构两类
		2.厂拌热再生	4~6	
		3.沥青碎石	4~6	
	新铺下面层	1.中粒式/粗粒式沥青混凝土	6~8	
		2.厂拌冷再生	8~12	
		3.大粒径沥青碎石(开级配)	8~10	
		4.密级配沥青碎石	8~10	
	联结层	1.碎石封层(可选)	1~2	
		2.改性沥青/改性乳化沥青/石油沥青(可选)	—	
	补强层	1.密级配沥青碎石	8~12	
		2.厂拌冷再生	8~12	
		3.无机结合料稳定类材料	18~20	
		4.级配碎石	10~20	
		5.全深式现场冷再生	16~22	
	原结构	原路面基层或底基层结构		
面层铣刨基层补强（原沥青面层为三层）	新铺表面层	1.细粒式/中粒式沥青混凝土	4~6	
		2.厂拌热再生	4~6	
	新铺中面层	1.中粒式/粗粒式沥青混凝土	6~8	
		2.密级配沥青碎石	6~8	
	新铺下面层	1.粗粒式沥青混凝土	8~10	
		2.厂拌冷再生	8~12	
		3.大粒径沥青碎石(开级配)	8~10	
		4.密级配沥青碎石	8~10	
	联结层	1.碎石封层(可选)	1~2	
		2.改性沥青/改性乳化沥青/石油沥青(可选)	—	
	补强层	1.密级配沥青碎石	8~12	
		2.厂拌冷再生	8~12	
		3.无机结合料稳定类材料	18~20	
		4.级配碎石	10~20	
		5.全深式现场冷再生	16~22	
	原结构	原路面基层或底基层结构		
路面结构重建	参照现行《公路沥青路面设计规范》(JTG D50)			

4.1.5 沥青路面养护设计流程

公路沥青路面养护设计包括调查与评价、病害诊断与养护对策选择、技术设计及施工图设计等过程(图4-4)。首先,通过数据调查、路面技术状况评价确定养护类型(预防养护或修复养护),并形成养护设计单元;然后,根据养护类型进行针对性的专项数据调查、进行病因诊断、确定细分的养护对策、进行养护方案比选;最后,进行养护方案优化、补充数据调查、施工图设计及编制设计文件。

图4-4 沥青路面养护设计流程图

预防养护的预期使用年限要根据交通荷载等级、原路状况、投资计划和选用的技术措施等因素合理选择,一般为2~5年。功能性修复与结构性修复设计年限可以参考表4-18选用,其中,功能性修复的预期使用年限应与养护目标相匹配;结构性修复设计年限需要综合考虑交通状况、路面使用性能、养护目标等因素进行选择,作为路面结构验算的计算参数。

公路沥青路面结构性修复、功能性修复设计年限　　　　表4-18

公 路 等 级	结构性修复(年)	功能性修复(年)
高速公路、一级公路	10~15	5~8
二级公路	8~12	4~6
三级公路	6~10	3~4
四级公路	5~8	3~4

4.2 沥青路面养护技术

随着各种新材料的不断涌现、路面养护装备的不断更新、道路施工技术的不断进步,沥青路面养护技术向着绿色、低碳、智能、可持续的方向迅速发展。

沥青路面养护措施从功能上可以分为预防养护和修复养护,从具体的技术特征上可以分为病害处治、封层、功能性罩面和结构性补强。病害处治用于日常养护中出现的病害及时处治,也可以用于加铺层等其他养护措施实施前对病害进行集中处治。封层可以用于沥青路面的预防养护,也可以用于新建路面的下封层等。功能性罩面可以在原沥青路面满足结构强度要求的情况下,修复路面轻微病害、改善使用功能。结构性补强适用于路面结构强度不足、旧路病害严重、需要改善使用性能的沥青路面,可以作为结构性修复养护措施。

4.2.1 沥青路面病害处治

本节将针对沥青路面的常见病害:裂缝、坑槽、松散、沉陷、车辙、波浪拥包,分别介绍其相应的处治措施。

1. 裂缝处治

裂缝处治是日常养护中的一项重要工作,其完成质量的好坏决定了路面失效时间的长短、养护工作量和养护资金的多少。灌缝是一种经济、快速、有效的裂缝处治技术,也可作为预防性养护措施,其主要作用是防止水分进入路面结构、保持路面结构的承载力、延长路面的使用寿命、为路面罩面做准备。

裂缝的宽度随着时间和温度会不断变化,在我国,一般在冬季1月份、2月份裂缝宽度达到最大;在7月份、8月份裂缝宽度最小,部分裂缝会自愈。因此,一般会在春季或秋季,裂缝宽度适中的季节进行裂缝处治。常用的裂缝处治材料包括:

①加热型橡胶沥青灌缝胶/密封胶:目前常用的灌缝胶类型,需要加热施工,价格比较昂贵。

②常温施工型密封胶:主要包括硅酮胶、聚氨酯等,不需要加热,常温下就能够进行施工。

③传统的沥青类灌缝材料:主要包括热沥青、乳化沥青、改性沥青等,是比较传统的裂缝维修方法,该类材料价格低廉、容易失效。

④压缝带/贴缝带:按施工方式可分为常温施工的自黏式和加热施工的热黏式两种类型,目前实际应用以常温施工的自黏式贴缝带为主。贴缝技术通过外力挤压贴缝带封闭裂缝,类似于路面裂缝"创可贴",是一种新型的裂缝维修方式。

裂缝处治可以分为灌缝、贴缝两种方式,灌缝是目前最常用的裂缝处治方式,主要包括以下四种类型(图 4-5)。其中,方槽灌封式是基本的灌缝方式,其缺点是灌缝胶容易被车辆带走;方槽贴封式是比较推荐的灌缝方式,可以避免车辆将灌缝胶带走;对于寒带地区,一般推荐浅槽贴封式,可以有效避免灌缝胶的黏聚性失效;无槽贴封式用于裂缝宽度较窄的裂缝(一般裂缝宽度<6mm)。前三种裂缝处治方式均需要先开槽,无槽贴封式不需要开槽处理。

图 4-5 四种常用的灌缝方式(尺寸单位:mm)

(1)不开槽施工(无槽贴封式)

对于宽度小于 6mm 的裂缝,可以不进行开槽处理。在高温季节全部或大部分可愈合的轻微裂缝可以不加处理;在高温季节不能愈合的轻微裂缝可以将有裂缝的路段清扫干净,采用灌缝胶直接进行抹面(图 4-6),再撒上一层 2~5mm 的干净粗砂进行处理。

图 4-6 裂缝的抹面维修

(2)开槽施工

对于宽度大于 6mm 的裂缝,应采用开槽的方式进行裂缝处治(图 4-7)。

①控制交通。按照规定摆放安全标志,设专人指挥交通,并根据工程进度随时移动标志牌,将施工的路幅圈出,让车辆在另一条车道上行驶。

②开槽。调整好开槽机的开槽宽度和深度,对准裂缝的中线切割出均匀的 U 形凹槽。一般开槽宽度为 10~20mm,深度为 10~20mm。

③清理和干燥。用高压气体喷射设备清除缝内的碎石和粉末等杂物,然后用钢刷沿凹槽刷出干净的表面,方便灌缝胶与槽壁黏结牢固,吹缝操作一般需要进行两次。

④灌缝。当灌缝胶温度达到工作温度时便可进行灌缝作业。为了确保裂缝凹槽处于清洁和干燥状态,这一步应紧紧跟着上一步工艺进行,尽可能缩短两个施工阶段的时间间隔,减少裂缝再被污染的可能。施工过程中,应始终注意保持路面的清洁。

⑤缝边修整。灌缝完成后,在灌缝胶的温度降至60℃左右时,便可以在胶面上均匀地撒布一些细砂或石屑,以防来往的车辆将缝中的胶带走,同时胶中的细砂或石屑还可以起到集料的作用,增强灌缝初期的抗压强度。

⑥开放交通。在裂缝修补完,灌缝胶的温度达到路面表面的温度时,便可以开放交通。

图 4-7 裂缝开槽灌缝过程

2.坑槽处治

对于坑槽的处治,应根据坑槽病害类型、严重程度及原因,采取合理措施及时进行修补。坑槽可采用就地热修补、热料热补、冷料冷补等方式。

不论采用哪种方式进行修补,都应注意以下问题:

①坑槽修补材料应具有足够的强度以及良好的高低温性能、抗水损坏和老化性能。

②应按照"圆洞方补、斜洞正补"的原则,确定路面坑槽破损的边界(图 4-8)。坑槽修补轮廓线与行车方向平行或垂直,并超过坑槽破损边界 10~15cm。

③坑槽处治至损坏的最底部,修补后新填补部分应略高于原沥青路面。

④雨季和多雨地区,应对路面坑槽修补接缝处进行封缝处理。

a)开槽后的坑槽　　　　　　　　　　b)处治后的坑槽

图 4-8　坑槽处治

(1) 就地热修补工艺

就地热修补工艺采用热修补养护车等专用设备,适用于深度不大于 6cm 的坑槽。首先,按路面坑槽修补轮廓线,将加热板调整到合适的位置,加热沥青面层至可耙松的状态。然后,将加热的沥青面层耙松、切边,并铲除不可利用的旧沥青混合料,坑槽表面和周围喷洒乳化沥青等黏结材料,加入新的热料,并充分摊铺、整平。最后,用压路机由边部向中间反复压实,使其达到要求的压实度。压实完成后,新修补路面喷洒适量乳化沥青。

(2) 热料热补工艺

沿坑槽修补轮廓线切割开挖或铣刨至坑底的不渗水稳定处,其深度不得小于坑槽的最大深度,坑槽较深时应按原沥青面层分层开挖,层间形成阶梯搭接,搭接宽度不小于 20cm。清理掉路面坑槽内的松散沥青混合料,达到底部平整、坚实,壁面与路面平面垂直,坑槽底面和壁面清洁、完全干燥、无松散料。路面坑槽底面和壁面喷洒、涂覆乳化沥青等黏结材料,黏结材料应具有较高的黏结性、黏附性、弹性和延展性。采用专用设备对热料进行保温加热,并按开凿的层次分层填入热料,逐层整平、压实,保证修补质量。

(3) 冷料冷补工艺

清理掉坑槽内的松散沥青混合料,必要时沿坑槽修补轮廓线按热料热补工艺进行开挖、清理,路面坑槽底面和壁面喷洒、涂覆乳化沥青等黏结材料。向坑槽内填入冷补材料,并摊铺、整平均匀,保证坑槽周边材料充足,采用平板夯、夯锤或振动式压路机进行压实,使其达到要求的压实度。

3. 松散处治

松散处治时机应根据松散病害类型、严重程度及原因合理确定,并采取可行的技术措施。根据松散出现的原因进行处治。

(1) 因施工不良造成的路面麻面松散,将路面上已松动的矿料收集起来,将残留在麻面松散层上的浮料清扫干净,喷洒沥青用量为 $0.8\sim1.0 kg/m^2$ 的封层油,再按用量为 $5\sim8 m^3/1000 m^2$ 撒布 $3\sim5mm$ 粒径的碎石或粗砂,用轻型压路机压实。或将路面麻面松散部分进行铣刨重铺,或采用就地热再生进行处治。

(2)因沥青老化造成的路面麻面松散,可采取封层养护措施进行处治,也可采用就地热再生进行处治,还可采用铣刨或挖除松散部分后重铺沥青面层。

(3)因沥青与酸性石料间的黏附性不良造成的路面麻面松散,可铣刨或挖除松散部分,重铺沥青面层,其矿料不宜使用酸性石料。在缺乏碱性石料的地区,应在沥青中掺入抗剥离剂、增黏剂或使用干燥的消石灰、水泥等表面活性物质作为填料的一部分,或采用石灰浆处理粗集料等抗剥离措施。

4. 沉陷处治

沉陷处治技术措施和结构层位应根据沉陷病害类型、发生部位、严重程度及原因合理确定。在实际施工中,一般根据沉陷产生的原因进行处治。

(1)因路基不均匀沉降引起的路面沉陷,当路面略有下沉,无损坏或仅有少量轻微裂缝时,可在沉陷处喷洒黏层沥青,用沥青混合料将沉陷部分填补并压实整平至与原路面齐平。路面出现较大范围的不均匀下沉时,可对沉陷路段两端衔接部位各 10m 范围内分层、分台阶铣刨沥青面层,纵向台阶搭接宽度不宜小于 30cm,横向台阶搭接宽度不宜小于 20cm,清理干净下承层,喷洒黏层沥青,在侧壁涂覆乳化沥青后,分层重铺沥青面层。路基密实稳定不再继续下沉后,进行沥青面层处治。

(2)因土基或基层结构遭到破坏而引起的路面沉陷,应处治好土基和基层后再重铺面层。

(3)桥涵台背因回填材料选择不合适、压实不足等原因引起的不均匀沉降,可以采用以下处治措施:

①台背回填材料选择不合适的,宜采用强度高、透水性好且级配合理的材料进行换填处理。
②台背回填压实不足的,可采用重新压实处理,台背死角处采用夯实机械进行压实。
③采用台背注浆进行加固处理。
④铣刨或挖除沥青面层,在沉陷部分加铺基层后,重铺沥青面层。
⑤直接按沉陷病害进行处治。

5. 车辙处治

应根据车辙病害类型、范围、严重程度及原因,合理确定采取局部车辙处治或大范围直接填充、就地热再生、铣刨重铺等措施。

(1)局部车辙处治可采用微表处填充,也可采用坑槽等病害综合热修补车进行现场加热、耙松、补料与压实处理,还可采取局部铣刨重铺措施。

(2)车辙直接填充材料可采用微表处,也可采用热拌或温拌沥青混合料、高模量沥青混合料、功能性罩面材料等。

(3)车辙就地热再生原材料、沥青混合料及施工技术要求应符合现行《公路沥青路面再生技术规范》(JTG/T 5521)的有关规定。

对于车辙处治措施的选用,可根据车辙深度的不同按表 4-19 选用。

车辙处治措施选用 表 4-19

车辙深度 RD	直接填充	就地热再生	铣刨重铺
RD≤15mm	√	△	△
15mm<RD≤30mm	△	√	√
RD>30mm	×	△	√

注:√-推荐;△-可选;×-不推荐。

6.波浪拥包处治

根据波浪拥包病害类型及产生原因,可采用局部铣刨、局部铣刨重铺、就地热再生、整体铣刨重铺等处治方式,重铺材料可采用热拌、冷拌或温拌沥青混合料、超薄磨耗层等功能性罩面材料等。

根据波浪拥包产生的原因,按照下列方式维修:

(1)因沥青面层引起不同程度的路面波浪拥包

①在波谷部位喷洒沥青,均匀撒布适当粒径的矿料,找平并压实。

②采用机械铣刨方法铣平波浪拥包的鼓起部分,必要时采用冷拌或温拌沥青混合料进行摊铺与压实。

③采用就地热再生进行处治。

④铣刨或挖除沥青面层,重铺沥青面层。

(2)因沥青面层与基层之间存在不稳定的夹层引起的波浪拥包

应铣刨或挖除沥青面层,清除不稳定的夹层后,喷洒黏层沥青,重铺沥青面层。

(3)因基层引起的路面波浪拥包

①因基层局部强度不足、稳定性差、局部松散等原因引起的波浪拥包,铣刨或挖除沥青面层,处治或重做基层后,重铺沥青面层。

②因基层局部积水使面层与基层间结合不良、水稳定性不好等原因引起的波浪拥包,铣刨或挖除沥青面层,晾晒干基层表面水分并增设排水盲沟,或清除基层后用水稳定性较好的材料更换基层后,重铺沥青面层。

4.2.2 封层

封层是指采用专用设备将由沥青胶结料、粗细集料、其他添加材料组成的流动型混合料喷洒或摊铺在沥青路面上形成的加铺薄层,或将沥青胶结料、碎石、纤维同步或异步洒(撒)布在沥青路面上形成的加铺薄层或应力吸收层。封层包括含砂雾封层、稀浆封层、微表处、碎石封层、纤维封层、复合封层等。按照封层的厚度可以大致将其分为三种类型(图4-9)。由于封层的厚度普遍较薄,在使用过程中容易与原路面剥离,产生剥落、松散、坑槽等损坏;同时,随着使用时间的延长,原有路面的损坏也会逐渐反射到封层表面,一般封层越厚,反射速度越慢。

图4-9 路面封层类型

封层适用于轻微病害、存在隐患或尚未出现病害,路面技术状况优良以上且结构强度满足要求的路面,主要起预防养护的作用。

4.2.2.1 沥青路面预防(性)养护概念

预防性养护概念是美国在20世纪90年代初提出的,目前已经在我国广泛使用。有别于

传统的路面养护理念,预防性养护有两个主要观点:

(1)让状态良好的路面保持更长时间,延缓未来的破坏,在不增加结构承载能力的前提下改善路面的功能状况;

(2)在正确的时间,用正确的方法,在正确的路段上进行养护。

美国州公路和运输官员协会 AASHTO(American Association of State Highway and Transportation Officials)对预防性养护(Pavement Preventive Maintenance)的定义为:预防性养护是一种在路面状况良好的情况下采取的对现有路面进行有计划的、基于费用-效益的养护策略。预防性养护在没有提高路面结构承载能力的情况下,延迟路面的损坏,维持或改善路面现有的行车条件,通过延长原有路面的使用寿命来推迟昂贵的大修和重建费用。美国联邦公路局 FHWA(Federal Highway Administration)对预防性养护的定义为:通过一系列高效益-成本比的实践来延长路面寿命、提高路面安全、满足用户期望的网级长期养护策略。《公路工程名词术语》(JTJ 002—1987)中对其定义为:为保证公路的正常使用而进行的经常性保养、维修作业,预防和修复灾害性损害,以及为提高使用质量和服务水平而进行的加固、改善或者增建。

我国《公路沥青路面养护技术规范》(JTG 5142—2019)中对其的定义为:预防养护是指沥青路面整体性能良好但有轻微病害,为延缓路面性能过快衰减、延长使用寿命而预先采取的主动防护工程。

4.2.2.2 沥青路面预防(性)养护时机

预防性养护适用于路面技术状况良好的路面,而"路面技术状况良好"是指路面尚未发生结构性损坏,也就是说发生结构性损坏的路段已经不再适合进行预防性养护。因此,应对路面技术状况进行定期调查,根据调查结果,在路面结构良好或是路面病害发生初期对其进行养护,不让路面病害进一步向更深层次发展,从而延长路面使用寿命、保持路面完好、改善路面平整度、提高路面质量、降低路面寿命周期成本、延长中修或大修期限。

由于各种不确定因素的影响,如设计、施工、交通荷载、气候条件等,路面在使用过程中会出现轻微车辙、开裂、剥落等病害。如果养护不及时,这些病害会加速发展和扩大,造成整个沥青面层甚至基层结构的破坏,这会对后期的养护工作造成极大的影响,不仅加大了养护难度,而且增加了养护费用。如果在病害初期就对破损路面进行处理,不但会延长其使用寿命,还会节约路面的寿命周期费用。由图 4-10 的路面技术状况与维修时间曲线可见,当路面使用到 10 年时,路面使用状况下降了 30%,如果在此时进行维修,需要的费用假设为 1 元;而如果等到路面使用到 14 年时再进行维修,则需要的维修费用为 4~6 元。

图 4-10　路面技术状况与维修时间曲线

目前,确定路面预防性养护最佳时机的方法主要有以下两类:

(1)以路面技术状况为基础,当路面技术状况下降到预定标准时,则要进行预防性养护。该类方法称为路面状况触发法,包括行驶质量指数和损坏状况指数法、基于事件或路况的方法、决策树法、决策矩阵法等。

(2)对养护措施进行费用-效益分析,费用效益比最小的时间即为最佳预防性养护时机,称为最佳费用-效益法,如费用-效益评估法、排序法、寿命周期费用(LCA)评估法等。

4.2.2.3 含砂雾封层

1.概念

含砂雾封层是指将采用专用高压喷洒设备将由乳化沥青基或煤焦油基材料、陶土、聚合物添加剂、细砂组成的混合料,喷洒在沥青路面上形成的封层。含砂雾封层结构如图4-11所示。

图4-11 含砂雾封层结构示意图

适用于表面有松散麻面、渗水、沥青老化且抗滑性能较好的沥青路面,但不适用于由酸性岩石、鹅卵石等破碎集料铺筑的沥青路面,其适用的各等级公路路况水平应符合表4-20的规定。

从施工角度看,含砂雾封层属于表面涂刷(喷洒)型预防性养护方法,同属于该类的封层还包括雾封层、还原剂封层、沥青再生等技术。与其他表面涂刷型封层相比,由于砂的存在,含砂雾封层的抗滑性能更好。

含砂雾封层适用的各等级公路路况水平 表4-20

路况指标	高速公路	一级及二级公路	三级及四级公路
PCI、RQI、RDI	≥90	≥88	≥85
SRI	≥75	≥70	—

2.材料要求

(1)含砂雾封层胶结料可采用乳化沥青基或煤焦油基,并掺加聚合物、矿物等成分的黏结性材料,具有良好的还原、渗透和抗老化性能,且与砂有良好的黏附性,应符合表4-21的规定。

含砂雾封层胶结料技术要求 表4-21

检测指标	技术要求	试验方法
残留物含量(%)	≥56	附录B中B.1
干燥时间(h)	≤2(60℃)/6(20℃)	附录B中B.2
黏结强度(MPa)	≥0.15	附录B中B.3
布氏黏度(25℃,Pa·s)	≥2.5	T 0625

注:表中附录B指的是《公路沥青路面养护技术规范》(JTG 5142—2019)附录B。

(2)含砂雾封层细粒砂可采用石英砂、金刚砂或机制砂,机制砂宜采用专用的制砂机制造,并选用优质的玄武岩生产,细粒砂的细度应为30~50目。

(3)含砂雾封层施工时可掺入一定比例的水,并符合三类及三类以上水质标准。

(4)含砂雾封层可掺入具有路面夏季降温、冬季融冰功能的添加材料,其掺入不应对含砂雾封层材料性能产生不利影响,未经试验验证的添加材料不得使用。

(5)对含砂雾封层混合料组成应进行设计,并按《公路沥青路面养护技术规范》(JTG 5142—2019)附录 B 中 B.4~B.6 试验方法进行使用性能检验。

3. 洒布量的确定

含砂雾封层混合料的洒布量应根据原路面技术状况、表面致密程度、粗糙度大小、路面渗水、松散麻面情况合理确定,并应符合下列规定:

(1)表面致密、轻微渗水、轻度松散麻面的路面,可减少含砂雾封层混合料的洒布量,并采用单层洒布,其洒布量应为 $0.9 \sim 1.2 kg/m^2$。

(2)表面粗糙、较重渗水、空隙率较大、重度松散麻面且贫油的路面,应增加含砂雾封层混合料的洒布量,并采用双层洒布,其洒布量应为 $1.2 \sim 1.8 kg/m^2$,其中第一层洒布量为 $0.7 \sim 1.0 kg/m^2$,第二层洒布量为 $0.5 \sim 0.8 kg/m^2$。

4. 洒布设备检查与标定

含砂雾封层应采用专用的洒布设备喷洒,并在喷洒时保持稳定速度和洒布量,保证洒布宽度喷洒均匀,并符合下列规定:

(1)洒布设备的喷嘴应适用于喷洒材料的稠度,确保成雾状,喷嘴与洒油喷管成 15°~25°夹角,洒油管的高度应使同一地点接受 2~3 个喷油嘴的喷洒,不得出现花白条或条状,也不得有堆积。

(2)喷洒不足的应补洒,喷洒过量处应予以清除。洒布车不易到达的部位,可采用人工喷洒。

5. 施工注意事项

(1)含砂雾封层喷洒的起点和终点位置宜预铺油毛毡,保证边缘整齐。为避免污染标线,应在施工前对道路人工构造物、路缘石、标线等外露部分作防污染遮盖,不得在气温低于10℃、雨天、路面潮湿情况下施工。

(2)含砂雾封层的养生时间应根据材料的品种和气候条件确定,未干燥成型前严禁车辆和行人通行,待干燥后方可开放交通。

6. 施工质量控制

应对施工过程中含砂雾封层的稳定性、耐磨性、外观等进行控制,对施工完成后的渗水系数、抗滑性能、宽度等进行验收,具体要求可参考《公路沥青路面养护技术规范》(JTG 5142—2019)。含砂雾封层施工如图 4-12 所示。

a) 含砂雾封层施工现场   b) 含砂雾封层处理后

图 4-12 含砂雾封层施工

4.2.2.4 碎石封层

1. 概念

碎石封层是指采用专用设备将沥青类结合料、碎石同步或异步洒（撒）布在沥青路面上形成的封层。碎石封层结构如图 4-13 所示。按照施工层次的多少分为单层碎石封层、双层碎石封层、三明治碎石封层、同步碎石封层等不同的类型，下面对常用的几种碎石封层进行介绍。

图 4-13 碎石封层结构示意图

（1）单层碎石封层是指喷洒一层沥青类结合料，撒布一层集料后碾压形成的薄层封层。

（2）双层碎石封层是指喷洒一层沥青类结合料，撒布一层集料后进行碾压，再喷洒一层沥青类结合料，再撒布一层集料后碾压形成的碎石封层。

（3）三明治碎石封层是指先撒布一层碎石用钢轮压路机压稳后喷洒第一层沥青结合料，然后再撒布第二层碎石，用轮胎压路机碾压而形成的碎石封层。

（4）同步碎石封层是指采用专用设备（同步碎石封层车）将黏结材料（改性沥青或改性乳化沥青）及碎石同步铺洒在路面上，通过自然行车碾压形成单层沥青碎石磨耗层，主要作为路面表面处理层使用。其最大优点是同步铺洒黏结材料和石料，实现喷洒到路面上的高温黏结材料在不降温的条件下与碎石结合的效果，将黏结剂的喷洒和集料撒布两道工序集中在一辆车上同步进行。

2. 主要特点和适用条件

在碎石封层中，沥青是连续相，碎石紧密排列，嵌挤在沥青膜中。具有以下特点：

（1）良好的抗滑性能。碎石封层中，单一粒径粗集料颗粒紧密排列，形成了较大的宏观构造深度，雨水可以通过表面连通的构造空隙迅速排走，因此具有良好的抗滑性能。

（2）良好的封水效果。碎石封层中的沥青是连续相，形成了密不透水的封水层。

（3）对原路面的要求低，具有良好的耐久性。

（4）施工工艺简便、施工速度快。碎石封层属于层铺法施工，施工设备简单，速度较快。

碎石封层适用于二级及二级以下公路，需要改善抗滑等使用性能的沥青路面，其适用的各等级公路路况水平应符合表 4-22 的规定；也可用作各等级公路加铺功能性罩面、结构性补强、桥隧沥青铺装、水泥混凝土路面沥青铺装等需要起到应力吸收作用的黏结防水层。

碎石封层适用的各等级公路路况水平　　　表 4-22

路况指标	二级公路	三级及四级公路
PCI、RQI、RDI	≥80	≥75

当作为路表封层时，碎石封层有以下局限性：

（1）需要一定的养生时间；

（2）开放交通初期，松散的集料可能会被高速行驶的车轮带出而撞击、黏附在车身和挡风玻璃上，影响行车安全；

（3）高速行驶时噪声较大；

(4)碎石封层表面粗糙,对行车舒适性没有改善作用。

3.材料要求和配合比设计

(1)沥青结合料

碎石封层胶结料可采用(改性)乳化沥青、热沥青等,用于预防养护的乳化沥青蒸发残留物含量不应小于55%,改性乳化沥青蒸发残留物含量不应小于60%,其他指标和用作黏结防水层的技术指标应符合现行《公路沥青路面施工技术规范》(JTG F40)的有关规定。

(2)集料

碎石封层应选择坚硬耐磨的玄武岩、辉绿岩、石灰岩等岩石破碎而成的单一粒径碎石,其最小粒径与最大粒径之比应为0.6~0.7,压碎值不应大于20%,针片状颗粒含量不应大于10%,其他技术指标应符合现行《公路沥青路面施工技术规范》(JTG F40)的有关规定。

(3)级配类型

按碎石粒径的不同,碎石封层可分为砂粒式、细粒式和中粒式三类,其对应的碎石规格最大粒径不应大于5mm、10mm和15mm。

碎石封层的碎石用量和胶结料用量应根据原路面的表面状况、交通量、施工经验、施工季节等,并结合碎石粒径和施工层数进行确定。单层式碎石封层和双层式碎石封层材料规格和用量应符合表4-23和表4-24的规定。

单层式碎石封层材料规格和用量　　　　　表4-23

碎石规格(mm)		碎石用量(m³/1000m²)	乳化沥青用量(kg/m²)	热沥青用量(kg/m²)
砂粒式	1~3	2~5	0.9~1.2	—
	3~5	4~7	1.2~1.5	—
细粒式	5~8	6~9	1.5~1.8	0.9~1.2
	7~10	8~11	1.8~2.1	1.1~1.4
中粒式	9~12	10~13	2.1~2.4	1.4~1.7
	12~15	13~16	2.4~2.7	1.7~2.0

双层式碎石封层材料规格和用量　　　　　表4-24

碎石规格(mm)		碎石用量(m³/1000m²)		乳化沥青用量(kg/m²)		热沥青用量(kg/m²)	
第一层	第二层	第一层	第二层	第一层	第二层	第一层	第二层
7~10	3~5	6~9	2~5	1.2~1.5	0.7~1.0	1.2~1.5	0.4~0.7
9~12	5~8	9~12	4~7	1.5~1.8	1.0~1.3	1.5~1.8	0.7~1.0
12~15	7~10	12~15	6~9	1.8~2.1	1.3~1.6	1.7~2.0	1.0~1.3

4.施工前准备

(1)原路面准备

施工前,应彻底清除原路面的泥土、杂物并保持相对干燥,坑槽、裂缝等病害的路面应进行处治,原沥青面层老化严重时应喷洒一层渗透性好的沥青再生剂或再生还原剂,局部路面整体强度不足时应进行补强。

(2)材料准备

①碎石封层施工应结合原路面状况,选用合适的沥青用量进行洒布,采用的沥青洒布温度

应根据黏温曲线确定,不具备条件时可参考现行《公路沥青路面施工技术规范》(JTG F40)各类沥青的拌和温度,乳化沥青采用常温洒布。

②碎石封层所用碎石宜采用沥青拌和站进行沥青预裹覆或烘干除尘处理。预裹覆的沥青可与碎石封层喷洒的沥青类型不同,拌和温度道路石油沥青为140℃,预裹覆碎石的沥青用量应符合表4-25的规定。

预裹覆碎石的沥青用量　　　　　表4-25

碎石规格(mm)	3~5	5~8	7~10	9~12	12~15
沥青用量(质量比,%)	0.4	0.35	0.3	0.25	0.2

(3)设备准备

所有参与碎石封层施工的设备相距宜近不宜远,乳化沥青洒布车与碎石撒布车相距应在50m范围内。

5.施工工序

碎石封层施工非常简便,主要包括沥青洒布、碎石撒布、碾压、清扫和开放交通五个工序。

(1)乳化沥青洒布、碎石撒布。乳化沥青撒布温度一般为70~80℃,结合料与碎石撒布的时间间隔应尽可能缩短,不要在乳化沥青破乳后撒布碎石。如果施工中发现由于粗集料级配、路面状况等原因,目标撒布量并不是最佳撒布量,则应立即停止施工,分析原因并进行及时调整。双层碎石封层的两层之间施工应至少间隔24h。

(2)碾压。碎石撒布完成后应及时使用胶轮压路机进行碾压,碾压速度不应超过3km/h。

(3)清扫。扫除多余石屑。每天施工结束前,采用合适工具扫除路面上多余的石屑。

(4)开放交通。乳化沥青碎石封层应待破乳、水分蒸发并基本成型后方可通车,(改性)沥青碎石封层在碾压结束后即可开放交通,并通过开放交通补充压实,成型稳定。在通车初期应设置限速设施控制行车,限制行车速度不得超过20km/h,并做好碎石封层初期养生。

6.施工注意事项

(1)碎石封层宜采用同步碎石封层车施工,并同步完成胶结料和碎石洒(撒)布;条件不具备的,也可采用沥青洒布车和碎石撒布车的异步施工方法。异步施工应确保工序的紧密衔接,每个作业段的长度应根据施工能力确定。异步碎石封层施工洒布胶结料后应及时撒布碎石,使用乳化沥青时,碎石撒布应在乳化沥青破乳之前完成。

(2)碎石封层施工过程如发现空白、缺边等洒(撒)布数量不足的情况应及时人工补洒(撒)胶结料和碎石,胶结料积聚应予以刮除。

(3)应做好碎石封层的初期养生,发现有泛油时,应在泛油处补撒碎石并扫匀,过多的浮料应扫出路外。

7.施工质量控制

碎石封层施工中应对胶结料洒布量、胶结料洒布温度、碎石撒布量进行控制,施工后应对碎石剥落率、碎石覆盖率、构造深度、宽度等进行验收。

碎石封层和同步碎石封层的施工如图 4-14 和图 4-15 所示。

a)　　　　　　　　　　　b)

图 4-14　碎石封层施工　　　　　　　　图 4-15　同步碎石封层施工

4.2.2.5　稀浆封层

1. 概念

稀浆封层是指采用专用设备将乳化沥青、粗细集料、填料、水和添加剂等，按设计配合比拌和成稀浆混合料摊铺到沥青路面上形成的封层。铺筑厚度一般在 3～10mm 之间。按照矿料级配的不同，稀浆封层可以分为细封层（Ⅰ型）、中封层（Ⅱ型）和粗封层（Ⅲ型），分别以 ES-1、ES-2 和 ES-3 表示。稀浆封层结构如图 4-16 所示。

稀浆封层技术于 20 世纪 40 年代后期起源于德国，目前，我国应用也较为广泛。当稀浆混合料中的水分蒸发干燥硬化成型后，可以使磨损、老化、裂缝、松散等病害得到修复，在公路养护中主要具有防水、防滑、填充、耐磨以及改善原路面外观形象的作用，而且施工快、造价低、用途广。但是，由于单层厚度较薄，不具备结构补强能力。对于强度与刚度不足，路表沉陷，稳定性差等路面，该技术不适用。

图 4-16　稀浆封层结构示意图

2. 适用条件

稀浆封层适用于二级及二级以下公路沥青路面，其适用的各等级公路路况水平应符合表 4-26 的规定。

稀浆封层适用的各等级公路路况水平　　　　表 4-26

路况指标	二级公路	三级及四级公路
PCI、RQI、RDI	≥85	≥80

ES-1 型稀浆封层适用于三级及四级公路沥青路面预防养护；

ES-2 型稀浆封层适用于二级及二级以下公路沥青路面预防养护和新建、改扩建公路沥青路面下封层；

ES-3 型稀浆封层适用于二级公路沥青路面预防养护和新建、改扩建公路沥青路面下封层。

3.材料要求

(1)乳化沥青

稀浆封层用乳化沥青应满足表 4-27 中 BC-1 和 BA-1 型的规定。

稀浆封层用乳化沥青技术要求 表 4-27

检测项目		BC-1	BA-1	试验方法
筛上剩余量(1.18mm)(%)		≤0.1	≤0.1	T 0652
电荷		阳离子正电(+)	阴离子负电(-)	T 0653
恩格拉黏度 E_{25}		2~30	2~30	T 0622
沥青标准黏度 $C_{25,3}(s)$①		10~60	10~60	T 0621
蒸发残留物含量(%)		≥55	≥55	T 0651
蒸发残留物性质	针入度(100g,25℃,5s,0.1mm)	45~150	45~150	T 0604
	延度(15℃,mm)	≥400	≥400	T 0605
	溶解度(三氯乙烯)(%)	≥97.5	≥97.5	T 0607
储存稳定性②	1d(%)	≤1.0	≤1.0	T 0655
	5d(%)	≤5.0	≤5.0	T 0655

注:①乳化沥青黏度以恩格拉黏度为准,不具备条件时也可采用沥青标准黏度。
②储存稳定性应根据施工实际情况选择试验天数,通常采用 5d,乳化沥青生产后能在第 2 天使用完时也可以选用 1d。

(2)矿料

稀浆封层用粗集料、细集料应符合表 4-28 的要求。

稀浆封层用矿料质量要求 表 4-28

材料名称	检测指标	标准	试验方法	备注
粗集料	石料压碎值,不大于(%)	28	T 0316	—
	洛杉矶磨耗损失,不大于(%)	30	T 0317	—
	石料磨光值,不小于(BPN)	—	T 0321	—
	坚固性,不大于(%)	12	T 0314	—
	针片状颗粒含量,不大于(%)	18	T 0312	—
细集料	坚固性,不大于(%)	—	T 0340	>0.3mm 部分
	砂当量,不小于(%)	50	T 0334	合成矿料中<4.75mm 部分

注:稀浆封层用于四级以下公路时,粗细集料的质量要求可参照现行《公路沥青路面施工技术规范》(JTG F40)适当放宽。

(3)填料

填料可以改善级配,提高稀浆混合料的稳定性,加快或减缓破乳速度,提高封层的强度。稀浆封层矿料中可以掺加矿粉、水泥、消石灰等填料。填料应干燥、疏松,无结团,并应符合现行《公路沥青路面施工技术规范》(JTG F40)中的相关要求。

(4)添加剂

稀浆混合料中的添加剂视需要而定,可以分为促凝剂和缓凝剂,其作用主要是调节稀浆混合料可拌和时间、破乳速度、开放交通时间等施工性能,并在一定程度上改善混合料的路用性能。常用添加剂包括无机盐类添加剂、有机类添加剂等。对于阳离子乳化沥青混合料,无机盐类添加剂一般会延长可拌和时间,延缓成型。

(5)水

水是构成稀浆混合料的重要组成部分,它的用量决定稀浆稠度和密实度。稀浆混合料中的水由集料中的水、乳液中的水和拌和时外加的水构成。外加水应符合三类及三类以上水质标准。

4.配合比设计

稀浆封层混合料类型应根据使用要求、原路面状况、交通量、气候条件等因素选择,并进行混合料配合比设计、路用性能试验和设计参数的测试,根据试验结果确定混合料配合比。

稀浆封层混合料所用矿料的级配范围应符合表4-29的规定。

稀浆封层混合料的矿料级配范围 表4-29

级配类型	通过下列筛孔(mm)的质量百分率(%)							
	9.5	4.75	2.36	1.18	0.6	0.3	0.15	0.075
ES-1		100	90~100	65~90	40~65	25~42	15~30	10~20
ES-2	100	90~100	65~90	45~70	30~50	18~30	10~21	5~15
ES-3	100	70~90	45~70	28~50	19~34	12~25	7~18	5~15
波动范围	—	±5	±5	±5	±5	±4	±3	±2

稀浆封层混合料的室内试验结果应满足表4-30的要求。

稀浆封层混合料的使用性能要求 表4-30

检测指标	单位	使用性能要求		试验方法
		快开放交通型	慢开放交通型	
可拌和时间(25℃),不小于	s	120	180	T 0757
黏聚力试验,不小于 30min(初凝时间) 60min(开放交通时间)	N·m	1.2 2.0[a]	—	T 0754
负荷车轮黏附砂量,不大于	g/m²	450[b]		T 0755
浸水1h湿轮磨耗,不大于	g/m²	800		T 0752

注:[a] 至少为初级成型。
[b] 用于轻交通量公路沥青路面预防养护时,可不作黏附砂量指标的要求。稀浆封层的配合比设计过程和施工过程可参考微表处混合料进行。

4.2.2.6 微表处

1.概念

微表处是指采用专用设备将改性乳化沥青、粗细集料、填料、水和添加剂等,按设计配合比拌和成稀浆混合料摊铺到沥青路面上,并形成很快开放交通的、具有高抗滑和耐久性能的封层。按照矿料级配的不同,微表处可以分为Ⅱ型、Ⅲ型,分别以 MS-2、MS-3 表示。

2.适用条件

微表处适用于二级及二级以上公路、需要改善抗滑等使用性能的沥青路面,其适用的各等级公路路况水平应符合表 4-31 的规定。

微表处适用的各等级公路路况水平　　　　　表 4-31

路况指标	高速公路	一级及二级公路
PCI、RQI	≥85	≥80

MS-2 型微表处适用于中等交通量的高速公路、一级及二级公路沥青路面预防养护。MS-3 型微表处适用于高速公路及一级公路沥青路面预防养护,满足要求时也可以用于填充车辙。

3.微表处的作用

微表处的主要作用包括:有效防止路表水下渗;提高路面的抗磨耗性能和抗滑性能;修复车辙;延缓路面材料老化;改善路表外观。

4.材料要求

(1)改性乳化沥青

微表处混合料中起黏结作用的主要是改性乳化沥青,表征改性乳化沥青特征的性能指标主要包括破乳速度、离子电荷、筛上剩余量、黏度、蒸发残留物性质、与粗集料黏附性、与粗集料拌和试验、储存稳定性等。

①破乳速度。破乳速度决定了改性乳化沥青的用途和使用方法,按照破乳速度可以将乳化沥青分为快裂、中裂或慢裂类型,可以根据乳液试验与规定级配的矿料拌和后矿料表面被乳液薄膜裹覆的均匀情况来判断。

②离子电荷。离子电荷反映了乳化沥青微粒离子电荷的性质,目前常用的是阳离子乳化沥青。

③筛上剩余量。筛上剩余量反映改性乳化沥青中是否有未乳化的沥青颗粒或结块,这些结块可能会堵塞管道或与矿料拌和不均匀。

④黏度。我国对改性乳化沥青的黏度同时采用沥青标准黏度和恩格拉黏度,可以反映乳化沥青的工作性。

⑤蒸发残留物性质。包括残留分含量、溶解度、针入度、延度、软化点等。

⑥与粗集料的黏附性。反映了喷洒型乳化沥青与石料的黏附性。

⑦与粗集料拌和试验。反映了拌和型乳化沥青与石料的黏附性。

⑧储存稳定性。反映了乳化沥青在静止状态下的储存稳定性。

微表处应采用阳离子型改性乳化沥青,改性剂剂量(改性剂有效成分占纯沥青的质量百分比)不宜小于 3%,其技术指标应符合表 4-32 的规定。

微表处用改性乳化沥青技术要求　　　　　表 4-32

检测项目	单位	BCR	试验方法
筛上剩余量(1.18mm 筛)	%	≤0.1	T 0652
电荷	—	阳离子正电(+)	T 0653
恩格拉黏度 E_{25}	—	3~30	T 0622
沥青标准黏度 $C_{25,3}$[a]	s	12~60	T 0621
蒸发残留物含量	%	≥60	T 0651

续上表

检测项目		单位	BCR	试验方法
蒸发残留物性质	针入度(100g,25℃,5s)	0.1mm	40~100	T 0604
	软化点	℃	≥53[b]	T 0606
	延度(5℃)	cm	≥20	T 0605
	溶解度(三氯乙烯)	%	≥97.5	T 0607
储存稳定性[c]	1d	%	≤1	T 0655
	5d	%	≤5	

注:[a]改性乳化沥青黏度以恩格拉黏度为准,不具备条件时也可采用沥青标准黏度。
[b]南方炎热地区、重载交通道路及用于填补车辙时,BCR蒸发残留物的软化点应不低于57℃。
[c]储存稳定性应根据施工实际情况选择试验天数,通常采用5d,乳化沥青生产后能在第2天使用完时也可选用1d。个别情况下,改性乳化沥青5d的储存稳定性难以达到要求,如果经搅拌后能达到均匀并不影响正常使用,此时要求改性乳化沥青运至工地后应存放在附有循环或搅拌装置的储存罐内,并进行循环或搅拌,否则不准使用。

(2)矿料

微表处矿料可采用不同规格的粗细集料、矿粉等掺配而成,粗集料应选择坚硬、粗糙、耐磨、洁净的集料,细集料宜采用碱性石料生产的机制砂,其技术指标应满足表4-33的规定。

微表处用矿料质量要求 表4-33

材料名称	检测指标	单位	质量要求	试验方法	备 注
粗集料	石料压碎值,不大于	%	26	T 0316	—
	洛杉矶磨耗损失,不大于	%	28	T 0317	—
	石料磨光值,不小于	BPN	42	T 0321	—
	坚固性,不大于	%	12	T 0314	
	针片状颗粒含量,不大于	%	15	T 0312	—
细集料	坚固性,不大于	%	12	T 0340	>0.3mm部分
	砂当量,不小于	%	65	T 0334	合成矿料中<4.75mm部分

(3)微表处填料可采用矿粉、水泥、消石灰等,应干燥、疏松、无结团,并符合现行《公路沥青路面施工技术规范》(JTG F40)的有关规定。

(4)微表处添加剂可采用无机盐类添加剂、有机类添加剂等,添加剂的掺加不得对混合料性能产生不利影响,未经试验验证的添加剂不得在施工中采用。

(5)掺入微表处的纤维类型可选用玻璃纤维、聚酯纤维、矿物纤维或玄武岩纤维,状态为卷轴式纤维盘,长度为6mm、8mm或12mm。

(6)同步微表处黏层材料应采用符合现行《公路沥青路面施工技术规范》(JTG F40)规定的改性乳化沥青,其蒸发残留物含量不应小于62%。

(7)微表处施工时可掺入一定比例的水,并符合三类及三类以上水质标准。

5.配合比设计

微表处混合料类型应根据使用要求、原路面状况、交通量、气候条件等因素选择,并进行混合料配合比设计、路用性能试验和设计参数的测试,根据试验结果确定混合料配合比。

(1)施工性能指标

微表处混合料是冷拌冷铺的混合料,在拌和和成型的过程中存在着复杂的物理、化学变化,容易受到外界条件(如温度、湿度、风力、日照)和各组分材料品种、性质的影响。微表处混合料应该首先满足施工性能的要求,以确保微表处混合料能够进行正常的摊铺。

①可拌和时间

可拌和时间是指按照一定配合比进行稀浆混合料的拌和试验时,从掺入改性乳化沥青开始搅拌至手感有阻或费力,明显感到混合料开始凝结的时间。微表处可拌和时间表征了混合料的施工可操作性,混合料在摊铺到路面之前应具有良好的稀浆状态,不应该破乳固化。通过微表处混合料的拌和试验可以确定可拌和时间。

②稠度

稠度是反映稀浆混合料施工和易性和用水量的指标。微表处混合料除了要有足够的可拌和时间,还要有合适的稠度和良好的稠度可调节性。稠度太大(混合料过稀),会造成稀浆混合料"跑浆",影响纵向接缝的直线状态,同时会造成细料上浮,摊铺厚度难以保证;稠度太小(混合料过稠),会造成混合料摊铺困难,表面不美观,与原路面黏结不牢固等问题。在摊铺过程中,混合料的稠度是不断变化的,施工中混合料的稠度应保持在 20~30mm 范围内。

③初凝时间

初凝时间是稀浆混合料从摊铺至混合料黏聚力达到 $1.2N \cdot m$ 的时间。

④开放交通时间

开放交通时间是稀浆混合料从摊铺至混合料黏聚力达到 $2.0N \cdot m$ 的时间。

⑤黏聚力

用黏聚力试验仪,模拟车辆行驶时产生的水平力对混合料的影响,其施力手柄上试验后扭力表的读数,用以确定稀浆混合料的初凝时间和开放交通时间。微表处混合料的黏聚力试验反映了混合料的成型速度。

(2)路用性能指标

微表处混合料在使用过程中应满足如下路用性能的要求:

①乳化沥青应该具有良好的黏附性,将集料牢牢黏结,在行车作用下集料不会脱落,可以通过湿轮磨耗试验、配伍性试验等测试;

②微表处路面应具有良好的抗滑性能,不会出现泛油现象,通过负荷车轮黏附砂量来表征;

③用于填充车辙的微表处混合料应具有较好的抗车辙性能,可通过轮辙变形试验确定。

综合微表处混合料的施工性能指标和路用性能指标,应满足表 4-34 的技术指标要求。

微表处混合料使用性能要求 表 4-34

检测指标		单位	使用性能要求	试验方法
可拌和时间(25℃),不小于		s	120	T 0757
黏聚力试验,不小于	30min(初凝时间)	$N \cdot m$	1.2	T 0754
	60min(开放交通时间)		2.0[a]	
负荷车轮黏附砂量,不大于		g/m^2	450[b]	T 0755
浸水 1h 湿轮磨耗,不大于		g/m^2	540	T 0752
浸水 6d 湿轮磨耗,不大于		g/m^2	800	

续上表

检测指标	单位	使用性能要求	试验方法
轮辙变形试验的宽度变化率[c],不大于	%	5	T 0756
配伍性等级值[d],不小于	—	11	T 0758

注:[a] 至少为初级成型。
　　[b] 用于轻交通公路沥青路面预防养护时,可不作黏附砂量指标要求。
　　[c] 不用于车辙填充的微表处混合料,不作轮辙变形试验的要求。
　　[d] 配伍性等级指标作为参考指标使用。

(3)配合比设计级配要求

按矿料粒径的不同,微表处混合料可分为 MS-2 型和 MS-3 型,微表处混合料的矿料级配范围应符合表 4-35 的规定。

微表处矿料级配　　表 4-35

筛孔尺寸(mm)		9.5	4.75	2.36	1.18	0.6	0.3	0.15	0.075
不同类型通过各筛孔的百分率(%)	MS-2	100	90~100	65~90	45~70	30~50	18~30	10~21	5~15
	MS-3	100	70~90	45~70	28~50	19~34	12~25	7~18	5~15
波动范围		—	±5	±5	±5	±5	±4	±3	±2

注:填料计入矿料级配。

用于填充车辙的微表处混合料配合比设计,其矿料级配宜在 MS-3 型级配范围的中值和下限之间并符合表 4-36 的规定。

微表处车辙填补的矿料级配范围　　表 4-36

级配类型	通过下列筛孔(mm)的质量百分率(%)							
	9.5	4.75	2.36	1.18	0.6	0.3	0.15	0.075
车辙填补	100	70~80	45~58	28~39	19~27	12~19	7~13	5~8
波动范围	—	±5	±5	±5	±5	±4	±3	±2

微表处混合料可掺入其质量 1‰~3‰ 的纤维,经微表处混合料的配合比试验确定纤维掺量。

(4)配合比设计步骤

①原材料选择及级配类型选择

根据气候条件、应用场合、使用要求、材料供应等情况选择改性乳化沥青。粗集料必须要满足表 4-33 的要求,此外,应选用硬质石料作为粗集料,选择砂当量高的集料。

根据选择的级配类型,按表 4-35 确定矿料的级配范围。计算各种集料的配合比,使合成级配在要求的级配范围内。在当地缺少成功经验的情况下,矿料级配宜接近级配范围中值。

②微表处混合料配合比初试

根据以往的经验初选改性乳化沥青、填料、水和添加剂的用量,进行拌和试验和黏聚力试验,并应满足表 4-34 中的相关要求。可拌和时间试验温度应考虑最高施工温度,黏聚力试验的试验温度应考虑施工中可能遇到的最低温度。

③微表处混合料路用性能

根据上述试验结果和稀浆混合料的外观状态,选择3个左右认为合理的混合料配方,按表4-34规定检验稀浆混合料的性能,如不符合要求,适当调整各种材料的配合比重新试验,直至符合要求为止。

④最佳沥青用量确定

当设计人员经验不足时,可将初选的3个左右的混合料配合比分别变化不同的油石比,按照表4-34的要求重复试验,并分别将不同沥青用量的1h湿轮磨耗值及黏附砂量绘制成图4-17的关系曲线,以1h湿轮磨耗值接近表4-34中要求的沥青用量作为最小油石比P_{bmin},黏附砂量接近表4-34中要求的油石比为最大油石比P_{bmax},得出油石比的可选择范围$P_{bmin} \sim P_{bmax}$。

在油石比的可选范围内选择适宜的油石比,使得在该油石比情况下混合料的各项技术指标均可以满足要求。对微表处混合料,以所选择的油石比检验混合料的浸水6d湿轮磨耗指标,用于车辙填充的增加检验负荷车轮黏附砂量试验的宽度变化率指标,不符合要求时调整油石比重新试验,直至符合要求为止。

根据以往经验及配合比设计试验结果,在充分考虑原路面状况、气候及交通因素等的基础上综合确定混合料配方。

图4-17 确定稀浆混合料沥青用量的曲线

6.施工过程

(1)对原路面的要求和施工前准备

要求原路面具有足够的强度和刚度,具有良好的整体稳定性,且表面平整、密实、清洁。施工前需进行修补工作,当原路面上有坑洞、边线破损和裂缝宽大时,应进行修补。有深洞时,应分层填补并压实。对于大的拥包和深的车辙(如车辙深度超过10mm),应先进行铣刨和填补,修补完成后,应进行清洁,避免用水冲洗,可采用高压空气吹除的方法。

微表处设备的计量控制系统,施工前应进行严格的计量标定工作,根据室内试验确定的混合料设计配合比,对矿料、填料、乳化沥青、水、添加剂等各种材料的用量,进行单位输出量标定。

(2)微表处摊铺作业

根据施工路段的路幅宽度,调整摊铺槽宽度,尽量减少纵向接缝数量,在可能的情况下宜使纵向接缝位于车道线附近。将符合要求的各种材料装入摊铺车内并开至施工起点,对准控制线,放下摊铺槽,调整摊铺槽使其周边与原路面贴紧。按生产配合比和现场矿料含水率情况,依次或同时按配合比输出矿料、填料、水、添加剂和乳液,进行拌和。拌和好的混合料流入摊铺槽并分布于摊铺槽达到适量时,开动摊铺车匀速前进,在需要时同时打开摊铺车下边的喷水管,喷水润湿路面。

(3)初期养护

稀浆混合料铺筑后,在开放交通前禁止一切车辆和行人通行。

微表处和稀浆封层混合料摊铺后一般不需要压路机碾压。在用于硬路肩、停车场等缺少或者没有行车碾压的场合时,或者为了满足某些特殊需要,可使用6~10t轮胎压路机对已破乳并初步成型的稀浆混合料进行碾压。混合料能够满足开放交通的要求后应尽快开放交通。

（4）微表处施工时需要注意的问题

①微表处应采用专用摊铺机摊铺,微表处摊铺机的拌和箱应为大功率双轴强制搅拌式,摊铺箱带有两排布料器,摊铺机应具有精确计量系统并可记录或显示矿料、改性乳化沥青等的用量。

②掺入纤维的微表处应采用同步微表处摊铺机进行黏层喷洒、纤维切割添加和微表处摊铺的同步施工方法。原路面表面光滑时,宜采用同步微表处摊铺机进行黏层喷洒和微表处摊铺的同步施工方法,过于光滑的原路面表面可采用拉毛处理,保证微表处与原路面黏结良好而不脱落。

③深度不大于15mm的不规则车辙或轻度车辙,可按要求一次全宽刮平摊铺;深度为15~30mm的车辙填补应采用专用的V形摊铺箱,并按两层进行摊铺,宜在第一层摊铺完开放交通24h后进行第二层摊铺。

④当改性乳化沥青蒸发残留物含量和矿料含水率发生变化时,必须调整摊铺车的设定,确认材料配合比符合设计配合比后才能继续施工。

微表处用于修补车辙的施工过程见图4-18。

图4-18 微表处填充车辙

7.施工质量控制

微表处施工中应对稀浆混合料和现场质量进行抽样检测,检测项目、检测频率、质量要求及检测方法应符合现行《公路沥青路面养护技术规范》(JTG 5142)中的要求。

4.2.2.7 纤维封层

1.概念

纤维封层是采用专用设备在沥青路面上同步洒(撒)布一层改性乳化沥青、纤维和一层改性乳化沥青,之后撒布碎石形成的封层。

2.适用条件

纤维封层适用于二级及二级以下公路、需要改善抗滑等使用性能的沥青路面,其适用的各等级公路路况水平应符合表4-37的规定;也可用作各等级公路加铺功能性罩面、结构性补强、桥隧沥青铺装、水泥混凝土路面沥青铺装等需要起到应力吸收作用的黏结防水层。

纤维封层适用的各等级公路路况水平 表4-37

路况指标	二级公路	三级及四级公路
PCI、RQI、RDI	≥80	≥75

3.材料要求

(1)乳化沥青

纤维封层胶结料应采用改性乳化沥青,其蒸发残留物含量不应小于60%,其他指标应符合现行《公路沥青路面施工技术规范》(JTG F40)的有关规定。

(2)纤维

纤维封层用纤维应具有高抗拉性能和高弹性模量,其类型可采用玻璃纤维、矿物纤维或玄武岩纤维,纤维长度宜为6cm,状态宜为卷轴式纤维盘。

(3)矿料

①纤维封层应选择坚硬耐磨的玄武岩、辉绿岩等岩石破碎而成的单一粒径碎石,其指标应符合碎石封层中有关矿料指标的有关规定,宜按碎石封层中的有关规定进行碎石预裹覆处理。

②纤维封层的碎石用量、胶结料用量和纤维用量应根据原路面的表面状况、交通量、施工经验、施工季节等,结合碎石粒径和封层类型确定,其碎石用量和胶结料用量可按碎石封层中的有关规定执行。

4.施工注意事项

(1)纤维封层施工前,应彻底清除原路面的泥土、杂物并保持相对干燥,坑槽、裂缝等严重病害的路面应进行修补,路面整体强度不足时应进行补强。

(2)纤维封层专用设备洒布改性乳化沥青施工后,紧接着撒布碎石层,碎石撒布完成后应及时使用胶轮压路机进行碾压,压路机的行驶速度不宜超过3km/h。

(3)纤维封层应待改性乳化沥青破乳、水分蒸发并基本成型后方可通车,并做好纤维封层的初期养生,在通车初期应设置限速设施控制行车,限制行车速度不得超过20km/h。

5.施工质量控制

纤维封层施工中应对其现场质量进行抽样检测,检测项目、检测频率、质量要求及检测方法应符合表4-38的规定。

纤维封层施工过程控制要求 表4-38

检测项目	检测频率	质量要求	检测方法
外观	全线连续	改性乳化沥青无明显囤积、流淌或漏洒;纤维无明显囤积,交错与搭接均匀;碎石无明显囤积、漏洒	目测

续上表

检测项目	检测频率	质量要求	检测方法
胶结料洒布量（kg/m²）	1次/工作日	设计值±0.2	T 0982、总量检验法
纤维撒布量（g/m²）	1次/工作日	设计值±5	总量检验法
碎石撒布量（kg/m²）	1次/工作日	设计值±0.5	T 0982、总量检验法

纤维封层施工的工程验收标准应符合表4-39的规定。

纤维封层施工的工程验收标准 表4-39

检测项目	检测频率	质量要求或允许偏差	检测方法
碎石剥落率 P	5个点/km	≤10%	附录C中C.1
碎石覆盖率 Q	5个点/km	90%±10%（预防养护） 80%±10%（黏结防水层）	附录C中C.2
构造深度（mm）	5个点/km	≥0.80	T 0961
宽度（mm）	5个点/km	不小于设计值	钢卷尺法

注：表中附录C是指《公路沥青路面养护技术规范》（JTG 5142—2019）中附录C。

4.2.2.8 复合封层

1.概念

复合封层是由碎石封层或纤维封层+微表处，或由碎石封层+稀浆封层组合而成的封层。

2.适用条件

复合封层适用于各等级公路、需要改善抗滑等使用性能的沥青路面。碎石封层或纤维封层+微表处适用于二级及二级以上公路，碎石封层+稀浆封层适用于二级及二级以下公路，其适用的各等级公路路况水平应符合表4-40的规定。

复合封层适用的各等级公路路况水平 表4-40

路况指标	高速公路	一级及二级公路	三级及四级公路
PCI、RQI、RDI	≥80	≥75	≥70

3.材料及配合比设计要求

复合封层的原材料技术要求以及配合比设计应符合碎石封层、纤维封层和微表处、稀浆封层的有关规定。

4.施工注意事项

复合封层的施工应符合碎石封层、纤维封层和微表处、稀浆封层的有关规定。

5.施工质量控制

复合封层的质量检验应符合碎石封层、纤维封层和微表处、稀浆封层的有关规定。
复合封层施工的工程验收标准应符合表4-41的规定。

复合封层施工的工程验收标准　　　　　　　　　　　　表 4-41

检测项目		质量要求或允许偏差	检测频率	方　法
厚度(mm)	均值	不小于设计值	5 个断面/km	T 0912,每个断面挖坑 3 点
	合格值	设计厚度-10%		
渗水系数(mL/min)		≤10	5 个点/km	T 0971
纵向接缝高差(mm)		≤6	全线连续	3m 直尺法
抗滑性能	摆值 F_b(BPN)	符合设计要求	5 个点/km	摆式仪:T 0964
	横向力系数[a]			T 0965 或 T 0967
	构造深度(mm)			T 0961
宽度		不小于设计值	5 个点/km	钢卷尺法

注:[a] 横向力系数由建设单位确定是否检测。

4.2.3　功能性罩面

4.2.3.1　概念

功能性罩面是指在原沥青路面满足结构强度要求的情况下,为修复路面轻微病害、改善使用功能铺筑厚度小于 60mm 加铺层的养护措施。功能性罩面结构如图 4-19 所示。

功能性罩面的厚度可根据路面技术状况、主导损坏类型、交通量大小及组成、道路等级、气候条件、工程经验综合考虑确定。根据罩面厚度与适用性的差异,通常将功能性罩面分为超薄罩面、薄层罩面与罩面三种类型,如表 4-42 所示。其中,超薄罩面和薄层罩面既可作为预防养护措施,也可作为功能性修复措施,厚度大于 40mm 的罩面用于功能性修复措施。

图 4-19　功能性罩面结构示意图

功能性罩面分类　　　　　　　　　　　　表 4-42

罩面类型	罩面厚度 d(mm)	适　用　性
超薄罩面	$d<25$	适用于预防或部分修复病害、需要改善抗滑等使用性能的沥青路面
薄层罩面	$25≤d<40$	适用于预防或修复病害、需要改善抗滑等使用性能的沥青路面
罩面	$40≤d<60$	适用于修复病害、需要改善抗滑等使用性能的沥青路面

4.2.3.2　超薄罩面

超薄罩面是指厚度小于 25mm 的加铺层养护措施,适用于预防或部分修复病害、需要改善抗滑等使用性能的沥青路面。在选用超薄罩面作为功能性罩面时需确定公路路况水平是否满足要求,适用的路况水平如表 4-43 所示。

超薄罩面适用的各等级公路路况水平　　　　　　　　　　　　表 4-43

路况指标	高速公路	一级及二级公路	三级及四级公路
PCI、RQI	≥85	≥80	≥75
RDI	≥80	≥75	≥70

关于超薄罩面、薄层罩面之间的厚度以前没有明确的界限,我国《公路沥青路面养护技术规范》(JTG 5142—2019)中规定厚度小于25mm的为超薄罩面。

1.材料要求

超薄罩面一般采用热拌沥青混凝土,也可采用温拌或冷拌沥青混合料进行铺筑,具体的材料要求如下:

(1)改性沥青结合料

通常选用高黏度改性沥青、橡胶改性沥青、温拌或冷拌改性沥青。高黏度改性沥青与橡胶改性沥青均具有较高的高温性能与弹性性能,相对而言,橡胶沥青的性能稳定性较高黏沥青略差,橡胶粉与沥青不易相容,易发生离析现象,致使各项检测指标的要求也略低于高黏沥青,但橡胶沥青应用技术已较为成熟。

高黏度改性沥青技术指标应符合表4-44的规定,铺筑厚度不大于15mm的超薄罩面宜采用60℃动力黏度不小于100000Pa·s的高黏度改性沥青。橡胶改性沥青技术指标应符合表4-45的规定;温拌或冷拌改性沥青应经试验验证并符合相关产品标准。

高黏度改性沥青技术要求 表4-44

检测指标	单位	技术要求	试验方法
针入度(25℃,5s,100g)	0.1mm	40~60	T 0604
延度(5℃,5cm/min),不小于	cm	30	T 0605
软化点 $T_{R\&B}$,不小于	℃	75	T 0606
135℃运动黏度,不大于	Pa·s	3	T 0625
60℃运动黏度,不小于	Pa·s	20000	T 0620
溶解度(三氯乙烯),不小于	%	99	T 0607
离析,48h软化点差,不大于	℃	2.5	T 0661
弹性恢复(25℃),不小于	%	85	T 0662
TFOT(或RTFOT)后残留物			
质量损失	%	±0.5	T 0610 或 T 0609
针入度比(25℃),不小于	%	75	T 0604
残留延度(5℃),不小于	cm	20	T 0605

橡胶改性沥青技术要求 表4-45

检测指标	单 位	技术要求	试验方法
针入度(25℃,5s,100g)	0.1mm	30~60	T 0604
延度(5℃,5cm/min),不小于	cm	20	T 0605
软化点 $T_{R\&B}$,不小于	℃	75	T 0606
180℃布氏黏度	Pa·s	2~4	T 0625
离析,48h软化点差,不大于	℃	5.0	T 0661
弹性恢复(25℃),不小于	%	75	T 0662

续上表

检测指标	单位	技术要求	试验方法
TFOT(或RTFOT)后残留物			
质量损失	%	±0.5	T 0610 或 T 0609
针入度比(25℃),不小于	%	65	T 0604
残留延度(5℃),不小于	cm	5	T 0605

(2)集料

超薄罩面作为表层,直接承受交通荷载。因此,粗集料应采用质地坚硬、表面粗糙、形状接近立方体的玄武岩或辉绿岩加工而成,具有良好的耐磨耗与磨光性能;细集料应采用石灰岩或岩浆岩中的强基性岩石经制砂机破碎得到的机制砂,与沥青有良好的黏结能力;填料应采用石灰岩或岩浆岩中的强基性岩石经磨细得到的矿粉,保证洁净、干燥,能自由地从矿粉仓中流出。

(3)改性乳化沥青黏层

由于罩面铺筑厚度较小,与一般的沥青混合料相比,易受阳光、空气、水等的影响,容易从原路面上剥落。因此,要求沥青具有高黏附力和强抗剥离性能。普通的石油沥青难以满足性能要求,通常采用改性乳化沥青作为黏层。

超薄罩面铺筑前,应在原路面表面喷洒一层黏层,其材料可采用高黏度改性乳化沥青或不粘轮改性乳化沥青,具有良好的黏结性能和抗水损特性。高黏度改性乳化沥青技术指标应符合表4-46的规定,不粘轮改性乳化沥青应经试验验证并符合相关产品标准。

高黏度改性乳化沥青技术要求　　　　表4-46

检测指标		单位	技术要求	试验方法
破乳速度		—	快裂	T 0658
粒子电荷		—	阳离子正电(+)	T 0653
筛上剩余量(1.18mm),不大于		%	0.1	T 0652
黏度	恩格拉黏度 E_{25}	—	3~20	T 0622
	赛波特黏度 $C_{25,3}$	s	20~60	T 0621
储存稳定性	1d,不大于	%	1	T 0655
	5d,不大于	%	5	
蒸发残留物性质	含量,不小于	%	62	T 0651
	针入度(25℃,5s,100g)	0.1mm	60~150	T 0604
	软化点,不小于	℃	55	T 0606
	延度(5℃)	cm	20	T 0605
	溶解度(三氯乙烯),不小于	%	97.5	T 0607
	弹性恢复(10℃),不小于	%	70	T 0662

2.配合比设计

(1)矿料级配

超薄罩面沥青混合料的矿料级配类型及组成结构可采用骨架-空隙型级配(CPA)、骨架-密实型级配(SMA)和密实-悬浮型级配(AC)。CPA矿料级配公称最大粒径可选用与铺筑厚度相匹配的 7.2mm(CPA-7)或 9.5mm(CPA-10)，其矿料级配范围宜符合表 4-47 的规定；SMA-10 和 AC-10 矿料级配范围应符合现行《公路沥青路面施工技术规范》(JTG F40)的有关规定，SMA-5/AC-5 矿料级配范围宜符合表 4-48 的规定。

CPA-7/CPA-10 矿料级配范围　　　　　　　　　　　　　　表 4-47

级配类型	通过下列筛孔(mm)的质量百分率(%)								
	13.2	9.5	7.2	4.75	2.36	1.18	0.6	0.3	0.15	0.075
CPA-7	—	100	55~100	15~40	12~35	11~19	8~15	3~12	3~9	2~7
CPA-10	100	85~100	—	18~43	12~35	11~19	8~15	3~12	3~9	2~7

SMA-5/AC-5 矿料级配范围　　　　　　　　　　　　　　表 4-48

级配类型	通过下列筛孔(mm)的质量百分率(%)							
	9.5	4.75	2.36	1.18	0.6	0.3	0.15	0.075
SMA-5	100	90~100	35~65	22~36	18~28	15~22	13~18	9~15
AC-5	100	90~100	50~70	35~55	20~40	12~28	7~18	5~9

（2）混合料性能要求

目前，还没有室内试验方法可以模拟罩面或薄层罩面摊铺的情况，因此，超薄罩面混合料的设计主要还是经验法，按目标配合比、生产配合比和试拌试铺验证三个阶段进行，确定其矿料级配及最佳沥青用量，并按表 4-49 的规定对 CPA-7/CPA-10 矿料级配类型的沥青混合料进行性能试验验证，其他矿料级配类型的沥青混合料应按现行《公路沥青路面施工技术规范》(JTG F40)的有关规定进行性能试验验证。

CPA-7/CPA-10 矿料级配类型的沥青混合料技术要求　　　　　　表 4-49

检测项目	单位	技术要求	试验方法
击实次数（双面）	次	75	T 0702
试件尺寸	mm	φ101.6×63.5	T 0702
空隙率 VV	%	13~18	T 0708
矿料间隙率 VMA，不小于	%	18	T 0709
沥青饱和度 VFA	%	20~50	T 0709
稳定度，不小于	kN	6	T 0709
残留稳定度，不小于	%	85	T 0709
冻融劈裂强度比，不小于	%	80	T 0729
车辙试验动稳定度，不小于	次/mm	2500	T 0719
沥青析漏试验的结合料损失，不大于	%	0.1	T 0732
飞散试验的沥青混合料损失（20℃），不大于	%	15	T 0733
油膜厚度，不小于	μm	9	—

3.超薄罩面施工

超薄罩面施工工艺可分为同步超薄罩面和异步超薄罩面。CPA-7/CPA-10 矿料级配类型应采用同步超薄罩面施工工艺,保证黏层与超薄罩面层用同一台施工设备同步喷洒和摊铺,以提高超薄罩面与原路面的黏结性;对于其他矿料级配类型,宜采用同步超薄罩面施工工艺,也可采用异步超薄罩面施工工艺。

超薄罩面的施工工艺、设备要求与质量控制应按现行《公路沥青路面施工技术规范》(JTG F40)的有关规定执行,同步超薄罩面还应符合下列规定:

(1)间歇式拌和机每盘的生产周期应适当延长5~10s,沥青混合料的储存时间不宜超过6h。

(2)黏层改性乳化沥青喷洒温度应为50~80℃,同步施工黏层改性乳化沥青喷洒温度不应小于80℃,热沥青混合料摊铺在改性乳化沥青喷洒的表面上。

(3)碾压应在沥青混合料温度下降至90℃之前完成,碾压过程中使用11~13t双钢轮压路机静压2~3遍,严禁使用轮胎压路机。

(4)纵向接缝宜为冷接缝,摊铺宽度宜为一个车道,纵向接缝宜位于标线处。

同步超薄罩面应采用专用同步洒布摊铺设备进行铺筑,施工设备应包含受料斗、传送带、带加热功能的乳化沥青储罐、智能喷洒系统、宽度可调节的振动熨平板等部分,可一次同步实施乳化沥青喷洒、混合料摊铺及熨平,乳化沥青喷洒与混合料摊铺时间间隔不应超过5s。

4.2.3.3 薄层罩面

薄层罩面是指厚度在25~40mm的加铺层养护措施,适用于预防或修复病害、需要改善抗滑等使用性能的沥青路面。相对于超薄罩面,薄层罩面厚度较大,可以应用于路况水平相对较低的路面。在采用薄层罩面作为功能性罩面或预防养护时,需确定公路路况水平是否满足要求,适用的路况水平见表4-50。

薄层罩面适用的各等级公路路况水平　　　　　表4-50

路况指标	高速公路	一级及二级公路	三级及四级公路
PCI、RQI	≥80	≥75	≥70
RDI	≥75	≥70	≥65

1.材料要求

(1)改性沥青结合料

薄层罩面使用的沥青结合料不仅可以选用高黏度改性沥青与橡胶改性沥青,还可以采用SBS改性沥青与温拌改性沥青,其技术指标需满足超薄罩面中对沥青的技术要求,并满足现行《公路沥青路面施工技术规范》(JTG F40)的规定。

(2)集料

粗集料、细集料和填料技术指标与超薄罩面要求相同。

(3)封层

为提高薄层罩面与原路面之间的黏结性,防止原路面病害反射到薄层罩面上,可在原路面上喷洒黏层,也可以设置碎石封层或纤维封层等防反射裂缝措施。设计时,需要根据所在路段的公路等级、路面技术状况、交通量、使用功能等因素,进行碎石封层或纤维封层+薄层罩面结构组合与厚度设计。具体的要求见表4-51。

碎石封层或纤维封层+薄层罩面结构组合与厚度   表4-51

使用条件	碎石封层或纤维封层厚度(cm)	薄层罩面厚度(cm)
路面技术状况指数、行驶质量指数在中、良等级,交通量较大、重型车较多的路段	1.2~1.5	2.5~3.5
路面技术状况指数、行驶质量指数在中、良等级,中等交通量的路段	0.7~1.2	2.5~3
路面技术状况指数、行驶质量指数在中、良等级,交通量小、重型车少的路段	0.5~0.8	2.5~3

2.配合比设计

(1)矿料级配

薄层罩面的级配类型可选用骨架-空隙排水型级配(BPA)、骨架-密实型级配(SMA)和密实-悬浮型级配(AC)三种,其中由于层厚的提高,SMA与AC沥青混合料最大公称粒径应略高于超薄罩面的级配要求,通常选用SMA/AC-10/13,BPA级配要求见表4-52。

BPA-10/BPA-13级配范围   表4-52

级配类型	通过下列筛孔(mm)的质量百分率(%)									
	16.0	13.2	9.5	4.75	2.36	1.18	0.6	0.3	0.15	0.075
BPA-10	—	100	80~100	25~40	22~35	13~25	9~19	7~14	5~11	3~7
BPA-13	100	80~100	60~80	25~40	22~35	13~25	9~19	7~14	5~11	3~7

(2)混合料性能要求

采用各种级配时仍需按目标配合比、生产配合比和试拌试铺验证三个阶段进行,确定其矿料级配及最佳沥青用量,其中AC/SMA级配的混合料技术要求满足现行《公路沥青路面施工技术规范》(JTG F40)即可,对于BPA级配混合料除空隙率要求为10%~15%、取消了沥青饱和度的要求外,其余均与CPA相同。具体可参考表4-49。

3.薄层罩面施工

薄层罩面施工工艺可分为同步薄层罩面和异步薄层罩面。AC、SMA、BPA级配类型均可采用同步薄层罩面施工工艺,保证黏层与薄层罩面层用同一台施工设备同步喷洒和摊铺,也可采用异步薄层罩面施工工艺。黏层的材料选择与超薄罩面相同,具体施工工艺、设备要求、质量控制与超薄罩面相同。

采用铺筑碎石封层或纤维封层应力吸收层时,应采用异步薄层罩面施工工艺。对碎石封层与纤维封层的材料要求与施工要求与封层部分的相关规定相同。

4.2.3.4 罩面

罩面适用于修复病害、需要改善抗滑等使用性能的沥青路面,可分为直接罩面和沥青表面层铣刨后罩面。与超薄罩面、薄层罩面的区别在于罩面可以铣刨原路面的表面层后罩面,修复病害的能力更强,可作为功能性修复养护措施。在选用罩面作为功能性罩面时需确定公路路况水平是否满足要求,适用的路况水平见表4-53。

罩面适用的各等级公路路况水平　　　　表 4-53

路况指标	高速公路	一级及二级公路	三级及四级公路
PCI、RQI	≥80	≥75	≥70

1. 材料要求

罩面要求公路路况水平相较于超薄罩面、薄层罩面更低,可采用热拌或温拌沥青混合料,沥青的性能满足现行《公路沥青路面施工技术规范》(JTG F40)即可,罩面铺筑前可以喷洒黏层或表面铺筑碎石封层或纤维封层。对于封层的厚度有具体的要求,如表 4-54 所示。

碎石封层或纤维封层+罩面结构组合与厚度　　　　表 4-54

使 用 条 件	碎石封层或纤维封层厚度(cm)	罩面厚度(cm)
路面破损、平整度、抗滑三项指标都在中等以下,要求恢复到优、良等级,且交通量较大、重型车较多的路段	1.2~1.5	4.0~5.5
路面破损、平整度、抗滑三项指标都在中等以下,要求恢复到优、良等级,且中等交通量的路段	0.7~1.2	4.0~5.0
路面破损、平整度、抗滑三项指标都在中等以下,要求恢复到优、良等级,且交通量小、重型车少的路段	0.5~0.8	4.0~5.0

2. 配合比设计

罩面的级配类型可选用骨架-空隙排水型级配(PA)、骨架-密实型级配(SMA)和密实-悬浮型级配(AC)三种,其中 PA、SMA 与 AC 沥青混合料最大公称粒径应略高于薄层罩面的级配要求,通常选用 PA/SMA/AC-13/16。级配曲线需满足现行《公路沥青路面施工技术规范》(JTG F40)的规定。

3. 罩面施工

罩面(包含层间黏层)的设备要求、施工工艺、质量控制均应按照超薄罩面的要求施行,并满足现行《公路沥青路面施工技术规范》(JTG F40)要求,对于层间采用的应力吸收层(碎石封层与纤维封层)需满足封层部分的相关要求。

4.2.4 结构性补强

结构性补强是在原沥青路面不满足结构强度要求的情况下,为提高路面整体承载能力,铺筑厚度不小于 60mm 的双层或双层以上加铺层的养护措施,具体的结构组合需要通过结构验算确定。结构性补强适用于路面结构强度不足、原路病害严重、需要改善使用性能的沥青路面,可以作为结构性修复养护措施。

结构性补强层与下承层间应采取黏层、封层等处理措施,保证补强层与下承层间有效地黏结防水,与不维修路段界面应涂刷黏层乳化沥青,并在路面压实成型后采用密封胶、贴缝胶等防水材料进行密封,保证水分不从界面处下渗。

结构性补强分为直接加铺补强和铣刨加铺补强两种类型,应根据路面结构强度状况、主要病害类型与数量、严重程度、产生原因等因素,确定采取适合的养护措施。

1. 直接加铺补强

当原沥青路面整体结构强度不足,基层及面层保持完好,多数病害未贯穿表面层结构时,可以采用直接加铺补强措施。此时,沥青路面的病害主要存在于表面层,而且表面层结构并未完全破坏,丧失使用性能,因此,不需要对其进行铣刨,可以采取直接加铺补强的措施。直接加铺补强可以分为两类,一类是直接加铺沥青面层,一般是直接加铺两层沥青面层。另一类是直接加铺基层和沥青面层,基层可以是半刚性基层,也可以是柔性基层;沥青面层的层数可以是两层,也可以是三层。养护设计时,应根据路面结构强度状况、主要病害类型与发生层位等因素,采取相应的补强措施。一般情况下,在无路面高程或桥下净空限制的情况下,可以按照以下要求进行设计:

(1)高速公路、一级及二级公路路面采取直接加铺沥青面层,或粒料类、沥青结合料类基层与沥青面层共同补强措施。

(2)三级及四级公路路面采取直接加铺沥青面层,或无机结合料稳定类基层与沥青面层共同补强措施。

沥青路面直接加铺补强前,应对原路面病害类型、层位及范围进行详细调查,对病害进行适当处治。采用柔性基层或半刚性基层与沥青面层共同补强时,增加基层宽度或埋设路缘石,保证路面边缘坚实稳定,同时通过加铺调平层或加铺柔性基层/半刚性基层进行调坡,保证原路面纵横坡符合要求。直接加铺补强结构如图 4-20 所示。

a)直接加铺沥青面层　　　　　　b)柔性基层与沥青面层共同补强

图 4-20　直接加铺补强结构示意图

2. 铣刨加铺补强

应根据路面结构强度状况、主要病害发生层位等因素,确定铣刨加铺补强的具体措施。铣刨加铺补强措施根据铣刨和加铺的结构不同,可以分为三类:①铣刨沥青面层,加铺沥青面层;②铣刨沥青面层,加铺基层(半刚性基层或柔性基层)和沥青面层;③铣刨沥青面层和基层,加铺基层(半刚性基层或柔性基层)和沥青面层。在养护设计时,铣刨的具体层位需要根据路面技术状况调查和专项调查的结果,分析发生损坏的层位,从而确定需要铣刨的层位;具体的加铺方式要根据路面结构设计的计算结果确定。具体情况如下:

(1)沥青面层部分破损、基层完好的路面

对原路面损坏较为严重的局部区域进行铣刨重铺后采取沥青面层补强措施。

(2)沥青面层严重破损、基层较完好的路面

铣刨处治全部沥青面层,采取直接加铺沥青面层、柔性基层或半刚性基层与沥青面层共同

补强措施。

(3)沥青面层严重破损、基层局部病害的路面

铣刨处治全部沥青面层,对基层局部病害处理后,采取直接加铺沥青面层、柔性基层或半刚性基层与沥青面层共同补强措施。

(4)沥青路面整体破损严重的路面

铣刨处治沥青面层与基层,采取柔性基层或半刚性基层与沥青面层共同补强措施。

(5)二级及二级以下公路路面结构强度指数(PSSI)小于70、沥青面层厚度小于40mm且老化破损严重的路面

采取水硬性结合料类全深式再生作为基层,直接加铺沥青面层、柔性基层与沥青面层或半刚性基层与沥青面层共同补强措施;也可采取沥青类全深式再生作为柔性基层,直接加铺沥青面层,或柔性基层与沥青面层共同补强措施。

病害铣刨处治与加铺结构性补强重铺前应对下承层病害与结构强度状况进行详细调查,对于铣刨处治部分沥青面层的,应在铣刨处治前详细调查与标记病害位置,铣刨处治后清理干净下承层表面,并进行相应的病害处治。

3.路面结构补强设计

结构补强前需对路面进行下列调查与分析:

(1)收集原路面及其排水设施的设计、施工及历史养护维修等技术资料;

(2)调查分析交通量、轴载组成和增长率等交通荷载参数;

(3)调查路面病害类型、严重程度、范围、数量的路面破损状况;

(4)采用落锤式动态弯沉仪等设备评价原路面结构承载能力;

(5)采用钻芯、探坑取样、路面雷达、切割等方式,调查分析原路面厚度、层间结合及病害程度等情况,并取样进行室内试验,测定试件模量、强度,分析路面材料组成与退化情况;

(6)对因路基问题导致路面损坏的路段,取样调查路基土质类型、含水率、CBR值,分析路基稳定性与承载力;

(7)调查沿线气候条件、地下水位及路基路面排水状况;

(8)调查沿线跨线桥、隧道净空要求及其他影响路面改建设计的因素。

在充分调查上述情况后,按照路面状况与破损程度等情况确定直接加铺还是铣刨加铺,并确定详细的处理方案,加铺层的材料和技术要求需满足现行《公路沥青路面设计规范》(JDG D50)。设计使用年限的相关参数需进行调查与分析,并确定交通荷载等级。

根据路面破损程度不同选择不同方式进行结构验算。破损不严重且结构性能较好时,需对加铺层与原路面结构层进行验算,加铺层参数按新建路面结构确定,原路面结构层简化为沥青结合料类材料层、无机结合料稳定层或粒料层和路基三层体系,利用弯沉盆反演或芯样实测的方法确定各层结构模量。无机结合料稳定层弯拉强度根据现场取芯实测的无侧限抗压强度按公式(4-1)计算:

$$R_S = 0.21 R_C \tag{4-1}$$

式中:R_S——无机结合料稳定类材料试件的弯拉强度(MPa);

R_C——无机结合料稳定类材料试件的无侧限抗压强度(MPa)。

原路面破损严重时,对加铺层进行验算,加铺层参数按新建路面结构确定,原路面不再验算,其顶面当量回弹模量按式(4-2)计算:

$$E_d = \frac{176pr}{l_0} \quad (4\text{-}2)$$

式中：E_d——原路面结构顶面当量回弹模量（MPa）；
p——落锤式弯沉仪承载板施加荷载（MPa）；
r——落锤式弯沉仪承载板半径（mm）；
l_0——落锤式弯沉仪承载板中心点弯沉值（0.01mm）。

确定原材料与加铺层结构参数后，检验加铺层材料的 CBR 值，无机结合料稳定类材料的无侧限抗压强度，沥青低温性能要求，沥青混合料的低温破坏应变、动稳定度、贯入强度和水稳定性等。按照所在地区气温资料，确定各设计指标相应的温度调整系数或等效温度。采用多层弹性体系理论程序计算各设计指标的力学响应量，并进行路面结构验算，验算结果不满足时需重新调整改建方案，直至符合为止。对通过结构验算的路面结构进行技术经济分析，选定路面改建方案，最后计算改建路面结构的路表验收弯沉值。改建路面结构验算按图 4-21 所示流程进行。

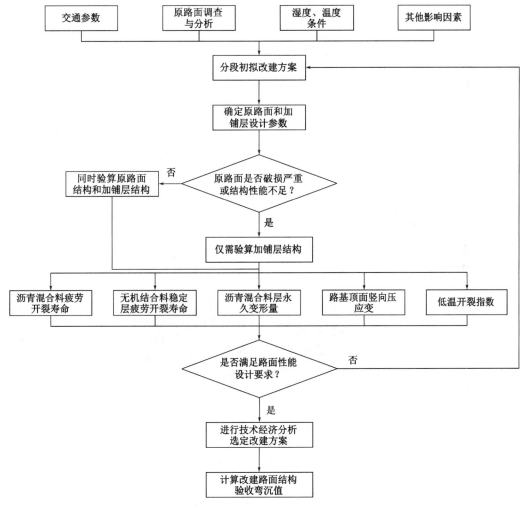

图 4-21　改建路面结构验算流程图

4.3 沥青路面再生利用

沥青路面是公路路面的主要形式,在养护和改扩建施工时产生大量废旧材料,如果将这些旧料废弃,将占用大量存储空间、污染环境、造成大量石料和沥青的浪费。将这些旧料再生利用,是实现公路交通可持续发展的重要途径和迫切要求。《"十四五"公路养护管理发展纲要》要求到 2025 年,高速公路、普通国省道沥青路面材料循环利用率分别达到 95%、80%以上。因此,本节将主要介绍沥青路面再生利用的概念、沥青路面再生利用的种类以及沥青路面再生技术。

4.3.1 沥青路面再生概述

1. 沥青路面再生概念

沥青路面再生(Asphalt Pavement Recycling)是指采用沥青路面再生设备,将一定比例的新集料、再生结合料、沥青再生剂等新材料与沥青混合料回收料 RAP(Reclaimed Asphalt Pavement)、无机回收料 RAI(Reclaimed Aggregate or Reclaimed Inorganic Binder Stabilized Aggregate)等沥青路面回收料进行拌和,并经摊铺、压实形成路面结构层的技术。

其中,沥青路面回收料 RMAP(Reclaimed Materials from Asphalt Pavement)是指采用铣刨、开挖等方式从沥青路面上获得的旧料(图 4-22),包括沥青混合料回收料(RAP)和无机回收料(RAI)。沥青混合料回收料(RAP)是指采用铣刨、开挖等方式从沥青路面上获得的旧沥青混合料。无机回收料(RAI)是指采用铣刨、开挖等方式从沥青路面上获得的旧无机结合料稳定粒料或旧无机结合料粒料。再生结合料(Binder for RMAP)是指新添加到再生混合料中起到主要胶结作用的材料,主要包括道路石油沥青、改性沥青、乳化沥青、泡沫沥青、水泥等。

a)　　　　　　　　　　　　　　　　b)

图 4-22　铣刨后堆积的旧料

沥青路面再生技术是将沥青路面旧料进行再生利用的技术的总称或统称,可以用于各等级公路建设和养护工程。沥青路面养护工程中铣刨产生的旧路面材料,应制定回收和利用方案,采用合适的技术对其进行循环利用。旧料再生利用时,A 公路铣刨下来的旧料不一定仍然用到 A 公路的养护工程中,A 公路采用的回收材料也不一定采用 A 公路产生的旧料。

2.沥青路面再生技术的发展历程

沥青路面再生技术可追溯到19世纪末至20世纪的初期。1898年出现了第一个关于热拌沥青混合料再生技术的专利。1915年,美国的Warren Brothers公司生产的移动式搅拌设备可加热和再生现有沥青路面铣刨下的薄片。1973年,石油危机爆发以后,可用于交通运输设施的建设资金减少,旧沥青路面材料再生利用作为解决上述问题和困难的一个重要对策措施在全世界范围内得到广泛的研究和应用。

(1)再生技术在美国的发展

1974年,美国开始研究沥青路面材料再生技术,并且迅速在全国推广应用。1977年,美国全国沥青路面协会(NAPA)成立了"沥青再生委员会",出版了第一本系统论述沥青路面再生技术的报告。随后,美国交通运输研究委员会(TRB)、美国沥青协会(AI)等相继编制出版了《路面废料再生指南》《沥青路面热拌再生技术手册》《沥青路面冷拌再生技术手册》等指导文件,这表明美国的沥青路面再生技术已经达到相当成熟的地步。据美国联邦公路管理局(FHWA)的统计,美国再生沥青混凝土从1980年的200万吨猛增到1985年的近2亿吨,约为全部路用沥青混合料的一半。现在,美国再生沥青路面材料的应用已经非常普遍。

(2)再生技术在日本的发展

日本从1976年开始进行沥青路面材料再生技术的研究。1980年,厂拌再生的热拌混合料累计已达50万吨,路面废料再生利用的数量已经超过50%。1984年7月,日本道路协会出版了《路面废料再生利用技术指南》,并且就有关厂拌再生技术编制成了手册。

(3)再生技术在欧洲的发展

欧洲一些国家对路面材料再生技术的研究开展相对较晚。20世纪70年代中期,德国、荷兰、芬兰等国家相继进行了小规模试验。相比之下,德国再生技术研究的发展速度较快,它首先将厂拌再生料应用于高速公路路面养护,到1978年已实现废旧沥青路面材料的全部再生利用,并于1981年出版了《热拌再生沥青混凝土施工规范》。

(4)再生技术在中国的发展

我国沥青路面再生技术起步于20世纪60年代初期。70年代,一些养护部门就已开始了废弃沥青混凝土路面材料再生利用的尝试。1983年,建设部下达了"废旧沥青混合料再生利用"的研究项目,并在1991年发布了《热拌再生沥青混合料路面施工及验收规程》(CJJ 43-1991)。自20世纪80年代中后期到90年代,我国高等级公路的建设工作飞速发展,高性能沥青材料、新型路面结构以及沥青路面的耐久性成为了道路工作者关注的焦点,废旧沥青混合料再生利用技术被暂时搁置。进入21世纪后,北京、上海、吉林、江苏、河北等省市都相继引进了大型的沥青路面就地热再生设备,开展了就地热再生相关技术的研究工作。为进一步规范沥青路面再生应用技术,交通部下达了《公路沥青路面再生技术规范》的编写任务(交公路发〔2006〕439号),并于2008年4月发布了《公路沥青路面再生技术规范》(JTG F41—2008),2019年8月发布了该规范的修订版本JTG/T 5521—2019。

2012年9月,交通运输部下发《关于加快推进公路路面材料循环利用工作的指导意见》(交公路发〔2012〕489号),明确了路面材料循环利用的工作目标和主要任务:到"十二五"末,路面旧料回收率(含回收和就地利用)达到95%以上,循环利用率(含回收后再利用和就地利用)达到50%以上。2016年6月,交通运输部下发《"十三五"公路养护管理发展纲要》(交公路发〔2016〕96号),争取到2020年,高速公路、普通国省道废旧路面材料回收率分别达到

100%、98%,循环利用率分别达到95%、80%以上。2021年10月,交通运输部印发《绿色交通"十四五"发展规划》(交规划发〔2021〕104号),在全国各级公路改扩建和修复养护工程中,积极应用路面材料循环再生技术,高速公路、普通国省干线公路废旧沥青路面材料循环利用率分别达到95%和80%以上。加强高速公路、普通干线公路大中修和改建工程的路面旧料的集中回收和统筹利用,同时大力推广路面材料的循环利用技术,综合考虑各方面因素,确保高价值的路面旧料得以科学高效的循环利用已成为当前工作的重中之重。

此外,沥青路面上面层80%以上使用改性沥青,中面层中也有30%以上使用改性沥青,改性沥青路面的再生引起了道路工作者的关注。但相关的再生技术研究并不成熟,特别是对其老化机理和再生机理等方面的理解还不够深入,未能形成系统的针对改性沥青的再生技术,因此现阶段针对改性沥青的再生主要是再生剂或者新沥青对改性沥青中基质沥青的再生,并不能恢复改性剂改性能力。

3.沥青再生机理

新沥青路面铺筑后,在行车荷载和自然因素(热、氧、光等)的作用下,其路用性能逐渐下降,沥青逐渐老化,路面失去柔性,变得脆硬,各种损坏相继出现。沥青老化过程中,物理硬化、轻质组分挥发及氧化改变沥青的物理化学性质,将回收沥青的物理化学性质和新沥青材料相比较,发现回收沥青的油分减少、胶质和沥青质增加,黏度增大、针入度降低、软化点上升、延度降低。

在役路面沥青老化不可避免,通过采取适当的技术措施,老化沥青的性质可以部分甚至完全恢复至老化前的状态,即老化沥青的再生。沥青再生是沥青老化的逆过程,就是在回收沥青中加入某种组分再生剂或适当黏度的沥青材料进行调配,用于改善老化沥青的路用性能,使调配后的再生沥青具有适合的黏度和所需路用性能。所以再生沥青实际是由回收沥青与沥青再生剂、新沥青(需要时),经过调配混合而成的一种调和沥青。沥青再生过程中,再生剂通过补充老化过程中损失的油分软化沥青、降低沥青黏度,同时调节老化沥青的组分比例(组分调节理论)和减小沥青各组分溶解度参数差(相容理论)来恢复沥青的路用性能;此外,部分再生剂也可以通过溶解和稀释作用减小老化沥青中沥青质聚集并恢复老化沥青的胶体结构稳定性(图4-23)。常用的沥青再生剂有高标号沥青、润滑油、植物油、废食用油、抽出油和生物油等,按照与沥青间的配伍性可分为溶解性软化剂、相容剂和不溶性软化剂,第一类再生剂与沥青中极性较小的芳香分相容性最好,第二类再生剂与沥青各组分的相容性均较好,第三类再生剂与沥青各组分的相容性较差,主要通过软化沥青来达到再生的目的。

图4-23 沥青老化再生机理

4.沥青路面再生技术分类

根据再生的地点和温度,可以将沥青路面再生分为厂拌热再生、就地热再生、厂拌冷再生、就地冷再生和全深式冷再生5类技术。其中,《公路沥青路面再生技术规范》(JTG F41—2008)中,将沥青层就地冷再生和全深式就地冷再生统称为就地冷再生;《公路沥青路面再生技术规范》(JTG/T 5521—2019)中,将采用水泥稳定的工艺对部分含有或全部含有非沥青的材料进行再生的全深式冷再生作为一种单独的再生方式,而就地冷再生则仅指对沥青面层进行的再生。

(1)厂拌热再生(Hot Central Plant Recycling)是指将沥青混合料回收料(RAP)运至沥青拌和厂(场、站),经必要的破碎、筛分,以一定的比例与新集料、新沥青、沥青再生剂(必要时)等拌制成热拌再生混合料铺筑路面的技术。

(2)就地热再生(Hot In-place Recycling)是指采用专用的就地热再生设备,对沥青路面进行加热、翻松,就地掺入一定数量的新沥青混合料、新沥青、再生剂等,经热态拌和、摊铺、碾压等工序,一次性实现对路表一定深度范围内的旧沥青路面面层再生的技术。

(3)厂拌冷再生(Cold Central Plant Recycling)是指在拌和厂将沥青混合料回收料(RAP)或者无机回收料(RAI)破碎、筛分后,以一定的比例与新矿料、再生结合料、水等在常温下拌和为混合料,然后铺筑形成沥青路面结构层的技术。

(4)就地冷再生(Cold In-place Recycling)是指采用就地冷再生设备,对沥青路面进行现场冷铣刨,破碎和筛分(必要时),掺入一定数量的新集料、再生结合料、活性填料、水,经过常温拌和、摊铺、碾压等工序,一次性实现旧沥青路面再生的技术。

(5)全深式冷再生(Full Depth Reclamation)是指采用专用设备对沥青层及部分下承层进行就地翻松,或是将沥青层部分或全部铣刨移除后对部分下承层进行就地翻松,同时掺入一定数量的新矿料、再生结合料、水等,经过常温拌和、摊铺、压实等工序,实现旧沥青路面再生的技术。

5类再生方式的主要差别见表4-55。

各种再生方式的主要差别 表4-55

再生方式	拌和场所		拌和温度			再生涉及层位			结合料类型		
	路面现场	拌和厂	加热	常温		沥青层	非沥青层	沥青层+非沥青层	沥青、再生剂	乳化沥青或泡沫沥青	无机结合料
厂拌热再生		√	√			√			√		
就地热再生	√		√			√			√		
厂拌冷再生		√		√		√		√		√	√
就地冷再生	√			√		√				√	
全深式冷再生	√			√		√	√	√		√	√

注:使用乳化沥青或泡沫沥青作为结合料时,可同时添加水泥等无机结合料。

4.3.2 再生方式选择与再生沥青路面结构设计

进行沥青路面养护设计时,需要在对原路面的状况进行调查和评价的基础上,采取合适的再生方式,并进行再生沥青路面的结构组合与结构厚度设计。

1.原路面调查及评价

沥青路面再生工程实施前,应对原路面历史信息、原路面技术状况、交通量、工程经济等方面的内容进行调查和综合分析,为再生设计(再生方式的选择、再生混合料设计、再生工艺的确定等)提供依据。

(1)拟再生路段资料收集

①基础数据:包括公路等级、设计标准、原路面结构和材料类型、几何线形等;

②建设条件数据:包括气候条件、地形地貌、水文地质条件等;

③交通状况信息:包括历年交通量、轴载组成情况等;

④养护管理数据:包括养护历史、近5年的路况检测数据等;

⑤价格参数:包括工程材料单价、人工费、机械设备费等。

(2)原路面技术状况调查和检测

根据工程实际需要对原路面技术状况进行调查和检测,并计算路面损坏状况指数(PCI)、路面结构强度指数(PSSI)、路面车辙深度指数(RDI)等。

①路面表面损坏状况:包括各种路面损坏的位置、形态、数量、严重程度等;

②路面内部结构状况:包括结构损坏类型、病害层位、病害严重程度、层间黏结状况、结构层材料性能指标等,可通过探坑开挖、钻芯取样等方式进行检查;

③路基顶面当量回弹模量;

④路基路面排水状况:包括路表排水设施状况、结构内部排水状况、地下排水状况等,可通过人工调查、渗水仪检测等方法检查。

(3)原路面材料性能评价

依据历史信息分析和路面评价的结果,将工程分为具有使用材料相近或使用性能相近的路段,通过钻芯或锯块取样开展室内试验分析,以确定毛体积密度、现场含水率、沥青用量、集料性能、回收沥青性能、最大理论密度以及现场空隙率等。

(4)交通评价

进行交通调查与评价,为再生路面结构设计、材料设计及施工期间的交通组织设计提供依据。调查的主要内容应包括:交通量的大小及其组成、轴载谱、车道系数等。

2.再生方式的选择

我国《公路沥青路面养护技术规范》(JTG 5142—2019)中按照封层、功能性罩面、结构性补强对养护技术进行了归类,《公路沥青路面养护设计规范》(JTG 5421—2019)中,按照预防养护、修复养护、专项养护、应急养护进行养护设计。为了便于在养护设计中正确使用沥青路面的5类再生技术,按照下述方法对再生技术进行归类。

(1)就地热再生是对原路面的表面层单层或表面层和中面层(不一定全厚度)双层进行就地热再生,形成新的再生表面层,用以消除原路面的表面或内部病害。也可以根据需要,在再生表面层上再进行薄层罩面的加铺再生工艺,用以全面恢复路面的路用性能。也可以通过添加新集料、新沥青来改善原有路面级配的复拌再生工艺,用以提高再生表面层的路用性能;从修复效果来看,这些再生方式均相当于功能性修复。

(2)厂拌热再生应用层位可以是沥青面层或柔性基层。因此,当养护路段采用厂拌热再生技术时,其性质相当于铣刨后的路面进行重铺或加铺,可用作功能性修复或结构性修复。

(3)就地冷再生是对原沥青面层进行就地冷再生,用作中面层、下面层和基层时,其性质相当于铣刨后的加铺层,可用作结构性修复。

（4）厂拌冷再生技术采用的 RAP 料也不一定来源于养护路段,其应用的层位可以是高速公路、一级公路的基层,二级公路的中面层、下面层、基层,三级、四级公路的所有结构层,其性质相当于铣刨后的加铺层,可用作结构性修复。

（5）全深式冷再生是对沥青面层、部分或全部基层进行再生,其性质相当于结构性修复。

进行路面养护设计时,当路面满足再生要求时,沥青路面再生方式的选择可按表 4-56 中的规定进行。三级、四级公路面层采用冷再生作为上面层时,应采用稀浆封层、碎石封层、微表处等做上封层。

各再生方式的适用范围 表 4-56

公路等级	再生层的结构层位				
	表面层	中面层	下面层	基层	底基层
高速公路、一级公路	宜使用:就地热再生;可使用:厂拌热再生	宜使用:厂拌热再生、就地热再生;可使用:乳化沥青及泡沫沥青厂拌冷再生	宜使用:厂拌热再生、就地热再生;可使用:就地冷再生、乳化沥青及泡沫沥青厂拌冷再生、全深式冷再生	宜使用:厂拌热再生、乳化沥青及泡沫沥青厂拌冷再生、就地冷再生、全深式冷再生;可使用:无机结合料厂拌冷再生	宜使用:无机结合料厂拌冷再生、全深式冷再生
二级公路	宜使用:就地热再生;可使用:厂拌热再生	宜使用:厂拌热再生、就地热再生、乳化沥青及泡沫沥青厂拌冷再生;可使用:就地冷再生、全深式冷再生	宜使用:厂拌热再生、就地热再生、乳化沥青及泡沫沥青厂拌冷再生;可使用:就地冷再生、全深式冷再生	宜使用:厂拌热再生、乳化沥青及泡沫沥青厂拌冷再生、无机结合料厂拌冷再生、就地冷再生、全深式冷再生	宜使用:全深式冷再生
三级、四级公路	宜使用:厂拌热再生、乳化沥青及泡沫沥青厂拌冷再生、就地冷再生	宜使用:厂拌热再生、乳化沥青及泡沫沥青厂拌冷再生、就地冷再生、全深式冷再生	宜使用:厂拌热再生、乳化沥青及泡沫沥青厂拌冷再生、就地冷再生、全深式冷再生	宜使用:乳化沥青及泡沫沥青厂拌冷再生、无机结合料厂拌冷再生、就地冷再生、全深式冷再生	宜使用:乳化沥青及泡沫沥青厂拌冷再生、无机结合料厂拌冷再生、就地冷再生、全深式冷再生

3.材料要求

沥青路面再生过程中需要使用新集料、新沥青、沥青再生剂、再生结合料、活性填料等,各材料的要求如下:

（1）沥青

再生混合料使用的道路石油沥青、改性沥青,乳化沥青、泡沫沥青生产所用的道路石油沥青应符合现行《公路沥青路面施工技术规范》(JTG F40)的有关规定。

（2）乳化沥青

厂拌冷再生宜采用慢裂型阳离子乳化沥青;就地冷再生、全深式冷再生宜采用中裂型或慢裂型阳离子乳化沥青,技术要求应满足现行《公路沥青路面再生技术规范》(JTG/T 5521)的有关规定。

（3）泡沫沥青

泡沫沥青技术要求应满足现行《公路沥青路面再生技术规范》(JTG/T 5521)的有关规定。不满足要求时,应通过调整发泡温度、发泡水量、发泡气压等改善泡沫沥青膨胀率和半衰期指标,也可在不影响沥青和混合料性能的前提下添加发泡助剂,直至泡沫沥青性能满足要求。

(4)沥青再生剂

应根据沥青混合料回收料(RAP)中沥青老化程度、沥青用量、RAP掺配比例、再生剂与沥青的配伍性、再生沥青的耐老化性能等,经试验确定适宜的再生剂,再生剂技术要求应满足现行《公路沥青路面再生技术规范》(JTG/T 5521)的有关规定。

(5)集料

粗、细集料质量应符合现行《公路沥青路面施工技术规范》(JTG F40)的有关规定。采用热再生工艺时,当RAP中集料质量不符合现行《公路沥青路面施工技术规范》(JTG F40)的有关规定,应通过调整RAP掺配比例使新旧集料混合后的集料质量符合有关规定。

(6)水泥、石灰、矿粉

水泥作为再生结合料或者活性添加剂时,可采用普通硅酸盐水泥、矿渣硅酸盐水泥等,不应使用快硬水泥、早强水泥。水泥强度等级宜为32.5或42.5,其技术指标应符合相应国标的有关要求;石灰的技术指标应符合现行《公路路面基层施工技术细则》(JTG/T F20)的有关规定;矿粉的技术指标应符合现行《公路沥青路面施工技术规范》(JTG F40)的有关规定。

4.3.3 厂拌热再生

厂拌热再生是一种实用、灵活、简便而又能保证质量的沥青路面再生技术。沥青层的重铺可以像新建路面施工一样,分别按下面层、中面层、上面层(磨耗层)的不同技术要求进行配合比设计,确定沥青混合料回收料的添加比例。该技术的基本理念是在不影响混合料性能的前提下使用一定比例的RAP。厂拌热再生沥青混合料以RAP沥青占混合料总沥青用量的质量百分比是否大于25%为标准,分为高RAP掺量的厂拌热再生沥青混合料和低RAP掺量的厂拌热再生沥青混合料。

1.厂拌热再生的优点

厂拌热再生技术具有如下优点:

(1)将沥青混合料回收料(RAP)直接回收处理后重新铺筑新沥青路面,对于发生各种损坏的沥青路面均适用。

(2)采用集中厂拌法生产,新沥青混合料的质量可以得到较好的保证。

(3)重新摊铺路面,可以保证路面的各项性能,如平整度、抗滑性等。

2.厂拌热再生的适用性

对于厂拌热再生的适用性,主要从其应用的层位、掺配率和RAP的老化程度三个方面介绍。

(1)层位的适用性

厂拌热再生适用于各等级公路产生的沥青混合料回收料(RAP)的热拌再生利用。厂拌热再生混合料根据其实际性能和工程需要,可用于各等级公路沥青路面面层、柔性基层。目前,已经成功地将厂拌热再生混合料用于沥青路面的中、下面层。现行《公路沥青路面再生技术规范》(JTG/T 5521)允许将厂拌热再生沥青混合料用于沥青路面的表面层。

(2)RAP的掺配率

厂拌热再生技术的宗旨是尽量不影响热拌沥青混合料的性能,因此,RAP的掺配率不宜过高。其影响因素包括RAP的性质、新沥青的性质、生产设备性能、再生混合料的用途和性能要求。

在我国,当厂拌热再生沥青混合料用于面层时,若RAP掺配率超过30%时,需要专门论证确定。

(3) RAP的老化程度

为了实现沥青再生,需要新、旧沥青之间以及旧沥青与再生剂之间的融合。旧沥青再生就是根据生产调和沥青的原理,在沥青混合料中添加低黏度的软沥青或再生剂,使调配后的再生沥青具有适合的黏度,并满足相应的路用性能。

RAP中沥青的针入度越高,进行厂拌热再生的价值越大,得到的再生混合料的性能指标更容易满足要求。当RAP中旧沥青含量很低、沥青老化严重时,新、旧沥青性质相差悬殊,很难相容,此时可以把RAP当作集料使用,而不考虑旧沥青的利用价值。

3. 厂拌热再生混合料的配合比设计

厂拌热再生沥青混合料配合比设计包括目标配合比设计、生产配合比设计、生产配合比验证三个阶段,确定RAP的掺配率、矿料级配、再生剂用量和最佳沥青用量。

厂拌热再生沥青混合料配合比设计一般采用马歇尔设计方法进行,目标配合比设计按照图4-24所示的流程进行。

图4-24 厂拌热再生混合料配合比设计流程图

(1)确定工程设计级配范围

根据公路等级、气候条件、交通特点,充分借鉴成功经验,确定工程设计级配范围。

(2)确定沥青混合料回收料(RAP)掺配率

根据沥青混合料回收料(RAP)特性,以及工程的实际情况、沥青混合料类型、拌和设备类型与加热干燥能力,确定RAP的掺配率。

RAP的最终掺配率应通过试验确定。首先,根据再生沥青混合料的级配范围要求,将RAP作为级配设计的一种矿料,与新集料混合在一起,进行矿料级配设计和检验,再通过马歇尔试验和其他路用性能试验,检验再生沥青混合料的性能,合格后才能确定最终掺配率。

(3)确定再生沥青标号和再生剂用量

再生沥青目标标号应根据公路等级、沥青混合料使用的层位、工程的气候条件、交通量、设计车速等条件,选取与当地同等条件道路相一致的沥青标号作为再生沥青目标标号。沥青混合料回收料(RAP)掺配率较大时,也可以根据实际情况,将沥青目标标号适当降低一个等级。再生沥青混合料新沥青选择可参考表4-57中建议的新沥青等级。

再生沥青混合料新沥青选择 表4-57

回收沥青等级	RAP含量(%)	建议的新沥青等级
$P \geq 30$	$R < 20$	沥青选择不需要变化
$20 \leq P < 30$	$R < 15$	
$10 \leq P < 20$	$R < 10$	
$P \geq 30$	$20 \leq R < 30$	选择新沥青标号比正常高半个等级,即针入度10(0.1mm)
$20 \leq P < 30$	$15 \leq R < 25$	
$10 \leq P < 20$	$10 \leq R < 15$	
$P \geq 30$	$R \geq 30$	根据新旧沥青混合调和法则确定
$20 \leq P < 30$	$R \geq 25$	
$10 \leq P < 20$	$R \geq 15$	

注:P-回收沥青25℃的针入度(0.1mm);R-再生混合料中的RAP含量。

再生剂用量应通过试验确定。是否使用再生剂应根据旧沥青的性能而定,若回收的旧沥青老化不严重,可不使用再生剂。一般情况下,旧沥青的针入度小于40时应当使用再生剂。

无再生剂用量经验时,可通过两种材料混合的黏度关系公式(4-3),初步确定再生剂的用量。

$$\lg\eta_{\text{mix}} = (1-x)\lg\eta_{\text{old}} + x\lg\eta_{\text{new}} \qquad (4-3)$$

式中:η_{mix}——混合后沥青的60℃黏度(Pa·s);

η_{old}——混合前旧沥青的60℃黏度(Pa·s);

η_{new}——混合前再生剂或新沥青(新沥青作为再生剂)的60℃黏度(Pa·s);

x——新沥青的掺加比例,$x = P_{\text{nb}}/P_{\text{b}}$,以小数计;

P_{nb}——新沥青用量(%);

P_{b}——再生沥青混合料的总沥青用量(%)。

试验中用不同的再生剂用量(用量间距2%)与旧沥青混合得到调和沥青,进行沥青三大指标试验,评价再生效果,确定再生剂用量。

(4)估算新沥青用量 P_{nb} 及其占总沥青用量的比例

估计再生沥青混合料的沥青总用量。RAP 掺量不超过20%时,总沥青用量与没有掺加 RAP 的沥青混合料基本一致,可以根据工程材料特性、气候特点、交通量等条件,结合当地的工程经验进行估计,也可按美国沥青协会的经验公式(4-4)估计总沥青用量。

$$P_b = 0.035a + 0.045b + Kc + F \tag{4-4}$$

式中：P_b——估计的再生沥青混合料中的总沥青用量(%);

K——系数;当0.075mm 筛孔通过率为6%~10%时,$K=0.18$;当0.075mm 筛孔通过率等于或小于5%时,$K=0.20$;

a——2.36mm 筛孔以上集料的比例(%);

b——通过2.36mm 筛孔且留在0.075mm 筛孔上集料的比例(%);

c——通过0.075mm 筛孔矿料的比例(%);

F——常数,$F=0~2.0$,取决于集料的吸水率,缺乏资料时采用0.70。

按式(4-5)估算再生沥青混合料的新沥青用量,新沥青的准确用量还需要根据再生沥青混合料性能试验最终确定。

$$P_{nb} = P_b - P_{ob} \times \frac{R}{100} \tag{4-5}$$

式中：P_b——再生沥青混合料的总沥青用量(%);

P_{ob}——RAP 中的沥青含量(%);

R——RAP 掺配率(%)。

不同档的沥青混合料回收料(RAP),其沥青用量需要分别计算再相加。

(5)矿料级配设计

不同档 RAP 中的矿料分别作为再生沥青混合料中矿料的一种进行矿料级配设计。

(6)确定最佳沥青用量

以估算的新沥青用量 P_{nb} 为中值,用 P_{nb}、$P_{nb}±0.5$、$P_{nb}±1.0$ 共5个沥青用量,按照现行《公路沥青路面施工技术规范》(JTG F40)的马歇尔试验方法确定最佳沥青用量。

再生沥青混合料马歇尔试件制备方法按以下步骤进行：

①将 RAP 置于烘箱中加热至120℃,加热时间不宜超过2h,避免 RAP 进一步老化;

②根据再生沥青(新沥青、老化沥青和再生剂)的黏温曲线或已有经验确定再生沥青混合料的拌和与成型温度,新集料加热温度宜高出拌和温度10~15℃;

③再生沥青混合料拌和时的投料顺序：在预热的拌和锅中先倒入沥青混合料回收料(RAP)并加入再生剂混拌均匀,然后加入粗细集料混拌均匀,再加入新沥青混拌均匀,最后加入矿粉拌和至均匀为止,总拌和时间约3min;

④将一个试样所需的混合料倒入预热的试模中,成型方法与热拌沥青混合料相同。

(7)确定沥青混合料回收料(RAP)矿料毛体积相对密度

采用溶剂法或者燃烧炉法回收 RAP 中的集料,然后实测其矿料毛体积相对密度。当 RAP 掺配比例低于25%时,也可按照式(4-6)、式(4-7)计算 RAP 矿料毛体积相对密度：

$$G_{se(RAP)} = \frac{100 - P_{b(RAP)}}{\dfrac{100}{G_{mm(RAP)}} - \dfrac{P_{b(RAP)}}{G_b}} \tag{4-6}$$

$$G_{sb(RAP)} = \frac{G_{se(RAP)}}{\dfrac{P_{ba} \times G_{se(RAP)}}{100 \times G_b} + 1} \tag{4-7}$$

式中：$G_{se(RAP)}$——沥青混合料回收料（RAP）中矿料有效相对密度；

G_b——估计的沥青相对密度；

$G_{mm(RAP)}$——沥青混合料回收料（RAP）理论最大相对密度；

$P_{b(RAP)}$——沥青混合料回收料（RAP）沥青含量（%）；

$G_{sb(RAP)}$——沥青混合料回收料（RAP）矿料毛体积相对密度；

P_{ba}——吸收沥青含量（%），根据相同原材料的沥青混合料历史记录估计。

（8）配合比设计检验

按照现行《公路沥青路面施工技术规范》（JTG F40）热拌沥青混合料配合比设计方法的有关规定进行配合比设计检验。

4. 厂拌热再生拌和设备

厂拌热再生所用的机械设备与热拌沥青混合料路面摊铺施工所用的设备有很多类似之处，只是在拌和方面有所不同，所以这里重点介绍拌和设备。厂拌热再生拌和设备可以分为连续式和间歇式两种，且在使用 RAP 上有较大不同。

（1）连续式拌和设备

厂拌热再生材料同样可以在连续式拌和设备上生产，但是，用于厂拌热再生的连续式拌和设备与拌制普通沥青混凝土的连续式拌和设备存在一定的差异。典型的连续式厂拌热再生生产设备主要有串联式和双滚筒式。

串联式厂拌热再生生产设备由两个滚筒串联组成，第一个滚筒起干燥筒的作用，被充分加热。第二个滚筒起预热 RAP 的作用，RAP 在里面顺流被加热，并与新料拌和，见图4-25。由于串联式设备中仅有一个火源，为了避免 RAP 接近火源导致旧沥青被烤焦或引起安全事故，RAP 从中间加热到连续式加热拌和滚筒后，是向着远离火源的方向运动。因此，在串联式设备中采取了顺流式加热方式，不同于普通集料烘干筒中的逆流式加热方式，其加热效率明显降低。

图4-25 串联式厂拌热再生生产设备

双滚筒式厂拌热再生生产设备是在加长烘干筒的外壁装上搅拌叶片，再固定上一个 RAP 加热、再生、拌和的外套筒，见图4-26。燃烧器安装在内筒一端，用来直接加热新集料，新集料在内烘干筒全长加热（逆流加热，升温至 200~300℃）后流入外套筒，与外套筒进料端加入的 RAP 混合。RAP 利用加热的新集料及内滚筒外壁间接加热，并强制搅拌。大约在外套筒中部搅拌均匀后（RAP 温度已经达到 150~160℃），依次加入再生剂、新沥青继续搅拌，稍后加入矿粉充分搅拌,形成再生沥青混合料,从外套筒的出料端排出。该再生设备的 RAP 掺配率可达 50% 左右。

图 4-26 双滚筒式厂拌热再生生产设备

双滚筒拌和设备再生过程中,RAP 和新沥青在外套筒加入,完全与火焰隔开,不会因温度过高而老化。沥青蒸汽进入除尘器之前先经过燃烧室二次燃烧,避免了二次污染。但是,该设备对材料组分的计量控制相对间歇式要差一些,并且对生产的连续性、批量性要求较高。

(2) 间歇式拌和设备

我国沥青混合料拌和厂采用的基本都是间歇式拌和机。在间歇式沥青混凝土拌和设备的基础上进行热再生工艺改造,增加 RAP 的计量系统、加热系统、传送系统。此外,由于 RAP 材料与新集料拌和会产生大量的烟雾,在干燥筒、热集料提升机和筛分塔易造成积料现象,需要根据厂拌热再生的工艺特点对拌和设备进行适应性改造。间歇式厂拌热再生生产工艺与传统的沥青混合料生产工艺较为接近,根据是否对 RAP 加热,分为以下两种:

一种为直接使用冷的 RAP,即将冷的 RAP 直接加到拌和锅中,通过与较高温度的新集料拌和加热 RAP。这种方法避免了 RAP 加热后对烘干筒、热量提升机和振动筛的烟尘污染及填堵问题。但因为 RAP 受热热源不足,一些再生沥青混合料会在筛分和计量的过程中凝结或跑掉,故 RAP 掺配率也不高。因此,目前实际使用情况较少。

另一种为增设 RAP 加热烘干筒,通过对 RAP 单独筛分、加热和计量,再和新料一起加入搅拌锅内拌和;由于 RAP 已经加热,所以可以有效地提高 RAP 的掺配率,这是目前最常用的厂拌热再生方式。根据 RAP 加热筒的位置,又可分为热料提升式和冷料提升式两种生产工艺。

热料提升工艺是先将 RAP 通过 RAP 加热筒进行加热,然后通过垂直提升机将加热后的 RAP 提升到沥青搅拌锅中与新料进行拌和。这种工艺方便对原有的间歇式拌和楼进行改造,通过外接 RAP 加热筒,就可使其具备生产再生混合料的能力。但是,由于 RAP 加热后,颗粒间的黏度较大,在垂直提升过程中容易黏连,影响生产工艺的连续性和 RAP 计量的准确性,不宜大面积推广。

冷料提升式是将 RAP 加热筒安装在拌和楼加热仓的上部,将冷的 RAP 通过垂直提升机提升至 RAP 加热筒,加热后的 RAP,依靠重力下落至搅拌锅与新料拌和,从而有效降低了加热后的 RAP 黏连的可能性,这是目前主要的厂拌热再生生产工艺。

其典型设备见图 4-27,其中图 4-27a)为配套间歇式沥青混凝土拌和系统(简称 A 系统),图 4-27b)为再生机系统(简称 B 系统),图 4-27c)为改造后的间歇式拌和机。图 4-28 为间歇式拌和系统的实体图。

a)配套间歇式沥青混凝土拌和系统(简称A系统)

b)再生机系统(简称B系统)

c)改造后的间歇式拌和机(其中深色的是A系统、白色的是B系统)

图 4-27 间歇式拌和设备

1-沥青系统;2-矿粉供给系统;3-拌和站主机部分;4、12-加热筒;5、10-传送带;6、9-冷料供给系统;7-除尘系统;8-1 与 8-2 对接;11-再生料提升机;13-排风、引风系统;14-再生热料仓;15-再生料秤;16-再生料传送器;17-再生料添加系统;18-燃烧器

图 4-28 间歇式搅拌机

5.厂拌热再生施工

(1)RAP 回收、预处理和堆放

在沥青混合料回收料(RAP)回收阶段,需要对不同路况路段分段铣刨,施工过程中铣刨速度、铣刨深度等工艺参数应保持稳定,同时注意记录不同的 RAP 材料的信息。取 RAP 时不得混入杂物,在使用前进行破碎、筛分等预处理,对不同料源、品种、规格的 RAP 应该分开进行预处理,对于粒径超过 26.5mm、聚团的 RAP 应该使用破碎机进行破碎,根据再生混合料的最大公称粒径合理选择筛网尺寸,将破碎后的 RAP 筛分成不少于 2 档。预处理后 RAP 不宜长期存放,应避免离析、结团。

(2)拌和

再生混合料的拌和时间应根据具体情况经试拌确定,拌和的混合料应均匀、无花白料。干拌时间宜比普通热拌沥青混合料延长 5~10s,总拌和时间宜比普通热拌沥青混合料延长 10~30s。各阶段拌和时间应该在表 4-58 规定的范围内。

厂拌热再生沥青混合料拌和时间 表 4-58

项目	RAP	再生剂	新集料	新沥青	矿粉
拌和时间(s)	10~15	10~15	15~20		20~25
总拌和时间(s)	55~75				

厂拌热再生沥青混合料的生产温度以不加剧 RAP 的再老化、提高生产能力、降低能耗并生产出均匀稳定的沥青混合料为原则,拌和时应适当提高新集料的加热温度,但最高不宜超过 200℃;RAP 加热温度宜控制在 110~140℃ 范围内;再生混合料出料、摊铺、压实温度应比相应类型的热拌沥青混合料高 5~10℃。

(3)施工质量控制

施工前应该按批次对预处理后的 RAP、沥青再生剂进行检验;施工过程中对预处理后的 RAP 的质量检验应符合表 4-59 的规定。

厂拌热再生施工过程中预处理后的 RAP 检验频度与质量要求　　　　表 4-59

检验项目		检验频率	质量要求或允许偏差		试验方法
			高速公路、一级公路	其他等级公路	
RAP 含水率(%)		每个工作日 1 次	≤3	≤3	JTG/T 5521—2019
RAP 中集料毛体积相对密度		1 次/5000t RAP	实测	实测	T 0722、T 0304、T 0330
RAP 中矿料级配	0.075mm 通过率(%)	1 次/2000t RAP	±3	±4	T 0722、T 0302、T 0327
	0.075mm 以上筛孔通过百分率(%)	1 次/2000t RAP	±8	±10	
RAP 中沥青	用量(%)	1 次/2000t RAP	±0.5	±0.6	T 0722 或 T 0735
	25℃ 针入度(0.1mm)	1 次/5000t RAP	±6	±8	T 0722、T 0726、T 0604

4.3.4　就地热再生

就地热再生施工简便，广泛应用于路面养护，可完全利用旧路面材料，对环境影响小，施工速度快，且对交通的干扰小，节省运输成本。

4.3.4.1　就地热再生技术分类

按照施工工艺的不同，就地热再生可分为复拌再生(Remixing)和加铺再生(Repaving)2 类。

(1)复拌再生：将旧沥青路面进行加热、翻松，就地掺入一定数量的再生剂、新沥青(需要时)、一般不超过 30% 的新沥青混合料，经热态拌和、摊铺、压实成形。该技术可以有效处治 50mm 深度以内的路面病害，有效地改善旧沥青混合料的级配及沥青的老化状况，消除路面的车辙病害，主要适用于 40～60mm 的面层再生。但是，由于不同路段沥青路面的老化程度不同，采用该技术再生后的路面性能并不均匀；由于新添加的沥青混合料的比例一般控制在 30% 以内，再生后的路面高程变化不大；复拌再生可以改善旧沥青混合料的矿料级配，但幅度有限。其工艺流程、复拌再生后路面横断面情况分别见图 4-29、图 4-30。复拌再生施工现场如图 4-31 所示。

图 4-29　就地热再生工艺流程图(复拌再生)

图 4-30　就地热再生后路面横断面情况(复拌再生)

图 4-31　复拌再生施工现场

（2）加铺再生:将原沥青路面加热、翻松,就地掺加一定数量的沥青再生剂、新沥青(需要时),拌和形成再生沥青混合料,利用再生复拌机的第一熨平板摊铺再生沥青混合料,利用再生复拌机的第二熨平板同时将新沥青混合料摊铺于再生混合料之上,两层一起压实成形。该技术可以恢复路面的抗滑性能、修整车辙、改善道路横坡,且能有效处治松散、坑槽、裂缝等病害,主要适用于 40～60mm 的面层再生。由于铺设了新的沥青混合料加铺层,路面高程将增加。加铺再生一般不改变原路面沥青混合料的矿料级配,其具体工艺流程、加铺再生后路面横断面情况分别见图 4-32、图 4-33。加铺再生施工现场如图 4-34 所示。

图 4-32　就地热再生工艺流程图(加铺再生)

图 4-33　就地热再生后路面横断面情况(加铺再生)

图 4-34 加铺再生施工现场

4.3.4.2 就地热再生方案设计

就地热再生可以对沥青路面的表层病害进行处治,但是不能提高路面结构的整体强度。适合就地热再生的原路面的基本条件见表 4-60。

适合就地热再生的原路面的基本条件　　　　　表 4-60

指　　标		技 术 要 求	应 用 要 点
路面结构强度指数 PSSI		≥80	按照《公路技术状况评定标准》(JTG 5210—2018)要求的标准评定
路面表面状况		中等以上等级	不存在就地热再生工艺不能修复的表面和功能性病害
原路面沥青层厚度(mm)		≥70	确保耙松时不触及非沥青混凝土层,再生层下面沥青层厚度不小于 20mm;单层面层不适合就地热再生
车辙深度 (mm)	平均车辙深度	≤25	按照《公路技术状况评定标准》(JTG 5210—2018)规定的方法检测与评定
	沥青混合料向车道两侧挤压变形	≤50	1.采用加铺再生时,沥青混合料向车道两侧的挤压形成的车辙深度最大值一般为 30mm; 2.采用复拌再生时,沥青混合料向车道两侧的挤压形成的车辙深度超过 30mm 时,应先将超过 30mm 的凸出部分冷铣刨
	磨耗形成的车辙	≤25	当面层的沥青混合料质量能够满足使用要求时,可采用加铺再生
再生深度范围内沥青混合料	沥青 25℃针入度(0.1mm)	≥20	—
	沥青用量(%)	≥3.8	—
路面病害波及范围		主要集中在再生深度范围内	—

(1)符合下列情形的路面,宜选择复拌再生:
①原路面车辙深度较浅,掺加的新沥青混合料量低于30%;
②原路面沥青混合料材料比较均匀,再生施工质量易于控制;
③原路面沥青混合料级配缺陷通过掺加有限的新沥青混合料基本可以改善,改善后适用于路面表面层;
④原路面沥青老化不太严重,通过再生能有效恢复其路用性能,再生沥青混合料质量能达到表面层要求;
⑤路面仅抗滑性能达不到标准,通过就地热再生能够达到标准;
⑥交通量较小,可通过复拌再生达到设计使用年限。
(2)符合下列情形的路面,宜选择加铺再生:
①原路面沥青层偏薄,需要加铺新沥青混合料予以补强;
②原路面沥青混合料材料离散性较大,特别是养护挖补面积比较大,通过复拌再生难以达到磨耗层要求;
③原路面沥青混合料级配缺陷较严重,通过复拌再生难以达到表面层要求,但又能通过再生用作中面层;
④原路面车辙深度较深,需要掺加的新沥青混合料质量大于30%;
⑤原路面沥青老化较严重,通过再生难以直接用于表面层;
⑥交通量较大,通过复拌再生难以达到设计使用年限。

在实际使用过程中应根据需要,正确选择采用复拌再生还是加铺再生,确定再生厚度、掺加新沥青混合料的大体比例以及加铺新沥青混合料的厚度等。还应对不同的路面维修方法进行经济对比分析评价,分析各种方法在路面设计使用年限内的平均成本,包括路面维修成本、养护成本、路面残值等。对于收费公路,还应分析不同维修方法可能带来的施工期间的车辆通行费的损失。通过技术、经济、交通等各个方面的评价,选择是否采用就地热再生技术。

4.3.4.3 就地热再生施工

1.施工设备

按照就地热再生机械组成方式的不同,一般可以划分为综合作业模式与联合作业模式。其中,综合作业模式主要是指用一台综合式路面再生机来实现加热、耙松、再生剂添加、搅拌、摊铺等路面就地热再生全过程,必要时可附加一台路面预加热机共同作业,主要代表设备为维特根公司生产的 RX4500 复拌机与 HM4500 加热机构成的综合作业机组。联合作业模式则主要是指利用多台不同功能的路面再生设备与常规摊铺机联合作业,从而实现路面就地热再生全过程,主要代表设备有英达的沥青路面就地热再生机组 RM6800、鞍山森远的就地热再生机组 SY4500 等。

(1)预热机

预热机的作用是对路面进行预热,预热的温度不能过高,过高容易造成沥青的进一步老化;温度也不能过低,过低导致结构层底部温度过低,铣刨时破坏路面,产生花白料,影响再生沥青混合料的使用性能。为提高加热效率,预热机一般由一个机组组成,应满足以下要求:

①应能够连续地将一定深度范围内的沥青路面预热到规定温度;
②应具备加热能力自动控制功能,宜能及时显示加热温度;
③宜具有行驶速度控制、显示的功能;
④正常工作时产生的沥青烟尘浓度应满足环保要求;
⑤应采用热风、红外等非明火加热方式。

(2)再生复拌机

再生复拌机应满足以下要求:
①应具备对路面加热、翻松、添加沥青再生剂、添加沥青混合料、摊铺等功能;
②翻松装置应带有深度自动控制系统,翻松深度应不超过设定值±3mm;
③再生剂喷洒装置应与再生行走速度联动并可准确计量,喷洒计量精度宜控制在±2%以内;
④沥青混合料添加系统应具有控制和计量装置;
⑤加铺再生时,再生复拌机应具有双熨平板。

2.就地热再生施工过程

(1)施工准备

进行就地热再生前,需要进行材料准备、机械机具准备以及人员配备等准备工作。

①材料准备。材料准备主要包括新沥青混合料准备、再生剂准备和施工过程中的燃料准备。

新沥青混合料准备。新沥青混合料运距应合理,运输车辆数量应充足,不能影响热再生连续施工;运输车辆应有良好的保温性能,以满足就地热再生施工耗用新沥青混合料较慢的特点。

再生剂准备。再生剂应予加热,加热温度可接近其允许的最高温度。为保证连续施工应备足一天的再生剂用量。根据沥青混合料配合比设计,如果需要掺加新沥青,应事先将新沥青和再生剂按比例均匀搅拌在一起。

燃料准备。充分考虑燃料的添加方式、添加时间和地点,配备安全可靠的添加设备。

②机械机具准备。施工前应做好所有机械设备的检修、调试和精度较准;对所有设备要根据情况,定期地进行检测、保养、维修。

③人员配备。人员配备包括路面工程师、机械工程师、机械操作手、工人、试(化)验人员、交通安全警戒人员等若干名,所有人员施工前都要经过有关知识的培训、考核,合格后经过竞争上岗。

(2)原路面病害处理

对就地热再生不能修复的路面病害,应事先予以处理:
①破损松散类病害。破损松散类病害的深度已超过了热再生施工深度,再生前应予挖补。
②变形类病害。根据再生设备的不同,变形深度30~50mm时,再生前应进行铣刨处理。
③裂缝类病害。分清裂缝类病害的性质,对影响热再生工程质量的严重裂缝类病害应予挖补。
④养护类病害。有些养护时挖补的路面质量差,难以保证再生质量,再生前应予重新挖补。

(3)原路面特殊部位处理

桥梁伸缩缝和井盖处施工应事先用铣刨机沿行车方向将伸缩缝和井盖后端铣刨2~5m,

前端铣刨1~2m,深度30~50mm,再生施工时用新沥青混合料铺筑。应在伸缩缝处覆盖有效的隔热板,并在伸缩缝内塞满浸水的棉布或棉线等,防止加热损坏胶条。应事先清除路面标线、文字以及突起路标等。对于路面中央、两侧有绿化带的道路,施工前应准备足够的隔热防护板,施工时用于保护绿化带。

(4)试验路段铺筑

工程正式开工前,应选取不小于200m的路段作为试验路段,验证热再生施工情况是否与设计内容相符合。试验路段应包括以下技术内容:

①检验前期准备工作是否充分;

②检验各种施工机械的类型、数量及组合方式是否匹配,设备工况是否良好,是否满足施工要求;

③检验再生沥青混合料的各项技术指标是否达到设计要求;

④检验新沥青混合料的各项技术指标是否满足要求,能否保证供应;

⑤确定设备加热温度、施工速度、翻松深度、再生剂喷洒方式和用量、摊铺方式、松铺系数、摊铺质量、路面压实度、平整度控制等各项技术参数。

(5)再生作业

①清扫路面、画导向线

所有工、料、机准备工作完成后,清扫路面,以免杂物混入再生沥青混合料内。路面清扫完成后,在路面再生宽度以外画再生设备行进导向线,也可将路面边缘线作为导向线。

②路面边缘铣刨

对于有路缘石的路面,若加热机无法加热到路面边缘,就地热再生前需对距路缘石一定范围内的路面进行铣刨。视加热机情况铣刨宽度0.3~0.5m,铣刨深度不超过再生深度,但不小于30mm,再生摊铺时一并填铺。

③路面加热

应严格控制加热温度,既保证原路面充分加热,不因加热温度不足造成铣刨时集料破损,影响再生质量,又保证加热温度不过高,以免造成沥青过度老化。控制设备行走速度及间距,减少热量损失,加热机和具备翻松功能的机具最大间距不宜超过2m。旧路面加热宽度一般比翻松宽度每侧宽200mm,纵缝搭接处,加热宽度一般超过搭接边线150~200mm,保证接缝处的温度足够高,确保纵缝的有效热连接。

④路面翻松

翻松深度应均匀,深度变化时应缓慢渐变;翻松面应有足够的粗糙度;普通沥青路面翻松前的路表温度应不高于185℃,翻松后裸露面的温度应高于85℃;改性沥青路面翻松前的路表温度应不高于200℃,翻松后裸露面的温度应高于100℃。

⑤新材料添加

添加沥青再生剂、新沥青、新沥青混合料等新材料时,新材料的添加量应根据再生沥青混合料配合比设计结果确定;新材料应均匀添加、精确控制,其中再生剂应均匀喷入翻松的旧沥青混合料中;施工过程中应根据再生路段状况适时调整新材料的用量。

⑥拌和

应保证再生沥青混合料拌和均匀,特别是掺加新沥青混合料的复拌再生更应注意均匀性。施工中,应使用测温仪器检查刚搅拌完成的再生沥青混合料的温度,以便及时调整加热速度或加热强度。

⑦摊铺

应匀速行进摊铺,施工速度宜为 1.5~4m/min。沥青混合料摊铺应均匀,避免出现粗糙、拉毛、裂纹、离析等现象。再生沥青混合料一般较新沥青混合料温度低,应尽可能增大熨平板振捣,提高混合料的初始密实度,减少热量散失,为压实创造条件。注意控制松铺系数,确保纵向接缝平顺。普通沥青路面再生的摊铺温度不宜低于 120℃,改性沥青路面再生摊铺温度不宜低于 130℃,熨平板预热温度不宜低于 110℃。就地热再生施工中,如果使用新沥青混合料,应采取各种措施确保新沥青混合料使用时的温度。

(6)压实

就地热再生沥青混合料的压实,应使用大吨位的双钢轮振动压路机、轮胎压路机等压实机具。碾压应紧跟摊铺进行,在不黏轮的前提下,宜减少洒水或不洒水(轮胎压路机),以保证压实温度。对压路机无法碾压的局部部位,应选用小型振动压路机或振动夯板配合压实。

(7)开放交通

压实完成后,路表温度降至 50℃ 以下时方可开放交通。

(8)施工质量控制

就地热再生施工过程中应按批次对沥青再生剂进行检验,施工过程中的工程质量控制应满足现行《公路沥青路面再生技术规范》(JTG/T 5521)中的要求。

4.3.5 厂拌冷再生

对于 RAP,应使用乳化沥青或泡沫沥青作为再生结合料;对于 RAI,应使用水泥或者石灰等无机结合料作为再生结合料。

4.3.5.1 厂拌冷再生混合料设计

进行厂拌冷再生混合料设计时,对于 RAP,一般有两种厂拌冷再生方式,一是采用乳化沥青或泡沫沥青作为再生结合料,再生后作为柔性基层使用;另一种是采用水泥或石灰等无机结合料作为再生结合料,再生后作为半刚性基层使用。早期的应用过程中两种方法都有,目前,比较一致的观点是:对于 RAP 采用乳化沥青或泡沫沥青作为再生结合料并添加适量水泥进行再生;对于无机回收料 RAI,应当使用水泥或石灰等无机结合料作为再生结合料,也可使用乳化沥青或泡沫沥青作为再生结合料并添加一定比例的水泥进行再生。沥青路面回收料中同时含有沥青混合料回收料(RAP)和无机回收料(RAI)的情况下,宜使用乳化沥青或泡沫沥青作为再生结合料并添加适量水泥;如仅采用水泥或石灰作为再生结合料,RAP 在沥青路面回收料中的占比宜小于 40%。

因此,将分别介绍无机结合料冷再生混合料配合比设计、乳化沥青(泡沫沥青)冷再生混合料配合比设计。

1.无机结合料冷再生混合料配合比设计

无机结合料冷再生混合料配合比设计按照现行《公路路面基层施工技术细则》(JTG/T F20)的有关规定执行。使用水泥作为结合料的冷再生混合料用于重及以上交通荷载等级公路的基层和底基层时,再生混合料级配应满足表 4-61 中 1 号级配范围要求;其他情况下再生混合料级配应满足表 4-61 中 2 号级配范围要求。

无机结合料冷再生混合料级配范围 表 4-61

筛孔尺寸(mm)		37.5	31.5	26.5	19	9.5	4.75	2.36	1.18	0.6	0.075
通过各筛孔的质量百分率(%)	1号	—	100	90~100	72~89	47~67	29~49	17~35	—	8~22	0~7
	2号	90~100	—	66~100	54~100	39~100	28~84	20~70	14~57	8~47	0~30

经配合比设计确定的无机结合料冷再生混合料性能应满足表 4-62 的技术指标要求。

无机结合料冷再生混合料技术要求 表 4-62

交通荷载等级		水　泥			石　灰	
		极重、特重	重	中、轻	重及以上	中、轻
7d 龄期无侧限抗压强度(MPa)	基层	4.0~6.0	3.0~5.0	2.0~4.0	—	≥0.8
	底基层	2.5~4.5	2.0~4.0	1.0~3.0	≥0.8	0.5~0.7

2.乳化沥青(泡沫沥青)冷再生混合料配合比设计

(1)确定工程设计级配范围

工程设计级配范围需要根据公路等级、工程性质、交通特点、材料品种等因素,通过对条件大体相当的工程使用情况进行调查研究后确定,特殊情况下允许超出规范级配范围。

(2)材料要求

①乳化沥青材料要求

乳化沥青是石油沥青与水在乳化剂、稳定剂等的作用下,经乳化加工制得的均匀沥青产品。用作冷再生混合料配合比设计的乳化沥青应满足表 4-63 的质量要求。通常情况下,厂拌冷再生宜采用慢裂型乳化沥青,乳化沥青应在常温下使用,使用温度不应高于60℃。其中,配合比设计的各种矿料、RAP、水泥等必须按照相关规定,从工程实际使用的材料中取有代表性的样品。配合比设计所用材料,其质量应该满足相应规范的技术要求。

冷再生用乳化沥青质量要求 表 4-63

试验项目		单　位	质量要求	试验方法
破乳速度		—	慢裂或中裂	T 0658
电荷		—	阳离子(+)	T 0653
筛上残留物(1.18mm 筛)		%	≤0.1	T 0652
黏度	恩格拉黏度 E_{25}	—	2~30	T 0622
	25℃赛波特黏度 V_s	s	7~100	T 0623
蒸发残留物	残留分含量	%	≥60	T 0651
	溶解度	%	≥97.5	T 0607
	针入度(25℃)	0.1mm	50~300	T 0604
	延度(15℃)	cm	≥40	T 0605
与粗集料的黏附性、裹覆面积			≥2/3	T 0654
与粗、细粒式集料拌和试验			均匀	T 0659
常温储存稳定性	1d	%	≤1	T 0655
	5d		≤5	

注:恩格拉黏度和赛波特黏度指标任选其一检测,有争议时以赛波特黏度为准。

②泡沫沥青材料要求

泡沫沥青是将热沥青和水在专用的发泡装置内混合、膨胀形成的含有大量均匀分散气泡的沥青材料。当泡沫沥青与集料接触时,沥青泡沫瞬间化为数以百万计的"小颗粒",散布于细集料(特别是粒径小于 0.3mm 的集料)的表面,从而对集料起到黏结作用。

泡沫沥青在与矿料的混合过程中,优先与细集料混合,只有少量泡沫沥青裹覆在大粒径集料上,而产生局部裹覆。泡沫沥青并不改变沥青本身的各种化学性质,仅是利用汽化阶段沥青体积增大,黏度暂时降低的有利条件,在不增加沥青用量的情况下,可以有效地增大沥青同矿料的裹覆面积,改善沥青与矿料拌和的和易性,减小沥青混合料中自由沥青膜的厚度。

采用泡沫沥青作为再生结合料时,应首先进行泡沫沥青的发泡试验,确定最佳发泡温度和最佳发泡用水量。当单一规格的集料某项指标不合格,但不同粒径规格的材料按照级配组成集料混合料指标能符合规范要求时,允许使用。沥青发泡评价指标一般应用膨胀率(发泡体积倍数)和半衰期两个指标来评价沥青的发泡特性。膨胀率是指沥青在发泡状态下测量的最大体积与未发泡状态下的体积之比。为了使泡沫沥青与集料充分接触,形成良好的裹覆作用,膨胀率要足够大。

半衰期是指泡沫沥青从最大体积缩小至该体积一半所用的时间。该体积实际上描述了沥青泡沫的稳定性。半衰期长说明泡沫不容易衰减,可以与集料有较长时间的接触与拌和,从而提高泡沫沥青混合料的质量。一般认为,膨胀率不小于 10,同时半衰期不低于 8s 是可以接受的发泡条件。

(3)级配选择与要求

乳化沥青冷再生混合料矿料级配设计时,首先要测得 RAP、新集料等各组成材料的级配;以 RAP 为基础,掺加不同比例的新集料,使合成级配满足工程设计级配的要求;合成级配曲线应平顺。乳化沥青冷再生混合料设计级配范围宜满足的要求见表 4-64;其中,乳化沥青冷再生混合料中,乳化沥青蒸发残留物占混合料其余部分干质量的百分比宜为 1.8%～3.5%。乳化沥青冷再生混合料设计过程中,应严格控制水泥用量,用量不宜超过 1.5%,不应超过 1.8%。

乳化沥青冷再生混合料级配范围 表 4-64

	筛孔(mm)	37.5	26.5	19	13.2	9.5	4.75	2.36	0.3	0.075
各筛孔的通过率(%)	粗粒式	100	80~100	—	60~80	—	25~60	15~45	3~20	1~7
	中粒式	—	100	90~100	—	60~80	35~65	20~50	3~21	2~8
	细粒式 A	—	—	100	90~100	60~80	45~75	25~55	6~25	2~9
	细粒式 B				100	90~100	60~80	35~65	6~25	2~10

乳化沥青冷再生混合料设计应满足表 4-65 中的相关要求。

乳化沥青冷再生混合料设计技术要求 表 4-65

试验项目		技术要求
马歇尔试件尺寸(mm)	中、细粒式	φ101.6×63.5
	粗粒式	φ152.4×95.3

续上表

试验项目		技术要求	
马歇尔试件双面击实次数(次)	中、细粒式	50+25	
	粗粒式	75+37	
空隙率(%)		8~13	
劈裂强度试验	15℃劈裂试验强度(MPa)	层位	重及以上交通荷载等级	其他交通荷载等级
		面层	≥0.60	≥0.50
		基层及以下层位	≥0.50	≥0.40
	干湿劈裂强度比(%)		≥80	≥75

泡沫沥青冷再生混合料设计级配范围见表4-66。其中,泡沫沥青冷再生混合料中,泡沫沥青用量宜在1.8%~3.5%范围内,当泡沫沥青用于全深式冷再生时,泡沫沥青用量不宜低于2.0%。水泥等活性填料剂量一般不超过1.5%。泡沫沥青冷再生混合料设计过程中,应严格控制水泥用量,用量不宜超过1.5%,不应超过1.8%。

泡沫沥青冷再生混合料级配范围 表4-66

筛孔(mm)		37.5	26.5	19	13.2	9.5	4.75	2.36	0.3	0.075
各筛孔的通过率(%)	粗粒式	100	85~100	—	60~85	—	30~55	20~40	7~20	4~12
	中粒式	—	100	85~100	—	55~80	35~60	25~45	8~22	4~12
	细粒式	—	—	100	85~100	—	40~65	28~45	9~23	4~12

泡沫沥青冷再生混合料设计应满足表4-67中的相关要求。

泡沫沥青冷再生混合料设计技术要求 表4-67

试验项目		技术要求	
马歇尔试件尺寸(mm)	中、细粒式	φ101.6×63.5	
	粗粒式	φ152.4×95.3	
马歇尔试件双面击实次数(次)	中、细粒式	75	
	粗粒式	112	
劈裂强度试验	15℃劈裂试验强度(MPa)	层位	重及以上交通荷载等级	其他交通荷载等级
		面层	≥0.60	≥0.50
		基层及以下层位	≥0.50	≥0.40
	干湿劈裂强度比(%)		≥80	≥75

(4)配合比设计过程

乳化沥青(泡沫沥青)冷再生混合料设计流程如图4-35所示。

根据上述步骤确定了材料的相关参数、设计级配范围后,参照《公路土工试验规程》(JTG 3430—2020)T 0131的方法,对合成矿料进行击实试验,确定最佳含水率。使用乳化沥青时,乳化沥青试验用量可定为3.5%,变化含水率进行击实试验,获得最大干密度时,其混合料的含水率即为最佳含水率(OWC)。使用泡沫沥青时,在不添加泡沫沥青的情况下,直接变化含水率进行击实试验获得最大干密度,对应的含水率即为OWC。

图 4-35 乳化沥青(泡沫沥青)冷再生混合料设计流程图

确定最佳含水率后,确定最佳乳化沥青用量 OEC 和最佳泡沫沥青用量 OFC。其方法如下:

以预估的沥青用量为中值,按照一定间隔变化形成 4~5 个乳化沥青(泡沫沥青)用量,取 1~3 个水泥用量,保持冷再生混合料最佳含水率 OWC 不变,按照以下方法制备马歇尔试件:

①向拌和机内加入足够的拌和均匀的含沥青路面回收料(RMAP)的混合集料。

②按照计算得到的加水量加水,拌和均匀,拌和时间一般为 1min。

③按照计算的乳化沥青(泡沫沥青)量加入乳化沥青(泡沫沥青),拌和均匀,拌和时间一般为 1min。

④将拌和均匀的混合料装入试模,放到马歇尔击实仪上。乳化沥青试样双面各击实 50 次(标准击实试件)或 75 次(大型击实试件),泡沫沥青试样双面各击实 75 次(标准击实试件)或 112 次(大型击实试件)。

⑤将试样连同试模一起侧放在 60℃ 鼓风烘箱中养生至恒重,养生时间一般不小于 40h。

⑥将试模从烘箱中取出,乳化沥青试样应立即放置到马歇尔击实仪上,双面各击实 25 次(标准击实试件)或 37 次(大型击实试件),然后侧放在地面上,在室温下冷却至少 12h,然后脱模;泡沫沥青试样直接侧放冷却 12h 后脱模。

接着用蜡封法测定试件的毛体积相对密度 γ_f。对于乳化沥青混合料,在成型马歇尔试件的同时,用真空法实测各组再生混合料的最大理论相对密度 γ_t。将各组油石比试件进行 15℃ 劈裂试验、浸水 24h 的劈裂试验。通常情况下可按照 15℃ 劈裂强度试验和干湿劈裂强度比试验结果达到最佳化(出现峰值)对应的乳化沥青(泡沫沥青)用量和水泥用量作为 OEC(OFC)和水泥用量;对于乳化沥青冷再生混合料,OEC 处的混合料的空隙率应在 8%~13% 范围内。当遇到试验结果无明显峰值时,应结合工程经验综合确定 OEC(OFC)和水泥用量。

(5)配合比设计检验

乳化沥青(泡沫沥青)冷再生混合料设计阶段,应检验其冻融劈裂强度比指标。用于重及以上交通荷载等级的公路中、下面层,或者用于对抗车辙性能有特殊要求的场合时,还需要检验乳化沥青冷再生混合料的动稳定度指标。混合料性能应符合表4-68中的要求。

乳化沥青冷再生混合料性能检验指标要求　　　　表4-68

试验项目	技术要求		试验方法
	重及以上交通荷载等级	其他交通荷载等级	
冻融劈裂强度比TSR(%)	≥75	≥70	JTG/T 5521
60℃动稳定度(次/mm)	≥2000(中、下面层)	—	T 0719

注:动稳定度试验按照轮碾法成型80mm厚(粗粒式)或50mm厚(中粒式和细粒式)的冷再生混合料车辙板块试件,碾压完成后迅速将试件放置到60℃鼓风烘箱中烘干至恒重(一般48h左右),再进行动稳定度试验,试验前试件保温时间为8~10h。

4.3.5.2 厂拌冷再生生产工艺

厂拌冷再生需要把铣刨的沥青路面回收料运到指定地点重新加以拌和,并添加乳化沥青(泡沫沥青)等再生结合料。厂拌冷再生需要的设备主要有:小型路面铣刨机(图4-36)、粒料运送车、普通滚筒式或间歇式拌和机、摊铺机和压路机。

厂拌冷再生可以使用间歇式、滚筒式或者连续式拌和设备进行拌和,其中连续式拌和设备是目前应用最广的一种。厂拌冷再生设备(图4-37)是用来拌制各种冷再生混合料的专用设备,它应具有配料准确、拌和均匀、便于自动控制、生产效率高等特点,满足不同配合比冷再生混合料的拌制需要。其组成主要包括集料配料系统、RAP配料系统、无机结合料配料系统、沥青添加系统、供水系统、搅拌机、输送机、计算控制系统等。

图4-36 小型路面铣刨机

图4-37 厂拌冷再生设备

厂拌冷再生的工艺流程如下:利用装载机或者其他上料机械将所需的集料、RAP等分别装入各自的配料料斗中;通过给料机,采用体积计量或者质量计量的方法,分别对RAP和各新集料按照施工配合比进行配料;将无机结合料通过计量系统进行配料;将配好的各种集料、水泥输送到搅拌机中;水通过供水系统经计量泵送到搅拌机中与其他材料拌和;乳化沥青或泡沫沥青通过沥青添加系统进入搅拌机中拌和;拌和好的混合料从搅拌机出料端卸入出料仓或者载货汽车上。

对于乳化沥青再生混合料,乳化沥青应在石料和RAP表面均匀裹覆,无花白料,无结团。对于泡沫沥青冷再生混合料,沥青不会在石料和RAP表面形成裹覆,而是呈点状分布。为了能够直观判断混合料是否拌和均匀,可用手抓起一把混合料,看其中是否有聚团的沥青块。厂拌冷再生混合料一般应遵循"即拌即用"原则,尽快将再生混合料用于路面施工,不宜长期存储,否则水泥的水化反应、乳化沥青的破乳都会影响再生混合料的性能。

4.3.6 就地冷再生

就地冷再生可以比较彻底地解决各种路面病害,保持原路面的几何线性,充分利用旧沥青路面材料、节约运输成本、降低工程造价,同时无需加热、节约能源、减少污染。就地冷再生的缺点是现场质量控制和质量保证不可靠,需要相对温暖、干燥的施工条件,气候条件要求高,再生后路面水稳定性差,一般需要1~2周的养护。

1. 就地冷再生设备

早期的就地冷再生沥青路面施工机械设备主要有:撒料机、平地机、再生机、洒布机、压路机等,施工往往是这些机械联合作业。现代的就地冷再生机械设备则是要集上述各种机械设备于一体,尽可能地用一台机械设备完成全部或主要部分作业。最显著的体现就是自动化、智能化和机电一体化技术的应用。

现代的就地冷再生施工所需的机械设备主要有:冷再生主机、专用配套机械和通用配套机械三大类。冷再生主机有带熨平板的小型再生机、中型再生机、大型再生机和不带熨平板的再生机;专用配套机械主要为水泥稀浆搅拌输送车;通用配套机械主要为路面铣刨机、平地机、压路机、新集料运输机、水罐车、液态沥青保温罐车和水泥-乳化沥青-水联合运输罐车等。两列式就地冷再生设备见图4-38。

图4-38 两列式就地冷再生设备

就地冷再生施工主要由专用再生设备实现,如图4-39所示,其核心是一个装有若干个硬质合金刀具的切削转子,转子旋转时向上切削现有原路面材料,与此同时,来自再生机前面并由再生机推动前行的水罐车中的水,通过软管输送给再生机,并由机载系统喷洒进拌和罩壳内。在拌和罩壳内与被切削下来的材料进行充分均匀的混合以达到压实所需的最佳含水率。然后,进行摊铺和预压实,并由压路机完成再生层的最终压实成形。

图4-39 就地冷再生机工作原理

2.就地冷再生施工工艺与质量控制

（1）施工准备

施工前的准备工作主要包括材料准备、设备检查、原路面准备等。

①材料准备。施工前应以"批"为单位，检查冷再生所涉及的所有沥青、石屑、矿粉、水泥等材料的来源和质量，材料的各项指标应满足设计文件要求，不符合要求的材料不得使用。使用泡沫沥青时，应注意保持和检查沥青温度。工程中经常遇到沥青温度偏低的情况，这会显著影响沥青的发泡效果，从而影响再生混合料性能。

②设备检查。施工前应对冷再生工程使用的冷再生机、压路机、各类罐车等进行系统检查，确定各设备处于良好的工作状态。

③原路面准备。按照交通组织设计封闭交通，清除原路面上的杂物，根据再生厚度、宽度、干密度等计算每平方米新集料、水泥等用量，均匀撒布。

（2）铺筑试验段

就地冷再生正式施工前，应铺筑试验段，长度不宜小于200m。通过铺筑试验段检验再生设备的性能是否满足施工需要，确定就地冷再生机参数设置、铣刨深度、再生速度、摊铺工艺、压实工艺、合理施工作业段长度、养生时间等施工工艺和参数，验证混合料配合比设计，检测压实度、渗水系数等性能指标，建立就地冷再生机仪表显示值与实际值的相关关系，检验质量控制方案的可行性和可操作性等。

（3）施工

①铣刨与拌和

通常情况下，就地冷再生施工按照如下步骤进行，再生机类型不同时，再生步骤可能存在一些差异。

a.施工起点处将各所需施工机具顺次首尾连接，并连接相应机具管路。

b.启动施工设备，按照设定再生深度对路面进行铣刨、拌和。再生机组必须缓慢、均匀、连续地进行再生作业，再生施工速度宜为3~6m/min，施工过程中不得随意变更速度和中途停顿。

c.单幅再生至一个作业段终点后，将再生机和罐车倒至施工起点，进行第二幅施工，直至完成全幅作业面的再生。

d.纵向接缝应避开车道轮迹带的位置。纵向接缝处相邻两幅作业面间的重叠量不宜小于100mm。

②摊铺

为保证施工质量,沥青层就地冷再生,摊铺出的混合料不能出现明显离析、波浪、裂缝、拖痕。混合料宜采用摊铺机或者采用带有摊铺装置的再生机进行摊铺。原路面平整度较差或对冷再生层平整度要求较高时,不宜采用再生机自带的摊铺装置进行摊铺。三级和四级公路也可使用平地机进行摊铺。

使用摊铺机摊铺时,应符合下列规定:

a.摊铺应匀速、连续,速度宜控制在 2~4m/min 的范围内,且不得随意变换速度或者中途停顿;

b.摊铺能力应与再生能力基本匹配;

c.松铺系数应根据试验段的结果确定(一般在 1.25~1.30 之间);

d.摊铺机的摊铺宽度应与再生铣刨宽度保持一致;

e.可根据工程需要选择高程控制、平衡梁、雪橇式等摊铺厚度控制方式。

使用带摊铺装置的再生机进行摊铺时,应满足下列要求:

a.摊铺应匀速、连续,速度宜控制在 2~4m/min 的范围内,且不得随意变换速度或者中途停顿;

b.摊铺厚度应合理,使单位时间内摊铺槽进出材料数量基本平衡,不得出现缺料或者溢料的情况;

c.松铺系数应根据试验段的结果确定;

d.摊铺机的摊铺宽度应与再生铣刨宽度保持一致。

③压实

就地冷再生层的单层压实厚度不宜大于 200mm,单层压实厚度大于 200mm 的,应经试验段检验其压实度是否满足要求,就地冷再生层的单层压实厚度不宜小于 80mm。

压实对于就地冷再生混合料形成强度、保障就地冷再生工程质量至关重要。为此,应配备足够数量、吨位的钢轮压路机、轮胎压路机。单幅摊铺宽度不超过 4.5m 时,宜配备 16t 以上单钢轮振动压路机、11t 以上双钢轮振动压路机各 1 台;单幅摊铺宽度超过 4.5m 时,宜配备上述压路机各 2 台。

根据试验段确定合理的碾压工艺,经验不足时可参照下述工艺实施:初压采用双钢轮压路机碾压 1~3 遍,第 1 遍前进采用静压方式,其他压实遍数在不发生混合料推移的情况下都应采用振动碾压;复压采用单钢轮压路机振动压实 3~5 遍,终压采用轮胎压路机静压 4~6 遍,根据需要确定是否采用双钢轮压路机静压收光。

沥青路面就地冷再生施工应采用流水作业法,使各工序紧密衔接,尽量缩短从拌和到完成碾压之间的延迟时间。碾压过程中,再生层表面应始终保持湿润,如水分蒸发过快,应及时洒水。碾压过程中出现弹簧、松散、起皮等现象时,应及时翻开重新拌和,使其达到质量要求。

④养生及开放交通

使用泡沫沥青、乳化沥青的就地冷再生,其养生及开放交通的要求与厂拌冷再生一致,即不少于 7d 的养生时间。当再生层可以取出完整的芯样或再生层含水率低于 2% 时,可以提前结束养生。

使用无机结合料的全深式就地冷再生,养生和开放交通应满足下列要求:

a.碾压完成并经过压实度检查合格后的路段,应立即进行养生。养生可采用湿砂、覆盖、乳化沥青、洒水等方法。

b.养生时间不宜少于7d,整个养生期内再生层表面应保持潮湿状态。养生期内禁止除洒水车辆以外的其他车辆通行。

c.后续施工前应将再生层清扫干净。如果再生层上为无机结合料稳定材料层,应洒少量水湿润表面;如果其上为沥青层,应立即实施透层和封层;如果其上是水泥混凝土层,应尽快铺设,避免再生层暴晒开裂。

(4)施工注意事项

①时间控制:从冷再生机开始拌和到终压结束,必须控制在水泥初凝时间前完成;

②施工作业段长度:根据路面宽度、机械施工时间和水泥初凝时间来确定施工段落长度;

③洒水车与冷再生机的配合:洒水车须满足冷再生机拌和要求,避免出现洒水车脱水和吸空现象;

④施工中纵、横向接缝处理:

a.横向缝处理:两个作业段的衔接须采用搭接的形式碾压;

b.纵向缝处理:前半幅施工时应多拌和10~20cm宽,下次施工时再将此部分重新拌和、整平、碾压。

(5)施工质量控制

就地冷再生施工质量控制主要包括施工前的材料检验、施工过程中的材料检验和施工过程中的质量控制三部分内容。

施工过程中的材料质量控制应满足表4-69的要求。

就地冷再生施工中的材料检验   表4-69

材料	检验项目	要求值	检验频率 高速公路、一级公路	检验频率 其他等级公路
乳化沥青	蒸发残留物含量,蒸发残留物针入度、软化点	符合设计要求	每2~3个工作日1次	每周1次
泡沫沥青	沥青的针入度、延度、软化点,泡沫沥青的膨胀率、半衰期	符合设计要求	每2~3个工作日1次	每周1次
	沥青温度	符合设计要求	每天施工前	每天施工前
粗集料	针片状颗粒含量,表观相对密度,级配,压碎值	符合设计要求	根据需要时	根据需要时
细集料	级配,表观相对密度,松方密度	符合设计要求	根据需要时	根据需要时
	含水率	—	每天施工前	每天施工前
矿粉	塑性指数、粒度范围	符合JTG/T 5521—2019要求	每2~3个工作日1次	每周1次
沥青混合料回收料(RAP)	级配	符合JTG/T 5521—2019要求	发现异常时	发现异常时
水泥	强度、初凝时间、终凝时间	符合设计要求	根据需要时	根据需要时

就地冷再生施工过程的质量控制标准应符合表 4-70 的要求。

就地冷再生施工过程中的质量控制标准 表 4-70

检验项目		质量要求		检验频率	检验方法
		高速公路、一级公路	其他等级公路		
外观		表面平整密实,无浮石、弹簧现象,无明显压路机轮迹		随时	目测
厚度(mm)		设计厚度±10	设计厚度±15	每2000m² 检验1点,单点评价	T 0912
乳化沥青再生	压实度[a](%)	≥99(基于试验室标准密度)		每车道每1km检查3点	T 0921
	空隙率(%)	≥87(基于理论最大相对密度)			T 0924
泡沫沥青再生	压实度(%)	≥99(基于试验室标准密度)		每车道每1km检查3点	基于重型击实最大干密度,T 0921
	沥青温度(℃)	设计发泡温度±8		随时	温度计
平整度(标准差)(mm)		≤2.0 (1.8)[b]	≤3.0 (2.8)[b]	连续测量	T 0932
宽度(mm)		不小于设计宽度,边缘线整齐、顺适		每100m检查2处	T 0911
纵断面高程(mm)		符合设计要求		每100m检查1个断面	T 0911
横坡(%)		符合设计要求		每100m检查1个断面	T 0911

注:[a] 表中压实度质量要求不是要求同时满足,而是选择其中一种方法进行检测并达到要求即为合格。
[b] 表中括号内数字是针对冷再生层上加铺的沥青层厚度小于80mm的情况。

4.3.7 全深式冷再生

再生结合料可以分为乳化沥青、泡沫沥青、水泥或石灰。如采用水泥或石灰作为再生结合料,则铣刨深度范围内沥青层的厚度比例宜小于50%。

全深式冷再生可以充分利用沥青路面回收料,可以修补各种类型的路面病害,改善原有路面的几何形状以及横坡度,并且对原路面高程抬高较小,可以同时对面层和基层进行破碎拌和,形成均匀的材料层,再经过重型压实机械就地整平和压实成型后,一般不会产生薄弱层,保证路面结构的整体性和完整性,对原路基的影响和破坏小,从而提高基层承载力。此外,全深式冷再生施工工艺简单,机械化程度高,铣刨、破碎、添加、拌和、摊铺、压实可一次完成,大大提高了生产效率,减少对老路交通的影响,降低了工程费用。全深式冷再生的缺点是施工质量控制的难度较大,施工结束后一般需要加铺沥青罩面层。

采用全深式冷再生方式时,原路面的基本条件见表 4-71。

适合全深式冷再生的原路面的基本条件 表 4-71

指 标	技术要求
路面结构强度指数 PSSI	≥70
路面损坏状况指数 PCI	≤85
路面病害波及范围	主要集中在再生深度范围内
下承层强度	满足设计要求

全深式冷再生施工工艺与就地冷再生基本一致。在施工质量控制方面,采用乳化沥青或泡沫沥青作为结合料的全深式冷再生,施工过程中的材料质量控制与就地冷再生一致;当采用水泥或石灰作为结合料的全深式冷再生,施工过程中的材料质量控制应符合表4-72的要求。

全深式冷再生施工过程中的材料检验(水泥或石灰)　　　表4-72

材　料	检验项目	要　求　值	检验频率
粗集料	针片状颗粒含量、表观相对密度、级配、压碎值	符合设计要求	每批来料1次
细集料	级配、表观相对密度、松方密度	符合设计要求	每批来料1次
	含水率	—	每批来料1次
(RAP+RAI)混合物	级配	符合设计要求	每批来料1次
矿粉	塑性指数、粒度范围	符合设计要求	每批来料1次
水泥	强度、初凝时间、终凝时间	符合设计要求	每批来料1次
石灰	有效钙、镁含量	符合设计要求	每批来料1次

采用乳化沥青或泡沫沥青作为结合料的全深式冷再生,施工过程的质量标准与就地冷再生一致;采用水泥或石灰作为结合料的全深式冷再生,施工过程中的再生混合料的质量标准应符合表4-73的有关规定。

无机结合料全深式冷再生混合料质量控制标准　　　表4-73

检验项目	质量要求	检验频率	检验方法
混合料外观	应均匀、无离析	随时	目测
含水率(%)	符合设计要求	发现异常时	T 0801
水泥或石灰用量(%)	设计值±0.3	发现异常时	总量控制
抗压强度(MPa)	符合设计要求	每工作日1次	T 0805

全深式冷再生施工过程中的质量控制标准应符合表4-74的要求。

全深式冷再生施工过程中质量控制标准　　　表4-74

检验项目	质量要求		检验频率	检验方法
	高速公路和一级公路	其他等级公路		
外观	表面平整密实、无浮石、弹簧现象、无明显压路机轮迹		随时	目测
厚度(mm)	设计厚度±15	设计厚度±20	每1500m²检验1点,单点评价	T 0912
压实度(%)	≥98		每车道每1km检验3点	基于重型击实最大干密度,T 0921
平整度(标准差)(mm)	≤2.0	≤3.0	连续测量	T 0932
宽度(mm)	不小于设计宽度,边缘线整齐、顺适		每100m检验2处	T 0911
纵断面高程(mm)	符合设计要求		每50m检验1个断面	T 0911
横坡(%)	符合设计要求		每100m检验1个断面	T 0911

4.4 水泥混凝土路面养护技术

水泥混凝土路面在使用过程中,受车辆荷载以及其他自然因素的作用,路面表面会出现磨光、露骨以及不平整等病害,这时需要采取必要的养护措施以恢复路面的使用性能。常用的养护技术包括水泥混凝土路面病害维修、表面功能恢复、加铺层、打裂压稳技术、碎石化技术和集料场再生技术。

4.4.1 水泥混凝土路面养护对策选择

1. 水泥混凝土路面养护质量标准

水泥混凝土路面在使用过程中其使用性能会下降,当下降到某一水平时应对其采取养护措施,恢复其使用性能。因此,应当对水泥混凝土路面的使用质量进行定期检查和不定期巡查,凡不符合质量标准的,应及时维修,或有计划地安排养护工程,改善或提高路面的使用性能。恢复和改善工程的质量标准可参照现行《公路工程质量检验评定标准》(JTG F80/1)执行。

具体的质量标准见表4-75。

水泥混凝土路面养护质量标准   表4-75

检 验 项 目		高速公路、一级公路	其他等级公路
路面平整度	平整度仪 σ(mm)	≤2.5	≤3.5
	3m 直尺(mm)	≤5	≤8
	IRI(m/km)	≤4.2	≤5.8
路面抗滑性能	构造深度 TD(mm)	≥0.4	≥0.3
	抗滑值 SRV(BPN)	≥45	≥35
	横向力系数 SFC	≥0.38	≥0.30
相邻板高差(mm)		≤3	≤5
接缝填缝料凸凹差(mm)		≤3	≤5
路面损坏状况指数(PCI)		≥70	≥55

2. 水泥混凝土路面养护对策

根据路面技术状况评定结果和养护质量标准,首先确定水泥混凝土路面养护的工程规模,即日常保养、预防养护还是修复养护等,然后按照各自的养护要求进行施工。应根据路面技术状况评价结果确定养护对策。

(1)高速公路及一级公路的路面损坏状况指数评价为优和良,二级及二级以下公路的路面损坏状况指数评价为中及中以上时,可采取日常养护和局部或个别板块修补措施。

(2)高速公路及一级公路的路面损坏状况指数评价为中及中以下,二级及二级以下公路的路面损坏状况指数评价为次及次以下时,应采取全路段修复或改善措施。包括直接加铺、水泥混凝土板打裂压稳后加铺和碎石化后加铺。

(3)高速公路及一级公路的路面行驶质量指数、抗滑性能指数评价为中及中以下,二级及二级以下公路的路面行驶质量指数、抗滑性能指数评价为次及次以下时,应分别采取措施,改善路面平整度,提高路面表面的抗滑能力。

(4)路面结构承载能力不满足现有交通的要求时,应采取铺筑沥青混合料或水泥混凝土加铺层措施提高其承载能力。目前尚没有规范规定的水泥混凝土路面承载能力检测评定方法,可根据交通量明显大于设计交通量的情况,使用现有交通量对路面结构承载能力进行验算,检验其是否满足要求。

3.水泥混凝土路面养护技术类型

根据水泥混凝土路面损坏程度,以及现阶段我国广泛采取的水泥混凝土路面养护措施,水泥混凝土路面养护技术可以分成五类:

(1)水泥混凝土路面病害维修:针对水泥混凝土路面的主要损坏类型(如裂缝、板角断裂等)进行局部处治。

(2)水泥混凝土路面表面功能恢复:针对水泥混凝土表面的轻微损坏,采用水泥砂浆罩面、钢纤维水泥砂浆、沥青磨耗层及沥青薄层罩面等措施进行修复,恢复其使用性能。

(3)水泥混凝土路面加铺层:保留原路面结构,在上面加铺水泥混凝土路面或沥青混合料路面,必要时设置应力吸收层等防反射裂缝措施。

(4)水泥混凝土路面现场处治再利用技术:将原水泥混凝土路面面层进行现场打裂或碎石化作为新路面的基层或底基层,上面再加铺面层(或基层)。

(5)水泥混凝土路面集料场再生:将原水泥混凝土路面板现场挖出、集中破碎再生,以集料的形式用在新的水泥混凝土路面中。

以上养护技术从(1)到(5)对原有路面的利用程度逐渐减弱;进行养护对策选择时,应结合路面的实际情况,最大限度地利用原有路面,选择适宜的养护维修方案。根据《公路水泥混凝土路面再生利用技术细则》(JTG/T F31—2014)中建议:断板率不小于5%时,路面使用性能良好,不宜采用再生利用技术,可以采用原水泥混凝土表面功能恢复或加铺层措施;断板率大于5%且小于80%时,宜采用就地碎石化再生利用技术;断板率小于20%,且脱空率不大于10%时,也可采用就地发裂再生利用技术。

4.4.2 水泥混凝土路面病害维修

水泥混凝土路面日常养护应通过经常性的巡查,及时发现缺陷,查明原因,采取适当措施,清除障碍物,保持路面状况良好。水泥混凝土路面的日常养护主要包括清扫保洁、接缝保养及填缝料更换、路面排水设施养护等。

由于水泥混凝土刚性大,路面板板体性强,路面病害的维修一般比较困难。路面病害经维修后应能够保证维修的有效性。因此,应根据病害的类型和程度、病害产生的原因、经济条件,首先选择技术成熟的维修技术,有条件的可选择性能更好更先进但一次费用较高的维修材料和技术。

4.4.2.1 裂缝维修

根据水泥混凝土路面裂缝宽度不同,采用不同的方式进行维修。

1. 宽度<3mm 的轻微裂缝(包括横向和纵向裂缝)

可采取扩缝灌浆或填塞填缝胶的方法维修。

首先,顺着裂缝将裂缝扩宽为 15~20mm 的沟槽(图 4-40),槽深可根据裂缝深度确定,最大深度不得超过 2/3 板厚。清除混凝土碎屑,吹净灰尘,填入粒径 3~6mm 的清洁石屑或粗砂,有条件的可用多孔柔性垫底材料(图 4-41)或泡沫塑料支撑条。根据采用的灌缝材料,按照各自的配比均匀混合后,灌入扩缝内。灌缝或填缝材料凝固后,达到通车强度要求,即可开放交通。图 4-42 给出了硅酮胶的灌缝过程及灌缝效果。

图 4-40　裂缝锯切缝　　　　　　　　图 4-41　多孔柔性垫底材料

a)硅酮胶填缝　　　　　　b)硅酮胶填缝完好　　　　　　c)填缝部分失效

图 4-42　硅酮胶的灌缝过程及灌缝效果

2. 宽度 3~15mm 的横向裂缝

可采取条带罩面进行补缝。具体工艺分为五个步骤:

(1)在裂缝两侧距离裂缝至少 150mm 平行于裂缝切缝,凿出切缝之间的混凝土,深度 70mm 为宜(图 4-43),并将切缝内壁凿毛,清除松动的混凝土碎块及表面尘土和裸石。

(2)间隔 500mm 打一对靶钉孔,靶钉孔的大小应略大于靶钉直径 2~4mm,并在两靶钉孔之间凿出与靶钉直径相一致的靶钉槽。

(3)靶钉宜采用 $\phi 16$ 螺纹钢筋,使用前应予以除锈。靶钉长度不小于 200mm,两端弯钩长度为 70mm。

(4)靶钉孔必须先填满水泥砂浆,然后将靶钉插入孔内安装。

(5)浇筑混凝土并振捣密实、抹平,喷洒养护剂。

图 4-43　条带补缝(尺寸单位:mm)

3.宽度>15mm 的横向裂缝

可采用全深度补块,具体可分为集料嵌锁法、刨挖法、设置传力杆法。

(1)集料嵌锁法

在待修补的水泥混凝土路面位置上平行于缩缝画线,沿画线进行全深度切割。在保留板块边部沿内侧 40mm 位置锯 50mm 深的缝(图 4-44)。全深锯口和半深锯口之间 40mm 宽条混凝土垂直面应凿成毛面。破碎、清除原水泥混凝土,采用不低于原水泥混凝土各项指标的混凝土进行浇筑,浇筑后振实、整平。

图 4-44　集料嵌锁法(尺寸单位:mm)

(2)刨挖法(亦称倒梯形法)

在相邻板块横边的下方暗挖 150mm×150mm 的一块面积用于传递荷载(图 4-45)。其他施工要求与集料嵌锁法相同。

图 4-45　刨挖法(尺寸单位:mm)

(3)设置传力杆法

设置传力杆法(图 4-46)施工要求如下:

①原水泥混凝土板挖除并处理基层后,保留板露出拉杆或传力杆的,应首先修复。然后根据下面第③、④、⑤条的要求安设传力杆和拉杆。

②横向施工缝传力杆直径为 $\phi 25mm$、长度为 450mm,嵌入相邻保留板 225mm,传力杆间距为 300mm,误差应小于 3mm。

③纵向施工缝设置拉杆,采用直径为 $\phi 16mm$ 的螺纹钢筋,长度 800mm,嵌入相邻保留板

400mm,拉杆间距 800mm。

④安装前先在保留板板厚 1/2 处钻出比传力杆或拉杆直径大 2~4mm 的孔。

⑤传力杆和拉杆宜用环氧砂浆牢牢地固定在规定位置,摊铺混凝土前,光圆传力杆的伸出端应涂抹润滑油或沥青。

⑥其他施工要求与集料嵌锁法相同。

图 4-46 设置传力杆法(尺寸单位:mm)
r-板厚

宽度 3~15mm 的纵向或斜向裂缝,可参照宽度<3mm 轻微裂缝的维修方法,亦可采用集料嵌锁法、刨挖法、设置传力杆法。宽度>15mm 的裂缝,根据工程经验,可采用扩宽裂缝后,底部灌注清洁石屑或粗砂等垫底材料,然后灌注沥青砂或其他填塞材料,压实至与面板齐平。裂缝扩宽宽度和深度一般为 30~50mm。

4.4.2.2 板边、板角维修

板边和板角的维修方式并不相同,分别对其进行介绍。

1.板边修补

当对水泥混凝土面板板边轻度剥落进行修补时,应将剥落的表面清理干净,用沥青混合料或接缝材料修补平整。当板边严重剥落时,可参照宽度 3~15mm 的横向裂缝的修补方法进行。当板边全深度破碎时,可参照宽度>15mm 的横向裂缝的修补方法进行。

2.板角修补

板角断裂应按破裂面的大小确定切割范围(图 4-47)。切缝后,凿除破损部分时,应凿成规则的垂直面。原有钢筋不应切断,如果钢筋难以全部保留,至少保留 200~300mm 长的钢筋头,且应长短交错。对原有滑动传力杆,有缺陷的应予更换,并在新旧混凝土之间加设传力杆,传力杆间距控制在 300mm。基层不良时,可采用 C15 水泥混凝土浇筑基层。与原有路面板的接缝面,应涂刷沥青,如为胀缝,应设置接缝板。现浇混凝土与原混凝土面板之间的接缝应切出宽 3mm、深 4mm 的接缝槽,并灌入填缝材料。

4.4.2.3 板块脱空维修

板底脱空是水泥混凝土路面的一种常见病害,如果不及时处治,往往会进一步引发裂缝、板破碎等其他病害。但是,由于板底脱空的位置在水泥混凝土路面板底部,对其进行检测和维修都非常困难。这里介绍常用的处治方法。

1.脱空及位置检测

水泥混凝土板下是否脱空以及脱空位置的确定可采用弯沉测定法。须用 5.4m 的长杆弯沉仪,及相当于 BZZ-100 的标准汽车。弯沉仪的测点与支座不应放在相邻两块板上,待弯沉车驶离测试板块,方可读取百分表值。凡弯沉超过 20(0.01mm)的应确定为板底脱空。

图 4-47 板角修补法
注:修复纵向边不能位于轮迹上。

2.脱空的处治(灌浆法)

脱空的处治可采用板下灌浆法,灌浆孔布设基本要求见图 4-48。灌浆孔布设应根据水泥混凝土面板的尺寸、下沉量大小、裂缝状况以及灌浆设备性能综合确定。用钻孔机在路面上打孔,孔的大小应和灌注嘴的大小一致,一般为 50mm 左右。灌浆孔与面板边的距离不应小于500mm。在一块板上,灌浆孔的数量一般为 5 个,也可根据情况确定。

水泥混凝土路面板和基层之间由于出现空隙而导致路面沉陷的,可采用水泥浆、水泥粉煤灰浆和水泥砂浆灌浆等方法进行板下封堵。

图 4-48 灌浆孔布设(尺寸单位:mm)
d-灌浆孔直径;L-板长;b-板宽

4.4.2.4 错台维修

错台的处治方法有磨平法和填补法两种,可按错台的轻重程度选定。

高差小于等于 10mm 的错台,可采用磨平机磨平,或人工凿平。应从错台最高点开始向四周扩展,边磨边用 3m 直尺找平,直至相邻两块板齐平为止,见图 4-49。磨平后,应将接缝内杂物清除干净,并吹净灰尘,及时将嵌缝料填入。

高差大于 10mm 的严重错台,可采取沥青砂或水泥混凝土进行填补处治。采用水泥混凝土进行修补时应将错台下沉板凿除 20~30mm 深,修补长度按错台高度除以坡度(1%)计算,见图 4-50。凿除面应清除杂物灰尘。浇筑聚合物细石混凝土,待混凝土达到通车强度后,即可开放交通。

图 4-49　错台磨平法(尺寸单位:mm)　　　　图 4-50　错台填补法(尺寸单位:mm)
　　　　h-错台高度　　　　　　　　　　　　　　　　h-错台高度

4.4.2.5　拱起维修

拱起处理应根据具体情况,采取不同的方法进行处治。

(1)拱起板块两侧附近 1~2 条板端拱起但路面完好时,应根据板块拱起高低程度,计算要切除部分板块的长度。先将横缝切宽,待应力充分释放后切除拱起端,逐渐将板块恢复原位,在缝隙和其他接缝内应清缝,并灌注接缝材料,见图 4-51。

图 4-51　板体拱起维修

(2)拱起板端发生断裂或破损时,可参照宽度大于 15mm 的裂缝的修补方法进行。

(3)拱起板两端间因硬物夹入发生拱起,应将硬物清除干净,使板块恢复原位,应清理接缝内杂物和灰尘,灌填缝料。

(4)胀缝间因传力杆部分或全部在施工时设置不当,使板受热时不能自由伸长而发生拱起,应重新设置胀缝。按水泥混凝土路面有关施工规范执行,使面板恢复原状。

(5)混凝土路面板的胀起与拱起的处理方法一致。

4.4.2.6　坑洞维修

坑洞维修应根据不同情况采取相应措施进行。对个别坑洞,应清除洞内杂物,用水泥砂浆等材料填充,达到平整密实;对坑洞较多且连成一片的,应采取薄层修补方法进行维修。

低等级公路对面积较大、深度在 30mm 以内、成片的坑洞,可用沥青混合料进行维修。

4.4.2.7　接缝维修

接缝维修包括:接缝填缝料损坏维修、纵向接缝张开维修、接缝出现碎裂时的接缝维修等。

(1)接缝填缝料损坏维修采用清除旧料重新填缝的方法。

(2)纵向接缝张开根据张开宽度不同采用不同的方法。当相邻车道面板横向位移,纵向接缝张开宽度在10mm以下时,可采取聚氯乙烯胶泥、焦油类填缝料和橡胶沥青等加热施工式填缝料进行维修。当相邻车道板横向位移,纵向接缝张口宽度在10mm以上时,宜采取聚氨酯类常温施工式填缝料进行维修。当纵向接缝张口宽度在15mm以上时,采用沥青砂填缝。

(3)接缝出现碎裂时可在破碎部位外缘切割成规则图形,其周围切割面应垂直于面板,用高模量补强材料进行填充维修。

4.4.2.8 露骨维修

露骨应根据公路等级和表面破损程度,采用不同的材料和施工方法进行维修,对局部板块的表面起皮应进行罩面。

(1)一般公路水泥混凝土板露骨,宜采用稀浆封层加以处治。

(2)高速公路水泥混凝土板露骨,宜采用微表处或沥青混凝土加以处治。

(3)对于较大面积的水泥混凝土面板露骨,宜采取稀浆封层及沥青混凝土罩面措施。

4.4.2.9 整块面板维修

当水泥混凝土板开裂成破碎板时,需进行整块面板维修,凿除旧板,浇筑新板。凿除旧板应注意对相邻板块的影响,尽可能保留原有拉杆。宜用液压镐凿除破碎混凝土板,应及时清运混凝土碎块。基层损坏部分应予清除,并将基层整平、压实。个别板块基层宜用C15贫混凝土将路面基层补强,其补强混凝土顶面高程应与原路面基层顶面高程相同。

整块面板维修往往会影响交通,因此,维修用混凝土配合比及所选用的材料,应根据路面通车时间的要求选用快速修补材料,最好采用养护剂进行养护。

4.4.2.10 部分路段修复

对于部分水泥混凝土路段存在破碎板的,应进行整段修复。首先,采用配备液压镐的混凝土破碎机将原水泥混凝土板破碎,及时清除混凝土碎块,整平基层并压实。基层强度不足时,可采用水稳性较好的材料进行处理。

对损坏的拉杆要修复,可在原拉杆位置附近,打直径18mm、深350mm拉杆孔,用压缩空气清孔,灌高强砂浆,将ϕ14mm、长700mm的螺纹钢筋插入原水泥混凝土面板中350mm。

另外,在新旧水泥混凝土板交接处应设传力杆。在原混凝土板侧向涂刷沥青,将ϕ25mm、长450mm的光圆钢筋,插入原水泥混凝土面板中。

修复水泥混凝土路面的材料要求、施工工艺等应按照公路水泥混凝土路面有关施工规范执行。

4.4.3 水泥混凝土路面表面功能恢复

水泥混凝土路面表面功能恢复是指在水泥混凝土表面出现损坏但内部未发生结构性破坏时,对水泥混凝土路面采取的综合性技术措施。由于此措施是在路面全寿命周期的破坏初始阶段就对路面损坏进行干预,因此能有效恢复道路表面功能,延缓路面损坏的进一步发展,从而起到延长道路使用寿命的作用。

常用的水泥混凝土路面表面功能恢复措施主要包括：薄层水泥砂浆罩面、钢纤维水泥砂浆/水泥混凝土罩面、沥青磨耗层及沥青混合料薄层罩面。沥青磨耗层包括沥青砂、稀浆封层、微表处、碎石封层等，沥青磨耗层和沥青混合料薄层罩面的具体内容可以参见本章 4.2 节相关部分介绍，在使用过程中尤其要注意做好层间黏结。

4.4.3.1　薄层水泥砂浆罩面

薄层水泥砂浆罩面主要针对水泥混凝土路面表面剥落和露骨等进行罩面修复，该方法施工简便、快速、维修费用低，主要目的是阻止路面表层破坏进一步发展，并恢复路面的使用性能。当原有路面结构完整，仅表面砂浆出现剥落、露骨，不存在或只存在少量坑洞，路面整体平整度较好时，可进行薄层水泥砂浆罩面修补。如路面已出现断板、沉陷、碎裂、拱起或坑洞等不平整程度较大的破坏或结构性破坏时，则不适宜采用薄层罩面修补。

薄层水泥砂浆罩面采用下面的步骤进行施工：

（1）罩面前修补。罩面前要对表面坑洞进行修补，修补方法是将坑洞凿成凹形，较大的坑洞填早强水泥混凝土，较小的坑洞填早强水泥砂浆。

（2）表面清理。先用喷砂或冲砂法清除表面不坚实的砂浆及其他物质，再用冲水法清除浮砂，同时湿润原水泥混凝土表面，在刷界面处理剂前，用喷气法吹去表面积水。

（3）配制界面处理剂。用相同的水泥和水泥改性剂配制，比例为水泥:改性剂＝1:1，用电动搅拌机搅拌至均匀黏稠状，使水泥与水泥改性剂充分分散均匀。

（4）涂刷界面处理剂。当路面表面达到潮湿而无积水时，即可开始涂刷界面处理剂。

（5）拌制罩面砂浆。采用水泥砂浆搅拌机按照配合比进行砂浆拌制。

（6）铺罩面砂浆。当界面处理剂刷好后迅速铺上罩面砂浆，并用木板条紧贴路表面刮平，不留多余的罩面砂浆，使罩面砂浆层越薄越好。

（7）压纹。罩面砂浆刮平后，会形成自然粗糙的表面，不压纹已完全可满足抗滑要求，也可用压纹滚压纹。

（8）拉缝。摊铺后的罩面砂浆暴露在空气中，聚合物将很快成膜，罩面砂浆失去流动性。$1\sim2h$ 后，当表面砂浆出现晾干痕迹时，用抹刀或铁板沿原混凝土接缝拉缝，使罩面层在原接缝处基本断开，减少由于水泥混凝土板的温度变形给罩面层接缝处界面造成不良影响。

（9）养护。拉缝后罩面晾干，表面无黏性时，铺塑料薄膜，薄膜搭接 200mm 以上，并在薄膜面上铺洒砂或泥土，使薄膜紧贴罩面层，确保罩面得到良好的养护。

（10）开放交通。根据罩面砂浆的强度发展确定开放交通时间。

4.4.3.2　钢纤维水泥砂浆/水泥混凝土罩面

钢纤维水泥砂浆是用钢纤维配成钢纤维增强水泥砂浆或钢纤维细石混凝土（粗集料最大粒径不大于 15mm 的混凝土），对损坏的水泥混凝土路面进行罩面修补。

钢纤维水泥混凝土是将钢纤维按一定数量（体积率一般为 $1.0\sim1.5\%$）无序分布在水泥混凝土中形成的钢纤维增强水泥混凝土，是一种新型高强复合工程材料。由于钢纤维的掺入，使脆性的基体成为具有良好韧性的钢纤维增强混凝土基复合材料，具有优良的抗弯、抗拉、抗裂、抗疲劳、抗冲击强度和耐磨性能，疲劳寿命长，并具有良好的阻止和抑制因温度应力引起裂缝产生与扩展的能力。

1.钢纤维的基本要求

影响钢纤维混凝土性能的因素,除与混凝土基体有关的砂率、粗集料最大粒径、减水剂、掺合料等外,主要是钢纤维类型、钢纤维掺量和钢纤维长径比。

2.钢纤维混凝土配合比设计

钢纤维混凝土配合比设计时,首先使素混凝土满足设计要求的抗弯拉强度、抗压强度和施工要求的均匀性及和易性,再考虑钢纤维的体积率。具体配合比设计内容包括计算配制强度,确定水灰比、单位用水量、单位水泥用量、砂率,计算集料用量、确定钢纤维体积率及钢纤维用量。

3.钢纤维混凝土施工

应特别注意钢纤维给施工带来的技术问题:

(1)保证钢纤维均匀分布

为了使钢纤维能在混凝土拌和物中均匀分布并防止在搅拌时纤维结团,在搅拌时每盘搅拌量不宜大于搅拌机额定搅拌量的80%,易采用强制式搅拌机拌和。为保证搅拌质量,可采用先干后湿的拌和工艺。

(2)防止钢纤维混凝土拌和物离析

由于钢纤维混凝土在运输过程中受到振动,会使钢纤维下沉,坍落度和含气量都会有损失,影响均匀性。因此,尽量缩短运输距离,并注意选择合适的自卸运输车辆,以保证浇筑时的卸料高度不超过1.5m,确保卸料过程中不发生离析现象;同时,宜注意运输时的温度,避免造成混凝土的施工和易性下降。

(3)钢纤维混凝土拌和物的成型方法

钢纤维混凝土采用人工摊铺与平板振动器振捣。用人工将钢纤维混凝土拌和物大致摊铺整平,摊铺后用平板振动器振捣,振捣的持续时间以混凝土停止下沉,不再冒气泡并泛出水泥浆为准,且不宜超时间振捣。振捣时辅以人工找平,混凝土整平采用振动梁振捣拖平,再用钢滚筒依次滚压进一步整平,整平的表面不得裸露钢纤维。

(4)做好切缝、养护工作

钢纤维混凝土路面设有多种切缝。胀缝与路中心线垂直,缝壁必须垂直,缝隙宽度必须一致,缝中不得有连浆现象,缝内应及时浇灌填缝料。当钢纤维混凝土养生强度约达到设计强度的50%时,采用切割机切缝。保持施工缝、胀缝或缩缝设计位置吻合,以及施工缝与路中线垂直。对胀缝、缩缝均采用填缝料填缝。

拆模后发现纤维外露或漏振时,要及时进行适当处理。对完工的混凝土路面采用洒水养生,终凝后用麻袋或草包覆盖并坚持每天洒水养护,保持混凝土呈潮湿状态。养生时间为10~15d,待混凝土测试强度达到规定强度,再开放交通。

4.4.4 水泥混凝土路面加铺层

当高速公路、一级公路水泥混凝土路面的损坏状况为中等及以上,接缝传荷能力也为中等及以上,二级及以下公路的路面损坏状况和接缝传荷能力为次及以上时,可以采用原水泥混凝土路面加铺改建方案。水泥混凝土路面加铺层根据加铺的材料不同,可以分为水泥混凝土路面上直接加铺水泥混凝土路面("白+白")和水泥混凝土路面上加铺沥青路面("白+黑")两种方式,无论哪种方式均需要进行加铺层设计,以确定加铺层厚度。经过加铺的水泥混凝土路面可以有效改善路面表面的功能,恢复磨光、平整度差等表面病害。

在进行混凝土路面加铺层设计之前,应调查下列内容:

(1)公路修建和养护技术资料:路面结构和材料组成、接缝构造及养护历史等;

(2)路面损坏状况:损坏类型、轻重程度、范围及修补措施等;

(3)路面结构强度:路表弯沉、接缝传荷能力、板底脱空状况、面层厚度和混凝土强度等;

(4)已承受的交通荷载及预计的交通需求:交通量、轴载组成及增长率等;

(5)环境条件:沿线气候条件、地下水位以及路基和路面的排水状况等。

4.4.4.1 原水泥混凝土路面状况调查

1.路面损坏状况调查评定

路面损坏状况是路面结构的物理状况和承载能力的表观反映。其中,对混凝土路面结构性能和行车舒适性影响最大的是断裂类损坏和接缝错台两种,它们是决定加铺层结构形式及其厚度设计的主要因素。因此,原混凝土路面的损坏状况采用断板率和平均错台量两项指标评定。

(1)断板率 DBL

断板率的调查可按现行《公路水泥混凝土路面养护技术规范》(JTJ 073.1)的规定进行,计算路段内断裂类病害的板块数,按断裂裂缝种类和严重程度的不同,采用不同的权系数进行修正后,按式(4-8)确定。

$$\mathrm{DBL} = (\sum_{i=1}^{n}\sum_{j=1}^{m_i}\mathrm{DB}_{ij}W'_{ij})/\mathrm{BS} \tag{4-8}$$

式中:DB_{ij}——i 种裂缝病害 j 种轻重程度的板块数;

W'_{ij}——i 种裂缝病害 j 种轻重程度的修正权系数,按表 4-76 确定;

BS——评定路段内的板块总数。

计算断板率的权系数 W'_{ij} 表 4-76

裂缝类型	交叉裂缝			角隅断裂			纵、横、斜向裂缝		
轻重程度	轻	中	重	轻	中	重	轻	中	重
权系数 W'_{ij}	0.60	1.00	1.50	0.20	0.70	1.00	0.20	0.60	1.00

(2)平均错台量

错台调查可采用错台仪或其他方法量测接缝两侧板边的高程差,量测点的位置在错台严重车道右侧边缘内 300mm 处,以调查路段内各条接缝高程差的平均值表示该路段的平均错台量。

路面损坏状况分为 4 个等级,各个等级的断板率和平均错台量的分级标准见表 4-77。

水泥混凝土路面损坏状况分级标准 表 4-77

等级	优良	中	次	差
断板率(%)	≤5	5~10	10~20	>20
平均错台量(mm)	≤3	3~7	7~12	>12

2.接缝传荷能力和板底脱空状况调查评定

原混凝土面层板的接缝传荷能力和板底脱空状况采用弯沉测试法调查评定,弯沉测试宜采用落锤式弯沉仪。

(1)接缝传荷能力

测定接缝传荷能力的试验荷载应采用设计轴载的一侧轮载,加载位置在邻近接缝的路面表面,实测接缝两侧边缘的弯沉值。按式(4-9)计算接缝的传荷系数。

$$k_j = \frac{w_u}{w_l} \times 100 \qquad (4-9)$$

式中:k_j——接缝传荷系数(%);

w_u——未受荷板接缝边缘处的弯沉值(0.01mm);

w_l——受荷板接缝边缘处的弯沉值(0.01mm)。

原混凝土面层的接缝传荷能力分为4个等级,分级标准见表4-78。

接缝传荷能力分级标准 表4-78

等级	优良	中	次	差
接缝传荷系数 k_j	≥80	60~80	40~60	<40

(2)板底脱空

板底脱空可根据面层板角隅处的多级荷载弯沉测试结果,并综合考虑唧泥和错台发展程度以及接缝传荷能力进行判别,也可采用雷达、声波检测仪器检测板底脱空状况。

3.原水泥混凝土路面结构参数调查

原水泥混凝土路面结构参数调查主要包括原水泥混凝土面层厚度、弯拉强度、弯拉弹性模量和原水泥混凝土路面基层顶面的当量回弹模量。

(1)原水泥混凝土面层厚度

原水泥混凝土面层厚度的标准值可根据钻孔芯样的量测高度按式(4-10)计算确定。

$$h_e = \bar{h}_e - 1.04 s_h \qquad (4-10)$$

式中:h_e——原水泥混凝土面层量测厚度的标准值(mm);

$\bar{h}_e$——原水泥混凝土面层量测厚度的均值(mm);

s_h——原水泥混凝土面层厚度量测值标准差(mm)。

(2)原水泥混凝土面层的弯拉强度

原水泥混凝土面层的弯拉强度标准值可采用钻孔芯样的劈裂试验测定结果按式(4-11)和式(4-12)计算确定。

$$f_r = 1.87 f_{sp}^{0.87} \qquad (4-11)$$

$$f_{sp} = \bar{f}_{sp} - 1.04 s_{sp} \qquad (4-12)$$

式中:f_r——原水泥混凝土面层的弯拉强度标准值(MPa);

f_{sp}——原水泥混凝土面层的劈裂强度标准值(MPa);

$\bar{f}_{sp}$——原水泥混凝土面层的劈裂强度测定值的均值(MPa);

s_{sp}——原水泥混凝土面层的劈裂强度测定值的标准差(MPa)。

(3) 原水泥混凝土面层的弯拉弹性模量

原水泥混凝土面层的弯拉弹性模量标准值可按式(4-13)计算确定。

$$E_c = \frac{10^4}{0.09 + \dfrac{0.96}{f_r}} \tag{4-13}$$

式中：E_c——原水泥混凝土面层的弯拉弹性模量标准值(MPa)；

f_r——原水泥混凝土面层的弯拉强度标准值(MPa)。

(4) 原水泥混凝土路面基层顶面的当量回弹模量

原水泥混凝土路面基层顶面的当量回弹模量标准值，宜采用落锤式弯沉仪(设计荷载100kN、承载板半径150mm)量测板中荷载作用下的弯沉曲线，按式(4-14)和式(4-15)确定。

$$E_t = 100e^{3.60 + 24.03 w_0^{-0.057} - 15.63 \text{SI}^{0.222}} \tag{4-14}$$

$$\text{SI} = \frac{w_0 + w_{300} + w_{600} + w_{900}}{w_0} \tag{4-15}$$

式中： E_t——基层顶面的当量回弹模量标准值(MPa)；

SI——路面结构的荷载扩散系数；

w_0——荷载中心处弯沉值(μm)；

w_{300}、w_{600}、w_{900}——距离荷载中心300mm、600mm和900mm处的弯沉值(μm)。

当采用落锤式弯沉仪的条件受到限制时，可选择在清除断裂混凝土板后的基层顶面进行梁式弯沉测量后，根据基层钻芯的材料组成及性能情况依经验确定。

4. 原水泥混凝土路面加铺方案

原水泥混凝土路面加铺改建方案见表4-79。根据调查得到的原水泥混凝土路面的状况及路面使用要求，原水泥混凝土路面加铺层可选用分离式混凝土加铺、结合式混凝土加铺以及沥青混合料加铺三种结构，其中，沥青加铺层适用的情况更多，结合式混凝土加铺层仅适用于接缝传荷能力和路面损坏状况评价等级为优良的路面，具体实施方案需经技术经济比较后选定。

原水泥混凝土路面加铺改建方案　　　　表4-79

接缝传荷能力评价等级		优良		中		次	差
路面损坏状况评价等级		优良	其他	中等以上	其他		
加铺改建方式	结合式混凝土加铺	●					
	分离式混凝土加铺	●	●	○			
	沥青混合料加铺	●	●	●	●	○	
	破裂稳固改建				●		
	碎石化改建					●	●
	挖除改建						●

注：●-各等级公路适宜加铺改建方案；○-二级及二级以下公路适宜加铺改建方案，高速公路、一级公路不宜采用。

4.4.4.2 分离式水泥混凝土加铺层结构

分离式水泥混凝土加铺层结构是指在原水泥混凝土面层与加铺层之间设置隔离层，各层混凝土独立发挥其强度作用。隔离层材料宜选用沥青混合料，厚度不宜小于40mm；加铺层材料可采用普通混凝土、钢筋混凝土、连续配筋混凝土和钢纤维混凝土。其中,普通混凝土、钢筋混凝土和连续配筋混凝土加铺层的厚度不宜小于180mm,钢纤维混凝土加铺层的厚度不宜小于140mm;加铺层的接缝形式和位置,应按新建混凝土面层的要求布置。结构示意见图4-52。

图4-52 分离式水泥混凝土加铺层结构

由于加铺层与原面层之间设置了隔离层,原面层的接缝和裂缝一般不会影响到加铺层而使之产生反射裂缝,所以相对于其他加铺层,分离式加铺层可用于损坏较严重的混凝土路面。

加铺层铺筑前应更换破碎板,修补裂缝,磨平错台,压浆填封板底脱空,清除夹缝中失效的填缝料和杂物,并重新封缝。加铺层和原混凝土面层应力分析,按分离式双层板进行,计算方法见《公路水泥混凝土路面设计规范》(JTG D40—2011)附录B.4和B.5。

4.4.4.3 结合式水泥混凝土加铺层结构

结合式水泥混凝土加铺层结构是指对原路面采用铣刨、喷射高压水或钢珠、酸蚀等方法,打毛清理原混凝土面层表面,并在清理后的表面涂敷黏结剂,使加铺层与原混凝土面层结合成整体,共同发挥结构的整体强度作用。结合式加铺层厚度不小于80mm。加铺层的接缝形式和位置需与原混凝土面层的接缝完全对齐,加铺层内可不设拉杆或传力杆。结构示意见图4-53。

图4-53 结合式水泥混凝土加铺层结构

由于结合式加铺层的厚度较薄,原面层的接缝和发展性裂缝都会反射到加铺层上。所以只有当原混凝土路面的损坏状况和接缝传荷能力评定等级为优良,面层板的平面尺寸及接缝布置合理,路拱横坡符合要求时,才可采用结合式混凝土加铺层。

加铺层和原混凝土板的应力分析,按结合式双层板进行,计算方法见《公路水泥混凝土路面设计规范》(JTG D40—2011)附录B.6。

4.4.4.4 沥青加铺层结构

沥青加铺层可设单层或双层沥青面层,其中至少有一层采用密级配沥青混合料,可根据需要设置调平层,在路面边缘宜设置内部排水系统。沥青加铺层与原水泥混凝土面板之间宜洒布改性沥青,加强层间结合,避免层间滑移。结构示意见图 4-54。

图 4-54 沥青加铺层结构

与其他两种加铺方式相比,沥青加铺层适用情况更加广泛。加铺层铺筑前应更换破碎板,修补和填封裂缝,磨平错台,压浆填封板底脱空,清除原混凝土面层表面的松散碎屑、油迹或轮胎擦痕,剔除接缝中失效的填缝料和杂物,并重新封缝。由于沥青加铺层较薄,层间模量比大,应采取措施提高沥青混合料高温抗剪强度和加强层间结合,防止沥青层剪切、推移与反射裂缝。所以沥青加铺层与原水泥混凝土路面应根据气温、荷载、原混凝土路面承载能力、接缝传荷能力等合理选用下述减缓反射裂缝的措施:

(1)增加沥青加铺层的厚度;
(2)在加铺层沥青混合料中掺加纤维及橡胶等改性剂;
(3)在原混凝土板顶面或加铺层内设置应力吸收层、聚氨酯纤维或者土工织物夹层;
(4)沥青加铺层下层采用大粒径沥青碎石。

沥青加铺层的厚度确定应兼顾两方面,一是与所选沥青混合料的公称最大粒径相匹配,二是满足减缓反射裂缝的要求。高速公路和一级公路的最小厚度为 100mm,其他等级的公路最小厚度宜为 80mm。

沥青加铺层下原混凝土板的应力分析按《公路水泥混凝土路面设计规范》(JTG D40—2011)附录 C 进行。

4.4.5 水泥混凝土路面现场处治再生利用技术

目前,我国有超过 50% 的有铺装路面是水泥混凝土路面,随着时间的推移,需要处理的原水泥混凝土路面将会越来越多。与其他建筑材料一样,原水泥混凝土路面材料也是可以再生利用的材料。对于那些不宜采用直接加铺或罩面方法进行养护的原水泥混凝土路面板,采用再生利用的方法是一种理想的技术措施,国际上已取得了共识。原水泥混凝土路面材料再生利用技术可划分为集料场再生与现场再生处治两类。

水泥混凝土路面现场处治再生利用技术也称水泥混凝土路面就地再生利用技术,是指采用专用设备对原水泥混凝土路面进行原位破碎、打裂压稳或冲击压裂等工艺处置后,作为基层或底基层使用的技术。常用的现场处治再生利用技术包括:就地发裂(打裂)再生利用技术和就地碎石化再生利用技术,前者简称打裂压稳技术,后者简称碎石化技术。

采用现场处治再生利用技术可以解决原路面的反射裂缝问题,消除原有路面病害。在使用时需要对原路面状况、沿线构造物及施工环境、原路历史资料等进行收集和分析,并注意以下问题:

(1)原路现状调查:包括断板率、脱空率、沥青混合料修补面积、面板强度、换板情况、基层病害处置方式、交通量及组成等;

(2)路基土的 CBR 调查:按照现行《公路路基路面现场测试规程》(JTG 3450)测定路基顶面加州承载比 CBR。

通过近年来的工程实践来看,在消除反射裂缝方面,碎石化技术更具优势。无论是哪种技术,处治后的路面都不能直接使用,还需要进行加铺层设计。

4.4.5.1 打裂压稳技术

就地发裂再生利用技术(打裂压稳技术)是指采用板式破碎机或冲击压路机等专用设备将原水泥混凝土路面原位破碎成不规则的块状嵌挤体,作为底基层使用的技术。目前,该技术主要包括两类,门板式打裂压稳再生利用技术(简称门板式打裂压稳技术)和冲击压稳再生利用技术(简称冲击压稳技术)。适用于断板率小于 20%、脱空率不大于 10% 的水泥混凝土路面。

1. 门板式打裂压稳技术(Plate Breaking and Re-rolling Recycling)

门板式打裂压稳技术是指采用板式破碎机进行原水泥混凝土路面就地发裂再生利用的技术。采用压路机压稳后作为底基层使用。根据交通量和公路等级的不同,该技术要求的加铺层厚度为 75mm 以上。

(1)门板式打裂压稳设备

门板式打裂压稳设备主要包括打裂设备、压稳设备和附属设备。打裂设备主要是门板式打裂机[图 4-55a)],该设备一般配有宽度为 2.5m 的门板式冲击锤,锤头重 5t,具有足够的能量使混凝土路面产生深度的开裂。压稳设备主要是 25t 的胶轮压路机,低于 25t 时应增加压实遍数,以达到规定要求。附属设备主要包括洒水车、充气设备、清扫设备、各种手动工具。

a)门板式打裂机

b)打裂后路面

c)压稳后路面

图 4-55 门板式打裂压稳技术

(2)门板式打裂压稳机理

门板式打裂压稳的过程是一个能量转换的过程,门板式重锤自由落体将势能转化为动能,与路面结构接触后,将动能的绝大部分转化为作用点区域内各质点的动能和势能。

工作时,门板式打裂机将原水泥混凝土路面沿横向每隔 0.4~0.6m 打裂,打裂后使 75% 以上的路面产生不规则开裂,相邻裂缝围成的面积一般为 0.4~0.6m^2。但是,应注意避免过度破坏,打裂时不使路面板产生过大位移,不使混凝土板由于打裂产生大量的碎屑。

门板式打裂压稳强度形成的机理是:水泥混凝土板经重锤砸击后形成一系列不规则的、带有一定倾斜角度的裂缝,这样就使破碎后的混凝土块像"积木"一样嵌挤在一块。但是,强烈的振动使这些块体出现了不同程度的扰动。因此,有必要使用重型压路机对路面进行碾压。

使块体向下以及使块体之间更好地嵌挤在一起。

(3) 质量控制范围

采用门板式打裂压稳技术时,需要对打裂后的质量进行严格的控制,主要对打裂程度和打裂后顶面的当量回弹模量进行控制。

①打裂程度要求

外观鉴定:由于裂缝极为细小,因而在路面干燥的情况下,识别路面开裂较为困难。因此,打裂前需在前方路面一定范围内均匀洒水到可见自由水的程度,然后进行打裂施工。在打裂时,应可以看到开裂痕迹并伴有气泡。在路面自由水消失后,应可见清晰的裂缝痕迹,并由此鉴别开裂程度是否满足要求。

现场取芯:如需要也可进行路面取芯以确定打裂的程度和深度,由于路面开裂未必沿竖直方向,因此,取芯位置宜选择在锤头冲击痕迹的端部,或开裂交叉点。试验段内取样数量不小于两个。

挖开查验:选择有代表性的几块板,用挖掘机或人工翻挖,并量测不规则开裂面积是否控制在 $0.6m^2$ 以内。

②打裂压稳后顶面的当量回弹模量

打裂压稳后,原水泥混凝土板破碎成混凝土块,有效地减少原水泥混凝土板的收缩造成的新路面结构层的反射裂缝。破碎后的混凝土块能够很好地为新路面面层提供足够的支撑,该层一般直接用作新结构层的基层。打裂压稳后,原水泥混凝土路面顶面回弹模量 E_0 一般都比打裂压稳前有所降低,并且方差降低,说明现场打裂压稳后顶面强度更加均匀,大部分路面 E_0 值在 300MPa 以上。因此,路面典型结构设计时 E_0 取值确定为不小于 300MPa,这也是打裂压稳技术施工的质量控制和检验标准。

2.冲击压实技术 IC(Impact Compaction)

冲击压实技术也称为冲击压稳技术、冲击压裂再生利用技术。该技术利用冲击压实机的多边形钢轮行走时的反复升落,将巨大的冲击能量作用于地面,在击碎原水泥混凝土路面板的同时将其夯实稳固到基层上,从而使原有路面结构成为新铺路面层的良好支承,并避免出现反射裂缝。

冲击压实机(图 4-56)一改传统光轮压路机的圆形钢轮为多边形,当机器行走时,在轮面与地面间摩擦阻力的作用下,轮轴反复抬升和落下,进而使钢轮冲击夯压地面。与传统方法相比,该技术破碎原路面板和压实路基的效果以及修复工作的效率等方面得到极大的改善。该设备可对冲击对象产生 250t 的冲击力,影响土石层深度达 2.5m。

a) 冲击压实机(五边形)   b) 冲击压实机(三边形)

图 4-56

c)施工过程

d)压实后的路面

图 4-56　冲击压实技术

(1)冲击压实机工作原理

冲击压实机是一种新型的具有高冲击能量的压实机械,高能冲击压实的目的在于改善在地下水位之上或之下的土壤的工程特性。

当冲击压实机行走时,在轮面与地面阻力的作用下,轮轴反复抬升和落下进而使钢轮冲击夯压地面,同时工作轮在再次翻起的过程中伴随有重力碾压作用。该作业方式在较短的时间内对被冲压材料施加一个较大的冲击荷载,加载历时短,释放能量大,被压材料发生的应力变化速度很大,作业产生强烈的冲击波能传到很深的土壤层次。其动力特征与传统振动式压路机的高频振幅相反,通过低频高振幅(约每秒两击,落距 0.1~0.2m),在冲击轮与地面接触的瞬间,使原混凝土路面产生裂纹;此外,冲击作用产生了垂直冲击波、纵横向波和表面波,它们的综合作用使得原混凝土板下的土体自由振动,并使土体中土粒的相对位移重新排列,空隙中空气排出,体积缩小,从而提高了土体的压实度。

冲击压实作业时,牵引车拖动多边形钢轮行走,钢轮相邻两次冲击地面可以看作一个工作周期,每个周期分为三个阶段:第一个阶段为钢轮重心上升阶段;第二个阶段为钢轮重心下降阶段;第三个阶段为钢轮冲击地面阶段。这样,随着机械向前行走,钢轮反复冲击地面,使得原水泥混凝土面板破碎,同时将破裂板压实稳固到原基层或土基上(图 4-57)。

a)第一阶段:
钢轮重心上升阶段

b)第二阶段:
钢轮重心下降阶段

c)第三阶段:
钢轮冲击地面阶段

图 4-57　冲击压实作用示意图

(2)冲击压实技术作用机理

冲击压实技术属于深层密实法处理地基的一部分,可视为强夯的一种。冲击压实机通过对原混凝土板施加很大的冲击能(一般为 15~25kJ),在地基土中出现的冲击波的动应力,可提高地基土的强度、降低土的压缩性、改善砂土的抗液化条件、消除湿陷性黄土的湿陷性等。同时,冲击能力还可提高土层的均匀程度,减少将来可能出现的不均匀沉降。

(3)施工质量控制

冲击压实技术的质量控制需要在路面上布设沉降量高程检测点,在冲击压稳 5 遍、10 遍、15 遍、20 遍时分别测试其高程,当相邻两次测量的高程差<5mm 时可以结束碾压。

(4)局限性

冲击压实技术需要对水泥混凝土路面进行十多遍的冲击力作用来实现破碎,破碎后的路面变得高低不平,破碎块较大,不能相互嵌挤、较松动、不稳定。该方法冲击力大,对原混凝土路面的路基及基层破坏较大,尤其是对沿线的房屋安全影响更大。同时,由于对基层造成了破坏,在加铺面层前需要重新做两个基层来补强路面,大大增加了结构层厚度,升高了路面高程,增加了造价,综合费用明显提高,而且还不能完全解决反射裂缝。

在下列情况下不建议使用冲击压实技术:

①原基层或路基存在严重病害;
②原混凝土板块严重破碎,出现大面积沉陷、积水,已经不成形;
③原路改建中遇到的挡土墙、桥梁和涵洞等构造物的承载力不足以承受冲击碾压荷载的作用;
④原路基土含水率超出范围,经试验验证效果不明显;
⑤路堤(床)增强补压试验段冲击碾压 20 遍后平均下沉量≤30mm;
⑥公路近旁(安全距离小于 20m)有敏感建筑物或设备不能经受冲击设备引起的地面振动;
⑦路面以上净空限制,不容许加铺新路面。

3.小型机械(风镐)破碎技术

小型机械(风镐)破碎技术是采用挖掘机装凿岩钻头(将履带式挖掘机的挖斗取下,换上气动凿岩钻头,见图 4-58a),对准水泥混凝土面板冲击,进而凿碎水泥混凝土面板的技术。该技术适合破损严重的水泥混凝土路面,因为价格低廉、操作简单,在农村公路中应用较多。

由于该机械对准水泥混凝土板定点破碎,可随意控制冲击点位置,比较常用的布点方法是根据破碎块度按梅花形布置破碎点[图 4-58b]。在路面破碎前标明涵洞、地下管道和排水管的位置,避免在有这些设施的路面上直接破碎。由于风镐破碎工艺对水泥混凝土板的扰动较大,因此,应在接缝和路边附近工作。

a)小型机械(风镐)破碎设备

b)梅花形布置破碎点

c)破碎后的路面

图 4-58 小型机械(风镐)破碎技术

(1)适用范围

一般而言,水泥混凝土路面出现下列情况时,可以考虑采用小型机械(风镐)破碎技术进行改造技术。

①原水泥混凝土路面有大量接缝缺陷:错台、翻浆和角隅破坏等;

②原水泥混凝土路面板块出现开裂、断板或下沉,大面积需要修补的路段;

③原水泥混凝土路面断板率大于65%;

④公路近旁有敏感建筑物或设备(安全距离小于5m)不能经受冲击设备引起的地面振动路段;

⑤路面以上净空不受限制,容许加铺新路面的路段。

(2)破碎状态检测与控制

在破碎过程中,要严格控制破碎后水泥混凝土的块径在0.3~0.5m范围内。为避免形成不理想的碎块,应小心谨慎地操作破碎设备。一般会在破碎点附近形成比较明显的裂缝,并且裂缝(纹)贯穿板底,在破碎时应控制好破碎设备,既要使裂缝贯穿板底,又要尽可能控制减小风镐对板的扰动,从而保全原路面所具有的部分结构强度。

(3)回弹模量的检测与控制

水泥混凝土路面板破碎后应采用承载板法进行破碎后的回弹模量的测试,测试点的位置选在破碎点上方和破碎板块中央。由于风镐破碎工艺采用定点破碎的工艺,在破碎点处的回弹模量较小,板块中央的回弹模量较大,导致破碎后路面的强度均匀性差。因此,在破碎完成后,需要采用重型胶轮压路机(不小于20t)进行压稳,碾压遍数一般为3~5遍。

4.4.5.2 碎石化技术

碎石化技术是目前解决原水泥混凝土路面反射裂缝问题的有效方法,在实际工程中得到了广泛的应用。破碎并压实后的破碎混凝土块形成了紧密结合、内部嵌挤、具有最大密度的材料层,可以为热拌沥青混合料罩面提供稳定性更好、承载力更强的下承层。破碎工艺施工简便迅速,综合造价较低,且绿色环保无污染。原水泥混凝土路面的断板率大于5%且小于80%时均可以采用碎石化技术。目前,广泛使用的碎石化技术包括多锤头碎石化技术和共振碎石化技术。

1.多锤头碎石化技术

多锤头碎石化技术是采用多锤头式破碎设备将水泥混凝土路面破碎成上层不大于75mm,中间层不大于225mm,底层不大于375mm的混凝土块,用以防止新铺的沥青罩面上出现的反射裂缝,形成一个用于热拌沥青混合料面层或新加铺水泥混凝土面层所需的均匀基层的技术。

(1)多锤头碎石化设备

①多锤头破碎机(图4-59)

以HB4000-Ⅱ型多锤头破碎机为例,该设备以柴油机作为动力源,后部有两排成对装配的重锤,后排重锤对角地装配在前排重锤间隙中心,每对重锤单独地配备一套液压提升系统。重锤质量为454~544.8kg,提升高度可在0.8~1.3m之间调节,下落时可产生1.38~11.1kJ的冲击能量,可通过控制重锤下落高度和刀距将颗粒范围控制在75~300mm之间。具备一次破碎宽度达3.75m车道的能力,典型工作效率是3600~4500m²/台班。

a) 多锤头破碎机　　　　　　　　　　　b) 破碎后路面

图4-59　多锤头破碎机及破碎后的路面

② Z型钢轮压路机(图4-60)

Z型钢轮压路机一般是单压实轮的振动压路机改装而成的,主要特征是压实钢轮表面固定(螺栓固定或焊接)有Z型钢箍(分横向花纹和纵向花纹两种),最小毛重不低于20t。其作用为:保证压实轮下颗粒不至于向外挤出;对表面颗粒有更好的压碎效果,形成类似级配碎石层的平整表面。

图4-60　Z型钢轮压路机

③振动钢轮压路机

振动钢轮压路机为单振动轮,自装备动力,最小自重不小于14t,施工中应采用振动压实,在Z型压路机之后压实破碎后的混凝土表面,并为沥青罩面提供较为平坦的工作面,也用于修复破碎后通车的特殊路段。

(2)碎石化层的形成

多锤头碎石化是通过重锤下落产生的高频低幅的波动冲击力来进行破碎,破碎时的能量会传播到较大的深度范围。同时,由于水泥混凝土板块吸收能量满足从近到远递减的规律,因而碎石化层并不是一个均匀的层次,破碎后的混凝土颗粒粒径沿深度方向递增。可以根据物理特性沿板块厚度方向,将其简化为松散层、碎石化层上部和碎石化层下部三个子层次。顶层颗粒吸收的能量最充足,水泥混凝土板块震裂成片状颗粒,且由于其与重锤锤刃直接接触,所受到的扰动很大,混凝土颗粒无法形成嵌锁,而在表面形成一个松散层(图4-61)。经Z型压路机的进一步破碎(图4-62),以及光轮压路机的压实后(图4-63),这种松散状况得到一定程度的改善。

图4-61 多锤头破碎后表面　　　　　　　图4-62 Z型压路机碾压后表面

目前,一般采用在碎石化层顶面洒布乳化沥青透层油并抛撒石屑的方法来防止层间的滑移(图4-64)。在理想的情况下,乳化沥青完全渗透松散层,增强了其与下面稳定层次间的联系,但由于其不能填满颗粒间的缝隙,该层次形成骨架-空隙结构。

图4-63 光轮压路机碾压后表面　　　　　　图4-64 撒布透层油后表面

碎石化层下部的颗粒离顶面较远,碎石化裂纹数量远小于上部层次,且由于吸收不到充分的能量扩张连通,大部分裂纹都存在于混凝土颗粒内部,在预压应力的作用下无法继续扩张。从微观角度讲,该层次的混凝土颗粒粒径较大,而大颗粒间缺乏充足的次级颗粒来填充空隙,可以认为该层次属于骨架-空隙结构。从宏观角度讲,该层次的混凝土颗粒粒径甚至大于该层次的厚度,在结构上更近似于块料路面。

总之,多锤头碎石化设备破碎后其颗粒粒径在不同深度处是不同的,上部板块破碎成粒径更小的颗粒,而下面部分粒径则较大(达到375mm左右),破碎后形成的裂纹不是竖向贯穿,这样水泥混凝土板块碎裂后除表面局部厚度范围(小于75mm)外,在其原位形成了裂而不碎的嵌挤效果。

(3)质量控制标准及质量检测方法

①碎石化后的粒径范围

碎石化后的粒径是控制未来加铺结构不出现早期反射裂缝的关键参数,从强度角度而言,碎石化后粒径太小会使强度降低很多,这时虽能减少反射裂缝,但也带来了原板块强度的浪费,所以碎石化后颗粒粒径不宜控制得过细;较大时又不利于抑制反射裂缝的产生,所以要对粒径范围做出一定限制。粒径控制的标准可参考表 4-80。

碎石化后粒径控制范围　　表 4-80

厚度范围	板块顶面以上	上部 1/2 厚度	下部 1/2 厚度
粒径范围(mm)	<75	<225	<375

②粒径检测方法

对粒径的确认应通过开挖试坑后采用卷尺结合目测的方式进行(试坑面积为 1m×1m,深度要求达到基层),单幅路面破碎长度超过 1km 时,每 1km 要补充 1~2 个试坑,验证粒径是否满足要求,如果不满足要做小幅调整(图 4-65)。

图 4-65　开挖试坑检测破碎粒径

③顶面的当量回弹模量

一般情况下,可将碎石化层顶面上的强度特性作为碎石化及其下层结构的代表强度,即顶面当量回弹模量。可采用承载板法测试碎石化层顶面上的当量回弹模量(图 4-66),根据试验段测试结果,回弹模量平均值控制范围宜在 200~300MPa 之间。

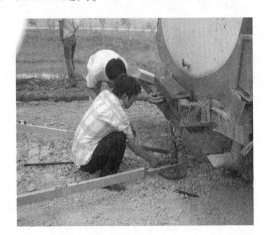

图 4-66　承载板试验

④锤头高度和锤头间距对回弹模量的影响

回弹模量平均值和偏差相关测试可按照至少 6 个有效数据/公里(剔除强度特殊点后的

数据)标准进行,施工中一般采用固定的落锤频率,实际施工中可以方便调节的只有落锤高度和多锤头的行进速度(确定锤迹间距)。

当落锤间距固定时,碎石化后路面的回弹模量随着多锤头提升高度的增加而减小。当锤头高度固定时,碎石化后路面的回弹模量随落锤间距的增加而增大。碎石化层顶面的均匀性随着落锤高度的增大和间距增大而变差。最佳落锤间距应在保证碎石化层顶面强度均匀性和高强度两方面保持平衡。

(4)适用性

多锤头碎石化技术对作业面的构造物具有破坏作用,因此,施工作业面距离构造物的距离应满足表4-81中的要求。不能满足时,可采取共振碎石化技术或集中破碎技术。

作业面距构造物最小距离 表4-81

构造物类型		采用就地发裂技术时最小距离(m)	采用多锤头碎石化技术时最小距离(m)
桥梁[a]和涵洞		5.0	1.5
挡墙	有隔振沟	2.5	—
	无隔振沟	4.0	0.5
地下管线		5	1
地下构造物顶部以上		3	1
互通式立交桥梁[b]		10	—
建筑物	有隔振沟	20	5
	无隔振沟	30	8

注:[a]与桥梁的距离为作业面到桥头搭板之间的距离。
　　[b]与互通式立交桥梁的距离为作业面到桥墩之间的距离。

2.共振碎石化技术

共振碎石化再生利用技术采用共振破碎机进行原水泥混凝土路面就地碎石化再生。美国沥青协会AI将碎石化定义为:碎石化是一种将水泥混凝土路面破碎成小碎粒的工艺;碎粒的大小从上面部分的呈沙粒大小到下面部分的最大粒径为230mm;钢筋应与破碎路面的所有碎粒分离,碎粒间应呈一定角度相互啮合。共振碎石化是由凸轮转动产生的偏心力在机械与水泥混凝土路面接触处产生高频低幅的振动进行破碎的,其破碎能量大部分被水泥混凝土板块所吸收,所以碎石化后产生的颗粒粒径相对于重锤破碎机械设备要小,其破碎时的影响范围也较小。

(1)共振碎石化设备

共振碎石化施工采用共振破碎机和单钢轮振动压路机等设备。共振破碎机的锤头宽度一般为2~3cm,振动频率在40~60Hz之间,振幅为1~2cm。以RMI PB4400共振破碎机为例(图4-67),当振幅较小的激振源振动频率与共振梁固有频率一致时,迫使共振梁产生振动,并在共振梁的另一侧产生较大振幅,又通过配重体将振幅进一步放大,达到所需要的振幅值,在压力的作用下,迫使振动系统的能量下传至水泥混凝土路面。当振动系统的工作频率与水泥混凝土路面的固有频率一致时,水泥混凝土板吸收能量将迅速破裂。工作锤头上装有专用传感器,感应路面的振动反馈,由电脑自动调节振动频率,并引发锤头下水泥混凝路面局部范围产生共振,使路面内部颗粒间的内摩擦阻力迅速减小而被击碎,同时还可以控制被击碎的颗粒大小和破碎影响深度。

a) 共振破碎机

b) 共振破碎侧面(一)

c) 共振破碎侧面(二)

d) 共振破碎后路面

图 4-67　共振碎石化技术

(2) 共振碎石化原理

共振破碎机的特制振动梁在偏心轴的驱动下,在 40~60Hz 频率下产生振动谐波,支点和配重点振幅为零,破碎头以高频低幅(1~2cm)敲击混凝土路面。如图 4-68 所示,混凝土内部因剪切力而产生裂纹,并随着振动迅速有规律地扩展,直到材料边界,由于冲击力很小,且裂纹只扩展到边界,所以对基层没有任何损害。对于一台共振破碎机,由于重锤质量是一定的,可通过调节振幅、振动频率和机械行走速度来控制锤头在水泥混凝土板块平面上的锤击位置、分布特征和每个锤击位置上作用的冲击能,从而最终决定破碎后结构层在整个厚度范围的粒径分布特征。

图 4-68　共振碎石化机理

(3)共振碎石化技术特点

因为破碎功的传递规律,碎石化后水泥混凝土板块碎裂成的颗粒粒径随深度变化是不同的,上面部分粒径较小,呈相对松散状态,起到应力释放作用;下面部分粒径较大,呈斜向嵌锁状态,破裂角在30°~60°范围,散而不裂,强度较高。破碎后颗粒之间有着良好的嵌挤作用,在通过压路机压实后,形成了坚实稳定的沥青加铺层的基层,可完全解决反射裂缝问题。

由于破碎深度可控制,设备锤头只与混凝土材料共振,不冲击路基,保证路基下的管线设施完好无损。此外,共振碎石化施工噪声小,不扰民,施工效率高,可不封闭交通单车道施工,每天可完成2车道公里左右的水泥混凝土路面破碎。

(4)施工过程

共振碎石化应按下列工序进行:

①清除现有的沥青混合料修补层;
②修复或增设排水设施;
③路基软弱路段处置;
④设置施工测量控制点;
⑤按照试验路段确定的相关施工参数,破碎原水泥混凝土路面,清除嵌缝料;
⑥钢轮振动压路机碾压2~3遍,洒布乳化沥青封层后再撒布集料,钢轮压路机静压2~3遍;
⑦质量检验;
⑧加铺新结构层。

施工应按先破碎路面两侧车道,再破碎中间行车道的顺序进行;破碎时应有重复破碎搭接面,搭接宽度不应小于5cm。当破碎距路面两侧边缘50~75cm的路面时,应将锤头与路边缘调成30°~50°的夹角进行边缘破碎。水泥混凝土板强度过高或过厚路段,应适当提高振动频率或在破碎施工前采用打裂或其他手段对混凝土路面进行预裂处理。当用共振破碎机完成破碎后,用10t振动式滚筒压路机在表面碾压一遍,为以后的摊铺做准备。

4.4.6 水泥混凝土路面集料现场再生

在原水泥混凝土路面改造时,一方面,废弃混凝土未经处理,直接外运露天堆放或填埋,耗用大量的征用土地费、废料清运费等建设费用;同时,清运和堆放过程中的遗散和粉尘、灰砂飞扬等问题又对环境造成二次污染,严重破坏了生态环境。另一方面,新路面结构层施工中,砂石集料用量巨大,因而开采天然资源造成资源枯竭和环境破坏。混凝土的可持续发展与集料危机的矛盾日益突出,因此若能将废弃混凝土就地回收,经破碎、清洗、分级后作为集料再利用,用于新建路面基层或下面层,则不仅能降低成本,节约天然集料资源,缓解集料供求矛盾,还能减轻环境的污染。

工厂式破碎再生利用技术是指利用人工或机械破碎设备将原水泥混凝土路面破碎成可以移动的小块,再转运至工厂,由工厂将混凝土块经过碎石机、筛分机按照一系列的破碎筛分工艺处理后,再生混凝土集料RCA(Recycled Concrete Aggregate)再运输至现场应用于道路工程中作功能层或基层用。

1.破碎及筛分机械分类、特点及适用范围

国外破碎及筛分机械的发展已有100多年历史。代表产品生产先进水平的国家主要是美国、日本、德国、俄罗斯和意大利等。我国破碎及筛分机械的生产已有40多年的发展历史。在产品的设计与制造方面，通过技术改造和引进，已经经历了由小到大，由少到多，由单一产品到品种规格齐全、技术性能先进的发展过程，已能基本满足各种石料生产的需要。

各类破碎及筛分机械的特点及适用范围见表4-82。

破碎及筛分机械的特点及适用范围　　　　　表4-82

机械名称	特　点	适用范围
颚式碎石机	结构简单、工作可靠、维修方便	粗、中碎硬质及中硬质岩石
旋回式碎石机	连续破碎、生产率较高	粗碎中等硬度岩石、矿石
圆锥式碎石机	破碎比大、效率高、粒度均匀、结构复杂	中、细碎中等硬度岩石
辊式碎石机	结构简单、紧凑、工作可靠、生产率低	中、细碎硬、软质石料
旋盘式碎石机	粒度细、形状好、效率高、经济	超细碎各种砂料
反击式碎石机	结构简单、破碎比大、粒度均匀	粗、中、细碎中硬脆性物料
锤式碎石机	破碎比大、生产能力高、粒度均匀、简化生产流程、消耗低	中、细碎中等硬度脆性物料
联合式碎石设备	机动性好、简化工艺、出料规格多	碎石用料集中的大型工程
振动筛	生产能力大、筛分效率高	分级、脱水、脱介
滚筒筛	结构简单、筛分效率低	洗矿作业
固定筛	结构简单、筛分效率低	预先筛分、脱水、脱介

2.工厂式破碎再生利用工艺

工厂式破碎再生利用工艺主要包括路面破碎、集料加工等过程。

(1) 原水泥混凝土路面材料预筛分处理

破碎开始前先将底基层料和粉土筛去，以避免混入原水泥混凝土路面材料当中，影响其性能。

(2) 初级破碎与筛分

采用颚式破碎机对原水泥混凝土面板进行初级破碎，初级破碎后的混凝土碎块最大粒径为76~152mm，通过传送带集中堆放。这时，95%的钢筋已由安装在传送带上部的电磁铁剔除。

(3) 再生集料轧制与筛分分级

将粒径大于76mm的混凝土块采用颚式破碎机进行二级循环破碎，小于76mm的碎块传送到辊式破碎机，破碎成所需粒径的集料。在此阶段残余的钢筋全部被传送带上方的电磁铁吸走。粒径大于和小于4.75mm的粗、细集料在此通过4.75mm的方孔筛进行分级。粒径小于0.075mm的粉料通过砂筛加以控制。

再生集料生产工艺流程见图4-69，再生集料生产过程见图4-70。

图 4-69 再生集料生产工艺流程图

a) 原水泥混凝土集中破碎

b) 再生集料轧制

c) 再生集料筛分

d) 再生集料

图 4-70 再生集料生产过程

4.5 沥青路面养护方案选择流程示例

本节将以示例形式简要说明沥青路面养护方案选择流程。

(1)基础资料调查:收集项目路段的基础资料,包括道路基本信息、养护历史、路面结构、沿线自然气候条件、设计文件以及相关经济参数等。

(2)交通量调查与分析:调查收集项目路段历年的交通量组成和轴载分布数据,预测交通量增长率。

(3)路况检测与评定:开展详细的数据检测和分析工作,包括路面损坏状况、路面结构性能、路面功能性能、路面排水状况等。

(4)养护对策选择:根据路面检测与评价结果,划分需单独进行设计的子路段,并对各子路段进行重点检测,确定主导损坏,诊断各病害的成因,确定养护性质,选择合适的养护对策。

(5)养护方案设计:根据各子路段养护对策选择结果,进行详细的方案设计,包括病害处治方案、材料设计、施工工艺要求、施工组织等。

(6)方案比选:针对各候选方案,进行技术、经济、社会、环保等综合比选,选择最终的养护方案。

4.5.1 基础资料调查

某二级公路,设计车速60km/h,路基宽度为12m,路面宽度为9m,全长44km。经调查,现有路面结构见表4-83。

现 有 路 面 结 构　　　　　　表 4-83

桩号	K1456+000~K1496+000	K1496+000~K1500+000
路段长度(km)	40	4
路面结构	30mm AC-10 40mm AC-16 200mm 水泥稳定碎石 65mm 沥青混凝土 200mm 天然沙砾	40mm AC-13 60mm AC-20 200mm 水泥稳定碎石 200mm 水泥稳定碎石 200mm 级配碎石

对项目路段沿线的自然气候条件、相关设计文件以及材料单价等进行了调查。

4.5.2 交通量调查与分析

收集路段交通量观测数据,并进行整理分析,见表4-84。

交 通 量 状 况 表　　　　　　表 4-84

年份	2011	2012	2013	2014	2015
年平均日交通量(辆/日)	3400	3500	3650	3800	4130

2015年大客车及中型和中型以上货车的比例为37.93%,交通量为940辆/(d·车道)(车道系数0.6),对照《公路沥青路面设计规范》(JTG D50—2017),属于中等交通等级。调查轴载分布情况,见表4-85。

轴载分布情况表 表 4-85

前轴重(kN)	后轴重(kN)	后轴数	后轴轮组数	后轴距(m)	日交通量(辆/日)
23.7	68.7	1	2	—	160
50.7	113.3	3	2	4	120
32.0	72.2	1	2	—	210
73.0	92.5	2	2	2	110
24.0	48.0	1	2	—	160
74.0	75.0	2	2	2	130
67.0	102.5	4	2	2	50

如果不能调查至表 4-85 的详细程度,至少应调查不同轴数的车辆数,然后选取一个对应的车辆型号作为代表车型,确定各个轴的轴重等参数。

根据调查,交通量增长率为 5%。

4.5.3 路况检测与评定

采用路面自动弯沉仪检测路面的弯沉,采用路面检测车检测路面损坏(包括车辙)和路面平整度等指标,并以 1000m 为基本评价单元进行路面总体状况评定,计算各评价单元的路面结构强度指数 PSSI、路面损坏状况指数 PCI 和路面行驶质量指数 RQI,评价结果见图 4-71。

图 4-71

图 4-71 路面技术状况评价结果图

4.5.4 养护对策选择

选择养护对策前应根据调查评价结果对所调查的路段进行二次划分,进行各子路段路面各种病害的详细检测、定位,并诊断病害原因,确定养护性质(大修或中修),初选养护技术对策范围。

1.子路段划分

将公路等级和交通量相同、路面技术状况相似的路段化为一类。共划分为 4 个子路段,见表 4-86。

路 段 状 况 表　　　　　　　　　　　　　　　　　　　　　　　表 4-86

路段	子路段 A	子路段 B	子路段 C	子路段 D
桩号范围	K1456+000~K1467+000	K1467+000~K1487+000	K1487+000~K1496+000	K1496+000~K1500+000
路段长度(km)	11	20	9	4
主要病害	横向裂缝和轻微的车辙	横向裂缝	龟裂	病害较少
PCI 均值/评定等级	78.2/中	85.1/良	75.6/中	94.1/优
RQI 均值/评定等级	81.9/良	87.5/良	80.6/良	87.5/良
PSSI 均值/评定等级	88.1/良	90.6/优	73.3/中	96.3/优

2.重点详细检测

根据各子路段的路况特点,采用钻芯取样、室内材料试验和雷达无损检测等方法,对各子路段进行详细检测,检测结果见表 4-87。

钻芯取样结果表　　　　　　　　　　　　　　　　　　　　　　　表 4-87

路　　段	重点检测结果
子路段 A	车辙深度较小,未产生流动性变形,横向裂缝大多已贯穿面层和基层,面层材料存在老化,但不严重,沥青用量和级配符合规范要求,基层基本完好,路面内部结构均匀性较好
子路段 B	横向裂缝主要源于收缩裂缝,面层材料略有老化,沥青用量和级配符合规范要求,基层基本完好,路面内部结构均匀性较好
子路段 C	龟裂处的路面弯沉值较大,基层已经松散,路表完好位置处的基层也存在断裂现象。沥青材料老化严重,沥青用量和级配符合规范要求,路面内部结构均匀性差
子路段 D	路面病害较少,面层和基层完整,沥青材料性能良好,沥青用量和级配符合规范要求,路面内部结构均匀性较好

3.病害诊断

通过病害的详细踏勘,并结合重点检测结果,分析各子路段主要病害的产生原因,见表4-88。

病害诊断结果表　　　　　　　　　　　　　表4-88

路　段	主要病害	主要损坏原因
子路段A	横向裂缝和车辙	车辙属于荷载产生的压密型车辙,横向裂缝多数已贯穿面层和基层,属于半刚性基层的反射裂缝
子路段B	横向裂缝	半刚性基层的反射裂缝
子路段C	龟裂	路面承载能力不足,沥青材料老化
子路段D	病害较少	—

4.养护对策选择

分析各子路段的路况评价结果和病害诊断结果,结合项目路段的自然环境、交通量和养护历史,确定其养护性质,选择相应的养护对策,见表4-89。

养护对策表　　　　　　　　　　　　　表4-89

路　段	养护性质	养护对策范围
子路段A	中修	局部病害处治,加铺面层罩面,防止反射裂缝
子路段B	预防性养护	局部病害处治,采取预防性养护措施
子路段C	大修	挖除原路面层、基层现场再生、加铺一层基层、重铺路面面层
子路段D	日常养护	加强日常养护

4.5.5　养护方案设计

养护方案设计阶段主要根据各设计路段的养护对策选择结果,进行详细的方案设计。大修方案的设计目标为"十年不大修",中修和预防性养护的设计目标是保证甚至延长原路面的使用寿命。大修路段设计年限内计算弯沉的累计当量轴载作用次数 N_e 为 7.87×10^6 次/车道,拉应力验算 N_e 为 9.49×10^6 次/车道。设计结果见表4-90。

养护方案表　　　　　　　　　　　　　表4-90

路　段	桩号范围	路段长度(km)	养护方案	
子路段A	K1456+000~K1467+000	11	加铺4cm AC-13,原路面局部处治	
子路段B	K1467+000~K1474+000	7	方案一	25mm AC-10,原路面局部处治
	K1474+000~K1487+000	13	方案二	双层微表处,原路面局部处治
				单层微表处,原路面局部处治
子路段C	K1487+000~K1496+000	9	方案一	回收原路面沥青层后,采用如下结构: 40mm AC-13 80mm 泡沫沥青厂拌冷再生原沥青面层回收料 200mm 水泥稳定碎石 200mm 原基层就地冷再生(5%水泥稳定) 原下承层

续上表

路　段	桩号范围	路段长度(km)	养护方案	
子路段 C	K1487+000~K1496+000	9	方案二	回收原路面沥青层后,采用如下结构: 40mm AC-13 80mm 厂拌热再生 AC-16 200mm 水泥稳定碎石 200mm 原基层就地冷再生(5%水泥稳定) 原下承层
子路段 D	K1496+000~K1500+000	4	日常养护	

中修和预防性养护不需要对路面方案进行结构验算。路段 C 各大修方案路面结构计算参数和结果见表 4-91。

大修路段路面结构计算结果表　　　　　表 4-91

方案	方案一	方案二
计算弯沉(0.01mm)	24.1	23.0
设计弯沉(0.01mm)	27.6	27.6
应力验算	通过	通过

4.5.6　方案比选

对候选方案进行经济和技术综合评价,选择技术可行、长期效益好的养护方案。以路段 C 为例,进行方案比选。

方案一充分利用了原路面面层材料,泡沫沥青厂拌冷再生旧面层回收料再利用率可达 70%。方案二的厂拌热再生掺加 30%的 RAP。泡沫沥青厂拌冷再生混合料的抗车辙和防反射裂缝性能优于厂拌热再生混合料。综合上述分析,方案一优于方案二,推荐采用方案一。

【复习思考题】

1. 水泥混凝土路面养护内容有哪些?
2. 简述沥青路面日常养护工作的内容。
3. 我国高速公路及一级公路沥青路面的养护对策有哪些?
4. 我国高速公路及一级公路水泥混凝土路面的主要养护对策是什么?
5. 我国二级及二级以下公路水泥混凝土路面的主要养护对策是什么?
6. 简述沥青路面裂缝的类型、成因及处治方法。
7. 简述沥青路面波浪的处治方法。
8. 简述沥青路面沉陷的处治方法。
9. 简述沥青路面车辙病害的成因、特点及处治方法。
10. 简述沥青路面坑槽的处治方法。

11. 什么是沥青路面预防性养护？其主要类型包括哪些？
12. 简述沥青路面预防性养护的适用条件。
13. 简述乳化沥青稀浆封层的特性及适用场合。
14. 简述沥青路面再生的定义及分类。
15. 沥青路面再生的意义是什么？
16. 简述水泥混凝土路面裂缝的维修方法。
17. 水泥混凝土路面改善的主要技术途径有哪些？
18. 简述碎石化技术的适用条件。

第 5 章 公路防灾与冬季养护

【学习目的与要求】

通过本章的学习,了解公路防灾减灾工作的主要内容,掌握公路水毁的预防、抢修与治理方法,掌握公路沙害、涎流冰、雪害的防治措施,了解公路冬季养护技术。

公路在运营过程中会遇到自然灾害及恶劣天气的侵害,如暴雨、冰雪、风沙、大雾等。尽管这些情况发生的机会较小,但造成的危害很大,严重的会导致交通完全中断。因此,公路防灾与冬季养护是公路养护的重要工作之一,必须采取行之有效的措施,防止洪水和流冰侵袭公路,造成公路构造物的破坏;防止路面积雪和积沙影响行车安全或阻碍交通。

5.1 公路防灾主要内容

公路防灾的主要内容包括:水毁的预防、抢修与治理,沙害的防治,冰害的防治,雪害的防治。

公路防灾应遵循"预防为主,防治结合"的方针。根据当地的水文条件、气候特点、公路状况,加强公路防灾(防洪、防沙、防冰和防雪)能力,定期检查和观察,分析掌握路段、桥隧的抗灾害能力,给出必要的预防措施和应急抢修技术方案。

对于重要工程和水毁、雪阻、沙阻多发路段，应事先储备必要的材料和机械设备，一旦发生毁阻，应按"先抢通后修复"的原则，及时组织抢修，以保证公路正常通行。

应建立公路防灾和重大突发事件处置的预案，对可能发生灾害的路段，应加强检查、检测，建立各类检查、检测档案，提倡灾害预警体系建设。

5.2 公路水毁的预防、抢修与治理

公路水毁是指暴雨、洪水对公路造成的各种损毁（图5-1）。水毁的预防是在雨季和洪水来临之前为防止或减轻暴雨和洪水对公路的危害而进行的工作，其内容主要包括：

(1) 防止大量漂浮物急剧下冲。
(2) 清疏各种排水系统。
(3) 修理、加固和改善各类构造物。
(4) 检修防洪设备，备足抢护的材料、工具以及救生、照明和通信等设备。

a)

b)

图 5-1 公路水毁

5.2.1 汛前技术检查和洪水观测

为防止水毁，在汛期应进行必要的水文观测，掌握洪水的动态；并与当地气象水文部门取得密切联系，及时收集水、雨情况的预报资料或向沿河居民进行调查，预先了解洪水的强度、到达时间和变化情况，以判断其对公路的危害性。同时，应注意积累和保存观测资料，作为今后制订公路改善和加固措施的依据。汛前检查重点工作内容主要包括：

(1) 检查公路防排水系统

检查其设施是否良好，对受损设施应做好记录，并在汛期到来之前完成修复；检查其功能是否正常，及时清理各种淤积、堵塞；检查其系统是否适应，对防排水系统本身的不足之处和因环境变化引起的不适应部分进行分析记录，适时进行完善。

(2) 检查公路上边坡、下边坡、挡墙和路基的稳定性

检查其是否存在裂缝，是否产生位移、滑动，边坡是否存在危石，各类情况要做好记录，存在问题应及时处治；对上边坡、下边坡、挡墙和路基的稳定性以每公里为单位，分三类作出初步评价（基本稳定、易受水毁和存在缺陷）；对易受水毁路段要加强观察；对存在缺陷路段应在汛期前采取措施进行防患。

(3)检查各类结构物的稳定性和桥涵的泄洪能力

在汛前检查中查出的隐患,应在雨季、汛期之前处治完毕。

洪水期顺流急下的巨大漂浮物对下游的桥梁构成极大的威胁,因此,首先要对桥梁上游沿河的根部被淘空的树木、竹林以及洪水位以下的竹、木、柴、草和未系结牢固的竹、木排筏进行检查,做必要的处理。为避免漂浮物撞击墩台,可在墩台前设置护墩体。

各种构造物的基础如有淘空现象应及时处治。当河床冲刷严重危及墩台基础时,除必要时在上游设置调治构造物外,还可根据河床水位的高低,在枯水期铺砌单层、双层块(片)石护底,或采用沉柴排、沉石笼以及抛石块护基处理。

防止透水路堤淤塞是预防其水毁的关键。如发现水流混浊,水中含有较多黏土颗粒时,应在上游设置过滤堰,见图 5-2。

如水流中夹带较多杂物,或地势平坦、沟底土质松软时,可在进水口周围土中打入小木桩,桩顶比最高水位高出 0.2m。木桩上用竹片或柳条编成护篱,或者直接用耐特龙塑料做成护篱,并在洪水期经常清除杂物,见图 5-3。

图 5-2 过滤堰(尺寸单位:m)　　图 5-3 弧形防护篱

在汛期应进行必要的水文观测。洪水观测的主要内容包括:水位观测、流速观测、河床横断面和冲刷深度观测,以及流向观测等。

①水位观测

桥梁的水位观测,可借助设在桥墩上的固定水位标尺或水准仪进行。

平曲线凹岸、导流堤、丁坝和护岸等调治构造物的水位观测,可视工程设施的重要性,设置固定水尺或临时水尺进行。

②流速观测

大型桥梁在观测水位的同时应进行流速观测。其他构造物是否进行流速观测,视构造物的重要性及水毁后的危害性等实际情况确定。

③河床横断面和冲刷深度观测

不稳定河床上的桥梁,一般应在桥位及上、下游各 50m 处测 3 个横断面。稳定河床上的桥梁可只测桥位处的横断面。

深槽区桥墩、浅埋式基础及丁坝和导流堤等调治构造物宜在最前面、堤头等水流冲击处,观测洪水期间的局部冲刷深度变化,观测时间应与流速时间相对应。

④流向观测

不稳定河床或平曲线处应进行水流流向观测,并观测不同水位时的流向变化情况。

特大桥、大桥和河床处于不良状态的中桥,洪水观测的主要内容是:桥位处及桥下洪水水位变化、流速、流向、浪高、漂流物等,以及河床横断面变化的观测。一般情况下,桥梁只观测和记录当年的最高水位。

沿河公路受洪水顶冲部位和平曲线凹岸洪水观测的主要内容是:洪水水位、顶冲角(或洪水流向)、流速的观测,并测记洪水前后路基的变化情况。一般情况下,主要进行水位观测。

导流堤、丁坝和护岸等调治构造物应观测洪水时的工作情况,重要地段的调治构造物应观测最高洪水位及洪水前后基础附近河床的冲刷深度。一般情况下不进行专门的水位观测。

5.2.2 水毁的抢修

为有效地进行抢护工作,公路管理机构对所辖路段的水毁抢护工作应统筹安排。易毁路段和构造物应设专门的抢护队伍守护,准备足够的抢护材料、工具、用具以及救生、照明和通信设备等。当洪水对公路产生破坏时,应进行紧急抢护,采取应急措施不使水害扩大;尽快抢修,维持安全通车。

对抗洪能力不足的桥梁,汛期应有专人负责查看,发现险情应及时进行抢护,根据不同情况采取下列措施:

(1)如桥涵墩台、引道、护坡、锥坡或河床发生冲刷危及整个构造物时,应采取抛石、沉放沙袋等应急措施。注意不能抛填过多,以免减少泄水面积而增大冲刷强度。

(2)遇有特大洪水,采用抢护措施后仍不能保全的重要桥梁,在紧急情况下,经报请上级主管部门批准,可采用爆破方法炸开桥头引道宣泄洪水,以保护主桥安全度汛。

(3)为防止桥涵、路堤、导流坝等被水浪冲击和水流冲刷,可因地制宜采用各种防浪措施,如土袋、石袋防浪、芦排、草袋防浪、石笼防浪等。

(4)当路堤有被洪水淹没的危险时,可在临河一面的路肩上,用草袋或黏土筑成土埂临时挡水,以防洪水冲毁路面,洪水过后即可拆除。

山区公路常因雨季山洪暴发而发生水毁,常用的防洪措施有:

(1)在挖方路基上边坡顶外开挖截水沟,将大量雨水引到路基外排出。

(2)加宽加深边沟,不使边沟漫溢冲刷路基,并采取石砌边沟、路肩以保护路基。

(3)在重要路段修筑石砌护坡或护墙,防止洪水冲刷路基。

5.2.3 水毁的成因及治理对策

本部分重点介绍山区泥石流、沿河路基水毁和桥梁水毁的成因及治理对策。

1.山区泥石流

山岭地区,暴雨或融雪水挟带大量土、石等固体物质汇入沟谷,形成突然的、短暂的、间歇的破坏性水流称为山区泥石流。

泥石流是在坡面土体疏松、植被稀少、边坡陡峻(30°~35°以上)、细沟微谷发育条件下,由于大强度暴雨或融雪水的作用而形成的。按其物质组成和运动特性可分为黏性泥石流和稀性泥石流。

(1)黏性泥石流(图5-4)。固体物质含量达40%~60%,最高可达80%,含有大量黏土和粉土并挟有石块,水和固态物质凝聚为黏稠的整体,以相同的速度做整体运动,大石块漂浮于表面而不下沉。流经弯道时有超高和裁弯取直作用,破坏性极大。

(2)稀性泥石流(图5-5)。固体物质含量10%~40%,黏土和粉土含量少,水和固体物质不能形成整体,水砂构成的泥浆速度远大于石块速度,石块在河床床面以滚动方式运动,并有一定的分散性。

图 5-4 黏性泥石流

图 5-5 稀性泥石流

山区泥石流的治理,应遵循下列原则:

(1)当发生频度大的黏性泥石流及规模较大的稀性泥石流时,经技术经济比较,宜采取改线绕避,无法绕避时须避重就轻选择线路。

(2)调治构造物的布设,应根据路段和桥梁所在位置,结合地形、沟槽宽度、泥石流性质、流势及其发展变化规律进行综合考虑确定,宜导不宜挑。

(3)对于危害性大、涉及面广,且当地人类活动、经济设施有可能促使泥石流发育时,宜与有关部门协商,进行工程和生物水土保持相结合的综合治理。

在泥石流流经区域的地形、地质及储淤条件较好时,可修建拦挡坝或停淤场。拦挡坝成群修筑,坝间距离应按下游回淤的泥沙能对上一道坝起到防冲护基作用为准。拦挡坝包括实体坝、格栅坝、铁丝石笼坝等多种形式,示例见图 5-6。

a)实体坝　　　　　　　　b)钢制圆筒　　　　　　　　c)铁丝石笼坝

图 5-6 拦挡坝示例

实体坝适用于各类泥石流沟;格栅坝适用于稀性泥石流沟;铁丝石笼坝为临时性措施,适用于泥流沟。停淤场可设在堆积区中、下部的扇面宽阔处,或设在两扇间的低洼处。

当桥梁跨过泥石流的山前堆积体,且离其顶端很远时,可根据实际情况采用挑导坝、丁坝、导流堤相结合的综合调治措施。

对于路侧的少量泥石流,应在路肩外缘设置碎落台或修建挡渣墙,并随时清除沉积的泥石。

2.沿河路基水毁

沿河路基水毁是沿河(溪)公路受洪水顶冲和淘刷,路基发生坍塌或缺断,影响行车安全,乃至中断交通的现象。它常发生在弯曲河岸和半挖半填路段,其主要成因包括:

(1)受洪水顶冲、淘刷的路段,路基缺少必要的防护构造物。

(2)路基防护构造物基础处理不当或埋置深度不足。

(3)半填半挖路基地面排水不良,路面、边沟严重渗水,路基下边坡坡面渗流普遍出露,局部管涌引起路基坍垮。

(4)风浪袭击路基边坡,边坡水蚀严重而引起坍垮。

防治沿河路基水毁主要有设置不漫水丁坝、漫水丁坝和浸水挡土墙等措施,见图5-7。

图5-7 丁坝

(1)不漫水丁坝具有防护长度大、易于抢修的优点。

(2)漫水丁坝具有坝身短矮、基础埋置深度浅、易于施工、防护作用好、安全性好的优点。

(3)浸水挡土墙既有支承路基填土的作用,又有防止水流冲刷或淘刷路基的作用。

3.桥梁水毁

桥梁受洪水冲击,墩台基础冲空,桥头引道断缺乃至桥梁倒塌的现象称为桥梁水毁

(图5-8)。其主要成因包括：
(1)桥梁压缩河床,水流不顺,桥孔偏置时,缺少必要的水流调治构造物；
(2)基础埋深浅又无防护措施。

a)　　　　　　　　　　　　　　　　b)

图5-8　桥梁水毁

防治桥梁水毁的措施,可根据情况增建各种水流调治构造物和墩台基础防护构造物。

(1)增建水流调治构造物防治桥梁水毁

增建水流调治构造物防治桥梁水毁,可采取下列措施：

①稳定、次稳定河段上桥梁水毁防治,可根据调整桥下滩流和河床冲淤分布的实际需要以及水流流向等情况加以选择。

a.正交桥位,两侧有滩且对称分布时,两侧桥头布置对称的曲线形导流堤。

b.正交桥位,两侧有滩但不对称时,两侧导流堤一般布置成口朝上游的喇叭形。

c.桥位在河流弯道上,凹岸布置直线形导流堤,凸岸布置曲线形导流堤。

d.桥位与河槽正交,一侧引道向上游与滩地斜交,另一侧引道与滩地正交时,斜交侧桥头布置梨形堤,引道上游侧设置短丁坝群。

e.桥位与河槽正交,一侧引道伸向下游与滩地斜交形成"水袋",另一侧引道与滩地正交时,斜交侧桥头设置曲线形导流堤,引道上游进行边坡加固,并设置小型排水构造物以排除"水袋"积水；正交侧桥头设直线形导流堤。

f.斜交桥位,两侧有滩地对称分布时,根据河槽流向,锐角侧设梨形堤,另一侧设两端带曲线的直线形导流堤。

②不稳定河段上桥梁水毁防治可根据河岸条件、河床地貌以及桥孔位置等采取措施。

a.桥梁位于出山口附近的喇叭形河段上,封闭地形良好,宜对称布置封闭式导流堤。

b.引道阻断支岔,上游可能形成"水袋"。为控制洪水摆动,防止支岔水流冲毁桥头引道,视单侧或双侧有岔及地形情况,可对称或不对称设置封闭式导流堤。

c.一河多桥时,为防止水流直冲两桥间引道路基,可在各桥间设置分水堤。

d.桥梁位于冲积漫流河段的扩散淤积区,一河多桥而流水沟槽又不明显时,宜设置漫水隔坝,并加强桥间路堤防护。

(2)增设冲刷防护构造物防治桥梁墩台水毁

桥梁墩台明挖(浅埋)基础,应根据跨径大小、桥位河段稳定类型,分别增建基础防护构造物。当河床较稳定,冲刷范围较小时,宜采用立面防护措施；当河床稳定,冲刷范围较大时,宜采用平面防护措施。

4. 公路、桥涵抗洪能力的评定

为了预测水毁程度、分析水毁成因,以及制订治理对策,公路管理机构应每 5 年进行一次抗洪能力评定。如遇设计洪水及超设计洪水年,宜结合水毁调查当年进行一次抗洪能力评定。公路可根据水文、地质、路基、路面等条件基本类同的原则,划分成若干路段,按表 5-1 进行评定;桥涵以工程为单元,按表 5-2 进行评定。

路段抗洪能力评定标准　　　　　　　　　　　　　　　　表 5-1

等级	评 定 标 准
强	1. 路基坚实、稳定,高度达到设计计算高程,路面为半刚性基层、水泥混凝土或沥青混凝土等铺装路面; 2. 边坡稳定、平顺无冲沟,坡度符合规定的高限值(缓),边坡有良好的防护加固; 3. 边沟、截水沟、排水沟完善,纵坡适度,无淤塞,水流畅通,进出口良好; 4. 支挡结构物布设合理、齐全、完整无损坏,泄水孔无堵塞; 5. 防冲结构物布设合理、齐全、完整无损坏,基础冲刷符合设计
可	1. 路基坚实、稳定,高度低于设计计算高程不超过 0.5m,路面为半刚性基层、沥青碎石、沥青贯入式或沥青表面处治等简易铺装路面; 2. 边坡稳定、平顺无冲沟,坡度不低于规定的低限值(陡),边坡有必要的防护加固; 3. 边沟、截水沟、排水沟完善,纵坡适度,有淤塞但易于清除,进出口良好; 4. 支挡结构物布设合理,易于修理,泄水孔基本畅通; 5. 防冲结构物重点布设合理,基础冲空面积不超过 10%,结构物无断裂、沉陷、倾斜等变形
弱	1. 路基高度低于设计计算高程 0.5m 及以上,高于次一技术等级的设计洪水高程,无明显沉降,路面为柔性基层、次高级路面; 2. 边坡有冲沟或少量坍塌,坡度接近规定的低限值; 3. 边沟、截水沟、排水沟有短缺,或淤塞量较大;进出口有缺损,影响正常排水; 4. 支挡结构物短缺,或缺损严重,但无倾斜、沉陷等变形; 5. 防冲结构物短缺,或基础冲空面积达 10%~20%,或结构物局部断裂、沉陷,但无倾斜等变形
差	1. 路基有明显沉陷,高度低于次一技术等级的设计洪水高程;路面为柔性基层或砂石路面; 2. 边坡沟洼连片,局部坍塌,坡度陡于规定的低限值; 3. 未设边沟、截水沟、排水沟; 4. 未设支挡结构物,或结构物断裂、倾斜、局部坍塌; 5. 未设防冲结构物,或基础冲空面积在 20% 以上,或结构物折裂、倾斜、局部坍塌

桥涵抗洪能力评定标准　　　　　　　　　　　　　　　　表 5-2

等级	评 定 标 准
强	1. 孔径大小:桥下实际过水面积满足设计排水面积,桥下净空高度、最小净跨符合规定; 2. 孔、涵位置合适,水流调治构造物设置合理、齐全; 3. 墩、台基础埋深足够深,基础的冲刷深度线在设计冲刷线以上;浅基础已做防护,防护周边的基础深度线在设计冲刷线以上; 4. 墩、台无明显冲蚀、剥落

续上表

等级	评 定 标 准
可	1. 孔径大小：桥下实际过水面积满足设计排水面积，上部结构底高程与设计水位相同，或净跨偏小但不超过规定值10%； 2. 孔、涵位置略有偏置，设置了调治构造物，其基础冲刷深度在基底最小埋深安全值的30%以内，或调治结构物有局部缺损，河床无大的不利变形； 3. 深基础冲刷深度线在规定的基底最小埋深安全值的30%以内；浅基础防护周边冲刷深度线在规定的基底最小埋深安全值的30%以内，防护有局部缺损； 4. 墩、台有冲蚀剥落，面积小于10%，深度小于20mm
弱	1. 孔径大小：桥下实际过水面积小于设计排水面积20%以内，上部结构底高程与设计水位相同，或净跨小于规定的10%~20%； 2. 孔、涵位置偏置，水流调治构造物短缺，或调治构造物局部损坏，河床发生严重的不利变形； 3. 深基础冲刷深度线在规定的基底最小埋深安全值的30%~60%以内；浅基础防护周边冲刷深度线在规定的基底最小埋深安全值的30%~60%以内，或防护体损坏明显； 4. 墩、台冲蚀剥落露筋，面积超过10%，钢筋严重锈蚀
差	1. 孔径大小：桥下实际过水面积小于设计排水面积20%以上，上部结构高程低于设计水位，或净跨小于规定值的20%以上； 2. 孔、涵位置偏置，无必要的水流调治构造物； 3. 深基础冲刷深度线在基底最小埋深安全值的60%以上；浅基础未做防护，冲空面积在20%以上； 4. 墩台冲蚀剥落严重，桩有缩颈，砌体松动脱落或变形

5.3 公路沙害的防治

多风沙地区，沙害是公路的常见病害（图5-9）。其危害主要表现为风蚀和沙埋，其中以沙埋为主。路基遭受沙埋有两种形式：一是在风沙流活动地区，因沙粒沉落堆积而掩埋路基；二是在流动沙丘地区，因沙丘向前移动而掩埋路基。路基遭受风蚀，将会出现削低、变窄、淘空和坍塌等现象。

a) b)

图5-9 公路沙害

防治风沙应先调查流沙的移动方式、方向、年移动距离、输沙量、沙丘形态、风向和风速等，并摸清其变化规律，在极坐标图上根据一年内各种风向出现的频率绘制年风向和风速的玫瑰图(图 5-10)。根据积累的资料,经过综合分析,制订防治风沙的最优方案。

公路防沙应坚持"以预防为主、防治结合、因地制宜、因害设防,先治标、后治本、标本兼治"的原则。具体如下:

(1)应保护公路两侧一定范围内的天然植被,防止人为破坏造成新的沙漠。

(2)根据不同风沙地貌类型,顺应风沙运动规律,选择合理的路基断面形式,为沙子创造非堆积搬运条件。

(3)路基两侧的防护应按风沙通过地区的自然条件,因地制宜地采取不同的措施,具体如下:

图 5-10 玫瑰图

①草原地带应以植物固沙为主,工程防治为辅。

②半荒漠地带宜采取以工程防护措施为主,与植物固沙相结合,固沙植物应以灌木和半灌木为主。

③荒漠地带主要采取工程防护措施。

公路沙害的防治主要包括路基防护以及路侧防护两部分。

5.3.1 路基沙害防治措施

为防止沙质路基遭受风蚀,可用下列各种材料封固(以全铺为宜),对路基进行防护。

(1)柴草类防护:利用各种柴草、草皮在路基迎风面上或突出部位进行平铺、层铺或叠铺。

(2)土类防护:用黏质土或天然矿质盐盖等覆盖路基土表面。

(3)砾、卵石类防护:平铺砾、卵石或栽砌卵石后填砂砾。

(4)无机结合料防护:用水泥土、石灰土以及水玻璃等制成加固土等封固。

(5)有机结合料防护:用石油沥青土、煤沥青土等。

在砂砾、卵石丰富的地段,可平铺砂砾石将边坡及路肩覆盖,厚度一般为 50~100mm。当运距太远时,也可仅覆盖路肩,边坡则用"草方格"防护。实践证明,这种方法效果良好。

5.3.2 路侧沙害防治措施

5.3.2.1 工程防护措施

为防治路基沙埋,在路侧采用的工程防护措施可归纳为固沙、阻沙、输沙、导沙四种类型,几种方法可单独使用,也可以几种方法配合使用。

1.固沙

固沙是指增加地表粗糙度。可采用各种材料作为覆盖物,或设置各种沙障,将贴地层风速控制在起风沙的速度之下,或用不易被风吹起的物质把沙粒与风隔离。可采取平铺式沙障、高立式沙障和低立式沙障三种形式(图 5-11)。

a) 平铺式沙障　　　　　　b) 高立式沙障　　　　　　c) 低立式沙障

图 5-11　几种常见固沙措施

　　(1) 平铺式沙障。平铺式沙障又分为土类压沙、沙石类压沙、铺草压沙、席或笆块压沙和喷洒盐、碱水等几种方式。

　　①土类压沙。利用黏质土全面铺压或带状铺压固沙,铺压厚度为 50mm 左右,带状铺压应与主导风向垂直,带宽一般为 100~200mm,带与带间隔为 10~15m。适用于产有黏质土地带的流沙防护,多用于路堤流沙的防护。

　　②沙石类压沙。利用粗沙、卵石全面铺压或带状铺压固沙,铺压厚度以不超出其最大粒径为标准,对于强风地区不宜用粗沙覆盖。适用于产有沙石地段的流沙防护。

　　③铺草压沙。利用草类全面铺压或带状铺压固沙,铺压厚度为 50mm 左右,用草绳或枝条纵横固结,或者用沙压盖,以免为风所吹蚀。适用于草类地段的流沙防护,有利于植物生长,具有简单易行的优点,但材料用量较大,容易引起火灾。

　　④席或笆块压沙。用草类和枝条编制成席或笆块,全面铺压固沙,搭接处需用小桩固定。适用于路侧局部沙丘的处理,编制过程较费工,且材料用量大,不宜大面积采用。

　　⑤喷洒盐、碱水。在我国沙漠地区分布着许多盐池、碱湖,利用天然盐、碱溶液喷洒沙面,形成坚实的板结层或硬壳,借以达到固沙的目的。

　　(2) 高立式沙障。材料以灌木枝柴为主,如沙柳等。高度在 1m 以上,根据当地风的状况,分为条状、带状、格状三种规格形式,均为透风结构。单一风向地区采用条、带状形式;在风向多变地区采用格状形式。

　　条间距离为 5~10m,与主风向垂直;带间距离为 10~20m,每带由 3~5 行构成;行间距离为 2~3m,并与主风向垂直;形状包括 5m×5m 和 5m×10m 两种。适用于产有枝柴地区的流沙防护。

　　(3) 低立式沙障。低立式沙障分为隐蔽式柴草沙障、半隐蔽式柴草沙障、半隐蔽式黏土沙障和半隐蔽式草皮沙障。

　　①隐蔽式柴草沙障。先在沙地上开挖宽 0.15~0.2m 的沟,然后将柴草竖直放入沟中,踏实两边的沙,要求障顶与沙表相平或不超过 50mm。根据风向的情况可采用格状或条状。适用于路旁流沙的防护。

　　②半隐蔽式柴草沙障。对于流动沙丘,在迎风坡先设主带,即与主风向垂直的沙障,后设副带,即与次要风向垂直的沙障,主带从迎风坡下部开始向上进行;在背风坡,宜先设副带,再自下而上设置主带。沙障外露高度以 0.15~0.3m 为宜。适用于产有草类的路侧大面积流沙的防治。

　　③半隐蔽式黏土沙障。黏土沙障是用黏质土碎块堆成的小土埂,高 0.2~0.3m,底宽 0.5~0.7m。在单一风向地区采用条状,土埂与主风向垂直;在风向多变地区采用格状,土埂间距为

1~2m。适用于产有黏质土地区的流沙防护。

④半隐蔽式草皮沙障。草皮规格:长×宽=0.4m×0.2m。有错缝层铺、错缝斜立铺设和平铺三种形式。适用于有草皮产地的流沙防治。

2. 阻沙

阻沙是指阻滞风沙流,拦截过境流沙,切断沙源。可利用各种材料,在迎风路侧的适当距离和位置上,设置若干人工障碍物,以降低近地面的风速,使沙粒沉积在一定区域内,起到减少和抑制沙丘前移的作用,从而减轻或防止风沙对公路的危害。阻沙工程可采取下列措施:

(1)高立式防沙栅栏[图5-12a)]:主要用灌木枝条、玉米、高粱或芦苇等高秆植物制作而成。一种形式是将植物茎秆成行栽入沙内0.3~0.5mm,外露1m以上形成防风篱笆;另一种形式是将植物杆枝编成1.5m×2.0m的篱笆块,固定于桩上。

(2)挡沙墙(堤)[图5-12b)]:直接利用就地沙土或砂砾修筑的紧密不透风的挡沙结构。其高度一般为2~2.5m,两侧边坡为1:1.5~1:2。采用就地沙土修筑时,应用土或砂砾进行表面封固。

a)防沙栅栏　　　　　　　　　　　　b)挡沙墙

图5-12　几种常见阻沙措施

(3)为提高阻沙效果,可采取栅栏与挡沙墙(堤)相结合的形式。

3. 输沙

输沙是通过改变建筑物的几何形态,采取措施增大通过建筑物的风沙运动和移动强度,使原来已经饱和的风沙流在通过建筑物时处于非饱和状态,从而不产生沙的停留。可采取的措施包括修筑路旁平整带、设置聚风板、采用浅槽和风力堤以及将路堤做成输沙断面等。

(1)修筑路旁平整带。将路基两侧20~50m范围内的一切突出物整平,并用固沙材料封固。有取土坑的可将坑修成弧形的浅槽。

(2)设下导风板(聚风板)。由立柱、横撑木及栅板组成。其板面高度与下口高度之比以1:0.7为宜。主要适用于风向单一、沙丘分布稀疏、移动快的低矮沙丘、沙垄造成的局部严重沙害。下导风板的设置长度应超过防护沙害路段的长度,以免板端的绕流作用使两端出现舌状积沙。

(3)采用浅槽和风力堤。在沙源较丰富的流动沙丘地区,为防治沙丘前移造成对路基的危害,在路基迎风侧设置浅槽与风力堤,借助浅槽特有的气流升力和与风力堤的综合作用,加大风速,达到公路输沙的目的,避免路侧造成积沙。

(4)将路堤做成输沙断面。路堤高度低于0.3m,边坡坡度采用1:3;路堤高度大于0.3m,风向与路线呈锐角相交时,边坡坡度采用1:6。路肩边缘均应做成流线型。

在有条件的地区应优先采用植物固沙,并应贯彻草、灌、乔相结合的原则,以达到最大的防风固沙效果。对已发生沙埋的公路,需将积沙清除到路基下风侧20m以外的地形开阔处,并整平以免形成新的阻风积沙现象。

4.导沙

导沙是通过导风工程设施改变气流方向,采取各种措施引导风沙流所挟带的沙改变沉积部位,从而使建筑物本身免遭风沙危害。

5.3.2.2　植物固沙

采取植物固沙措施时,防沙固沙的植物品种应满足下列要求:

(1)对于沙丘迎风堤的风蚀区,由于风力撞击,沙层坚实,一般固沙植物难以生长,应选择生命力强的柠条、花棒及油松。

(2)对于沙丘坡脚和沙埋区,应选用黄柳、沙拐枣及水木蓼等灌木。

(3)对于靠近公路两侧的沙漠边坡地区,应选择小冠花种植。

(4)对于公路两侧的活动沙地,应种植半灌木或草类植物,与方格草治理结合进行。

(5)对于埋藏有黏土、壤土且深度较浅时,可栽植乔木;如为基岩、卵石,只能种植耐旱耐贫瘠的灌木。

(6)对于地下水为矿化度较轻或淡质水,水位深不超过1m的潮湿沙地,可种植杨、柳类喜湿树种;对于湿润沙地,可根据水位深度选择适宜树种。

5.4　涎流冰与雪害的防治

在寒冷地区,河水冻结会对桥梁浅桩产生冻拔破坏,会使小桥涵形成冰塞引起构造物冻裂。解冻时,大量流冰对桥梁墩台产生巨大冲击作用,严重时形成冰坝威胁桥梁安全。地下水或地面水丰富地段,水漫到地面或冰面时,逐层冻结即形成涎流冰(图5-13)。公路上的涎流冰面积小到数平方米,大到数千平方米,有的可达数万平方米,其厚度也有数厘米到数米之多。涎流冰主要分布在我国东北的大、小兴安岭和长白山地区,以及西藏、川西和西北地区海拔2500~3000m以上的山地和高原上。涎流冰可分为河谷涎流冰和山坡涎流冰,前者主要危害桥涵,后者主要危害公路路面。

a)

b)

图5-13　涎流冰

5.4.1 河谷涎流冰防治措施

河谷涎流冰的主要防治措施包括：

(1) 桥梁上游如有大片地形低洼的荒地,可用土坝截流。

(2) 河床纵坡不大的河流,可于入冬初在桥的下游筑起土坝,使桥梁上下游各约 50m 范围形成水池,水面结冰坚实后,再在水池的上游开挖人字形冰沟,以利汇集水源,同时挖开下游河床最深处的土坝,放尽池内存水,保持上下游进出口不被堵塞,使水在冰层下流动。

(3) 于桥位上下游各 30~50m 的水道中部的顺流方向上开挖冰沟,用树枝柴草覆盖,再加铺土或雪保温,并经常检修以保持冰沟不被冻塞,解冻后即可拆除。

5.4.2 山坡涎流冰防治措施

山坡涎流冰的主要防治措施有设置聚冰沟与聚冰坑、挡冰墙、挡冰堤,设置地下排水设施以及清除涎流冰。

1. 设置聚冰沟与聚冰坑

聚冰沟多用于拦截冲积扇沟口处的泉水涎流冰和地势较缓的山坡涎流冰,聚冰坑多用于水量较小、边坡不高的堑坡涎流冰。用以积聚涎流冰,不使其上路。其断面形式如图 5-14 和图 5-15 所示。

图 5-14 聚冰沟

B-路堑坡顶至聚冰沟的距离,无水情况 $B>3m$,有水情况 $B \geqslant H+5m$;H-路堑高度;b、h-分别指聚冰沟的宽和高

2. 设置挡冰墙

挡冰墙适用于阻挡和积聚涌水量不大的山坡涎流冰和挖方边坡涎流冰,防止其上路。挡冰墙一般用浆砌片石或块石筑成,需根据冰量确定挡冰墙尺寸,一般为高度 0.6~1.2m,顶宽 0.3~0.5m。基础埋置深度根据土质、积冰量以及当地冰冻深度等情况确定。当积冰量较大时,可与聚冰坑配合使用。其断面形式如图 5-16 所示。

图 5-15 聚冰坑   图 5-16 挡冰墙

3.设置挡冰堤

挡冰堤适用于阻挡地势平坦、涌水量不大的山坡涎流冰和径流量不大的小型沟谷涎流冰。挡冰堤修筑在路基外山坡地下水露头的下侧或沟谷内桥涵的上游,以阻挡涎流冰且减小其漫延的范围,断面形式如图5-17所示。

图5-17 挡冰堤

4.设置地下排水设施

寒冷地区常用集水渗井、渗池、排水暗管和盲沟等排水设施以挡截、疏导、排泄山坡上的地下水,防止其出露和漫延。

5.清除涎流冰

对流至路面的涎流冰要及时清除,通过撒布砂、炉渣、矿渣、石屑、碎石等防滑材料,或撒布氯化钙、氯化钠等盐类防冻剂,抑制涎流冰的形成,以防行车产生滑溜,并设置明显的指示标志。当冰层在盐类物质和行车作用下逐渐变软时,应适时将冰层铲除,防止重新冻结,铲除冰层后应重撒防滑材料。

5.4.3 公路雪害的防治

雪害有积雪和雪崩两种形式。积雪一般分积雪和风吹雪(风雪流)。积雪对公路的危害主要是影响行车安全,严重时会阻断交通。较严重的积雪,在我国多发于东北地区、青藏高原以及新疆等地。山上大量的积雪突然沿山坡或山沟崩落下来,即称为雪崩现象,在我国新疆及西藏山区多有发生。大量的雪崩不仅能掩埋路基、阻断交通,还能击毁路上的行车及周围的建筑物。

1.风吹雪(风雪流)的防治

一般积雪是指在风力较弱或无风的情况下,降雪在道路上形成的均匀雪层(图5-18)。积雪达一定深度就会发生雪阻现象,汽车通行就会非常困难。此外,积雪在路上压实并冻结,使行车滑溜,极易引发交通事故。因此,除雪防滑作业是冬季养护的一项重点工作。应根据气象资料、沿线地形地貌条件、降雪情况及其对交通影响的程度,制订计划,及时清除路面积雪。

当风速大于雪粒的起动风速(4~5m/s)时,积雪被掀起随风急速流动,即形成风雪流(图5-19)。风雪流的防护措施有:

(1)改善路基纵、横断面形式或改善路基附近地形,如提高路基、放缓边坡、设置储雪场、整修内侧山坡、敞开路基以及清除路基一定范围内有碍风雪流通过的障碍物等。这是一项治本的防雪措施,但要注意工程量和可能产生的其他病害。

图 5-18　积雪

图 5-19　风雪流

（2）栽植防雪林带。防雪林带应按规定位置栽植,可采用灌木-乔木-灌木结合的形式或单一林带形式。防雪林的树种选择要因地制宜,一般有杨树、榆树、槐树和落叶松等树种,见图 5-20。

图 5-20　防雪林带

（3）设置防雪设施（图 5-21 和图 5-22）。防雪设施包括防雪栅栏、防雪堤(墙)和导风板三种,因其设备费用较高,在积雪较多而又无其他方法处理的地段使用。设施选择时须按就地取材、因地制宜的原则,力求经济适用。

图 5-21　防雪栅栏及其设置效果

图 5-22 防雪明洞

2. 雪崩的防治

雪崩的防治可以分为预防措施和工程措施两类。

（1）预防措施

植树造林既可以从根本上阻止山坡积雪的滑动，又可调节周围生态，造福百姓。因此，在有条件的地方，应尽量采用这种防治雪崩的措施。

用炮击爆破等人为的方法使雪崩提前发生，将雪崩化整为零，可以避免或减轻雪崩引起的严重灾害。

（2）工程措施

预防雪崩的设施主要包括稳（稳雪栅栏、稳雪墙、稳雪土阶等）、防（防雪栅栏、防雪走廊、防雪檐、导雪槽、导雪堤等）、缓（消能土锥、消能坑、破雪堤等）和挡（挡雪坝）四类，下面介绍几种典型预防雪崩的设施。

① 稳雪栅栏。栅栏的立柱应采用混凝土桩、型钢等坚固材料，露出地面部分应大于该处最大积雪深度；立柱的间距不得大于 2m；立柱间一般用木条板作栅板，栅板宽与栅板间距均宜保持在 100mm 左右，也可用铁丝网格或塑料网格，网格孔径一般为 60~100mm；栅栏与坡面角度宜保持在 105°，斜支柱与坡面角宜保持在 35°~40°，支撑点应位于立柱高的 2/3 处。

② 采用稳雪墙、水平台阶、水平沟、地桩障、篱笆障、稳雪栅栏等设施稳定山坡积雪，阻止积雪滑动。这类设施主要布置于经常产生坡面雪崩的山沟及沟槽雪崩的源头地带，适用于高差不大、雪崩源头较小的山坡及沟槽，或作为其他防治工程的辅助措施。

③ 用防雪栅栏、土（石）墙等防挡雪崩源头风吹雪，避免在积雪区堆雪过厚或在山脊处形成雪檐。这类措施一般适用于地形相对高差不大，能就地取材且运输较方便的地区。

④ 防雪走廊。防雪走廊是在公路上修筑的防雪构造物（图 5-23）。其形式与明洞相似，能使雪崩产生的雪从其顶上越过；也可以防止风吹雪堆积。养护时必须保持工程各部结构完好，与公路内侧的山坡应紧密连接。如有空隙，可用土石分层回填并夯实。养护时保持防雪走廊上部沟槽中设置的各种防治雪崩的辅助设施及山坡植被的完好。

⑤ 导雪槽。导雪槽是在公路上修筑的构造物，内侧与山坡紧密连接，外侧以柱支撑，可使雪崩雪从其顶上越过的工程设施。适用于防治靠近公路一侧上方的小雪崩。根据实际情况可做成临时性或永久性的导雪槽。导雪槽的设置和养护必须保持工程各部结构牢固完好，槽下净空应满足有关规定，宜从内向外略倾斜。

图 5-23 防雪走廊

5.5 公路冬季养护技术

公路冬季经常发生的病害主要包括雪害、冰害、冻胀等,此外还包括沥青路面的坑槽、剥落以及砂石路面的坑槽等。由于冬季公路发生的病害常常影响正常行车,甚至引发交通事故,所以公路冬季养护除了要及时处理高等级公路的雪害和冰害外,也应及时清除一般公路的雪阻,修补坑槽,以确保道路畅通。因此,有必要针对各级公路冬季常发性的病害制订相应的养护对策,做到防养结合。本节主要介绍冬季路面修补技术、冬季除雪技术以及冬季路面防滑技术。

5.5.1 冬季路面修补技术

在寒冷地区,每年 11 月~次年 4 月,气温较低,对于松散、坑槽等病害,公路养护部门无法采用常规的修补措施进行养护。如果不及时处理这些病害,积雪融化后雪水将沿着路面表面的裂缝不断渗入路基,继而导致翻浆等更为严重的病害。为此,许多公路养护部门研发了低温混合料,以解决冬季路面养护这一难题。

低温混合料是由沥青、集料、溶剂(必要时掺加添加剂)按照一定的配合比拌和而成的混合料,其在低温条件下便于储存,施工和易性良好。其主要原因是:在沥青中加入一定数量的溶剂后,沥青的黏度暂时降低,用其拌制的混合料短时间内不致硬化,保持着良好的施工性能,可以储存较长时间。施工完成后,随着溶剂的挥发,混合料的强度会逐渐增加。与热拌沥青混合料相比,低温混合料的初期强度低,后期强度会随着混合料中溶剂的逐渐挥发而有所提高。

生产低温混合料的关键是溶剂的选择,对使用的溶剂通常有下列要求:
(1)对石油沥青具有较大的溶解能力。
(2)具有适当的挥发性。
(3)对周围环境及人体无害,具有良好的环保性能。

溶剂种类的选择及用量的确定是非常复杂的问题。溶剂用量多时,沥青黏度低,能获得良好的施工和易性且便于储存,但会影响混合料的强度;溶剂用量减少时,沥青黏度增大,混合料的稳定性提高,但硬化速度加快,施工及储藏性不好。此外,使用不同种类的溶剂,施工后挥发速度不同,混合料强度增长速度也不同。因此,选择适当的溶剂和溶剂用量对低温混合料的质量影响很大,必须通过一系列的试验来确定。目前,国内对低温混合料的各项技术指标和试验方法尚无统一规定,现根据有关试验研究资料,建议采用如下指标。

1.对沥青与溶剂混合液的技术要求

(1)黏度:60℃运动黏度的适宜范围为 $250\times10^{-6} \sim 400\times10^{-6} m^2/s$。

(2)温度:在动力黏度为 $0.1 \sim 0.4 Pa \cdot s$ 所对应的温度范围内进行拌和,拌和温度一般为 $100 \sim 130℃$。

(3)闪点:为确保安全,沥青与溶剂混合液的闪点应在130℃以上。

(4)黏附性能:混合液在矿料表面的裹覆面积应达到90%以上。

2.沥青混合料马歇尔试验的主要技术指标要求

(1)作业稳定度:在60℃时制成马歇尔试件,双面各击实10次,冷却至20℃时进行试验,马歇尔稳定度应达到0.8kN以上,以确保低温混合料具有良好的施工性能。

(2)初期稳定度:在60℃时制成马歇尔试件,双面各击实50次,冷却至20℃时进行试验,马歇尔稳定度应达到2.5kN以上,以保证铺设的路面及修补的坑槽在使用初期具有一定的稳定性。

(3)使用稳定度:在20℃时制成马歇尔试件,双面各击实50次,带模放入温度为110℃的干燥容器中养生24h,取出后双面再各击实25次,然后冷却至室温,脱模后放入60℃的恒温水槽中,浸水30min后进行试验,马歇尔稳定度应达到3kN以上,空隙率控制在5%~7%,流值控制在10~40(0.1mm),以保证在使用过程中混合料的技术性能。

5.5.2 冬季除雪技术

气象部门一般把降雪划分为四级:24h降雪量在0.1~2.4mm之间为小雪,24h降雪量在2.5~4.9mm之间为中雪,24h降雪量在5.0~9.9mm之间为大雪,24h降雪量在10.0mm以上为暴雪、大暴雪或特大暴雪。

路面冰雪根据其性状可分为以下几类:

(1)松雪。雪颗粒飘落到地面后,未经轮胎碾压的天然状态的积雪。

(2)压实雪(雪板)。松雪经过一定程度的轮胎碾压后形成板体,称为压实雪。

(3)雪浆。松雪、压实雪在其环境温度升高至正温时,其中的部分雪颗粒融化为水,形成水与雪颗粒的混合物,称之为雪浆。

(4)冰板。雪浆冻结后就形成冰板。随着环境温度的正负温度交替出现、降雪次数的增加,冰板反复融化,再降新雪混合成雪浆,雪浆再冻结,从而使冰板的厚度不断增加。

(5)冰雪板。冰板与雪板交替出现,产生层积就形成冰雪板。

常用的除雪方法包括人工法、机械法、化学法和物理除雪法等。

1.机械除雪

机械除雪是利用机械对冰雪直接进行铲除,其应用范围比较广泛,机械数量多时除雪速度快,是快速除雪的基础性方法。机械除冰雪技术主要适用于路面积雪或结冰量较大的情况,国内外都没有给出明确的出动机械设备时路面积雪或结冰的最小厚度。但根据机械设备作业条件,路面积雪或结冰厚度达到厘米级时,即可以进行机械除雪。

(1)除雪机械的类型及特点

目前,广泛使用的除雪机械的机型大致有三种,即犁板式、旋切式、扫滚式,它们能满足不同的工况(表5-3和表5-4)。常用的除雪机械,见图5-24。

除雪机的分类　　　　　　　　　　　　　　　　　　表5-3

名　称	特　点	应用范围
犁板式除雪机	以雪犁或刀板为主要除雪方式,可推雪、刮雪	可装在载货汽车、推土机、平地机、拖拉机、装载机等底盘上,适应各种条件下的除雪
螺旋式除雪机	以螺旋和刮刀为主要除雪方式,侧向推移雪或冰碴	新雪、冻结雪、冰辙
转子式除雪机	以高速风扇转子的抛为主要除雪方式,抛雪或装车	新雪,可与犁板式除雪机配合使用
组合式除雪机	多种除雪方式的组合	新雪、压实雪
清扫式除雪机	以旋转扫路刷为主要除雪方式	新雪且为薄雪,高速公路、机场等进行无残雪式除薄雪
吹风式除雪机	以鼓风机高速气流为除雪方式	新雪,公路、机场除雪,雪量大时效率更高
化学消融剂式撒布机	以化学融剂融雪,防结冰为主要除雪方式	撒布融雪剂或防滑材料
加热式融雪机	把雪收集起来,融化成水	特殊场合

各种机型适应的除雪厚度　　　　　　　　　　　　　　表5-4

机型	旋切式	犁板式	犁板式、扫滚式
雪厚(mm)	>300	100~300	<100

a)除雪平地一体机

b)除雪王

c)平地机除雪

d)抛雪机

e)刮雪车

f)吹雪车

图5-24　常用的除雪机械

(2)除雪时机

雪的强度对机械除雪的难易程度有着很大的影响,图 5-25 所示为积雪的抗压强度随温度和积雪密度变化的关系。表 5-5 所示为积雪的抗切强度随温度和积雪密度变化的关系。由此可以看出积雪的强度(压、切)随着密度的增大和温度的降低明显增大,为除雪作业带来困难。因此积雪未压实前、温度较高时,是除雪的最佳时机。

图 5-25　积雪抗压强度与温度、积雪密度的关系

人工板结雪的抗切强度系数　　　　　　　　　表 5-5

雪的类型	雪的密度(g/cm³)	抗切强度系数(kPa)		
		雪温-3~-1℃	雪温-22~-4℃	雪温-22℃以下
弱板结雪	0.30~0.40	4.9~11.8	7.8~24.5	14.7~34.3
密实雪	0.45~0.52	9.8~24.5	14.7~30.2	29.3~78.5
高密实雪	0.55~0.65	19.5~34.5	29.3~78.5	68.7~128

(3)机械除雪的工作模式

机械除雪一般采用可变标志车、融雪剂撒布车、推雪车等多种车辆联合作业的工作模式,见图 5-26。

图 5-26　高速公路冬季除雪机械联合作业示意图

(4)除雪机械的配置

除雪机械的配置需根据除雪的速度目标要求,设定某类机械的除雪作业段长度;根据路面宽度与该机械的除雪作业面宽度之间的关系来确定横向机械台数的配置,总的机械配置数等于作业段数与横向配置台数之积。路面积雪平均厚度小于 50mm 时,应按每 100km 配置一套;路面积雪平均厚度为 50~100mm 时,应按每 50km 配置一套;路面积雪平均厚度为 100~

200mm 时,应按每 30km 配置一套。高速公路按二级公路的两倍配置。

2.化学除雪剂除雪

(1)化学除雪剂的类型

除雪剂可降低除雪剂与冰雪混合物的冰点,防止冰雪冻结于路面上或被车辆压实成冰雪板。按化学组分分为传统型氯盐类、醋酸盐类和新型环保类三种。

①传统型氯盐类。通常有氯化钠、氯化钙、氯化镁、氯化钾等,这类除雪剂价格低廉,除雪效果好,因而应用广泛,但对路面、车辆的腐蚀作用比较严重,对土壤也具有板结的作用,影响植物的正常生长。

②醋酸盐类。如醋酸钾、醋酸镁、醋酸钙、醋酸钙镁等,这类除雪剂除雪效果好,危害性小,但价格较高,一般为氯盐类的三倍以上,而且目前国内的生产厂家很少。

③新型环保类。新型环保类除雪剂品种较多,多数产品仍然含有一定的氯盐,但属于无公害型的,价格比氯盐类的除雪剂略高。少数产品不含氯盐,可真正实现环保,但价格是氯盐类的 2 倍以上。

(2)除雪剂的选择原则

选用除雪剂时应因地制宜,且优先考虑如下原则:

①绿色、环保、无污染。

②除雪剂与冰雪混合物的冰点必须满足所在地区的最低温度要求。

③易于储存和运输。一般情况下宜优先选择固体除雪剂。

3.物理除雪

物理除雪技术主要包括自应力破冰技术、蓄能道路除雪融冰技术、地热能道路除雪融冰技术、电热法路面除雪融冰技术、热力机械复合除雪融冰技术五类。

(1)自应力破冰技术

在路面按一定的规律打孔或开槽,然后在里面嵌入弹性橡胶体,利用在行车荷载作用下弹性体变形促使路面冰体破碎,该方法只适用于长期结冰的低速道路,并且也只能起到破冰的作用,如果冰雪堆积达到一定厚度后将失去作用。

(2)蓄能道路除雪融冰技术

该方法需要建立蓄能循环系统,夏天利用太阳能将埋在路面下管道内的流体加热,然后循环储存到地下储存室内,在冰雪天气,通过循环泵使储存室内热流体流动来加热路面,进而达到融雪除冰的效果。

(3)地热能道路除雪融冰技术

该方法实施的前提是道路所在地下有地热能源可以利用,建立路面与地热之间的循环系统,通过循环系统将地热能引到路面下,对路面进行加热,进而达到融雪除冰效果。

(4)电热法路面除雪融冰技术

在路面结构内铺设发热电阻丝,或采用导电材料(如钢纤维混凝土、碳纤维混凝土及橡胶混凝土等)铺设路面。在冰雪来临时,通电加热路面,达到除雪融冰目的,该方法前期投入相对较小,应用比较可靠。

(5)热力机械复合除雪融冰技术

利用加热装置在除冰雪之前给冻结的冰雪加热,适当提高冰雪层的温度,降低冰雪层的强度,减小积雪除雪的难度,从而提高机械除冰雪的速度。该法是一种将机械法和热力法相结合、发挥各自的优势、增强除冰雪效率的方法。

各种除雪方式的特点,见表5-6。

各种除雪方法特点对比   表5-6

对比项	方法			
	人工除冰雪	化学融雪	机械除雪	物理除雪
效率	低	高	高	高
能耗	高	低	高	较高
机动性	强	一般	强	固定路段
交通影响	大	很低	较大	无
设备成本	低	—	购买成本高	建设成本高
使用成本	高	较高	较高	较高
环境影响	低	大	对路面有损坏	无污染,对路面无损坏

5.5.3 冬季路面防滑技术

为提高冰雪路面的摩擦系数,经常使用的抗滑养护技术有两种,一种是在汽车上安装防滑链或防滑轮胎,另一种是在结冰的路面上撒布防滑材料,如食盐、砂子、煤渣或石屑等。选用原则一般以当地材料为主。防滑链或部分防滑轮胎虽然有效,但对路面的磨耗非常严重。防滑材料的撒布量以能提供足够的摩擦力为准,可根据道路等级、路面纵坡和路面结冰情况综合确定。它们在任何温度下都可以使用,特别是当温度很低、除冰化学制品效果没有很好时,使用这些措施效果更好。

以下是相关研究成果的结论,仅供参考使用。

(1)不同防滑材料使用效果对比

试验路段的路面条件为压实雪面,车型为小汽车,撒布料为中砂、粗粒盐以及砂、盐混合料,砂的撒布剂量为 $0.0167m^3/100m^2$,盐的撒布剂量为 $13.9kg/100m^2$。结果表明:在相同车速下采用砂、盐混合料进行防滑养护,其摩擦系数远大于单独撒砂或单独撒盐的摩擦系数,可以收到比单独撒砂或单独撒盐好得多的效果,见图5-27。

(2)砂、盐的用量与摩擦系数的关系

图 5-27 砂、盐及其混合料抗滑效果比较

砂、盐用量与摩擦系数具有非线性关系,砂的用量一定时,随着盐的用量增加,摩擦系数也增加;盐的用量一定时,随着砂的用量增加,摩擦系数也随之增加,见图 5-28 和图 5-29。砂盐混合料中细粒盐的剂量一般不宜超过 $2.5kg/100m^2$;中砂的剂量宜采用 $0.01m^3/100m^2$,相当于每立方米的砂中最多加入 250kg 盐;如采用粗砂,则砂的剂量还可适当减少。这一混合剂量在压实雪面上可获得平均 0.3~0.35 的路面摩擦系数,如果想得到更高的摩擦系数,可提高砂的剂量。

图 5-28 砂的剂量一定时摩擦系数随用盐量的变化

图 5-29 盐的剂量一定时摩擦系数随用砂量的变化

表 5-7 给出了以防滑为目的时化学防滑材料的使用参考量。随着冰雪密度的提高,使用量可增加。为了提高冰雪路面的抗滑性能,宜采用破碎的、有棱角的抗滑料,且粒径介于 5~10mm 的抗滑材料效果较好。当采用砂、矿渣、石屑、煤渣或其他抗滑料时,加入 $30\sim60\mathrm{kg/m^3}$ 的盐对抗滑料进行预湿处理,可以使抗滑料既不冻结,又能更好地嵌入路面上的冰板或积雪中,可以提供较高的摩阻力,且可以保持较长时间的防滑效果。

不同防滑材料的使用参考量(单位:$\mathrm{g/m^2}$)　　　　表 5-7

防滑材料	使用温度下限(℃)	冰				压实雪				松散雪				阻化剂含量
		0~-5	-5~-10	-10~-15	-15~-20	0~-5	-5~-10	-10~-15	-15~-20	0~-5	-5~-10	-10~-15	-15~-20	
非食用盐	-15	20	40	70	—	15	30	50	—	10	20	30	—	单基磷酸钠 2%~3%
钾石盐渣	-12	25	50	—	—	20	40	—	—	15	25	35	—	重过磷酸钙 3%
氯化钙	-35	30	60	80	100	25	40	60	80	20	30	40	50	重过磷酸钙 5%~7%
磷酸氯化钙	-35	35	65	90	—	30	50	70	90	20	35	45	60	化工厂阻化产品
氯化钠与氯化钙混合物	-20	25	50	75	—	20	40	60	—	15	25	40	—	磷酸钠 2%~3%
天然氯化钠盐水	-10	120	200	—	—	100	150	—	—	100	120	—	—	磷酸钠 0.5%
浓缩盐水	-10	100	150	—	—	80	120	—	—	80	100	—	—	磷酸钠 1.0%
氯化钙溶液	-12	100	150	—	—	80	120	—	—	80	100	—	—	重过磷酸钙 2%~3%

【复习思考题】

1. 简述公路防灾的主要内容。
2. 公路冬季养护技术有哪些？
3. 简述公路雪害的防治措施。
4. 山坡涎流冰有哪些防治措施？
5. 路侧沙害有哪些防治措施？
6. 什么是山区泥石流？山区泥石流的治理应遵循哪些原则？
7. 沿河路基水毁的主要原因是什么？

第 6 章
桥涵构造物养护

为保证桥涵的正常运营,尽量保持桥涵结构性能,延长桥涵的使用年限,对桥涵结构进行养护、维修与加固是非常必要的。当桥涵结构物无法满足承载能力、通行能力、抗洪及其他灾害等要求时,则需对桥涵结构进行必要的养护、维修与加固。

公路桥涵养护应遵循"防治结合、科学养护、安全运行、保障畅通"的原则,并应符合下列要求:
(1)保障结构完好、外观整洁和附属设施齐全完好。
(2)配备必要的检测和养护设备、设施。
(3)积极稳妥地采用先进的检查设备、养护技术和科学的管理方法。
(4)及时掌握桥涵技术状况的变化,并采取相应的养护对策。
(5)有效开展预防养护,保障结构耐久性。
(6)确保养护作业安全,降低对交通的影响。
(7)重视资源节约和环境保护。

公路桥涵养护应包括下列主要内容:
(1)桥涵检查、监测和评定。
(2)桥涵日常养护、预防养护。
(3)桥涵修复养护。
(4)建立桥涵养护技术档案、桥梁管理系统和数据库并及时更新。

(5)桥涵构造物安全运行管理。

(6)制订桥涵构造物灾害防治与抢修的应急预案,灾害发生后,及时开展应急养护。

(7)设置必要的检修设施。

公路桥涵养护工程按照养护目的,分为预防养护、修复养护、专项养护和应急养护。公路桥涵的养护应满足相关的法律、法规和技术标准、规范、规程的基本要求。

6.1 桥梁检查、监测和评定

公路桥梁的检查与监测是桥梁养护工作的两个重要环节,也是桥梁养护的基础性工作。通过对桥梁进行检查与监测,可以系统地掌握桥梁的技术状况,及早地发现桥梁的缺陷和异常,进而提出合理的养护措施,提升桥梁的安全水平。

公路桥梁养护检查等级应分为Ⅰ、Ⅱ、Ⅲ级,分级标准应符合下列规定:

(1)单孔跨径大于150m的特大桥、特别重要桥梁的养护检查等级为Ⅰ级。

(2)单孔跨径小于或等于150m的特大桥、大桥,以及高速公路或一、二级公路上的中桥、小桥的养护检查等级为Ⅱ级。

(3)三、四级公路上的中桥、小桥的养护检查等级为Ⅲ级。

(4)技术状况评定为3类的大、中、小桥应提高一级进行检查。

(5)技术状况评定为4类的桥梁在加固维修前应按Ⅰ级进行检查。

桥梁养护工作应结合桥梁的养护检查等级开展,对桥梁检查中发现的病害应制订相应的养护维修方案并及时处治。检查评定发现桥梁承载能力、刚度或稳定性不足时,应按相关技术标准、规范、规程要求进行维修加固。养护检查等级为Ⅰ级的桥梁宜安装结构监测系统对结构状态和各类外荷载作用下的响应情况进行监测,定期将监测结果与桥梁检查结果进行比对和分析,确保桥梁结构安全。

6.1.1 桥梁检查和监测的一般规定

桥梁检查应分为初始检查、日常巡查、经常检查、定期检查和特殊检查。桥梁检查频率与检查内容,与桥梁养护检查等级相关,详见现行《公路桥涵养护规范》(JTG 5120)的具体要求。

1.初始检查

初始检查是新建或改建桥梁交付使用后,对桥梁结构及其附属构件的技术状况进行的首次全面检测,其成果是后期桥梁检查和评定工作的基准。

2.日常巡查

日常巡查是对桥面及其以上部分的桥梁构件、结构异常变位和桥梁安全保护区的日常巡视和目测检查。

3.经常检查

经常检查宜抵近桥梁结构,以目测结合辅助工具进行,应现场填写"桥梁经常检查记录表",发现桥梁重要部件缺损严重,应及时上报。

4.定期检查

定期检查应接近各部件仔细检查其缺损情况,填写"桥梁定期检查记录表",绘制主要病害图,判断病害成因及影响范围,进行技术状况评定,并提出养护建议。

5.特殊检查

特殊检查是查清桥梁的病害原因、破损程度、承载能力、抗灾能力,确定桥梁承载能力的工作。特殊检查之后,应提交检查报告,填写"桥梁特殊检查记录表"。

特殊检查分为专门检查和应急检查。

(1)专门检查:根据经常检查和定期检查的结果,对需要进一步判明损坏原因、缺损程度或使用能力的桥梁,针对病害进行专门的试验检测、验算与分析鉴定工作。

(2)应急检查:当桥梁受到灾害性损伤后,为了查明破损状况,采用应急措施,组织恢复交通,对结构进行的详细检查和鉴定工作。

桥梁检查包含内容较多,为便于读者理解,6.1.2~6.1.5节将从桥面系、桥梁上部结构、桥梁下部结构、河床及调治构造物等方面详细描述检查时需要重点关注的细节。

6.结构监测

对需要开展结构健康监测的桥梁,应结合桥梁实际状况,遵循"技术先进、经济适用、精准预警"的原则,建立监测体系,并保证监测系统的有效性、可靠性和耐久性。

6.1.2 桥面系检查

桥面系检查应按桥面系的组成部分(桥面铺装、伸缩缝、人行道、护栏、桥面排水系统、交通安全设施等)依次开展。

1.桥面铺装

检查桥面铺装是否变形、泛油、破损(图6-1)、裂缝(龟裂、纵缝、横缝、块状裂缝),检查桥面纵、横坡是否顺适,防水层是否漏水等。特别是当桥面铺装出现坑槽后,车辆冲击力会加大;桥面防水失效后,桥面积水下渗会导致梁体腐蚀后混凝土剥落。

a)破损整体

b)破损局部

图6-1 拱桥桥面微弯板连接破损

2.伸缩缝

检查伸缩缝是否堵塞、挤压、失效(图6-2);锚固区连接是否牢靠,连接件是否松动,锚固区混凝土是否局部破损;密封条(橡胶带)是否老化、失去弹性、异常变形或开裂;伸缩缝是否有不

图 6-2 伸缩缝破损

正常的响声或异常的伸缩量;伸缩缝是否平整等。在旧桥检查中,伸缩缝堵塞失去伸缩功能、止水带破损等病害较为常见。

3.人行道(包括安全带、路缘石)

检查人行道(安全带)是否撞毁、缺损、裂缝、变形过大、金属腐蚀等;检查路缘石是否破碎,人行道(安全带)与桥面连接的牢靠程度等。

4.护栏

检查柱式栏杆、扶手是否撞毁、破损及相互连接处是否脱落,钢制构件是否锈蚀、脱落;检查波形梁式钢制构件是否变形、金属锈蚀和脱漆,以及缺件等;钢筋混凝土墙式护栏是否撞毁、破损,若有钢制构件是否有变形、金属腐蚀和脱漆,以及缺件等。

5.桥面排水设施

检查桥面排水是否顺畅,是否积水;泄水管是否完好、排水是否畅通、管口是否被堵塞;桥头排水沟是否完好等。

6.交通安全设施

检查交通安全标志、标线是否损坏、老化、失效,是否需要更换。照明设备是否损坏、缺失,是否需要更换。

6.1.3 桥梁上部结构检查

桥梁上部结构是桥梁最重要的部分,一般由梁、板和拱肋等基本构件组成。

1.基本构件缺陷检查

基本构件缺陷可能出现在施工或者使用阶段。对于钢筋混凝土结构,主要检查是否存在以下现象:

(1)表面缺浆、粗糙,出现麻面;
(2)浇筑不密实出现的空洞现象;
(3)钢筋锈蚀破坏、露筋现象;
(4)梁体表面裂缝。

桥梁裂缝是非常重要的梁体缺陷。上部结构梁体在外荷载作用下有可能是先开裂后引起钢筋锈蚀,也可能是钢筋在氧、水、氯离子共同作用下先锈蚀膨胀后导致混凝土胀裂(图6-3、图6-4)。

图 6-3 梁桥(T梁)常见梁体裂缝示意图

图 6-4　梁式桥(板梁)常见梁体裂缝

混凝土中钢筋腐蚀的前提条件是钢筋表面的钝化膜破坏,在一般大气环境下,使钢筋钝化膜破坏的主要原因是混凝土保护层碳化。因此,混凝土中钢筋开始腐蚀的时间常被定义为碳化深度达到钢筋表面所需要的时间。然而,大量工程调查和试验表明,有些环境下,用酚酞试剂测定的碳化深度尚未达到钢筋表面,但钢筋已产生腐蚀,这个现象很难用传统的碳化-钢筋腐蚀机理来解释。因此,建立合理的钢筋开始腐蚀条件将是确定钢筋开始腐蚀时间的关键。

各类混凝土桥梁裂缝检查的重点部位见表 6-1,各类恒载裂缝不应超过表 6-2 的规定,否则需进行加固。

裂缝检查位置　　　　　　　　　　　　　　　表 6-1

桥　型	检 查 部 位	桥　型	检 查 部 位
简支梁	跨中、四分点、支点	双曲拱	主拱圈(拱脚、四分点、拱顶),拱上建筑(侧墙、腹拱)
连续梁	跨中、四分点、支点		
悬臂梁	支点、牛腿	桁架拱	桁片的受拉弦杆、腹杆、实腹段、节点、拱脚

裂 缝 限 值　　　　　　　　　　　　　　　表 6-2

结构类别	裂缝部位	允许最大缝宽(mm)	其他要求	结构类别	裂缝部位		允许最大缝宽(mm)	其他要求
钢筋混凝土	主筋附近竖向裂缝	0.25		砖石、混凝土拱	拱圈横向		0.30	裂缝高小于截面高一半
	腹板斜向裂缝	0.30			拱圈纵向裂缝		0.50	裂缝长小于跨径 1/8
	组合梁结合面	0.50	不允许贯通结合面		拱波与拱肋结合处		0.20	
	横隔板与梁体端部	0.30		墩台	墩台帽		0.30	不允许贯通墩台截面一半
	支座垫石	0.50			墩台身	经常受侵蚀性环境水影响 有筋	0.20	
						经常受侵蚀性环境水影响 无筋	0.30	
预应力混凝土	梁体竖向裂缝	不允许				有水,但无侵蚀性影响 有筋	0.25	
						有水,但无侵蚀性影响 无筋	0.35	
	梁体纵向裂缝	0.20				干沟或季节性有水河流	0.40	
						有冻结作用部分	0.20	

注:表中所列允许最大缝宽适用于一般条件。对于潮湿和空气中含有较多腐蚀性气体等条件下的裂缝宽度限制应要求严格一些。

在桥梁裂缝检测中,对于异常裂缝(非典型病害裂缝)要特别引起重视。异常裂缝往往包含特殊的结构破坏的力学信息。这种裂缝的力学解释与说明往往不含在常规的规范条文说明中,需要启动特殊的裂缝机理分析与异常裂缝的特殊结构分析、处置措施(图6-5)。

b) 腹板异常裂缝

a) 桥梁总体

c) 底板异常裂缝

图 6-5　梁桥(板梁)异常裂缝

图6-6为南方某混凝土斜拉桥,在斜拉桥主梁裂缝检测中,发现顶部区域异常的斜向裂缝。采用现有的桥梁规范指标体系特别是混凝土主梁裂缝理论,很难对上述裂缝进行分析说明。对于这种斜拉桥主梁特殊异常裂缝,如果建立一种双拉压杆力学分析模型,就可以非常合理有效地解释该裂缝并在此基础上进行加固处理。

图 6-6　某宽幅混凝土斜拉桥主梁异常裂缝

2.梁桥横向联系检查

梁桥的横向联系是保证梁桥上部结构整体性的重要部分。对于横向联系的检查一般有联系本身的检查和连接状况的检查;对于有横隔板的梁桥,主要检查横隔板的损伤裂缝和连接钢板的锈蚀情况。

(1)空心板梁桥横向联系检查

由于横向连接薄弱,很多空心板梁桥的混凝土桥面铺装沿铰缝出现严重的纵向裂缝。预制拼装的空心板梁桥是靠铰缝混凝土和少量的铰缝连接钢筋将预制空心板连为一体共同受力。目前的计算理论都假设铰缝只传递剪力,不承受弯矩。实际上,空心板梁在主要承受纵向弯矩的同时,还要承受一定的横向弯矩。由于铰缝本身的横向连接较弱,这一横向弯矩主要由铰缝顶面的混凝土铺装层来承担。而混凝土铺装层厚度薄、配筋少,在该横向弯矩作用下,桥面铺装层容易出现纵向裂缝(图6-7)。

图6-7 梁桥横向联系

由于早期对空心板梁桥的认知不全面,在设计上存在一些缺陷:横向连接构造采用浅铰缝形式,铰缝高度仅14cm;接缝所用材料普遍为低强度的普通钢筋混凝土。尽管如此,早期设计的空心板梁桥对应的设计荷载等级较低,因此在低强度的交通压力下,仍然具有较好的适用性。在后期的空心板铰缝设计中,虽然铰缝形状更为合理,但仍旧存在铰缝高度不足等问题,这也导致了在后续运营过程中空心板梁桥容易产生病害。因此,在对空心板梁桥的检查中,要重点加强横向铰缝的检查。

(2)T形梁桥横向联系检查

由于早期的T形梁桥的横向联系设计安全度偏小(横隔梁厚度较薄),在后天的使用过程中,特别是超重车作用下,横系梁受力开裂、钢筋锈蚀及梁纵向结合部混凝土剥落的现象经常出现。

3.拱桥检查

主要检查拱圈的拱脚、$L/4$、$3L/4$、拱顶和拱上建筑的变形、混凝土的开裂和钢筋锈蚀等(图6-8)。拱上立柱上下端、盖梁和横系梁应检查混凝土有无开裂、剥落、露筋和锈蚀,下承式拱桥的吊杆上下锚固区域的混凝土有无开裂、渗水、吊杆锚头附近是否有锈蚀或者断裂现象。

 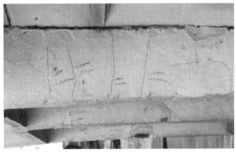

a)混凝土刚架拱桥　　　　　　　　　　b)主拱肋裂缝

图6-8 混凝土刚架拱桥和主拱肋裂缝

圬工拱桥的主要病害有面层风化、灰缝剥落、个别砌块剥落、拱顶附近或拱脚附近出现的拱圈开裂、桥面防水层破坏。圬工拱桥检查应包括下列内容:

（1）主拱圈是否变形、灰缝松散脱落、渗水、砌块有无断裂和脱落；
（2）实腹拱的侧墙和主拱圈是否脱裂，侧墙角有无变形，拱上填土是否沉陷；
（3）空腹拱的小拱是否变形、错位，立墙和立柱是否倾斜、开裂；
（4）砌体表面是否长有苔藓，砌缝是否滋生草木。

拱桥吊杆是拱桥结构的关键构件，国内外发生过多起由于吊杆锈蚀断裂的工程事故。因此，检查掌握吊索内钢丝的损坏情况，如腐蚀、断丝等，及时评定吊索的损坏程度非常关键（图6-9）。

图6-9 拱桥吊杆断裂导致桥面系垮塌

目前，拱桥吊杆的锈蚀检测常采用磁致伸缩导波检测仪进行检测。桥梁磁致伸缩导波检测仪可以在不拆除外层PE(Polyethylene，聚乙烯)和不锈钢保护套的条件下，实现在役吊索索体及锚固区缺陷的快速检测，同样适用于吊索和摩天轮等类似结构的检测，其主要特点如下：

（1）可检测出自由段吊索中钢丝的腐蚀、断丝等缺陷；
（2）可检测出锚固段吊索中钢丝的腐蚀、断丝等缺陷；
（3）现场检测无需耦合剂；
（4）传感器安装部位PE保护套厚度可达20mm；
（5）传感器安装部位可保留不锈钢护套；
（6）传感器结构采用可重构设计，现场安装方便；
（7）无须封闭交通，交通不影响检测。

磁致伸缩导波检测仪的工作原理如下：

导波(Guided Wave)具有单点激励即可实现长距离快速检测的优点，近年来得到了广泛的应用。导波指在有界介质(如管、板、杆等)中平行于介质边界并以超声或者声频率传播的机械波(或弹性波)，导波传播介质称为波导。导波在传播过程中遇到缺陷或边界突变等时会发生反射，从而可以应用于检测。由于能量被限制在波导内部，导波能够传播很长距离，例如，在状况良好的拉吊索中导波一般可传播数十甚至上百米的距离。因此，使用导波技术可以从总体上提高检测效率和降低检测成本。导波的传播需要对象横截面上全部质点的参与，能够检测拉吊索整个端部区域。

磁致伸缩导波传感器利用电磁场和铁磁材料的磁致伸缩效应及其逆效应实现能量耦合和信号转换。磁致伸缩导波检测原理的基础是磁致伸缩(或JouN-Ue)效应及其逆(或ViN-UN-Uari)效应。铁磁体在外磁场中被磁化时，其外形尺寸会发生变化，即产生磁致伸缩应变，从而在铁磁体内激发应力波，这种应力波实际上是结构导波，也是一种弹性波。反过来，当铁磁中存在缺陷时其声阻将发生变化，从而引起导波的反射、透射等，进而导致铁磁体内磁感应强度发生变化,而变化的磁感应强度必定引起接收线圈中的电压变化,通过测量电压信号即可检测出铁磁体构件中是否存在腐蚀、裂纹、破损等缺陷。

根据磁致伸缩导波检测原理和信号处理要求设计的检测设备如图 6-10 所示,整个检测系统由主机、激励传感器、接收传感器和前置放大器组成,通过弹性波激励和接收,实现构件的检测。检测时允许一定的提离距离(一般可达几厘米),不需要与被检对象直接接触,检测过程中不需要拆除 PE,尤其适用于带 PE 保护层吊索杆的在役检测。

图 6-10　磁致伸缩导波检测系统实物照片及吊杆锈蚀异常情况分析结果

依据《公路桥梁技术状况评定标准》(JTG/T H21—2011),吊杆锈蚀、断丝评定标准见表 6-3。

吊杆锈蚀、断丝评定标准　　　　表 6-3

标　　准	定　性　描　述
1	完好
2	钢丝有极少量锈蚀
3	钢丝少量锈蚀,钢丝无断裂
4	钢丝较多锈蚀或损坏,钢丝断裂,截面出现削弱
5	钢索裸露,钢丝大量严重锈蚀或损坏,钢丝断裂,主梁出现严重变形,造成安全隐患

同时,参考美国国家公路研究合作计划(NCHRP)报告 534 指南,钢丝的腐蚀程度评定分级见表 6-4 和图 6-11。拱桥吊杆的实际锈蚀情况见图 6-12。

钢丝锈蚀等级分类　　　　表 6-4

锈 蚀 等 级	表观形貌描述
阶段 1	钢丝具有金属光泽,但局部表面出现锌粉
阶段 2	钢丝表面覆满白色锌粉,但无铁锈的痕迹
阶段 3	钢丝表面的白色锌粉中出现铁锈
阶段 4	铁锈布满钢丝表面,锌粉基本消失,钢丝出现凹凸和蚀孔

阶段1　阶段2　阶段3　阶段4

图 6-11　钢丝腐蚀状况阶段图　　图 6-12　拱桥吊杆的实际锈蚀情况

4. 斜拉桥检查

斜拉桥索塔部分的养护,视其结构类型可按钢筋混凝土桥、预应力混凝土桥及钢桥的相关规定进行。按期检查索塔的变位、倾斜和混凝土表面的破损情况,必要时可进行混凝土强度检测。发现主塔混凝土产生裂纹,应在其表层涂聚合物防水材料予以预防。塔体裂缝宽度在 0.2mm 以上的,应采取高压灌注环氧树脂封闭。裂缝宽度在 0.2mm 以下的,可采用环氧或聚合物防水材料进行刮涂封闭。索塔的养护应符合下列规定:

(1)保持索塔表面清洁,及时清除表面杂物。
(2)空心索塔内应保持通风干燥。
(3)索塔的排水系统应处于正常工作状态,应保持索塔顶面、内部、横梁等位置无积水。
(4)塔顶变位异常时,应进行特殊检查评估并及时处治。

斜拉索是斜拉桥的养护重点,斜拉索截面较小,处于高应力状态,对腐蚀作用十分敏感,因此,养护中保持拉索的防护层有效性十分重要。斜拉索养护的重点部位是上、下锚头处和锚头、拉索出口密封处等。斜拉索索力需要控制在设计规定的合理范围内。索力过大易出现疲劳问题,过小易导致附近索的索力增加。索力的偏差也会导致主梁和索塔的内力变化,易使结构内力分布不合理,因此,索力偏差过大时需要进行调索。斜拉索的养护与维修应符合下列规定:

(1)应保持索体表面清洁,及时清除附着物。
(2)拉索锚具及护筒内应保持清洁、干燥。锚头漏水、渗水时,应及时将水排出并予以修复。
(3)定期更换拉索两端锚具锚杯内的防护油。
(4)定期更换钢护筒与套管连接处的防水垫圈及阻尼垫圈。
(5)定期对拉索两端钢护筒做涂漆、防锈处理。发现钢护筒开裂、渗水、漏水时,应及时处治。
(6)锚固系统的钢构件出现锈蚀时,应及时除锈和做防腐处理。
(7)斜拉索护套出现大量表层裂缝或破损严重时,应及时修补。
(8)斜拉索钢丝锈蚀后,应进行特殊检查评估并及时维修或更换。
(9)锚具或其连接螺栓、锚拉板等构件存在开裂、变形时,应进行特殊检查评估并及时维修加固。

斜拉索是斜拉桥结构体系的关键构件,对斜拉索的细致定期检测是斜拉桥检测中的关键技术内容。特别是斜拉索 PE 护套外观质量检测需要结合现代检测设备进行高频次技术检测。目前,斜拉索的检测已经由常规的人工检测向智能爬索机器人检测发展。

智能爬索机器人由 8 组主动轮组成,主动轮的上、下用减震组合装置连接,提供机构对拉索的夹紧力,同时,也可轻松跨越破损及缠绕线的阻碍,通过调整主动轮上行走滚轮间距可方便安装于不同直径的拉索。供电总成总重不足 3kg,整个机构自重 15kg。机器人爬升力由主动轮与拉索表面摩擦力提供,采用特殊碳纤材料+软质橡胶复合制成,可增加与拉索表面摩擦系数,如图 6-13 所示。

a) b)

图 6-13 斜拉索检索机器人及安装过程

为详细检查拉索表面保护层的破损情况,智能检索机器人采用辅助视觉检测系统,其硬件检测系统由 4 台摄像机、主控制器和数据存储器组成。其采集检测数据的方式是当机器人在拉索上爬升时,控制器以循环的方式将 4 台摄像机拍摄的图像分时传输给数据存储器,以实现对拉索表面保护层全方位图像的存储,同时,通过视频合成器将 4 路视频合成为一路监控视频,并通过无线传输子系统传输到地面监控系统的计算机上,检测效果如图 6-14 所示。

图 6-14 智能检索机器人 CCB-Ⅲ 检测效果照片

对传输回地面监控系统的视频进行分析处理,将存在病害的视频片段转化为图片文件,并根据图片判断病害类型、病害程度、病害等级等。索体 PE 护套外观典型病害检测效果示例如图 6-15 所示。

图 6-15 索体 PE 护套外观典型病害检测效果示例照片

索体 PE 层开裂或破损后会导致雨水渗入,雨水直接接触钢丝,加速钢丝镀锌层破坏,进而引起钢丝锈蚀。由于雨水会沿钢丝往下流淌,对索体进行开窗检测时开窗位置应选在斜拉索桥面以上 1.6m 范围内。利用专用工具在开窗位置凿开护套,使钢丝外露以了解锈蚀、断丝等情况。窗口为长度 10~20cm 的环形,典型开窗照片如图 6-16 所示。

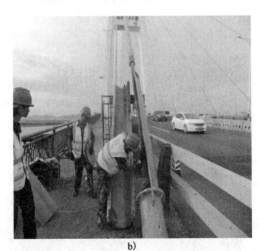

a) b)

图 6-16 索体开窗检测

5.悬索桥检查

悬索桥的养护应针对主缆、吊索、加劲梁、索塔等构件进行。

主缆是悬索桥的主要承重构件,其线形应保持在设计时的正常位置。如发现有较大的不可恢复的线形变化时,应及时分析原因,采取适当的线形调整方案。主缆各索股应保持受力均匀,如检查时发现有索股受力出现明显偏差、松弛或过紧,应调整索力,使各索股受力基本一致。保持主缆清洁,及时清除其表面的积冰、尘土和油污。主缆内部应保持干燥状态,存在积水、渗水时应及时将水排出,通过特殊检查后及时采取处治措施,必要时应检查主缆钢丝是否锈蚀,并及时处治。

索塔的养护包括索塔结构自身和索鞍两部分。塔内及塔身周围检查梯道的防锈漆如有脱落,应及时补漆,并定期检查塔身外表的防腐涂层,发现问题及时处理。塔身混凝土一旦发现有裂缝发生,应及时做好防水处理和裂缝填缝工作。塔顶上设有主鞍座,应经常对该部位进行清扫,防止尘土杂物堆积。主鞍座上夹紧主缆的螺杆、螺帽应经常检查,发现松动应及时拧紧,以防止主缆与主鞍座间发生相对位移。应保持主塔表面清洁,及时清除表面杂物。塔顶变位异常时,应进行特殊检查评估并及时处治。索夹滑移典型病害如图6-17所示。

a)严重破损情形　　　　　　　　　　b)一般破损情形

图6-17　索夹滑移典型病害图

6.1.4　桥梁下部结构检查

按桥梁下部结构[桥墩、桥台、基础、翼(耳)墙、锥(护)坡、支座]组成部分依次检查(图6-18~图6-22)。

图6-18　墩柱混凝土剥落　　　　　　　图6-19　墩柱竖向裂缝

图6-20　基础冲刷掏空　　　　　　　图6-21　锥溜坡防护浆砌片石沉陷、松散

图 6-22 盖梁混凝土缺损露筋

1.桥墩

桥墩检查包含墩身及盖梁两部分,桥墩墩身主要检查有无蜂窝麻面、剥落露筋、空洞孔洞、钢筋锈蚀、混凝土碳化腐蚀、磨损、圬工砌体缺陷、位移及裂缝;桥墩盖梁主要检查有无蜂窝麻面、剥落露筋、空洞孔洞、钢筋锈蚀、混凝土碳化腐蚀及裂缝。

2.桥台

桥台检查包含台身及台帽两部分,桥台台身主要检查有无剥落、空洞孔洞、磨损、混凝土碳化腐蚀、圬工砌体缺陷、桥头跳车、台背排水状况、位移及裂缝;桥台台帽主要检查有无破损、混凝土碳化腐蚀、裂缝及空洞孔洞。

3.基础

应对基础及河底铺砌的缺陷状况进行详细检查,以了解构件的损伤、损坏情况。基础主要检查有无冲刷掏空、剥落露筋、冲蚀、河底铺砌损坏、沉降、滑移和倾斜、裂缝。

4.翼(耳)墙

翼(耳)墙主要检查有无破损、位移、鼓肚及砌体松动、裂缝。

5.锥(护)坡

锥(护)坡主要检查有无缺陷及冲刷。

6.支座

桥梁支座的正常使用与正常的养护维修和性能检验分不开。支座一般可每半年检查一次,并应检查支座附近梁体有无裂缝(图 6-23)。支座检查可借助检查小车进行,或修建专用检查梯。主要内容包括:

(1)检查支座功能是否完好,组件是否完整、清洁,有无老化、变形、锈蚀、断裂、错位和脱空现象。

(2)上、下座板与梁身和支座垫石相互之间是否密贴,有无三条腿等不正常现象。

(3)支承垫石是否完好,是否有积水或尘埃等。

(4)对柔性墩上的固定支座要观测有无变形。

(5)活动支座要检查其是否灵活,实际位移量是否正常,变位方向是否与温度变化相符,倾斜度是否在容许限度内,有无限位装置等。

a) 固定支座　　　　　　　　　　　　b) 滑动支座

图 6-23　常规梁桥检测(温度变化导致支座异常)

6.1.5　河床及调治构造物的检查

1. 河床

河床主要检查有无堵塞、冲刷、河床变迁。

2. 调治构造物

调治构造物主要检查有无损坏、冲刷及变形,能否正常发挥作用。

6.1.6　桥梁技术状况评定

桥梁技术状况评定应依据桥梁初始检查、定期检查资料,通过对桥梁各部件技术状况的综合评定,确定桥梁技术状况等级,提出养护措施。评定应按照现行《公路桥梁技术状况评定标准》(JTG/T H21)执行。应该指出,尽管这种综合评定方法只能给出宏观的分析结果,但是,对指导桥梁的养护、维修与加固决策分析是必不可少的。

桥梁技术状况等级分为 5 类,各评定等级及状态描述见表 6-5。

桥梁技术状况等级及状态描述　　表 6-5

技术状况等级	状态	技术状况描述
1 类	完好、良好	1. 主要部件功能与材料均良好。 2. 次要部件功能良好,材料有少量(3%以内)轻度缺损。 3. 承载能力和桥面行车条件符合设计标准
2 类	较好	1. 主要部件功能良好,材料有少量(3%以内)轻度缺损,结构受力裂缝宽度小于设计限值。 2. 次要部件有较多(10%以内)中等缺损。 3. 承载能力和桥面行车条件达到设计指标
3 类	较差	1. 主要部件材料有较多(10%以内)中等缺损,结构受力裂缝宽度超过设计限值,或出现轻度功能性病害,发展缓慢,尚能维持正常使用功能。 2. 次要部件有大量(10%~20%)严重缺损,功能降低,进一步恶化将不利于主要部件和影响正常交通。 3. 承载能力比设计降低 10%以内,桥面行车不舒适
4 类	差	1. 主要部件材料有大量(10%~20%)严重缺损,结构受力裂缝宽度超过设计限值,锈蚀严重,或出现轻度功能性病害,且发展较快。结构变形小于或等于设计限值,功能明显降低。 2. 次要部件有 20%以上的严重缺损,失去应有功能,严重影响正常交通。 3. 承载能力比设计降低 10%~25%
5 类	危险	1. 主要部件出现严重的功能性病害,且有继续扩张现象,关键部位的部分材料强度达到极限,出现部分钢丝或钢筋断裂、混凝土压碎或杆件失稳变形、破损现象,变形大于设计限值,结构的强度、刚度、稳定性和动力响应不能达到交通安全通行的要求。 2. 承载能力比设计降低 25%以上

应根据桥梁技术状况评定结果,对各类桥梁按表6-6采取相应的养护对策。

桥梁技术状况等级与养护决策　　　　　　　　表6-6

技术状况等级	养 护 对 策
1类	正常保养或预防养护
2类	修复养护、预防养护
3类	修复养护、加固或更换较大缺陷构件;必要时可进行交通管制
4类	修复养护、加固或改造;及时进行交通管制,必要时封闭交通
5类	及时封闭交通,改建或重建

6.1.7　桥梁适应性评定

桥梁适应性评定可根据需要进行。评定工作可与定期检查、特殊检查结合进行,可采用下列方法:

(1)承载能力评定,可采用分析检算或荷载试验方法。

(2)通行能力评定,可将设计通行能力与实际交通量进行比较,也可和使用期预测交通量进行比较,评价桥梁能否满足现行或预期交通量的要求。

(3)抗灾害能力评定,可采用现场测试与分析检算方法,重要桥梁可进行模拟试验。

(4)耐久性评定,可采用外观耐久状态评定与剩余耐久年限评定相结合的方法。

1.承载能力评定时机

(1)新建的大跨度桥梁或者虽然跨度不大但是体系新颖、复杂的桥梁:前者如大跨度斜拉桥、悬索桥、拱桥和特大跨度的连续梁桥等;后者包括近些年国内修建的若干中等跨度的体系新颖构造复杂的城市景观桥梁。上述桥梁需通过荷载试验进行承载力评定,以判断设计与施工质量是否满足设计文件和规范的要求,并收集相关技术资料从而完善补充设计理论。

(2)按维修养护计划,运营一定年限后,进行承载能力状况评定。

(3)船舶和车辆撞击等突发事件后,进行承载能力状况评定。

(4)加固、改造后的桥梁应进行承载能力评定,特别是采用新工艺、新材料加固的桥梁必须进行承载能力评定。

(5)超过设计荷载等级的车辆过桥时,也需进行承载能力评定方能通行。

(6)为判断缺乏设计和施工技术数据的旧桥是否能承受预计的荷载,也需要进行承载能力评定。

2.承载能力评定方法

桥梁承载能力评定方法从广义上讲,有三种:

(1)根据现行《公路桥涵养护规范》(JTG 5120),对照桥梁存在的缺陷或病害进行综合评定;

(2)理论计算评估方法;

(3)荷载试验评估方法。

但第①种方法只能给出宏观结果,无法给出具体指标数值,因此,不归入承载能力评定方法。

6.2 桥梁上部构造养护

6.2.1 人行道、栏杆、护栏与防撞墙养护

人行道应牢固、完整,桥面路缘石应经常保持完好状态。若出现松动、缺损应及时进行修整或更换。

桥梁栏杆应经常保持完好状态。钢筋混凝土栏杆开裂严重或混凝土剥落,应凿除损坏部分,修补完整。钢质栏杆应涂漆防锈。

护栏、防撞墙应牢固、可靠,若有损坏应及时修理或更换。钢护栏与钢筋混凝土护栏上的外露钢构件应定期涂漆防锈。

6.2.2 伸缩缝养护

桥面伸缩缝是容易遭受破坏而又相对难以加强和修复的部分。如果不及时修补,任其发展,不仅会影响正常行车的舒适性,而且会产生较大的结构上的破坏。

1.伸缩缝养护

(1)伸缩缝需要经常养护,如清除杂物、拧紧螺栓、加油保护、修理个别损坏的部件等。

(2)对于常用的伸缩缝,应分别注意以下问题:

①U形锌铁皮伸缩缝:注意锌铁皮是否老化、开裂、断裂;

②钢板伸缩缝或者钢梳齿板伸缩缝:注意钢板变形、螺栓是否脱落、伸缩缝的有效性;

③橡胶条伸缩缝:注意是否有橡胶条的老化、脱落,固定角钢变形、松动;

④板式橡胶支座:注意是否有橡胶的老化、预埋螺栓的松脱、伸缩缝的有效性。

2.伸缩缝维修

根据损坏程度,或部分修补,或全部更换。

对于锌铁皮伸缩缝,当其软性填料老化脱落时,要彻底清理原填料和混入的杂物,重新注入新的填料。若铺装层损坏,要凿除旧伸缩缝、重新铺装(图6-24)。清除旧料再铺筑新料时,要采用快硬水泥并注意新旧接缝保持平整。

图6-24 伸缩缝两侧面层损坏时的修补情况

对于钢板伸缩缝,当钢板与角钢焊接破坏时,应清除杂物后重新焊接;当梳齿断裂或者出现裂缝后,也要采用焊接方法进行修补。排水沟堵塞要及时清除。

桥面伸缩缝的修补或更换工作大部分不能阻断交通。因此,可以考虑限制车辆通行,半幅施工半幅通车。伸缩缝的更换要选型合理,其伸缩量能满足桥跨结构因为温度、混凝土收缩、徐变等引起的变形的需要。对早期多孔简支梁桥伸缩缝更换,可以采用桥面连续的方法进行处理,从而提高行车性能。

6.2.3 桥面排水系统养护

(1)桥面的泄水管、排水槽如有堵塞,应及时疏通,并经常保持畅通;
(2)桥面应保持大于1.5%的横坡,以利于桥面排水;
(3)桥梁设置的封闭式排水系统,应保持各排水管道畅通,排水系统的设备如水泵等应工作正常,若有堵塞应及时疏通,若有损坏则应及时更换。

6.2.4 桥面铺装养护

桥面铺装是抵御桥面结构钢筋腐蚀破坏、提高桥梁结构耐久性的第一道防线,对于桥面清洁与排水、行车安全、桥梁结构耐久性等方面具有重要作用。桥面铺装的养护与维修主要包括水泥混凝土桥面沥青铺装层养护与钢桥面沥青铺装层养护两方面,二者均应根据铺装层病害位置、主要类型与数量、严重程度、产生原因等因素,采取合适的病害处治或养护工程措施。其中,病害处置措施包含就地热修补、挖补等,养护工程措施包含铣刨重铺、封层、功能性罩面等。同时,在桥面铺装病害处治和养护工程施工中应做好交通组织疏导与材料设备堆放,并规范、快速进行养护作业,不得危及桥梁结构与行车安全。

1.水泥混凝土桥面沥青铺装层养护

水泥混凝土桥面沥青铺装层主要病害包括裂缝、坑槽、开裂滑移、车辙、波浪拥包、脱层等。在养护过程中,应分析诊断主要病害的产生原因,及时采取病害处治或养护工程措施。

(1)病害处治措施

水泥混凝土桥面沥青铺装层病害处治应保证修补部分与原沥青铺装界面的黏结牢固、有效防水。目前,主要处治措施有就地热修补法以及挖补法。当采用挖补法处治病害时,宜采用与原沥青铺装层相同或相近的材料进行回填压实。

(2)养护工程措施

由沥青铺装层引起的严重裂缝、坑槽、车辙、波浪拥包等病害,宜采取封层、功能性罩面、铣刨重铺等养护工程措施。若由黏结防水层失效引起或与沥青铺装层共同引起的开裂滑移、车辙、波浪拥包、脱层等病害,宜采取铣刨重铺养护工程措施并应符合以下规定:

①做好桥面水泥混凝土铺装层与沥青铺装层间的黏结防水。
②对水泥混凝土铺装层进行喷砂或精铣刨处理,打掉表面浮浆,直至表面裸露石子,喷砂处理后的铺装层表面构造深度应达到0.3~0.5mm。
③采用3m直尺测量水泥混凝土铺装层平整度,最大间隙为8~15mm的部位应采用打磨方法磨掉铺装层突出物,并填补坑洞。
④高程测定水泥混凝土铺装层大范围平整度偏差大于15mm时,应采用铣刨机精铣刨或大型抛丸机喷砂处理。
⑤水泥混凝土铺装层发生严重破坏时,应凿除并重铺水泥混凝土铺装层,可采取钢筋水泥混凝土重铺措施。

2.钢桥面沥青铺装层养护

钢桥面沥青铺装层主要病害可分为纵横向裂缝、坑槽、鼓包、开裂滑移、车辙、波浪拥包、脱层等。在养护过程中,应分析诊断主要病害的产生原因,及时采取病害处治或养护工程措施。

(1)病害处治措施

对于钢桥面沥青铺装层纵横向裂缝处治宜采用与铺装层胶结料相同的环氧沥青进行灌缝,坑槽处治宜采用与原沥青铺装层相同的材料进行修补,鼓包处治应根据鼓包成因及不同发展阶段采取不同的鼓包处治、材料灌注与回填方法。

(2)养护工程措施

由沥青铺装层引起的严重裂缝与坑槽、车辙、波浪拥包等病害,宜采取封层、功能性罩面、铣刨重铺等养护工程措施。若由黏结防水层失效、层间黏结不良引起或与沥青铺装层共同引起的开裂滑移、车辙、波浪拥包、脱层等病害,宜采取铣刨重铺养护工程措施并符合下列规定:

①应对钢桥面板表面进行喷砂处理,喷砂处理后的钢桥面板表面粗糙度应达到Sa2.5级以上。

②采用3m直尺测量钢桥面板表面平整度,最大间隙大于6mm(除焊缝外)的部位应采用打磨方法磨掉钢桥面板表面突出物。

③钢桥面板表面处理后应在3h内喷涂环氧富锌漆防锈层。

6.2.5 桥梁支座养护

桥梁支座养护的一般要求如下:

(1)支座各组件应保持完整、清洁、有效,位置正确,活动支座伸缩与转动正常。每半年一清扫,清除支座周围的垃圾杂物,保证支座正常工作。

(2)橡胶支座应经常清扫,排除墩帽积水,要防止橡胶支座接触油脂,防止支座因橡胶老化、变质而失去作用。

(3)支座与梁底、支座与砂浆垫层之间的接触面应平整。梁体位移及转角应不受阻碍。支座垫板与锚螺栓应紧密接触,并不得有锈蚀。支座垫层上如有积水,应立即清除。

(4)支座或支座组件如有缺陷或产生故障不能正常工作时应及时予以修整或更换。

(5)梁支点承压不均匀,板式橡胶支座出现脱空或过大压缩变形时应予以调整,板式橡胶支座发生过大剪切变形、老化、开裂等应及时更换。支承垫石空洞、不密实缺陷等应及时进行处理。

(6)对盆式橡胶支座应设置防尘罩,防止尘埃落入或雨雪渗入支座内。支座外露部分应定期涂防锈漆进行保护。防尘罩应经常清洁和防蚀处理,防止橡胶老化变质失去弹性。

支座如有缺陷或产生故障不能正常工作时,应及时予以修整与更换(图6-25)。

图6-25 桥梁支座的维修

近年来,国内发生多起桥梁倒塌的恶性事故,其原因是多方面的,桥梁结构在荷载作用下的受力不均匀性是一个非常关键的因素。桥梁支座受力的不均匀性直接导致桥梁上部结构基本体系抗倾覆结构计算(线性、非线性过程计算)发生重大改变,同时,支座受力不均匀也将严重影响在超载条件下支座构件本身的全过程力学性能,特别是极限工作性能。因此,近年来对桥梁支座除了外观检测外,更重要的是对桥梁支座实际受力进行合理有效的测定,经过正确的分析计算,必要时可以采用新型可调、可测力支座。

6.2.6 桥跨结构养护

桥跨结构的养护应在桥梁检测及评定的基础上,针对病害的原因进行;能够充分发挥原结构的承载能力;并选择投资少、工效快、尽量不中断交通、技术上可行且有较好耐久性等方法进行。

6.2.6.1 梁式桥养护

主要内容有裂缝的修补、主梁或横梁的补强加固等。

1.混凝土桥梁的裂缝修补

混凝土桥梁裂缝宽度超过了规定的限值就会影响到结构的耐久性,因此,在桥梁养护工作中,裂缝的修补十分重要。目前,修补裂缝的材料有两大类,即水泥(砂)浆和高分子化学材料。对钢筋混凝土桥的构件,应特别注意观察其受拉区的裂缝。对宽度未超过允许值的裂缝,一般可采用涂刷水玻璃或环氧树脂进行封闭处理;当裂缝宽度大于允许值时,一般采用空压式的方法灌注环氧树脂填充裂缝;裂缝宽度大于0.5mm时,应将裂缝凿开、刷净,然后立模补以环氧砂浆或高标号水泥砂浆;若裂缝宽度超过允许值太多,则应采用加固或更换构件的办法来解决,但应查明原因并通过计算来确定。

2.梁式结构加固

桥梁结构自重及恒载大,以常用的跨径30m的预应力混凝土简支梁为例,结构自重及先期恒载产生的内力占总内力的50%~60%。桥梁加固一般均采用带载加固,即在不卸除结构自重和恒载的情况下对结构进行加固补强,待后加补强材料与原结构黏结为整体后,开放交通允许车辆通行。

梁式桥的加固方法很多,主要包括:增加构件截面、粘贴加固、施加体外预应力加固、增加构件加固、改变体系加固及综合改造加固等。上述方法可以划分为两大类:

(1)改变结构体系,调整结构内力,减轻原梁负担

①在墩台上增设斜撑,将原梁托起构成撑架体系。

新增斜撑为原桥上部结构提供了两个弹性支承,原梁的跨径减小,使结构内力降低,间接达到加固补强的目的(图6-26)。例如,安徽五河淮河公路大桥为26孔跨径20m的钢筋混凝土T梁桥,原设计荷载为汽—13、拖—60,为适应特重型车辆通行,采用增设斜撑法加固,加固后承载力提高明显,顺利通过了400t重型平板车。

②将斜拉索结构用于桥梁改造加固,结构构思新颖,加固效果显著。

图 6-26 增设八字撑
1-原桥墩;2-钢筋混凝土斜撑;3-钢筋混凝土水平撑

例如,山西陵渡黄河大桥采用矮塔斜拉索进行加固(图6-27)。在边跨增设桥墩,以减小边跨跨度。利用原桥墩桩基的承载潜力,在原桥墩承台的桥墩两侧增设桥塔,通过桥塔对称设置两对斜拉索,斜拉索下端锚于后加横梁上。斜拉索张拉后为原梁增设了新的弹性支承点,改变了原梁的结构体系,间接提高了结构的承载能力,有效地控制了结构变形。

图 6-27 斜拉索结构加固法(尺寸单位:cm;高程单位:m)

(2)加大截面尺寸和配筋,加固薄弱构件

①增大截面法

增大截面法是在构件的单侧、双侧、三侧或四周外包加固,增大混凝土尺寸与增加受力钢筋,从而达到增大构件有效高度、受力钢筋面积、构件刚度、构件承载力的效果。对于抗拉强度不足的简支梁桥进行补强加固时,可以在梁底部受拉区或侧面增配补强钢筋,然后喷涂或浇筑混凝土,从而使梁的抗弯截面增大以提高梁的承载力。如果主梁或桥面板承载力不足、刚度不够,或铰接梁、板的铰缝不能有效传力时,可通过在桥面板加铺一层钢筋混凝土,使其与原结构形成整体,以此增大桥面板或主梁有效高度和受压面,增加桥面整体刚度,提高桥梁承载能力。

由于增大截面加固法从原理上属于被动加固法范畴,而在加固后的总截面中,构件原截面不仅要承受加固前本身的自重作用,还要承受因为截面增大后而产生的截面拉、压边的混凝土及钢筋已有初始应力及应变。为保证设计的安全性,避免过高估计后补强材料的作用,必须考虑桥梁带载加固,分阶段受力特点,即要把截面拉、压边的混凝土以及钢筋应力分两次叠加来考虑:由原混凝土承受的压力为第一次受力,由后浇混凝土承受的压力为第二次受力。

②预应力加固法

预应力加固法即采用预应力原理对桥梁进行加固补强,从而改善原梁的应力状态,提高原梁的承载能力和抗裂性能。从作用原理上讲,预应力加固法属于主动加固法范畴。其中,体外预应力加固是在桥梁结构的外部采用施加预应力的方式进行加固的一项技术,由于具有易施工、易更换等优点,已成为桥梁结构加固的主要方式之一。哈尔滨工业大学对承载力不足的内蒙古海拉尔 1 号桥进行了双层体外预应力加固,加固后荷载试验表明该桥采用体外预应力加固取得了明显的加固效果(图 6-28),其抗弯极限承载力可以提高 25%。

图 6-28　体外预应力加固 PC 简支 T 梁桥

体外预应力结构体系由体外预应力索、锚固系统、转向传力系统和防腐系统四个主要组成部分构成(图 6-29)。

图 6-29　体外预应力结构体系组成示意图(尺寸单位:cm)

体外预应力索:由高强钢束组成,其管道主要起防腐作用,管道的灌浆材料可分为刚性灌浆材料和非刚性灌浆材料。刚性灌浆材料通常指水泥,非刚性灌浆材料指油脂和石蜡等。前者是最简单、最常用的方法,可以适用于与结构有离散黏结的体外预应力结构,也适用于与结构完全无黏结的体外预应力结构。后者常用在由普通钢绞线和钢制管道组成的预应力系统中,以达到钢索与结构无黏结的目的。因此,通过不同灌浆料,可以形成有黏结体外预应力体系和无黏结体外预应力体系。

锚固系统:体外预应力的关键部位之一,体外索加固的成功与否取决于锚固区设计是否合理。锚固区不仅要承受预应力筋巨大的张拉力,而且还要承受力筋转向带来的压力,因此,局部应力复杂且容易造成锚固区混凝土应力集中导致开裂。锚固块构造如图6-30所示。

转向传力系统:除锚固装置外,唯一一个体外预应力筋与桥梁结构相连接的部位。转向块可以调整体外预应力筋的线形和转角,使结构受力更为合理。滑块与混凝土梁底垫有四氟板保证滑块可以自由滑动,结构计算中,完全可以忽略滑块与梁底的摩擦影响,同时滑块实现了水平筋与斜筋的连接,体外束没有因为转向而弯折,避免了体外预应力弯折疲劳问题。通过合理的布置转向块的位置,可以减小体外预应力二次效应,提高结构承载能力。滑块构造如图6-31所示。

图6-30 体外预应力结构锚固块构造图

图6-31 体外预应力结构滑块构造图

防腐系统:常采用防腐漆对钢构件进行防护,采用带PE护套的成品索对体外束进行防护。体外预应力筋长度超过10m时需要设置减振构造措施,一般设置在体外束的跨中位置,减振器的目的是为了减小体外束的自由振动长度,避免体外束的一阶对称振型的出现,从而起到改善体外束振动性能的目的,同时减振措施还能够控制体外束的振幅,从而减小体外束在转向位置的弯折疲劳损坏,延长体外束的使用寿命。

对于常见的城市扁平混凝土箱梁桥,如果采用体外预应力进行承载能力提升(图6-32、图6-33),由于梁高及通行空间的需要,可以采用外部尺寸较小的体外有黏结加固技术。哈尔滨工业大学采用该技术对国内多座扁平混凝土箱梁桥进行了体外有黏结预应力加固。

a) 锚固装置

b) 转向张拉

图6-32 体外有黏结预应力加固

图 6-33 体外有黏结预应力加固示意图

6.2.6.2 拱桥养护

1. 砖、石拱桥养护

如发现没有防水层或防水层损坏失效时,应挖开拱上填料重做防水层或在桥面上加铺具有防水功能的沥青路面,防止桥面积水渗漏。砖、石拱桥的加固一般通过拱圈的加固来实现,拱圈可以采用增加厚度和横向联系或设置新加结构的方法来加固。

2. 双曲拱桥养护

在实际工程中,双曲拱桥改造加固方法很多,从作用原理上包括:

(1)加强拱肋,提高承载能力:可以采用加大截面尺寸和增加配筋的方法加强拱肋;

(2)加强横向联系,提高全桥的整体工作性能和稳定性:可以采用改横系梁为横隔板、增加横向联系数目的方法;

(3)改变拱上建筑结构形式,减少拱上建筑重量,减轻拱肋负担,提高桥梁承受活载的能力。

3. 钢管混凝土拱桥养护

在我国,钢筋混凝土拱桥数量较多,已经超过了 300 座,其中主跨 60~140m 的占据多数。在实际运营中,钢筋混凝土拱桥普遍出现车致振动响应明显的情况,相当一部分进行多次维修加固,甚至若干座钢管混凝土拱桥在运营 5~10 年加固后由于难以满足桥梁安全指标而被拆除。

国内某中承式钢管混凝土吊杆拱桥,其主拱圈采用多肢格构桁式断面以增加横向、竖向刚度并减小钢管尺寸,使用若干年后发现桥跨存在以下问题:桥梁结构振动明显,桥面发生大面积网裂。经过深入分析该钢管混凝土拱桥桥面系的车致动力响应大的结构特点,哈尔滨工业大学对该桥采用了另一种完全不同的加固思路,即控制该桥横梁转动效应。针对该桥横梁之间缺乏纵向联系、整体性差、在车辆荷载作用下结构变形大、桥面破损严重的情况,提出"桥面板横梁相对约束固结度理论",采用自主研发的"带有弹性嵌固的 U 形抱箍分段连续钢箱梁技术""桥面板-横梁齿块局部点约束"及"桥面铺装部分纵横钢筋-吊杆横梁桥面板面层组合技术"等综合提升改造措施,极大地提高了桥面系的整体工作性能(图 6-34)。

图 6-34 采用控制横梁转动的加固方案

6.3 墩台基础养护

墩台和基础是桥梁的重要组成部分,是直接承受桥梁上部结构的荷载,同时将荷载传递给地基的受力结构。在长年使用过程中,桥梁墩台基础将会出现不同程度的损坏,桥梁墩台和基础的破损将直接影响上部桥跨结构的安全,必须及时进行养护。

6.3.1 墩台主要特点

每座桥梁的墩台和基础,是根据其上部结构的类型、跨径、地质、水文和地形地貌等情况来确定的。墩台设置在桥梁的两桥台之间,支撑着上部结构。桥台设置在桥梁两端,除支撑上部结构外,还起着连接两岸道路的作用。桥梁基础均在地面或者水面以下,建好后又深埋于水、土中,进行检查和维修很困难,属于隐蔽工程。

6.3.2 墩台及基础养护

1. 墩台养护与维修

(1) 墩台缺陷

绝大多数墩台是由钢筋混凝土、混凝土或者砖石砌体建成。在众多病害中,墩台顺筋锈胀裂缝较为常见。该病害是由于伸缩缝漏水,造成盖梁和墩身钢筋严重腐蚀,出现顺筋锈胀裂缝。这种裂缝对结构的耐久性影响很大,应及时进行维修处理。归纳起来,墩台缺陷主要有:裂缝、剥落、空洞、钢筋外露、锈蚀、老化、结构的变形位移等,其中,裂缝是最主要的病害形式。

(2) 墩台维修要点

①墩台表面保持清洁,及时清理杂草和污物。

②定期对墩台混凝土进行裂缝观测,发现裂缝。

③对裂缝的处理。

网状裂缝为非受力裂缝,一般无须修补。经分析不影响墩台安全的裂缝,可用环氧树脂砂浆修补。对继续发展且较宽、上下贯通的受力裂缝,可以采用钢筋混凝土围带或钢箍加固。对有急剧发展、缝口犬牙交错的裂缝,可采用围绕整个墩台设置钢筋混凝土护套的方法加固。对于承载力不足或出现严重裂缝的圆形截面墩柱,可以采用缠绕粘贴高强复合纤维布(碳纤维或芳纶纤)的方法加固。

④当桥台发生变形,应查明原因,采取针对性措施加固。

⑤连续梁桥、连续刚构桥和拱桥,墩台发生沉降或者位移时,会引起结构内力重分布,有可能引起新的较大病害。一旦有此现象发生,应及时组织设计部门、专家进行分析计算,采取应对措施。

(3) 墩台剥蚀处理

墩台剥蚀缺陷表现为墩身产生空洞、磨损、剥落等现象,其产生原因主要是水流的侵蚀及漂流物或船只的撞击等。现将常见的主要表面缺陷及产生原因列于表6-7中。

墩台表面缺陷及产生原因 表 6-7

缺陷类型	产生原因	常见发生部位
内部空洞	1.砌体结构砂浆不饱满加之水的侵蚀； 2.混凝土墩身施工严重漏浆产生空洞	砌体墩身常水位以下
侵蚀剥落	1.保护层不均匀且太薄，钢筋锈胀； 2.严寒地区水中桥墩冻融或干湿交替循环作用； 3.有侵蚀性水的化学侵蚀作用	桩柱式墩台、水中墩台身
磨损	1.高速水流冲刷，水流中又挟有大量砂石等推移质； 2.有流冰等漂流物磨蚀	水中墩身及常流冰水位处
撞击脱落	1.通航河流船舶及立体交叉桥上汽车等的撞击； 2.强流冰河流中流冰的撞击	

表面缺陷的修补方法视结构特点及缺陷严重程度确定。由于墩台一般处于水中，修补较困难，而且其侵害在继续发生，修补方案应慎重选择。

表面缺陷局部修补一般可用混凝土、水泥砂浆、混凝土胶黏剂、环氧树脂类有机黏结材料，采用人工压抹法处理。严重的需要大面积处理时可采用喷浆修补法，或墩台身加护套的方法。护套法一般最薄厚度处应不小于 100mm，并要配置钢筋箍，钻孔埋入一定数量的锚固钢筋。

无论采用何种材料、何种方法对缺陷进行修补，都必须尽可能地把已损坏的混凝土除掉，直到露出完好混凝土为止。

（4）墩台裂缝处理与加固

墩台产生的裂缝一般可分为两类，一类是非结构受力裂缝，一类是结构受力裂缝。非结构受力裂缝多是由施工或环境原因引起的裂缝。具体裂缝分类和产生原因见表 6-8。

墩台裂缝分类及产生原因分析 表 6-8

裂缝分类	产生原因分析	常见产生部位
非结构受力裂缝	1.大体积混凝土水化热引起的裂缝； 2.周围环境温度变化剧烈，养护不当； 3.混凝土干燥收缩引起的裂缝； 4.混凝土浇筑不当引起的墩台水平裂缝	实体墩台身
结构受力裂缝	1.基础不均匀沉降引起的裂缝； 2.配筋不当或超荷载引起的裂缝； 3.土压力引起的桥台台身、侧墙（耳墙）的裂缝	墩台身、盖梁和墩帽、桥台

一般对于非结构受力裂缝，主要是消除裂缝，使其不再继续发展。可采用如下方法：

①表面封闭修补法。即采用抹浆、凿槽嵌补、喷浆、填缝的方法使表面裂缝封闭。适用于封闭细小裂缝、死缝和没有结构意义的裂缝。

②压力灌浆修补法。利用施加的一定压力，将某种浆液灌入结构内部裂缝中去，以达到封闭裂缝的目的，用于裂缝多且深入结构内部的情况。灌浆材料可采用水泥材料和化学浆液。对于结构受力裂缝，要通过封闭裂缝，恢复并提高结构强度、耐久性和抗渗性，进行补强设计。

③加配钢筋修补法。对于钻孔与结构面成 45°并与裂缝面相垂直的交叉孔，泵送环氧树脂填充孔洞和裂缝，并每孔插入一根钢筋，环氧树脂填充钢筋孔壁和裂缝，把开裂的混凝土面黏结成一整体，钢筋参与结构受力，从而达到加强截面强度提高承载力的目的。

④粘贴修补法。粘贴修补法可以粘贴钢板,即按所需要的尺寸切断好钢板,经过修凿使混凝土面平整,在钢板和混凝土贴面上均匀涂刷环氧基液黏结剂,均匀加压进行压贴。目前采用的也有具有高强度、高弹性模量和耐久性的树脂和碳纤维布,按设计要求粘贴于混凝土表面,以达到加固补强的目的。

哈尔滨工业大学对遭受严重冻害的黑龙江省哈同公路蚂蚁河1号桥的墩柱,采用缠绕芳纶纤维布的方法进行加固补强,收到了明显的加固效果(图6-35)。

a)缠绕芳纶纤维布加固墩柱试验图　　　　　b)芳纶纤维布加固墩柱实桥

图6-35　芳纶纤维布加固墩柱

(5)墩台加宽

在旧桥改造利用中,经常遇到车行道宽度不够而需进行桥体加宽的情况。如何确定加宽方案是一个涉及技术和经济的重要问题,要慎重对待。

对于加宽方案的确定:一是确定采用单侧加宽还是双侧加宽,这主要由路线走向、加宽的宽度、原有桥梁下部结构类型及承载潜力大小决定;二是确定加宽部分的结构类型,这主要是从新旧结构受力体系是否相近,变形是否协调,并是否便于整体连接等方面考虑。当然也不能忽视新旧桥结构美学造型的协调一致。

①单侧加宽

单侧加宽一般要采用独立基础和桥梁墩台。图6-36为采用独立的桩柱式桥墩悬臂式盖梁进行加宽的构造图。某高速公路扩建中,一座3×13m的空心板梁桥单侧加宽,植筋拼接,采用新旧桥上下部结构对应的连接方式。

图6-36　新旧桥上下部结构对应连接构造图(尺寸单位:cm)

②双侧加宽

双侧加宽墩台的处理方案主要由旧桥基础的承载力决定。当旧桥下部地基基础经过调查检算,不因活载等级提高与加宽后恒载的增加而出现超应力时,基础可不改造加固。

桥台新加悬臂结构是采用在旧桥台上钻孔插入锚固钢筋连为一体,这是在旧桥改造加固中经常遇到的问题。一般计算时是以最上排钢筋所受拉力计算得到的黏结应力达到锚固连接钢筋黏结设计强度来控制设计,其他各排钢筋的黏结应力按三角形分布处理。

2.基础的养护、维修

基础常见缺陷包括:基础沉降、基础倾斜、基础结构的异常应力和开裂。对基础进行养护时,主要检查:包括桩基或其他类型基础的暴露部分有无缺损、开裂、砂浆面层剥落及露筋锈蚀等病害。应对桥梁墩台基础冲刷、河床断面变化、主河道变迁和流速、流量进行观测。

基础常见的养护与维修方法有:钢筋混凝土钻孔桩受冲刷时,可采用抛填大块石、石笼护底或混凝土砌块防护,防止继续冲刷;对于基础承载力不足、沉降变形过大的石砌或混凝土刚性基础,可以采用在基础周围加宽基础的方法;对于承载能力不足的桩基础,可以采用在桩基础的周围补加钻孔桩的方法。

(1)扩大基础加固

当基底承载力不足,或基础埋置太浅,此时可采用扩大基础底面积,降低地基承载力的方法来进行墩台基础加固,称为扩大基础加固法。有时当对已有桥梁进行技术改造提高荷载的标准时,首先应对基础进行检算,以确定基础是否需要加固处理。对扩大基础承载能力检算主要通过墩台顶水平位移来推算。

(2)增补基桩加固

原桥为桩基础时,为提高基础承载力可采用增补基桩(钻孔桩或打入桩)并扩大原承台的方法,使墩台的压力部分传递至新基桩。对单排桩式桥墩采用增补基桩加固时,如原有桩距较大(4~5倍桩径)时,可在桩间插桩。当桥台垂直承载力不足时,一般可在台前增加一排桩并浇筑盖梁,以分担上部结构传来的压力。

(3)墩台身加固

当墩台损害严重,如有严重裂缝及大面积表面破损、侵蚀和剥落时,可采用前面介绍的用围绕整个墩台身设置钢筋混凝土护套的方法进行加固。

对于多跨拱桥,为预防因其中某一跨遭到破坏使整体失去平衡,而引起其他拱跨的连续破坏,可根据具体情况,对每隔若干拱跨中的一个支墩采取加固措施。其方法可在支墩两侧加斜支撑,或加大该墩截面,使得在一跨遭到破坏时,只影响若干拱跨而不致全桥毁坏。

(4)墩身单柱改双柱

近年来,国内发生多座独柱钢桥、钢混组合梁梁桥(匝道桥)在使用过程中发生倾覆的案例,特别是2012年哈尔滨阳明滩大桥引桥[图6-37a)]、2021年湖北鄂东花湖互通D匝道桥倾覆事故[图6-37b)]。

由于独柱墩桥梁倒塌案例时有发生,《公路钢筋混凝土及预应力混凝土桥涵设计规范》(JTG 3362—2018)专门为此进行了一定的专题研究,主要研究成果包括:独柱墩桥梁在偏载作用下发生弯曲和扭转变形,导致支座反力重分配。当偏载加大到一定程度时,远离倾覆轴的单向受压支座逐渐脱空,结构约束体系发生变化,梁体绕倾覆轴线转动,随着偏载继续增加,梁体的转动继续加大,转动角到达一定程度时,梁体开始侧向滑移,引发桥梁倾覆。此过程中可能还因梁体转动倾斜而产生对独柱墩的侧向作用力,使独柱墩发生大的侧向变形甚至破坏,从而加快梁体倾覆。

图 6-37 近期桥梁倒塌案例

某独柱墩改造工程案例中,原桥过渡墩身下部为圆形,墩柱顶部为横向扩大形式,墩顶设两个双盆支座。改造处理方案是将墩柱顶部两边悬臂部分切除,采用植筋方法,在承台上、原桥墩横向两侧增设 160cm×130cm 矩形断面(带圆角)墩身,两柱顶设 100cm×80cm 横系梁。增设的矩形双柱墩完成并落梁受力后,将原桥墩剩余部分凿除。改造后的过渡墩作为相连的共用墩,墩顶顺桥向设两个盆式支座,同一支承断面的支座横向间距得到了增大,提高了抗倾覆能力。过渡墩改造布置图见图 6-38。

图 6-38 过渡墩改造布置图(尺寸单位:cm)

图 6-39 给出了其他各种独柱墩加固处理案例。

a) 后加牛腿加固　　　　　　　　b) 后加横向抗倾覆约束加固

图 6-39 独柱墩倾覆加固工程

6.4 涵洞养护

6.4.1 涵洞检查

涵洞应进行经常和定期检查,特别是洪水和冰雪季节之前要对所有涵洞全面检查一次。经常检查的内容包括(图 6-40):

(1)进、出水口铺砌、翼墙、护坡、挡水墙、沉沙井、跌水、急流槽等是否完整。
(2)进、出水口是否堵塞,沉沙井有无淤积,洞内有无淤塞及排水不畅。
(3)洞口周围是否有杂物堆积,涵洞是否清洁、渗漏水。
(4)高填土涵洞的路基填土是否稳定、是否沉降。
(5)涵洞结构各构件是否有损坏。
(6)交通标志及涵洞其他附属构造是否完好。
(7)其他明显的损坏或病害。

图 6-40 涵洞的现场检测

定期检查的内容包括:
(1)检查涵洞的过水能力,包括涵洞的位置是否适当,孔径是否足够,涵底纵坡是否合适。
(2)进、出水口铺砌、翼墙、护坡、挡水墙、沉沙井、跌水、急流槽等是否完整,洞口连接是否平整顺适,排水是否顺畅。
(3)涵体侧墙或台身是否渗漏水、开裂、变形或倾斜,墙身砌缝砂浆是否脱落,砌块是否松动,基础是否冲刷淘空。
(4)涵身顶部的盖板、顶板或拱顶是否开裂、漏水、变形下挠,砌缝砂浆是否脱落,砌块是否松动、脱落。
(5)涵底是否淤塞阻水,涵底铺砌是否开裂、沉降、隆起或缺损。
(6)洞口附近填土是否有渗水、冲刷、空洞,填土是否稳定。
(7)涵洞顶路面是否开裂、沉陷、存在跳车现象。

(8)交通标志及涵洞其他附属设施是否损坏、失效。

6.4.2 涵洞养护

除日常养护外,涵洞汛期前后应加强养护,全面检查、疏通、清扫,及时清除涵洞内及涵洞口淤积及杂物,对有隐患的损坏部分及时维修。其中涵洞日常养护的内容主要有:

(1)应保持洞口清洁无杂物,洞内排水畅通,发现淤塞或积雪、积冰应及时疏通和清除。

(2)涵底铺砌、洞口上下游路基护坡、引水沟、汇水槽、沉沙井等发生变形或出现破损时,应及时修理或封塞填平。

(3)对在进水口设置沉沙井和出水口为跌水构造的涵洞,应适时检查其是否损坏、与洞口是否结合成整体。有损坏或发现裂隙甚至脱离时,应及时修复,使水流畅通。

(4)沉降缝或连续缝止水带应保持完好,有破损时应及时更换。

(5)洞内排水明沟每周应清扫一次,排水暗沟每季度应疏通一次。

(6)采用机械排水的涵洞,应保持排水泵、阀、排水管道及其他设备功能完好、运转正常,并作定期检修。

(7)设有照明设施的涵洞,应保持照明设备处于完好状态,照明灯具和输电线路有损坏时应及时更换、维修。

(8)通行车辆的涵洞应设置明显的限高标志并保持完好。涵洞端面应涂设立面标记,并保持颜色鲜明,定期涂刷。

(9)波纹管防护涂层剥落、波纹管锈蚀应及时维修。

6.4.3 涵洞维修

涵洞圬工砌体表面出现局部风化、开裂、灰缝剥落,局部砌块松动、脱落,或砌体渗漏水时,应及时维修。常用的维修方法有:

(1)用水泥砂浆重新勾缝,或局部拆除后重建;

(2)表面抹浆或喷浆,病害有发展趋势且病害面积较大时,一般采用挂网抹面;

(3)在砌体背后压注水泥砂浆或化学浆液;

(4)加设涵内衬砌。

钢筋混凝土结构涵洞,其开裂、露筋、混凝土剥落等常见病害的处治措施与桥梁一致,应按相关技术标准、规范、规程要求进行维修加固。混凝土管涵的接头或铰缝处发生填缝料脱落,引起渗水时,应及时维修。常用干燥麻絮浸透沥青后填实,或用其他黏弹性材料封堵,一般不采用灰浆抹缝。

涵洞渗漏水严重时应及时处治。一般采用注浆堵漏,或采用其他可靠的堵漏方法。涵洞进、出水口处冲刷严重时应及时处治。常用的维修方法有:

(1)位于陡坡上的涵洞或直接受水流冲击的涵洞,其入口处采取适当的防护措施。

(2)用浆砌块石铺底,并加水泥砂浆勾缝。铺砌长度视土质和流速而定,铺砌的末端一般设置混凝土或浆砌块石截水墙。

(3)流速特别大的涵洞,在出水口加设缓流设施,如消力槛、消力池等。消力槛的末端设置混凝土或浆砌块石截水墙,或设置三级挑槛。

涵洞经常发生泥沙淤积时,宜在进水口设沉沙井。管涵的管节因基础沉陷而发生严重错裂时应及时处治。

当加宽或加高路基,原有涵洞长度不足时,应接长处理。一般可将原有涵洞洞身接长,两端新建洞口端墙和路基护坡;当路基加高加宽不多时,也可采用两端洞口端墙加高和加高加长洞口翼墙的方法。

局部损坏或承载能力不足的涵洞应及时维修加固,保障通行安全。

(1)涵洞地基加固包括严重冲刷的加固及地基沉降变形的处理。冲刷严重时需要增设防冲、减冲结构,也可以与沟、渠的疏导整治结合进行。地基的加固方法多采用换填夯实等费用较少的方法。采用较昂贵的处理方法时,需要与拆除重建进行技术经济比较。

(2)局部损坏或承载能力不足的涵洞一般采用下列方法进行加固或改造:

①挖开填土,用混凝土或钢筋混凝土加大原涵洞断面。

②涵内用混凝土或钢筋混凝土衬砌进行加固。

③挖开填土,用新构件分段进行更换改建。

(3)在涵内加大结构截面时,需注意由于减少过水断面造成的影响,不致引起过大壅水或造成其他病害。更换新结构或改设、增设涵洞,一般均采用分段施工的方法维持交通,并注意施工、行车安全,设置相应的标志、护栏等,必要时安排值守人员指挥交通,维护安全。

6.5 调治构造物养护

调治构造物的作用是引导水流均匀、顺畅地通过桥孔,防止和减少桥位附近河床的不利变迁,保证桥梁墩台基础、河堤以及引道的稳定和安全,包括导流堤、丁坝、梨形堤、顺坝和格坝。

6.5.1 调治构造物养护

对于需要修建或改建调治构造物的桥梁,应查明调治构造物的变化,并作记录,其内容如下:

(1)桥位处河床状态。

(2)各种水位高程,尤其是历史洪水位,以及水流状态,包括流速、流量、主流方向、有无漂浮物等。

(3)结冰及流冰状态:结冰时间、封冰范围、冰层移动时间及持续时间以及流冰速度和尺寸等。

(4)调治构造物工作状况。

调治构造物的日常养护内容如下:

(1)导流堤、丁坝、顺坝、格坝等调治构造物,应保持良好的技术状况。

(2)洪水前后应巡查,及时清除调治构造物上的漂流物。

(3)导流堤、丁坝或顺坝的边坡受到洪水冲刷和波浪冲击,坡脚发生局部破坏时,应及时抛填块石和铁丝石笼等进行防护。

(4)对河道改变而增设的护岸工程,应注意坡面有无变化,基础是否牢固,发现缺损应及时处理。

(5)河滩、河岸的路堤边坡外侧可种植生长迅速、根系发达、枝叶茂密的乔木或耐水的灌木作为防护。

6.5.2 调治构造物维修

调治构造物的维修应做好以下工作:

(1)根据需要,将临时的竹木、铁丝石笼等调治构造物有计划地改为浆砌块、片石或混凝土的永久性结构。

(2)调治构造物由于洪水冲刷及漂浮物撞击,发生基础冲空,砌体开裂时,应及时修理。

(3)通过一定时期的观察,位置不当、数目长度不足、不能正常发挥作用的调治构造物,应在洪水退后进行改建。

(4)若调治构造物不足以抵御洪水冲击,则应进行加固。

调治构造物砌体开裂多数是基础或地基遭水流冲蚀而下沉所致,处理时应查明原因,对症下药。对于基础冲空,可分情况采取加固措施,如抛石防护、板桩防护、护坦加固、平面防护等,并重新对基础埋置深度进行核定,埋深不足时,可配合潜坝、挑坎、砌石等对冲刷范围进行防护。

对于砌体裂缝,应查明原因后及时进行加固处理。若调治构造物不足以抗御洪水冲击时,可采取植草皮、干砌或浆砌片石、铁丝石笼、抛石等措施,亦可用梢捆、柴排、混凝土或钢筋混凝土板、土工织物等进行加固。加固时,应综合考虑水深、流速及波浪冲击等因素。加固的高度,淹没式的应加固至坝顶,非淹没式的应高于设计洪水位以上至少50cm。

河床冲刷严重,危及墩台基础时,可分别进行下列处治:

(1)水深较浅的,在枯水季节修整墩台基础冲空部分,中、小桥可对桥下河床做单层或双层片石铺砌,必要时可铺设挑坎防护。

(2)水深较深、施工困难的,可采用沉柴排、沉石笼、抛石护基等方法。

(3)对于流速过大或河床纵坡过大、冲刷严重的不通航小河,可在下游适当地点修筑拦砂坝。拦砂坝的高度、间距应根据河床的高程和纵坡确定,下游坝顶高程一般应与上游桥址处河床的高程相等。

通过观察,发现调治构造物的位置不当,数量、长度不合理,不能发挥正常作用时,应在洪水后进行改善。

因河道变迁、流向不稳定,或因桥梁上下游河道弯曲形成斜流、涡流危及桥梁墩台、基础、桥头引道时,应因地制宜地增设调治构造物。桥位调治构造物的设置,不仅与河流类型、河段特性有关,还涉及交通、水利、农田等部门的利益,因此应根据河段特性、水文、地形、地质、通航要求等综合考虑、总体布设。若桥位河段水文、水力情况复杂,宜进行水工模型试验,对调治构造物的形式与布设进行研究比选。

【复习思考题】

1. 简述桥梁养护的工作内容和基本要求。
2. 简述桥梁检查的类型及主要内容。
3. 桥梁技术状况评定包括哪几个等级？对应的养护对策是什么？
4. 简述墩台基础的常见缺陷。
5. 简述涵洞日常养护工作的内容。
6. 简述桥梁伸缩缝的养护与维修方法。

第7章
公路隧道养护

【学习目的与要求】

通过本章的学习,应了解公路隧道日常巡查与清洁、经常检查、定期检查、应急检查和专项检查的主要内容;掌握公路隧道技术状况评定的方法;掌握公路隧道的主要病害类型和养护维修方法;了解公路隧道机电设施的养护方法。

公路隧道是公路穿山越岭以及江、河、湖、海等水下的重要工程构造物,既是道路工程构造物,又是地下工程结构物。公路隧道的主体建筑物一般由洞身、衬砌和洞门组成,在洞口容易坍塌的地段,还应加建明洞。隧道的附属构筑物包括防水和排水设施、通风和照明设施、交通信号设施以及应急设施等。

公路隧道一般都处于崇山峻岭之中,无法绕行,如果隧道内出现严重渗漏水[图7-1a)]、衬砌开裂[图7-1b)]或设备故障[图7-1c)]等情况,就会妨碍交通,进而使整个交通线路完全处于中断状态,给公路交通造成恶劣影响。因此,要对隧道进行及时的检测、养护与维修。公路隧道养护是为保持隧道土建结构、机电设施及其他工程设施的正常使用而进行的日常巡查、清洁维护、检查评定、保养维修等工作。对公路隧道病害检测与治理应本着"预防为主、及早发现、及时维护、对症施治"的原则,要经常性地对隧道进行检查,及时发现问题,建立数据库,确定需要整治的技术指标,并采取有效措施进行养护维修。

a) 隧道漏水

b) 衬砌开裂

c) 设备故障

图 7-1　隧道病害

7.1　隧道技术状况检查与评定

公路隧道技术状况评定包括隧道土建结构、机电设施、其他工程设施的技术状况评定和总体技术状况评定。应采用分层综合评定与隧道单项控制指标评定相结合的方法,先对隧道各项进行检查与评定,然后对隧道土建结构、机电设施和其他工程设施分别进行评定,最后进行隧道总体技术状况评定。

7.1.1　日常巡查与清洁

隧道的日常巡查主要指在日常养护工作中,采取车行或步行的方式,通过目视对影响隧道通行和结构安全的异常事件进行巡视检查。主要目的是为了发现隧道结构的早期破损、显著病害或其他异常情况。日常巡查应由经过培训的专职隧道管理人员或有一定经验的工程技术人员负责。日常巡查时要对隧道洞口、衬砌、路面附属构造物是否处在正常工作状态、是否妨碍交通安全等进行检查,主要包括:

(1)隧道洞口边仰坡有无边坡开裂滑动、落石等现象。
(2)隧道洞门结构是否存在大范围开裂、砌体断裂、脱落等现象。
(3)隧道衬砌是否存在大范围开裂、明显变形、衬砌掉块等现象。
(4)是否存在地下水大规模涌流、喷射,路面出现涌泥沙或大面积严重积水等威胁交通安全的现象。
(5)隧道路面是否存在散落物、严重隆起、错台、断裂等现象。
(6)隧道洞顶预埋件和悬吊件是否存在断裂、变形或脱落等现象。

隧道日常巡查的深度和广度都弱于经常检查,但其频率远高于经常检查。隧道日常巡查频率为1次/d,在遇恶劣天气、汛期、雨季、冰冻季节和极端天气等特殊情况,应加强日常检查工作。日常巡查记录应每月定期整理归档,并提出评价意见。巡检过程中发现设施明显损坏,影响车辆和行人安全时,应及时采取相应的维护措施,并应立即向主管部门报告。

隧道清洁主要包括扫除隧道内垃圾、清除结构物脏污、清理(疏通)排水设施,以保持结构物外观的干净、整洁。一般来说,隧道交通量越大、污染越严重、结构物越易脏污,清洁周期越短。相比其他公路结构物,隧道呈长管状,烟尘不易散发,因此其清洁周期相对要短一些。结构物的清洁养护通常都选择在交通量较小的时候进行,以尽量减少交通干扰,降低事故风险。

隧道清洁应综合考虑隧道养护等级、交通组成、结构物脏污程度、清洁方式及效率和环境条件等因素确定清洁方案和频率。按照隧道养护等级，隧道清洁频率应符合表 7-1 和表 7-2 的要求。

高速公路、一级公路隧道清洁频率 表 7-1

清洁项目	养护等级		
	一级	二级	三级
路面	1 次/d	2 次/周	1 次/旬
内装饰、检修道、横通道、标志、标线、轮廓标	1 次/月	1 次/2 月	1 次/季度
排水设施	1 次/季度	1 次/半年	1 次/半年
顶板	1 次/半年	1 次/年	1 次/2 年
斜井	1 次/半年	1 次/年	1 次/2 年
侧墙、洞门	1 次/2 月	1 次/季度	1 次/半年

二级及二级以下公路隧道清洁频率 表 7-2

清洁项目	养护等级		
	一级	二级	三级
路面	1 次/周	1 次/半月	1 次/月
内装饰、侧墙、洞门、检修道、横通道、标志、标线、轮廓标	1 次/季度	1 次/半年	1 次/年
排水设施	1 次/半年	1 次/年	1 次/年
顶板	1 次/年	1 次/2 年	1 次/3 年
斜井	1 次/年	1 次/2 年	1 次/3 年

（1）隧道内路面清洁。要保持干净、整洁，两侧边沟不应有残留垃圾等物品，高速公路和一级公路以机械清扫为主，清扫时应防止扬尘，路面被油类物质或其他化学品污染时，应采取措施清除。

（2）隧道顶板、内装饰、侧墙和洞门清洁。要保持干净、整洁，无污垢、污染、油污和痕迹；顶板、内装饰和侧墙的清洁主要以机械作业为主，以人工作业为辅。采用湿法清洁时，要防止路面积水和结冰，注意保护隧道内机电设施的安全，防止水渗入设施内；采用干法清洁时，要避免损伤顶板、内装饰、侧墙及隧道内机电设施，清洁时要注意采取必要的降尘措施；如果隧道内没有顶板和内装饰，需要对洞壁混凝土进行清洁。

（3）排水设施清洁。要及时进行清理和疏通，保持无淤积、排水通畅。在汛前、汛中和汛后以及极端降水天气后，需要对排水设施进行检查和清理疏通；在冰冻季节，应增加排水沟和清理频率。对于纵坡较小的隧道或隧道洞口区段，需要增加清理和疏通频率。

7.1.2 经常检查

隧道的土建结构检查包括经常检查、定期检查、应急检查和专项检查。经常检查主要对土建结构的外观状况进行一般性定性检查。按照公路隧道养护等级（一级、二级和三级），经常检查频率分别为 1 次/月、1 次/2 月和 1 次/季度。如果遇有雨季、冰冻季节或极端天气，或者发现严重异常状况,需要提高经常检查的频率。

通常情况下,经常检查采用人工与信息化手段相结合的方式,并配以简单的工具进行。经常检查一般以定性判断为主,将破损状况判定为三种情况:情况正常、一般异常、严重异常。当发现隧道存在一般异常情况时,应该进行监视、观测或进一步检查;当发现隧道存在严重异常情况时,要采取措施进行处治;当对其产生的原因及详细情况不明时,还需要做定期检查或专项检查。经常检查的内容和评定标准,见表7-3。

经常检查内容和评定标准　　　　表7-3

项目名称	检查内容	判定描述	
		一般异常	严重异常
洞口	边(仰)坡有无危石、积水、积雪;洞口有无挂冰;边沟有无淤塞;构造物有无开裂、倾斜、沉陷等	存在落石、积水、积雪隐患;洞口局部挂冰;构造物局部开裂、倾斜、沉陷,有妨碍交通的可能	坡顶落石、积水漫流或积雪崩塌;洞口挂冰掉落路面;构造物因开裂、倾斜或沉陷而致剥落或失稳;边沟淤塞,已妨碍交通
洞门	结构开裂、倾斜、沉陷、错台、起层、剥落;渗漏水(挂冰)	侧墙出现起层、剥落;存在渗漏水或结冰,尚未妨碍交通	拱部及其附近部位出现剥落;存在喷水或挂冰等,已妨碍交通
衬砌	结构裂缝、错台、起层、剥落	衬砌起层,且侧墙出现剥落状况,尚未妨碍交通,将来可能构成危险	衬砌起层,且拱部出现剥落状况,已妨碍交通
	渗漏水	存在渗漏水,尚未妨碍交通	大面积渗漏水,已妨碍交通
	挂冰、冰柱	存在结冰现象,尚未妨碍交通	拱部挂冰,形成冰柱,已妨碍交通
路面	落物、油污;滞水或结冰;路面拱起、坑槽、开裂、错台等	存在落物、滞水、结冰、裂缝等,尚未妨碍交通	拱部落物,存在大面积路面滞水、结冰或裂缝,已妨碍交通
检修道	结构破损;盖板缺损;栏杆变形、损坏	栏杆变形、损坏;盖板缺损;结构破损,尚未妨碍交通	栏杆局部损坏或侵入建筑限界;道路结构损坏,已妨碍交通
排水设施	缺损、堵塞、积水、结冰	存在缺损、积水或结冰,尚未妨碍交通	沟管堵塞,积水漫流,结冰,设施缺损严重,已妨碍交通
吊顶及各种预埋件	变形、缺损、漏水(挂冰)	存在缺损、漏水,尚未妨碍交通	缺损严重,或从吊顶板漏水严重,已妨碍交通
内装饰	脏污、变形、缺损	存在缺损,尚未妨碍交通	缺损严重,已妨碍交通
标志、标线、轮廓标	是否完好	存在脏污、部分缺失,可能会影响交通安全	基本缺失或严重缺失,影响行车安全

7.1.3　定期检查

定期检查是按规定周期对隧道结构的基本状况进行全面检查,检查的目的是系统掌握隧道的基本技术状况,为制订养护工作计划提供依据,检查以徒步的目视检查为主,配备必要的检查工具或设备。检查时,要尽量靠近结构,依次检查各个结构部位,注意发现异常情况和原有异常情况的发展变化;对有异常情况的结果,需要在适当位置作出标记。

定期检查每年1次,最长不超过3年1次。当经常检查中发现重要结构分项技术状况评定状况值为 3 或 4 时,应立即开展一次定期检查。定期检查一般安排在春季或秋季进行。对于新建隧道,在交付使用 1 年后应进行首次定期检查。

定期检查完成后,应提交定期检查报告以及隧道展示图和其他有关检测记录资料。具体的定期检查内容,见表 7-4。

定期检查内容表   表 7-4

序号	项目名称	检 查 内 容
1	洞口	1.山体滑坡、岩石崩塌的征兆及发展趋势; 2.边坡、碎落台、护坡道的缺口、冲沟、潜流涌水、沉陷、塌落等及其发展趋势; 3.护坡、挡土墙的裂缝、断缝、倾斜、鼓肚、滑动、下沉的位置、范围及其程度,有无表面风化、泄水孔堵塞、墙后积水、地基错台、空隙等现象及其程度
2	洞门	1.墙身裂缝的位置、宽度、长度、范围或程度; 2.结构倾斜、沉陷、断裂范围、变位量、发展趋势; 3.洞门与洞身连接处环向裂缝开展情况、外倾趋势; 4.混凝土起层、剥落的范围和深度,钢筋有无外漏、受到锈蚀; 5.墙背填料流失范围和程度
3	衬砌	1.衬砌裂缝的位置、宽度、长度、范围或程度,墙身施工缝开裂宽度、错位量; 2.衬砌表层起层、剥落的范围和深度; 3.衬砌渗漏水的位置、水量、浑浊、冻结状况
4	路面	1.路面拱起、沉陷、错台、开裂、溜滑的范围和程度; 2.路面积水、结冰等的范围和程度
5	检修道	1.检修道毁坏、盖板缺损的位置和状况; 2.栏杆变形、锈蚀、缺损等的位置和状况
6	排水系统	1.结构缺损程度,中央窨井盖、边沟盖板等完好程度,沟管开裂渗漏水状况; 2.排水沟(管)、积水井等淤积堵塞、沉沙、滞水、结冰等状况
7	吊顶及 各种预埋件	1.吊顶板变形、缺损的位置和程度; 2.吊杆等预埋件是否完好、有无锈蚀等; 3.漏水(挂冰)范围及程度
8	内装饰	1.表面脏污、缺损的范围和程度; 2.装饰板变形、缺损的范围及程度等
9	交通标志、 标线、轮廓标	外观缺损、表面脏污状况、连接件牢固状况、光度是否满足要求等

7.1.4 应急检查

应急检查应在隧道遭遇自然灾害[图 7-2a)]、发生交通事故[图 7-2b)]或出现其他异常事件[图 7-2c)]后对遭受影响的结构进行详细检查。检查的目的是及时掌握隧道结构受损情况,当应急检查难以判明破损原因和程度时应进行专项检查。

a) 隧道涌水　　　　　　　b) 交通事故　　　　　　　c) 洞内火灾

图 7-2　隧道部分应急检查内容

应通过应急检查,及时掌握结构受损情况,为采取对策措施提供依据。应根据受异常事件影响的结构,决定采取的检查方法、工具和设备。应急检查的内容和方法原则上应与定期检查相同,但应针对发生异常情况或者受异常事件影响的结构或结构部位进行重点检查,以掌握其受损情况。应急检查的评定标准、检查结果的记录与定期检查相同。检查完成后,应编制应急检查报告,总结检查内容和结果、评估异常事件的影响、确定合理的对策措施。

7.1.5　专项检查

专项检查是根据经常检查、定期检查和应急检查的结果,或者通过其他途径的判断,对需要进一步查明缺损或病害详细情况的隧道,进行更深入的专门检测、分析工作。例如,隧道火灾后的结构损伤评价检查,检查时要邀请一些有经验的专家并辅以专门的检查设备。

通过专项检查,应完整掌握病害的详细资料,为其是否实施处治以及采取何种治理病害的措施等提供技术依据。专项检查的项目、内容及其要求,要根据经常检查、定期检查或应急检查的结果有针对性地确定,具体的检查项目见表 7-5。

专项检查项目表　　　　　　　　　　　　　　　表 7-5

检查项目		检查内容
结构变形检查	公路线形、高程检查	公路中线位置、路面高度、缘石高度以及纵、横坡度等测量
	隧道横断面检查	隧道横断面测量、周壁位移测量(与邻近或完好断面比较)
	净空变化检查	隧道内壁间距测量(自身变化比较)
裂缝检查	裂缝调查	裂缝的位置、宽度、长度、开展范围或程度等
	裂缝检测	裂缝的发展变化趋势及其速度;裂缝的方向及深度等
漏水检查	漏水调查	漏水的位置、水量、浑浊、冻结及原有防排水系统的状态等
	漏水检测	水温、pH 值检查、电导度检测、水质化学分析
	防排水系统	拥堵、破坏情况
材质检查	衬砌强度检查	强度简易测定,钻孔取芯,各种强度试验等
	衬砌表面病害	起皮、剥落、蜂窝、麻面、孔洞、露筋等
	混凝土碳化深度检测	采用酚酞液检查混凝土的碳化深度
	钢筋锈蚀检测	剔凿检测法、电化学测定法、综合分析判定法

续上表

检查项目		检查内容
衬砌及围岩状况检查	无损检测	无损检测衬砌厚度、空洞、裂缝和渗漏水等,以及钢筋、钢拱架、衬砌配筋位置及保护层厚度、围岩状况、仰拱充填层密实程度及其下岩溶发育情况
	钻孔检查	钻孔测定衬砌厚度等,内窥镜观测衬砌及围岩内部状况
荷载状况检查	衬砌应力及拱背压力检查	衬砌不同部位的应力及其变化、拱背压力的分布及其变化
	水压力检查	地下水丰富的隧道,检查衬砌背后水压力大小、分布及变化规律

对严重不良地质路段、重大结构病害或隐患处,要开展运营期长期监测,对其结构变形、受力和地下水状态等进行长期观测。监测频率可以按照经常检查的频率,当发现监测参数在快速发展变化时,可以提高观测的频率。

7.1.6 隧道技术状况评定

对于同等级公路的隧道,由于交通量、技术状况和自然条件不同,养护需求和养护资源也不相同。因此,在实际工作中,需要细化同等级公路隧道的养护要求,来满足这种差异化的养护需求。根据公路等级、交通量、技术状况和气候条件等因素,将养护等级划分为三个等级,高速公路、一级公路和二级及二级以下公路隧道养护等级的分级标准分别见表7-6和表7-7。

高速公路、一级公路隧道养护等级分级表　　表7-6

单车道年平均日交通量 [pcu/(d×ln)]	隧道长度 L(m)			
	$L>3000$	$3000 \geqslant L>1000$	$1000 \geqslant L>500$	$L \leqslant 500$
≥10001	一级	一级	一级	二级
5001~10000	一级	一级	二级	二级
≤5000	一级	二级	二级	三级

二级及二级以下公路隧道养护等级分级表　　表7-7

年平均日交通量 (pcu/d)	隧道长度 L(m)			
	$L>3000$	$3000 \geqslant L>1000$	$1000 \geqslant L>500$	$L \leqslant 500$
≥10001	一级	二级	二级	三级
5001~10000	二级	二级	三级	三级
≤5000	二级	三级	三级	三级

隧道总体技术状况评定等级的确定,应采用土建结构和机电设施两者中最差的技术状况类别作为总体技术状况的类别。具体的技术状况评定流程,见图7-3。

土建结构技术状况评定时,需要根据定期检查的资料,并综合考虑洞门、结构、路面和附属设施等各方面的影响,确定隧道的技术状况等级,确定每一个分项的状况值。状况值共分为五个等级,其状况值按照损坏程度的轻重从0~4变化。具体评定时,先逐洞、逐段对隧道土建结构各分项技术状况进行状况值评定,在此基础上确定各分项技术状况,再进行土建结构技术状况评定。土建结构的技术状况评定标准,见表7-8。

图7-3 公路隧道技术状况评定工作流程图

土建结构技术状况评定标准表 表7-8

状况值	评定因素			
	缺损程度	发展趋势	对行人、车辆安全的影响	对隧道结构安全的影响
0	无或非常轻微	无	无影响	无影响
1	轻微	趋于稳定	目前尚无影响	目前尚无影响
2	中等	较慢	将来会影响行人、车辆安全	将来会影响隧道结构安全
3	较严重	较快	已经妨碍行人、车辆安全	已经影响隧道结构安全
4	严重	迅速	严重影响行人、车辆安全	严重影响隧道结构安全

隧道土建结构的总体技术状况评分采用百分制,并采用分项扣分的方式,计算见式(7-1)。

$$JGCI = 100 \times \left[1 - \frac{1}{4}\sum_{i=1}^{n}\left(JGCI_i \times \frac{\omega_i}{\sum_{i=1}^{n}\omega_i} \right) \right] \tag{7-1}$$

式中:ω_i——分项权重;

$JGCI_i$——分项状况值,值域0~4。

各分项检查段落状况值按照式(7-2)进行计算。

$$JGCI_i = \max(JGCI_{ij}) \tag{7-2}$$

式中:$JGCI_{ij}$——各分项检查段落状况值;

j——检查段落号,按实际分段数量取值。

其中,土建结构各分项权重按照表7-9进行取值。

土建结构各分项权重表　　　　　　　　　　　　　表7-9

分 项		分项权重 ω_i	分 项	分项权重 ω_i
洞口		15	检修道	2
洞门		5	排水设施	6
衬砌	结构破损	40	吊顶及预埋件	10
	渗漏水		内装饰	2
路面		15	交通标志、标线	5

根据土建结构的技术状况的评分,可以将其分成五类,每类的界限值见表7-10。针对不同类别的土建结构,将采用相应的养护对策。

土建结构技术状况评定分类界限值　　　　　　　　表7-10

技术状况评分	土建结构技术状况评定分类				
	1类	2类	3类	4类	5类
JGCI	≥85	70≤JGCI<85	55≤JGCI<70	40≤JGCI<55	<40

土建结构技术状况评定时,当洞口、洞门、衬砌、路面和吊顶及预埋件项目的评定状况值达到3或4时,对应土建结构技术状况应直接评为4类或5类。当出现下列情况之一时,隧道土建工程的评分直接评为5类：

(1)隧道洞口边仰坡不稳定,出现严重的边坡滑动、落石现象。
(2)隧道洞门结构大范围开裂、砌体断裂、脱落现象严重,可能危及行车道内的通行安全。
(3)隧道拱部衬砌出现大范围开裂、结构性裂缝深度贯穿衬砌混凝土。
(4)隧道衬砌结构发生明显的永久变形,且有危及结构安全和行车安全的趋势。
(5)地下水大规模涌流、喷射,路面出现涌泥沙或大面积严重积水等威胁交通安全的现象。
(6)隧道地面发生严重隆起,路面板严重错台、断裂,严重影响行车安全。
(7)隧道洞顶各种预埋件和悬吊件严重锈蚀或断裂,各种桥架和挂件出现严重变形或脱落。

7.2 隧道养护与维修

7.2.1 隧道的主要病害类型

公路隧道病害的类型主要有水害、冻害、衬砌裂损、衬砌侵蚀等。隧道病害发生较多的地段,从地质情况看,一般是断层破碎带、风化变质岩地带、裂隙发育的岩体、岩溶地层、软弱围岩地层等;从地形情况看,多发生在斜坡、滑坡构造地带、岩堆崩坍地带等。隧道内各种病害一般不是单独存在的,而是互相影响、互相作用的。

公路隧道最常见的病害形式是水害,隧道水害不仅增加隧道内湿度,造成电路短路等事故、危及运输安全,而且还会引发其他病害。隧道由于渗漏水、积水,将会造成衬砌开裂或使原有裂缝发展扩大,加重衬砌裂损。当地下水有侵蚀性时,会使衬砌混凝土产生侵蚀,并随着渗漏水的不断发展,使混凝土侵蚀日益严重。在寒冷地区,水是影响隧道围岩冻胀和导致衬砌开裂的重要因素,而衬砌一旦开裂,将会给地下水打开一条外渗的通道,引起隧道严重水害,进而就会产生衬砌混凝土的侵蚀,冬季产生冻害。冻害循环发生,使衬砌混凝土再产生开裂变形,导致衬砌承载力下降。春夏季衬砌产生冻害部位解冻,被冻结的冰融化成水,致使衬砌产生渗漏水。因此,隧道内各种病害并不是单独作用的,而是几种情况共同作用,最终导致衬砌结构失稳破坏。

1. 隧道水害

隧道的水害主要是指隧道围岩的地下水或部分地表水,以渗漏或涌出方式进入隧道内造成的危害,包括以下几种。

(1) 隧道漏水和涌水

隧道漏水和涌水会对隧道的电力设备造成不同程度的损坏,对照明设备产生锈蚀,影响设备的正常运行,降低使用寿命,增加维修费用。渗漏水促使混凝土衬砌风化、剥落,造成衬砌结构破坏。渗漏水还会软化围岩,引起围岩变形;有些隧道渗水中含有侵蚀性的介质,造成混凝土碱化;在寒冷地区造成边墙结冰、拱部挂冰,侵入建筑限界;渗漏水还会造成路面翻浆,危及行车安全。严重渗漏水还会引发隧道基础的沉陷,进而造成地面和地面建筑物的不均匀沉降和破坏,使得地表水和含水层水大量流失,破坏生态环境。

(2) 隧道衬砌周围积水

运营隧道中地表水和地下水向隧道周围渗流汇集,水压力较大时会导致衬砌破裂和拱脚下沉,使围岩的结构面软化或泥化,使膨胀性围岩体积膨胀。在寒冷地区造成冰胀和围岩冻胀。在黄土隧道衬砌周围的水还会离析土中的胶体并带出黄土,使周围的衬砌变成空洞。

(3) 潜流冲刷

主要是指由于地下水渗流和流动而产生的冲刷和溶蚀作用,使得隧道衬砌基础下沉。它可使边墙开裂或者仰拱、隧道内路基下沉开裂;围岩滑移错动可导致衬砌变形开裂;对超挖回填不密实或未全部回填者,引起围岩坍塌,导致衬砌结构破坏。

2. 隧道冻害

我国冻土地区分布广泛,在冻土地区修建的公路隧道易产生冻害现象,例如新疆的天山二号隧道因渗漏水侵蚀和冻胀破坏而报废、青海的大阪山隧道成为"冰河"、甘肃的七道梁隧道因渗漏水和冰冻而被迫向隧道送暖气、辽宁的八盘岭隧道和吉林的密江隧道因渗漏水而被迫在混凝土衬砌内加复衬。

(1) 拱部挂冰、边墙结冰

渗漏的地下水通过隧道衬砌混凝土裂缝逐渐渗出,在渗水点出口处受低温影响在拱部形成挂冰,边墙积成冰柱,尤其在施工接缝处渗水点多,结冰明显,如不清理,挂冰越积越大,侵入限界危及行车安全。排水沟因结冰堵塞,使地下排水困难,水沟(管或槽)冻裂破损。隧道衬砌周边因水结冰而冻胀,致使隧道内各种冻害接踵而至,特别是路面结冰严重危及行车安全。

(2) 围岩冻胀破坏

隧道修筑在不良地质地段的围岩,如果围岩层面及结构内含水多时,冬季就易发生冻胀破坏,致使隧道拱部和边墙衬砌发生变形与开裂。当边墙壁后排水不畅、积水成冰、产生冻胀压力时,会造成拱脚移动,或者墙顶内移;有的虽然墙顶不动但墙中发生内鼓现象,也有墙顶内移致使断裂多段。如果隧道衬砌混凝土设计强度等级较低、抗渗性差,在地下水丰富地区,水就会渗入混凝土内部。冬季,水在混凝土结构内结冰,膨胀产生冻胀压力,经多年冻融循环使衬砌结构变酥、强度降低,造成结构破坏。

3.隧道衬砌裂损

(1)隧道衬砌裂损的种类

隧道衬砌裂损的类型主要有衬砌变形、衬砌开裂、衬砌腐蚀破坏、衬砌背后空洞、拱脚下沉以及仰拱破碎等。隧道衬砌开裂根据裂缝走向,分为纵向裂缝、环向裂缝和斜向裂缝3种,如图7-4所示。环向工作裂缝一般对衬砌结构正常承载影响不大,拱部和边墙的纵向及斜向裂缝对隧道结构的整体性危害较大。

(2)隧道衬砌裂损的危害程度

衬砌裂损可导致隧道结构变形、掉块甚至塌落;降低衬砌结构对围岩的承载能力;使隧道的净空变小,侵入建筑限界,影响车辆安全通过;衬砌裂缝还会成为渗漏水的通道。

4.隧道衬砌侵蚀

建在富含腐蚀性介质的公路隧道,其衬砌背后的腐蚀性环境水,容易沿衬砌的工作缝、变形缝、毛细孔,以及其他孔洞渗流到衬砌内侧,成为隧道渗漏水,对衬砌混凝土和砌石、灰缝产生物理性或化学性的侵蚀作用,造成衬砌侵蚀(图7-5)。

图7-4 衬砌开裂

图7-5 衬砌侵蚀

(1)隧道衬砌侵蚀的种类

衬砌侵蚀可分为物理侵蚀和化学侵蚀2类。物理侵蚀包括冻融交替部位的冻胀性裂损和干湿交替部位的盐类结晶性胀裂损坏2种。隧道衬砌混凝土的化学侵蚀是一个很复杂的物理化学过程,可分为硫酸盐侵蚀、镁盐侵蚀、溶出性侵蚀(软水侵蚀)、碳酸盐侵蚀和一般酸性侵蚀5种。

(2)隧道衬砌侵蚀的危害程度

隧道内混凝土衬砌的腐蚀根据种类不同,可分为水蚀、烟蚀、冻蚀及集料溶胀等。隧道衬砌侵蚀,使衬砌出现起毛、酥松、蜂窝麻面、起鼓剥落、孔洞露石、集料分离等材质破坏,衬砌厚度变薄。还会导致衬砌内的钢筋腐蚀,使得衬砌结构强度减小,降低隧道衬砌的承载能力,缩短使用寿命,危及行车安全。

7.2.2 隧道保养维修

公路隧道经过一段时间的使用后,其技术状况会发生不同程度的衰减,因此,需要进行及时的保养维修。隧道土建结构的保养维修应包括经常性或预防性的保养、轻微缺损部分的维修等内容,恢复和保持结构的正常使用状况。在使用过程中,要进行经常检查和定期检查,如果发现一般异常和技术状况值≤2 的状况,需要进行保养维修。

根据公路隧道技术状况评定类别不同,应采取不同的养护对策,具体的分类情况和对应的养护对策见表 7-11。

公路隧道总体技术状况评定类别   表 7-11

技术状况评定类别	评定类别描述		养护对策
	土建结构	机电设施	
1 类	完好状态。无异常情况,或异常情况轻微,对交通安全无影响	机电设施完整率高,运行正常	正常养护
2 类	轻微破损。存在轻微破损,现阶段趋于稳定,对交通安全不会有影响	机电设施完好率较高,运行基本正常,部分易耗部件或损坏部件需要更换	应对结构破损部件进行监测或检查,必要时实施保护维修;机电设施进行正常养护,应对关键设备及时修复
3 类	中等破损。存在破坏,发展缓慢,可能会影响行人、行车安全	机电设施尚能运行,部分设备、部件和软件需要更换或改造	应对结构破损部位进行重点监测,并对局部实施保养维修;机电设施需进行专项工程
4 类	严重破损。存在较严重破坏,发展较快,已影响行人、行车安全	机电设施完好率较低,相关设施需要全面改造	应尽快实施结构病害处治措施;对机电设施应进行专项工程,并应及时实施交通管制
5 类	危险状态。存在严重破坏,发展迅速,已危及行人、行车安全	—	应及时关闭隧道,实施病害处治,特殊情况需进行局部重建或改建

对于隧道的不同部位,其保养和维修措施也不相同,主要包括:

(1)洞口

应及时清除洞口边仰坡上的危石、浮土,保持洞口边沟和边仰坡上截(排)水沟的完好、畅通,修复存在轻微损坏的洞口挡土墙、洞门墙、护坡、排水设施和减光设施等结构物的开裂、变形,维护洞口花草树木。冬季应清除边仰坡上的积雪和挂冰。

(2)路面

对于隧道内路面上的塌落物和堆积物,应及时清除。及时修复、更换损坏的窨井盖或其他设施盖板。当路面出现渗漏水时,应及时处理,将水引入边沟排出,防止路面积水或结冰。

(3)人行和车道横洞

横通道内严禁存放任何非救援用物品,应及时清除散落的杂物,修复轻微破损的结构。要定期保养横通道门,保证横通道清洁、畅通。

(4)斜(竖)井

应及时清除斜(竖)井内可能损伤通风设施或影响通风效果的异物;应保持井内排水设施

完好、水沟(管)畅通;对于井内的检查通道或设施,应进行保养,防止锈蚀或损坏。

(5)风道

对于送(排)风口的网罩,应及时清理,清除堵塞网眼的杂物;应定期保养风道板吊杆,防止其锈蚀或损坏;应及时修复风口或风道的破损,更换损坏的风道板。

(6)排水设施

应保持隧道内外排水设施完好,发现破损或缺失应及时修复。当排水管道堵塞时,可采用高压水或压缩空气疏通。应及时清理排水边沟、中心排水沟、沉沙池等排水设施中的堆积物,不定期检查排水沟盖板和沟墙,及时修复破损、翘曲的盖板。寒冷地区应及时清除排水沟内结冰或堵塞。排水的金属管道应定期做好防腐处理。

(7)吊顶和内装饰

吊顶和内装饰应保持完好和整洁美观,当有破损、缺失时,应及时修补恢复损坏部分,不能修复的应及时更换。各种预埋件和桥架要保持完好、坚固、无锈蚀,当有缺损时,应及时更换或加固。

(8)人行道或检修道

应保持人行道或检修道平整、完好和畅通,人行道或检修道不得积水,当道板有破损、翘曲或损失时,应及时进行修复和补充;应定期保养人行道或检修道护栏,护栏应保持完好、清洁、坚固、无锈蚀,立柱正直无动摇现象,横杆连接牢固,当有缺损时,应及时恢复。

(9)标志标线

隧道的交通标志应保持外观完整、信息清晰准确,保持位置、高度和角度适当,保证交通信息传递无误,并应满足下列要求:

①要及时修补变形、破损的标牌,修复弯曲、倾斜的支柱,紧固松动的连接构件。

②对锈蚀损坏、老化失效的标志,应及时更换,缺失的应及时补充。

③对损坏的限高及限速设施应及时维修。

寒冷地区隧道应进行下列保养维修措施:

(1)寒冷地区隧道的防冻保温设施应做好保养维护,当有损坏时,应及时维修,保证其正常使用功能。

(2)洞口设有防雪设施的隧道,应做好防雪设施的保养维修,并在大雪降临前完成设施的维修加固;冬季应及时清除洞口处积雪。

7.2.3 有衬砌隧道养护

对于有衬砌隧道出现的衬砌起层、剥离,应及时清除;及时修补衬砌裂缝,并且设计观测标记进行跟踪观测;对于衬砌的漏渗水应接引水管,将水导入边沟;冬季应及时清除洞顶挂冰,具体养护措施如下:

(1)衬砌变形、开裂、渗漏水(挂冰),应根据综合分析确定其主要原因,采取针对性治理措施。对于衬砌背面存在空隙的原因,可在衬背压注水泥砂浆,使衬砌受力均匀,有效地利用衬砌强度;对于衬砌厚度不足、年久、变质、腐蚀剥落严重或裂缝区域较大而影响到衬砌强度的原因,可在衬砌外露面喷射水泥混凝土,其厚度一般为 80～150mm,必要时可加配锚杆及钢筋网。已经稳定的裂缝,可采用压注环氧水泥砂浆或水泥砂浆的方法加固。

(2)衬砌表面腐蚀、剥落及灰缝脱落,可先清除表面已松动部分,分段或全面加喷一层水泥砂浆或水泥混凝土保护层,一般层厚为 30～60mm。

(3)端墙、侧墙、翼墙位移或开裂,应根据综合分析确定其主要原因,采取针对性治理措施。

(4)路面拱起、沉陷、错台、开裂,应根据综合分析确定其主要原因,采取针对性治理措施。

7.2.4 无衬砌隧道养护

无衬砌隧道出现的碎裂、松动岩石和危石,应本着"少清除、多稳固"的原则加以处理;围岩的渗漏水,应开设泄水孔接引水管,将水导入边沟排出;冬季应及时清除洞顶挂冰,具体养护措施如下。

(1)无衬砌隧道的围岩在长期使用过程中,由于岩石松动,或受风化、行车振动等影响,围岩发生破碎或产生危石、渗漏水等病害,应及时处治,以保证车辆和人身安全。

(2)处治破碎围岩和危石,可采取如下措施:

①发现可以清除的危石,应当及时清除。因清除会牵动周围大片岩石时,则可喷浆或压浆稳固。

②对不宜清除的小面积破碎,可抹水泥砂浆稳固。

③碎裂范围较大时,根据病害程度及范围,可采用喷射混凝土、锚喷混凝土或挂网锚喷混凝土稳固。

④对不能清除又无法压浆稳固的个别危石,应及时用混凝土或浆砌块石垛墙作为临时支撑,以确保安全,然后根据垛墙侵占隧道净空的具体情况及隧道所在的公路性质和交通量大小,研究永久性治理措施。

(3)隧道内的孔洞、溶洞或裂缝均应封闭,封闭前将松动的岩石清除。对内小外大的孔洞,可在孔洞外石壁上埋设牵钉、挂钢筋网、喷射或浇注水泥混凝土封闭;对内大外小的孔洞,用素混凝土封闭;有水的孔洞应预埋泄水孔接引水管,将水导入边沟排出。

7.3 隧道机电设施检查与养护

隧道机电设施(图 7-6)的养护主要包括通风设施、照明设施、监控与消防设施等几类。

图 7-6 隧道机电设施

7.3.1 通风设施检查与养护

通风设施包括射流风机、轴流风机、离心风机及其配套设施等为隧道运营提供通风换气服务的设施。通风设备的经常检修、定期检修主要项目及其检修频率见表7-12。

通风设施经常检修、定期检修主要项目及其检修频率　　表7-12

设施名称	检查项目	主要检查内容	经常检修 1次/(1~3个月)	定期检修 1次/年
射流风机	总体	1.风机运转过程中有无异响	√	
		2.风机运转时电流值是否在额定值内	√	
		3.分级反转是否正常	√	
		4.维护性开启频率	√(1次/15d)	
	各安装部位	1.有无松动、腐蚀现象	√	
		2.安全吊链的松紧程度	√	
	叶片	叶片是否清洁,有无异响		√
	电动机	1.转动轴有无振动、异响、过热		√
		2.润滑油的检查、更换及轴承清洗		√
		3.电机的拆卸检查、轴承清洗与油脂更换		√
		4.防护情况检查		√
		5.绝缘测试		√
		6.三相电流平衡试验		√
		7.运行中的电动机温升是否正常		√
	其他	拆卸组装后的风速及推力测试		√
轴流风机	总体	1.运转状态有无异响和异常振动	√	
		2.各计量仪器、仪表读数是否正确	√	
		3.基础螺栓及连接螺栓的状态有无异常		√
		4.轴承温度、油温、油压有无异常		√
		5.振动测试有无异常		√
		6.逆转1h以上的工作状况有无异常		√
		7.与监控测试联动试验		√
		8.手动旋转的平衡状态		√
		9.正、反转间隔一定时间的试验		√
		10.叶片安装状态检查		√
		11.维护性开启频率	√(1次/15d)	
	减速机	1.油量是否正常	√	
		2.有无异响,油温是否正常		√
		3.润滑油老化试验		√
		4.更换油脂		√

续上表

设施名称	检查项目	主要检查内容	经常检修 1次/（1~3个月）	定期检修 1次/年
轴流风机	润滑油冷却装置	1.配管、冷却器、交换器、循环泵的状态	√	
		2.运转中有无振动、异响、过热现象	√	
	气流调节装置	1.动作状态有无异常	√	
		2.内翼有无损伤、裂纹		√
		3.密封材料状态		√
	动翼、静翼及叶轮	1.翼面有无损伤、剥离		√
		2.焊接部有无损伤		√
		3.检查叶轮液压调节装置		√
轴流风机及离心风机	导流叶片及异形管	有无生锈、涂装剥离、螺母松动		√
	驱动轴	1.接头、齿轮润滑状态有无异常	√	
		2.传动轴的振动与轴承温度有无异常	√	
		3.加油脂		√
	电动机	1.运转中有无异响、振动、过热	√	
		2.连接部的工作状态	√	
		3.绝缘测试		√
		4.三相电流平衡试验		√
	消声器	1.清扫消声器内壁灰尘		√
		2.噪声检测		√
		3.吸声材料检查与变质材料更换		√
	其他	1.仪表的检查、校正和更换		√
		2.供油装置的检验		√
		3.必要时的金属探伤		√
		4.组装、检查后的试运转及风速、推动测试		√

通风设施检修应按照各种设备的操作规程和养护要求进行，并使主要性能指标，如风速、推力、功率、噪声及防护等级等符合产品说明书的要求。通风设施检修应配备专用电工工具和机修工具，必要时需要配备风压计、风速计、声级计等相关设备。

在进行定期检修和专项工程后，应对隧道通风设施的效率进行全面测试，通风设施经检修后其通风能力应满足设计要求。

7.3.2 照明设施检查与养护

照明设施主要包括灯具、洞外路灯、照明线路及配套设施等为隧道运营提供照明服务的设施。照明设施经常检修、定期检修主要项目及其检修频率见表7-13。

照明设施经常检修、定期检修主要项目及其检修频率　　　　表 7-13

设施名称	检查项目	主要检查内容	经常检修 1次/(1~3个月)	定期检修 1次/年
隧道灯具	总体	1.电压是否稳定,灯的亮度是否正常	√	
		2.灯泡的损坏与更换	√	
		3.引入线检查,电磁接触器、配电箱柜是否积水	√	
		4.开关装置定时的准确性与动作状态有无异常	√	
		5.脱漆部位补漆及灯具修理更换		√
		6.补偿电容器、触发器、镇流器、接触器是否损坏		√
		7.绝缘检查		√
	各安装部位	有无松动、腐蚀		√
	密封性	灯具内是否有尘埃、积水,密封条是否老化		√
	检修孔、手孔	有无积水		√
	照度测试	超过灯具寿命周期后进行照度测试	√(1次/半年)	
洞外路灯	灯杆	1.外观有无裂纹,焊接及连接部位状况		√
		2.有无损伤及涂装破坏		√
		3.接地端子有无松动		√
	基础	1.设置状态是否稳定		√
		2.有无开裂、损伤		√
		3.锚具、螺栓有无生锈、松动		√
	灯体	1.有无损伤,亮度目测是否正常	√	
		2.防护等级检查	√	
照明线路	总体	1.回路工作是否正常	√	
		2.有无腐蚀及损伤		√
		3.托架是否松动及损伤		√
		4.对地绝缘检查		√

照明设施检修后,隧道路面亮度应满足设计要求。照明设施检修除了要配备电工工具、高空作业车、清洁卫生用具外,还需要配备照度仪、亮度仪等相关的设备。

7.3.3 监控与消防设施检查与养护

消防设施经常检修、定期检修主要项目(图 7-7)及其检修频率见表 7-14。在检修期间应有相应的防灾措施。

图 7-7　消火栓检修

消防设施经常检修、定期检修主要项目及其检修频率　　　　　表 7-14

设施名称	检查项目	主要检查内容	经常检修 1次/(1~3个月)	定期检修 1次/年
火灾报警设施	点型感烟、感温探测器	1.清洁表面	√	
		2.各回路的报警随机抽检试验		√
	双/三波长火焰探测器	1.清洁表面	√	
		2.各回路的报警随机抽检试验		√
	线型感温光纤火灾探测系统	1.清洁表面	√	
		2.各回路的报警随机抽检试验		√
	光纤光栅感温火灾探测系统	1.清洁表面	√	
		2.各回路的报警随机抽检试验		√
	视频型火灾报警装置	1.清洁表面	√	
		2.各回路的报警随机抽检试验		√
	手动报警按钮	1.清洁表面	√	
		2.检查防水性能	√	
		3.报警信号及传输测试		√
		4.各回路的报警随机抽检试验		√
	火灾报警控制器	1.清洁表面	√	
		2.检查防水性能	√	
		3.线缆连接是否正常	√	
		4.报警试验		√
液位检测器	总体	1.电极棒液位控制装置检查		√
		2.浮球磁性液位控制器检查		√
		3.超声波液位计检查		√
		4.仪器检测精度标定		√
消火栓及灭火器	总体	1.有无漏水、腐蚀,软管、水带有无损伤	√	
		2.室外消火栓的放水试验及水压试验	√	
		3.泡沫消火栓的使用与防渣检查		√
		4.消水栓的放水试验及水压试验		√
		5.寒冷地区消防管道的防冻检修		√
		6.确认灭火器的数量及其有效期	√	
		7.灭火器腐蚀情况	√	
		8.设备箱体及标识检查	√	
阀门	总体	1.外观检查,有无漏水、腐蚀	√	
		2.操作试验是否正常	√	
		3.导通试验	√	
		4.保温装置的状况		√

续上表

设施名称	检查项目	主要检查内容	经常检修 1次/(1~3个月)	定期检修 1次/年
水喷雾灭火设施	总体	1.检查系统组件工作状态	√	
		2.检查设备外表	√	
		3.检查管路压力	√	
		4.检查报警装置	√	
		5.检查系统功能	√	
		6.清洗雨淋阀本体的密封圈		√
		7.检查阀瓣断头和锁紧销		√
		8.清洗控制阀和密封膜		√
		9.管网耐压试验		√
水泵接合器	总体	1.清洁表面、内部	√	
		2.检查密封性	√	
		3.送水加压功能是否正常		√
水泵	总体	1.运转时有无异响、振动、过热,压力上升时闸阀的动作是否正常	√	
		2.外观有无污染与损伤	√	
		3.轴承部位加油与排气检查	√	
		4.启动试验与自动阀同时进行	√	
		5.紧固泵体各连接螺栓	√	
		6.清除离心泵泵内垃圾	√	
电动机	总体	1.运转时有无异响、振动、过热	√	
		2.外观有无污染、损伤	√	
		3.电压电流检测	√	
		4.启动试验	√	
		5.各连接部状况		√
		6.绝缘试验		√
给水管	总体	1.有无漏水,闸阀操作是否灵活	√	
		2.管支架是否腐蚀、松动		√
		3.洞外及隧道内水管的防冻、防盐雾腐蚀		√
		4.管过滤器清洗		√
气体灭火设施	总体	1.与火灾报警控制器联动试验		√
		2.检查气溶胶		√
消防车、消防摩托车	总体	1.车辆保养	√	
		2.检查灭火装备	√	
消防水池	总体	1.有无渗漏水	√	
		2.水位是否正常及液位检测器是否完好	√	
		3.泄水孔是否通畅	√	
		4.水池的清洁		√
		5.寒冷地区保温防冻检查		√

续上表

设施名称	检查项目	主要检查内容	经常检修 1次/(1~3个月)	定期检修 1次/年
电光标志	总体	1.检查、调节LED集束像素管的发光亮度	√	
		2.检查显示功能是否正常	√	
		3.外观有无污染、破损、锈蚀,字迹是否清晰	√	

　　高速公路隧道监控软件系统维护应不少于每年1次,一级及一级以下公路隧道监控软件系统维护宜不少于每年1次。维护时应对软件系统进行修改完善,保证联动运行功能的实现和软件可靠性各项技术措施的落实,并应按使用说明或用户手册进行。

【复习思考题】

1.公路隧道的主要病害类型有哪些?
2.公路隧道技术状况评定的方法有哪些?
3.公路隧道的保养维修措施有哪些?

第 8 章 公路交通工程及沿线设施养护

【学习目的与要求】

通过本章的学习,了解交通安全沿线设施养护基本要求,掌握护栏、护网及其他防护设施的检查、养护与维修方法,掌握交通标志、标线的检查与维修方法,了解其他交通安全设施的检查与养护方法。

公路交通工程及沿线设施主要包括交通安全设施、公路机电系统、服务设施、管理设施等。交通安全设施主要有交通标志、交通标线、视线诱导标、隔离栅、防护网、防眩板、护栏、防撞垫、特殊交通安全设施等。公路机电系统主要有监控系统、收费系统、通信系统、供配电系统等。服务设施主要有服务区、停车区、公共汽车停靠站等。管理设施主要有管理机构房屋等。公路交通工程及沿线设施是公路的重要组成部分,其对保障交通安全、交通顺畅具有重要作用。因此,这些设施应经常处于良好的服务状态,与其他公路设施一样需要进行养护,有损坏的应及时维修或更换,缺失或需要增加的应及时按技术要求进行补充。

8.1 交通安全设施养护基本要求

交通安全设施对于保障交通安全至关重要,必须及时进行养护,保证其时时处于良好的服务状态。交通安全设施的养护内容主要包括:检查、保养维修和更新改造。检查包括经常性检查、定期检查、特殊检查和专项检查。平时应加强日常巡查。

交通安全设施养护的基本要求如下:

(1)经常性检查的频率不少于1次/月;定期检查的频率不少于1次/年;遭遇自然灾害、发生交通事故或出现其他异常情况时,应及时进行附加的特殊检查;设施更新改造之后,应进行全面的专项检查。

(2)应结合设施特点,加强对交通安全设施的养护维修和更新改造。

(3)交通安全设施的养护应满足设施完整和外观质量、安装质量、技术性能等各项质量的要求。

(4)因交通事故、自然灾害或其他原因造成的设施损伤应及时进行修复。

(5)采用常青绿篱和绿色植物进行隔离和防眩时,参照公路绿化的相关要求进行养护。

(6)对于事故多发路段和一些特殊路段,应结合公路安全保障工程的技术内容,及时改造完善各种交通安全设施。

(7)交通安全设施的养护质量参照现行《公路技术状况评定标准》(JTG 5210)进行评定。

8.2 护栏、护网及其他防护设施

护栏[图8-1a)]是诱导驾驶员视线,增加驾驶员和乘客的安全感,防止失控车辆驶出公路外或进入对向车道,减轻对车辆、人员和财产的损害程度;控制行人随意穿越公路,保障行人安全的设施。护栏包括路基护栏和桥梁护栏。路基护栏分为缆索护栏、波形梁护栏和混凝土护栏。桥梁护栏分为金属桥梁护栏、钢筋混凝土墙式和梁柱式桥梁护栏、组合式桥梁护栏。不同护栏的养护维修有所不同。

隔离栅[图8-1b)]是设在高速公路沿线两侧将高速公路与外界隔离,防止车辆、人员、牲畜等随意进入高速公路范围内,保证交通安全的设施。

防护网[图8-1c)]是设在上跨高速公路的桥梁的两侧和人行天桥两侧,防止人员和物体坠落到公路上的防护设施。

防眩板[图8-1d)]是减轻对向车辆灯光对驾驶员视觉影响,提高驾驶安全性的设施。

8.2.1 护栏

护栏是一种重要的交通安全设施,通常设置于公路两侧和中央分隔带,主要用于防止失控车辆越出路外或穿越分隔带闯入对向车道,同时吸收碰撞能量,保护车辆和司乘人员生命安全。

1.护栏的检查

日常巡查和每季度定期检查相结合,检查的主要内容如下:

(1)各类护栏的损坏或变形情况(图8-2)。

(2)立柱和水平构件的紧固状况。

a) 护栏　　b) 隔离栅　　c) 防护网　　d) 防眩板

图 8-1　部分交通安全防护设施

a) 护栏变形　　b) 螺栓缺失　　c) 防阻块未与护栏连接

图 8-2　护栏损坏情况

(3) 污秽程度及油漆损坏状况。
(4) 拉索的松弛程度。
(5) 护栏及反光膜的缺损情况。

2.护栏的养护与维修

护栏的养护与维修主要包括以下内容：
(1)经常清理护栏周围的杂草、杂物等。
(2)护栏表面油漆损坏,应及时修补。反光层脱落,应随时贴补。
(3)由于交通事故或自然灾害造成护栏缺损或变形,应及时修复或更换。
(4)由于公路高程调整,原护栏不符合规定时,应对护栏的高度进行调整。
(5)侵蚀严重的金属护栏应予以更换。
(6)不能及时按原样修复,而又对交通安全威胁较大的地段,应采用应急材料临时修复。

3.护栏的养护要求

护栏的养护应符合下列要求：
(1)波形梁钢护栏
①保持波形梁钢护栏的结构合理、安全可靠。
②护栏板、立柱、柱帽、防阻块(托架)紧固件等部件应完整、无缺损。
③护栏质量符合相关标准要求。
④护栏的防腐层应无明显脱落,护栏无锈蚀。
⑤护栏板搭接方向正确,螺栓紧固。
⑥护栏安装线形流畅,无明显变形、扭转、倾斜。
(2)水泥混凝土护栏
①保持水泥混凝土护栏线形流畅、结构合理。
②水泥混凝土护栏应无明显裂缝、掉角、破损等缺陷。
③水泥混凝土护栏的几何尺寸、基础强度、埋置深度,以及各块件之间、护栏与基础之间的连接应符合设计要求。
④水泥混凝土护栏所使用的水泥、砂、石、水、外加剂、钢筋等材料质量应符合相关标准、规范及设计。
(3)缆索护栏
①缆索护栏各组成部件应无缺损。
②缆索护栏各组成部件应无明显变形、倾斜、松动、锈蚀等现象。
③缆索护栏所使用的缆索、立柱、锚具等材料质量应符合相关标准、规范及设计要求。

8.2.2 隔离栅和防护网

隔离栅是为防止牲畜、行人、非机动车等进入高速公路,在路基以外设置的栅栏。其他公路在穿越城镇的路段,根据实际情况也时有设置。

1.隔离栅的检查

除日常巡回检查外,每季度还应进行一次定期检查。检查包括下列内容：
(1)隔离栅的损坏或变形情况。
(2)污秽程度。
(3)油漆损坏及金属锈蚀情况。

2.隔离栅的养护与维修

隔离栅的养护与维修主要包括以下内容：
(1)污秽严重的应定期清理。
(2)每年定期重新涂漆一次。
(3)损坏部分应及时修复或更换。
防护网的检查、养护与修理基本和隔离栅相同。

3.隔离栅的养护要求

隔离栅的养护应符合下列要求：
(1)应保持隔离栅完整无缺、功能正常。
(2)隔离栅金属网片、立柱、斜撑、连接件、基础等部件应无缺损。
(3)隔离栅应无明显倾斜、变形，各部件稳固连接。
(4)隔离栅防腐涂层应无明显脱落、锈蚀现象。
(5)隔离栅质量应符合相关标准要求。

8.2.3 防眩板

防眩板是为使夜间行车的驾驶员免受对向来车前灯眩光干扰而设置在中央分隔带上的设施。按材质分类，防眩板主要有塑料防眩板、玻璃钢防眩板、钢制防眩板等。

1.防眩板的检查

在日常巡回中应经常检查遮光栅有无缺损歪斜(图8-3)。钢质遮光栅有无油漆剥落、锈蚀，支柱有无变形。

图8-3 防眩板损坏情况

2.防眩板的养护与维修

(1)损坏部分应及时修复，歪斜的应扶正。
(2)定期重新涂漆，锈蚀和变形严重的应予以更换。

3.防眩板的养护要求

防眩板的养护应符合下列要求：
(1)防眩板应保持完整、清洁，具有良好的防眩效果。

(2)防眩板应安装牢固,无缺损。
(3)防眩板应无明显变形、褪色或锈蚀。
(4)防眩板的质量应符合相关标准要求。

8.3 交通标志、标线

8.3.1 交通标志

公路交通标志是用图形符号和文字传递特定信息,用以管理交通,保证公路交通安全,协助车辆顺利通行的安全设施。公路交通标志包括:警告标志、禁令标志、指示标志、指路标志等主动标志,为表示时间、车辆种类、区域或距离、警告、禁令理由等辅助说明作用的辅助标志及其他标志。公路交通标志形状、颜色、尺寸、图案种类和设置地点均按现行《道路交通标志和标线 第2部分:道路交通标志》(GB 5768.2)的规定执行。

公路交通标志设置以后,应按管理责任分工认真养护,保持位置适当、表达准确、完整、美观。夜间交通量大的公路,应采用反光标志。国际公路和重要的旅游公路,一般同时标注英汉两种文字。

1.公路交通标志的检查

除日常巡回检查交通标志是否受到树木等物体的遮挡,以及标志牌、支柱是否受到损坏外,一般还应进行定期检查。遇到有风暴等异常气候及洪水、地震等自然灾害或交通事故时,应进行临时检查。检查包括下列内容:

(1)标志牌、支柱的变形、损坏、污秽及腐蚀情况[图8-4a)]。
(2)油漆及反光材料的褪色、剥落情况。
(3)标志牌设置的角度及安装情况[图8-4b)]。
(4)照明设施情况。
(5)基础或底座情况。
(6)反光标识的反射性能。
(7)缺失情况。

a)标志牌变形

b)安装角度偏移

图8-4 交通标志损坏情况

此外，还需要根据公路条件(如新增或取消平面交叉、新建或改建桥梁、窄路拓宽、局部线形变更)或交通条件(如增加或变更交通限制等)的变化，检查公路交通标志的设置地点、指示内容、各标志之间的相互位置、标志的高度和尺寸是否适当等。

通过检查，发现公路交通标志出现异常时，应及时恢复到正常状态。

2. 公路交通标志的养护

公路交通标志的养护主要包括以下内容：

(1)交通标志有污秽时，应进行清洗。

(2)有树木等遮蔽物时，必须清除阻碍视线的物体或在规定范围内变更标志的设置位置。

(3)定期刷新。

3. 公路交通标志的维修

(1)标志变形、支柱弯曲、倾斜应及时修复。

(2)标志牌、支柱损伤、生锈引起油漆剥落，其范围不大时，可对剥落部分重新油漆；油漆严重剥落或褪色，应重新油漆。

(3)标志牌或支柱松动，应及时紧固。

4. 更换及设置位置的变更

(1)由于腐蚀(生锈)、破损而造成辨认性能下降或夜间反光反射能力降低的标志，应予以更换。

(2)缺失的应及时补充。

(3)设置的标志有类似、重复、影响交通的情况，或设置位置和指示内容不符合时，应进行必要的变更。

除上述固定位置交通标志之外，在公路养护管理、交通事故处置等作业过程中为保证车辆、行人安全和施工正常进行，应按国家标准规定设置路栏、锥形交通标志、导向标志等告示性和警告性标志。

应经常检查是否按照规定设置了标志，并应保持标志的良好状态。这些标志主要包括：

(1)在施工作业、落石、塌方等危险路段或周围设置路栏。

(2)在指引车辆绕过的施工、维修作业区或其他障碍物路段应设置锥形交通路标。

(3)在路线方面发生明显变化处，应设置指示性导向标；在施工和维修作业区两端应设置警告性导向标。

(4)为预告前方公路阻断情况，指示车辆改变行车路线或提醒驾驶人提高警惕的路段两端，应设置临时性的情报告示牌。

路栏、锥形交通路标和导向标，有移动性临时设置设施，也有固定的永久性设施，应分别采用不同的养护和维修方法。

当前方公路因路面翻浆、路基塌陷、桥梁破坏、隧道冒顶或水毁等原因发生阻断需指示车辆改变行驶路线时，宜采用"前方××，注意瞭望""×××，车辆慢行"等等标示的告示牌。设置位置在需要告示地点前100~200m处的右侧路肩处。

情报告示牌应保持牌面清洁，字体工整醒目。公路一旦修复、恢复正常行车后，应立即将情报告示牌撤除。

在公路上进行开挖沟槽等作业以及禁止车辆驶入的施工区，除按规定设置醒目的施工标志外,夜间应设置施工标志灯。施工标志灯可因地制宜选用,但必须具备夜间有足够的照明时间、亮度和不易被熄灭的功能。

(5)在高速公路和一级公路上,宜设置因交通、道路、气候等状况变化可改变显示内容的可变信息标志。

5.公路交通标志的养护要求

公路交通标志的养护应符合下列要求:

(1)应保持交通标志设置合理、结构安全,版面内容整洁、清晰。

(2)标志板、支柱、连接件、基础等标志部件应完整、无缺损且功能正常。

(3)标志应无明显歪斜、变形,钢构件无明显剥落、锈蚀。

(4)标志面应平整,无明显褪色、污损、起泡、起皱、裂纹、剥落等病害。

(5)标志的图案、字体、颜色等应符合相关标准要求。

(6)反光交通标志应保持良好的夜间视认性。

8.3.2 交通标线、轮廓标

公路交通标线是管制和引导交通安全的安全设施。公路交通标线包括:路面上的各种线条、箭头、文字、立面标记、突起路标和轮廓标等所构成的交通安全设施。其作用是管制和引导交通,它可以与标志配合使用,也可单独使用。公路交通标线的形状、颜色、尺寸和设置地点均按现行《道路交通标志和标线 第 3 部分:道路交通标线》(GB 5768.3)的规定执行。

公路交通标线设置后,应按管理责任分工认真保养,经常保持完整、齐全、鲜明。

高速公路、一级公路、二级公路均应设置路面标线。其他道路可根据需要按照标准设置标线。路面标线应采用耐磨耗、耐腐蚀、与路面黏着力强、具有较好的辨认性、便于施工、对人畜无害的路标漆、塑胶标带、陶瓷和彩色水泥等材料制作。

1.公路交通标线的养护与维修

(1)路面标线、导向箭头、文字标记。

图 8-5 水泥混凝土路面标线污秽

①路面标线污秽(图 8-5),影响辨认性能时,应及时进行清扫或冲洗。

②路面标线磨损严重或脱落,影响辨认性能时,应重新喷刷或修复,并注意避免与原标线错位。

③进行路面局部修理使路面标线局部缺损或被覆盖,应在路面修理完工后予以修补或喷刷。

(2)立面标记应保持颜色鲜明、醒目。

主要是清除表面污秽,如已褪色或油漆剥落,应及时重新涂漆。

2.公路交通标线的养护要求

公路交通标线的养护应符合下列要求:

(1)具有良好的可视性,边缘整齐、线性流畅,无大面积脱落。

(2)颜色、线形等应符合相关标准要求。

(3)反光标线应保持良好的夜间视认性。

(4)重新画设的标线应与旧标线重合。

3.突起路标的养护与维修

为辅助和加强标线,可设置固定于路面上的突起路标。突起路标是安装于路面的一种块状突起结构,一般与路面交通标线配合使用,设置在行车道的边缘外侧或车行道分界线的虚线处。

(1)突起路标的主要养护内容是保持其反射性能。应经常清扫突起部位周围的杂物,清除反光玻璃球表面污秽。

(2)突起路标的主要维修内容是保持其完好的反射角度,发现松动的应予固定,发现损坏或丢失的,应及时修复或更换。

4.突起路标的养护要求

突起路标的养护应符合下列要求:
(1)突起路标应无严重的缺损。
(2)破损的突起路标应不对车辆、人员等造成伤害。
(3)突起路标应无明显的褪色。
(4)突起路标的光度性能应保持其在夜间良好的视认性。

5.轮廓标的养护与维修

轮廓标是设置于道路边缘,用于诱导视线的一种设施。轮廓标上具有逆反射体或逆反射材料,在夜间车灯的照射下显示出道路边缘的轮廓,对行车进行安全引导。汽车专用公路和设置 GBM 工程的公路或路段,应设置路边轮廓标,其他公路可视实际需要设置。

凡设置示警桩和护栏路段,以及路肩上已种植整齐的行列式乔木路段,可不再设置路边轮廓标。路边轮廓标与百米桩结合设置时,应在桩下部标明百米桩号。

轮廓标的养护与维修包括下列内容:
(1)反光矩形色块剥落,应及时贴补[图 8-6a)]。
(2)清除表面污秽和遮蔽轮廓标的杂草、树木及其他物体。
(3)油漆剥落的,应重新漆涂。
(4)标柱倾斜或松动的,应予扶正固定。如已变形、损坏,应修复或更换[图 8-6b)]。

a)轮廓标脱落

b)柱式轮廓标变形

图 8-6 轮廓标损坏情况

(5)丢失的应及时补充。

6.轮廓标的养护要求

轮廓标的养护应符合下列要求：
(1)轮廓标应进行表面清洗。
(2)轮廓标应无缺损。
(3)轮廓标应无明显的褪色。
(4)轮廓标的光度性能应保持其在夜间良好的视认性。

8.4 其他交通安全设施

8.4.1 中央分隔带

高速公路和一级公路上设置的中央分隔带和在城镇附近混合交通量大的公路沿线主线设置的分割行车道用的分隔带,应经常保持良好的状况。

1.中央分隔带的检查

中央分隔带的检查包括下列内容：
(1)中央分隔带或分割带的排水通道是否阻塞[图8-7a)]。
(2)路缘石的变形、损坏情况[图8-7b)]。

a)中央分隔带　　　　　　　　b)路缘石变形

图8-7　中央分隔带损坏情况

2.中央分隔带的养护与维修

中央分隔带的养护与维修应符合下列要求：
(1)排水通道阻塞应及时疏通。
(2)清理中央分隔带或分隔带内的杂物,修剪高草。
(3)修复变形的路缘石,更换损坏的路缘石。

8.4.2 标柱

标柱分为警示标柱和道口标柱两种。警示标柱是设置在漫水桥和过水路面两侧及平原地区路堤高 4m 以上、山岭地区路堤高 6m 以上路段和危险路段,以表明公路边缘及限行的示警标志(图 8-8)。道口标柱是设置在公路沿线较小交叉路口两侧表明平面交叉位置的设施。

标柱制作材料可采用金属、钢筋混凝土、水泥混凝土、木料或石料等。标柱间距 6～10m,断面 150mm×150mm,高出地面 800mm,高出地面部分一律涂以间距为 200mm,顶端为红色的红白相间油漆。

应经常检查标柱有无歪斜、变形、缺少、损坏,油漆有无剥落、褪色。养护和维修的主要内容是及时扶正标柱,修理或更换变形、损坏部分,缺少的应填补,保持标柱位置正确、颜色鲜明、醒目。

图 8-8　标柱

8.4.3 反光镜

视距不足的急转弯和路线平面交叉处,可根据需要设置能使驾驶员从镜中看到对方来车的平曲线反光镜(图 8-9)。由于反光镜与交通安全密切相关,应经常进行检查与养护维修。

1.反光镜的检查

除在日常巡回检查中检查反光镜的反射能力外,还应进行定期检查。检查包括下列内容:

(1)反光镜的设置位置、方向和角度是否正确。

(2)支柱有无倾斜和损坏。

(3)镜面有无污秽和损坏。

在发生风雨等异常天气时,应立即进行上述相同内容的检查。

图 8-9　反光镜

2.反光镜的养护与维修

反光镜的养护与维修应符合下列要求:

(1)保持镜面清洁和反射能力。

(2)及时清除反光镜周围树枝、杂草等遮蔽物。

(3)检查出的病害,应立即修好。

【复习思考题】

1. 公路交通安全设施包括哪些内容?
2. 简述公路交通标志的类型。
3. 简述公路交通标线的种类和作用。

第 9 章 公路养护安全作业

【学习目的与要求】

通过本章的学习,了解公路养护安全作业的基本要求,掌握公路养护作业控制区各部分功能及长度要求,掌握公路养护安全设施的主要类型及功能,熟悉公路养护作业控制区的布置要求及布置方法。

劳动者的安全和健康是促进社会生产力发展的基本保证,也是保证社会经济发展的基本条件。公路养护作业与其他作业一样,必须采取各项技术和管理措施,使养护作业人员增强作业安全意识,能够按照有关规定进行养护作业,保证作业安全。公路养护作业的安全不仅要保证作业本身的安全,同时,因为养护作业往往是在不中断交通的情况下进行的,所以还必须保证车辆通行的安全,保证不能因为养护作业而引发交通事故,从而保证公路养护过程中人员、设备以及交通的安全。

公路养护作业单位、公路经营单位和公路管理机构在公路养护作业过程中承担着不同的安全职责,但必须各司其职,协调一致,共同完成公路养护作业安全保障工作。

9.1 公路养护安全作业的基本要求

为保证公路养护作业人员和设备在养护作业过程中的安全生产,以及车辆的安全通行,公路养护作业必须满足下列基本要求：

(1) 在养护作业前，应结合施工组织设计，制订安全保障方案，并报有关部门批准。

对于较大规模的公路养护作业，应在施工组织设计的基础上，结合工程的具体情况，例如：公路等级、工程性质、工程规模、施工方式、交通量大小、是否封闭交通等，单独制订安全保障方案，并报送有关部门审批。

(2) 养护作业单位均应按国家规定建立安全管理部门，配备专职或兼职安全管理人员，实施对养护作业人员的安全培训和教育。

(3) 养护作业人员必须接受安全技术教育，遵守各项安全技术规程。

(4) 公路管理单位或经营单位应加强养护安全作业的管理，公路管理机构应对养护安全作业进行监督和检查。

(5) 公路养护作业的安全设施应始终处于良好的工作状态，在未完成养护作业前，任何人不得随意撤出或改变安全设施的位置，扩大或缩小控制区范围，以保证养护作业控制区安全控制的有效性。

9.2 公路养护作业控制区及安全设施

9.2.1 公路养护作业控制区

公路养护作业需要一定的空间，养护作业控制区是指公路养护作业所设置的交通管理区域，分为警告区、上游过渡区、缓冲区、工作区、下游过渡区和终止区六个区域，见图9-1。

图 9-1　养护作业控制区

1.警告区

从作业控制区起点设置的施工标志牌到上游过渡区之间的路段,用以警告车辆驾驶员已经进入养护作业路段,应按交通标志调整行车状态。

在作业控制区的六个分区中,警告区是最重要的一个分区。当遇到警告区的第一块施工标志牌时,则意味着车辆已经进入作业控制区,在以后的路段上要通过设置于警告区内的交通标志提示车辆驾驶员前方将要发生什么,车辆的行驶状态应按照沿路所设置的交通标志牌的指示而随时改变,并且要使车辆驾驶员在到达工作区之前,能够有足够的时间改变车辆的行驶状态。

一般情况下,警告区的长度由下列因素决定:

(1)车辆在警告区内改变行驶状态所需要的时间。

(2)作业控制区附近车辆发生拥挤时的最大排队长度。

警告区的最小长度:保证驶入警告区的车辆从驶入时的速度减速至工作区规定的限速所需要的路段最小长度。

警告区的最小长度可由下式估算:

$$S = S_1 + S_2 + S_3 \tag{9-1}$$

式中:S——警告区的最小长度(m);

S_1——从正常行驶降至最终限速值所需要的距离(m);

S_2——车辆到达警告区排队尾部时的最小安全距离(m);

S_3——因车道封闭、车道数减少、行车条件改变等因素引起的车辆排队长度(m)。

警告区布设逐级限速标志,限速区域长度 S_1 可按下式计算:

$$S_1 = \frac{v_{xq} - v_{xh}}{10} \times 100 \tag{9-2}$$

式中:v_{xq}、v_{xh}——限速前、后的车辆行驶速度(km/h)。

S_2 是以速度 v_{xh} 行驶的后续车辆在到达警告区下游不会与前面的改道车辆或排队车辆相撞的最小安全距离,可以按照下式计算:

$$S_2 = \frac{v_{xh}}{3.6}t + \frac{v_{xh}^2}{2g(\varphi \pm i) \times 3.6^2} \tag{9-3}$$

式中:t——驾驶员反应时间(s),通常取 2.5s;

φ——道路纵向摩阻系数,取值范围 0.29~0.44;

i——道路纵坡,上坡取"+",下坡取"-";

g——重力加速度(m/s²),取 9.8m/s²。

不同限制车速下 S_2 的计算结果见表9-1。

S_2 计 算 结 果   表9-1

限制车速(km/h)	80	70	60	40	20
安全距离(m)	139	113	90	50	20

S_3是因为车辆拥堵而产生的排队长度,和交通流量与最终限速值有关。在确定警告区S_3长度时,应综合考虑平均排队长度及最大排队长度。在流量较小时,车速较快,排队长度应着重考虑最大排队长度;在流量较大时,车流发生拥挤,车速较慢,可着重考虑平均排队长度。高速公路的排队长度见表9-2,其他等级公路也可根据同样方法确定。

S_3 取 值 表   表9-2

车 道 形 式	交通量Q[pcu/(h·ln)]	警告区最小长度(m)
双向四车道	$Q \leqslant 1400$	400
	$1400 < Q \leqslant 1600$	1000
	$1600 < Q \leqslant 1800$	1200
	$Q > 1800$	—
双向六车道	$Q \leqslant 2800$	400
	$2800 < Q \leqslant 3100$	1000
	$3100 < Q \leqslant 3500$	1300
	$Q > 3500$	—

警告区的最小长度应符合表9-3和表9-4的规定,当交通量Q超出表中范围时,宜采用分流措施。

高速公路及一级公路警告区最小长度   表9-3

公 路 等 级	设计速度(km/h)	交通量Q[pcu/(h·ln)]	警告区最小长度(m)
高速公路	120	$Q \leqslant 1400$	1600
		$1400 < Q \leqslant 1800$	2000
	100	$Q \leqslant 1400$	1500
		$1400 < Q \leqslant 1800$	1800
	80	$Q \leqslant 1400$	1200
		$1400 < Q \leqslant 1800$	1600
一级公路	100、80、60	$Q \leqslant 1400$	1000
		$1400 < Q \leqslant 1800$	1500

二、三、四级公路警告区最小长度   表9-4

设计速度(km/h)	平曲线半径(m)	下坡坡度(%)	交通量Q[pcu/(h·ln)]	警告区最小长度(m)	
				封闭路肩双向通行	封闭车道交替通行
80、60	≤200	0~3	$Q \leqslant 300$	600	800
			$300 < Q \leqslant 700$		1000
		>3	$Q \leqslant 300$	800	1000
			$300 < Q \leqslant 700$		1200
	>200	0~3	$Q \leqslant 300$	400	600
			$300 < Q \leqslant 700$		800
		>3	$Q \leqslant 300$	600	800
			$300 < Q \leqslant 700$		1000

续上表

设计速度 (km/h)	平曲线半径 (m)	下坡坡度 (%)	交通量 Q [pcu/(h·ln)]	警告区最小长度(m)	
				封闭路肩双向通行	封闭车道交替通行
40、30	≤100	0~4	$Q≤300$	400	500
			$300<Q≤700$		700
		>4	$Q≤300$	500	600
			$300<Q≤700$		800
40、30	>100	0~4	$Q≤300$	300	400
			$300<Q≤700$		600
		>4	$Q≤300$	400	500
			$300<Q≤700$		700
20	—			200	

公路养护作业情况千差万别,在警告区内设置何种交通标志、设置多少,应视具体情况而定。但是,在警告区内至少设置三种标志,即施工标志、限速标志和可变标志牌或线形诱导标志,其他标志应根据具体情况另行增加。

当工作区包含了一条或多条车道时,就需要封闭工作区所包含的车道。为防止车流在改变车道时发生突然变道现象,造成交通事故隐患,必须为车辆改变车道设置一个变道过渡区,以使车流在变道过程中缓和平顺。

过渡区一般包括两种:上游过渡区和下游过渡区。

2.上游过渡区

上游过渡区长度设置是否合理,可以在现场检验。若车辆在通过过渡区时经常有紧急制动或在过渡区附近拥挤较为严重,则可能是前方交通标志设置存在问题,或上游过渡区的长度不足。

如果上游过渡区处于隧道之内,由于隧道内的光线较暗,同时隧道侧墙又会使驾驶员产生压抑感,为了提高安全性,隧道内上游过渡区的长度宜增至原来的1.5倍长度。

车道封闭上游过渡区的最小长度可按表9-5选取,当在隧道内时,车道封闭上游过渡区的最小长度按表中数值的1.5倍选取。路肩封闭上游过渡区的最小长度可按表9-5中数值的1/3选取。

封闭车道上游过渡区最小长度(单位:m)　　　　表9-5

最终限速值 (km/h)	封闭车道宽度(m)			
	3.00	3.25	3.50	3.75
80	150	160	170	190
70	120	130	140	160
60	80	90	100	120
50	70	80	90	100
40	30	35	40	50
30	20	25	30	
20	20			

3. 下游过渡区

下游过渡区是保证车辆平稳地从工作区旁边的车道横向过渡到正常车道的路段。设置下游过渡区是为了将车流再重新引回正常车道。若下游过渡区设置得当,会有利于交通流的平顺驶离。其长度只需保证车辆有足够的距离来调整行车状态即可,一般情况下的最小长度宜取30m。

4. 缓冲区

缓冲区是指过渡区和工作区之间的路段。缓冲区的设置主要是防止万一车辆驾驶员出现判断失误,有可能直接从过渡区闯入工作区,造成人员伤害和设备损坏。因此,设置缓冲区可以提供一个缓冲段,给失误车辆调整状态留有余地,避免发生严重事故。

缓冲区内不允许堆放物品,也不允许养护作业人员在该区域内活动或工作。为了更有效地保护养护作业人员,在过渡区与缓冲区之间可以设置防撞装置,起加强防护作用。

缓冲区可分为纵向缓冲区和横向缓冲区。纵向缓冲区的最小长度宜符合表9-6中的规定。当工作区处于下坡路段时,纵向缓冲区的最小长度应适当延长。

纵向缓冲区最小长度 表9-6

最终限速值 (km/h)	不同下坡坡度的纵向缓冲区最小长度(m)	
	≤3%	>3%
80	120	150
70	100	120
60	80	100
50	60	80
40	50	
30、20	30	

在保障行车道宽度的前提下,工作区和纵向缓冲区与非封闭车道之间宜布置横向缓冲区,其宽度不宜大于0.5m。

5. 工作区

工作区是指养护作业的施工操作区。工作区是养护作业的工作场所,也是养护作业人员工作、堆放建筑材料、停放工作设备和车辆的地方。为了保证安全,在工作区与开放交通的车道之间必须设置醒目的隔离装置。工作区的长度应根据养护作业的实际需要确定。工作区的布置应考虑为工程车辆提供安全的进出口(工作区的布置参考下节中的有关要求)。

除借用对向车道通行的高速公路及一级公路养护作业外,工作区最大长度不宜超过4km。借用对向车道通行的高速公路及一级公路养护作业工作区的长度应根据中央分隔带开口间距和实际养护作业而定,工作区的最大长度不宜超过6km。当中央分隔带开口间距大于3km时,工作区的最大长度应为一个中央分隔带开口间距。

6. 终止区

终止区设置于工作区下游调整通行车辆至正常运行状态的路段。在终止区的末端应设置解除限速或解除超车等限制性交通标志,提示驾驶员已经通过了养护作业路段,可以恢复正常行车状态。一般情况下,终止区的最小长度不宜小于30m。

9.2.2 公路养护安全设施

公路养护安全设施是保证安全的重要因素之一,公路养护安全设施主要包括警告、提醒和引导车辆和行人通过养护作业控制区域,保护养护作业人员和设备安全等的设施,主要分为临时标志、临时标线和其他安全设施三类。

临时标志应包括施工标志、限速标志等,见表9-7。其中,施工标志宜布设在警告区起点、限速标志宜布设在警告区的不同断面处、解除限速标志宜布设在终止区末端。此外,"重车靠右停靠区"标志应用于控制大型载货汽车在特大桥、大桥和特殊结构桥梁上的通行。

典型的临时标志图案　　　　　　　　　　表9-7

标志名称	标志图案	标志名称	标志图案
施工标志		施工距离标志	××m
施工长度标志	长度××m	慢行标志	
禁止超车标志		解除禁止超车标志	
限速标志		解除限速标志	
减速让行标志		警示频闪灯	
附设警示灯的路栏		夜间照明设施	

续上表

标志名称	标志图案	标志名称	标志图案
导向标志		车道数减少标志	
改道标志		临时交通控制信号设施	

临时标线应包括渠化交通标线和导向交通标线,应用于长期养护作业的渠化交通或导向交通标线,宜为易清除的临时反光标线。渠化交通标线应为橙色虚实线;导向交通标线应为醒目的橙色实线。

其他安全设施可包括车道渠化设施、夜间照明设施、语音提示设施、闪光设施、临时交通控制信号设施、移动式标志车、移动式护栏和车载防撞垫等。具体如下:

1. 交通锥

锥形交通标由橡胶等柔性材料制成,底部应有一定的摩阻性能,见图9-2。形状为圆锥形或棱锥形,其颜色、尺寸和形状应符合现行《道路交通标志和标线 第2部分:道路交通标志》(GB 5768.2)中的规定,布设在上游过渡区、缓冲区、工作区和下游过渡区。布设间距不宜大于10m,其中上游过渡区和工作区布设间距不宜大于4m。用于夜间作业的应有反光功能,并配施工警示灯。

图9-2 配有施工警示灯的交通锥(尺寸单位:mm)

2. 安全带

安全带由布质等柔性材料组成,宽度为100~200mm,带上有红白相间色,用于夜间作业的应有反光功能。宜与其他设施一起组合使用。

3.施工隔离墩

施工隔离墩一般是由线性低密度聚乙烯等高强合成材料制成的空心半刚性装置，其上有黄色、黑色和反光器，使用时其内部必须放置水袋或灌水，以达到消能的作用（图9-3）。如果灌水，一般所设置的水袋或所灌的水应达到其内部容积的90%。施工隔离墩之间应由连杆相连接，并将整个工作区包围起来。

4.防撞桶(墙)

防撞桶(墙)是由线性低密度聚乙烯等高强合成材料制成的空心半刚性装置，其上有黄黑相间色，顶部可安装黄色施工警示灯，使用时其内部应放置水袋或灌水，防撞墙两个为一组组合在一起使用，见图9-4和图9-5。防撞桶和施工隔离墩可用于三级及三级以上公路下坡路段养护作业，宜布设在工作区或上游过渡区与缓冲区之间，并宜组合使用。

图9-3 施工隔离墩

图9-4 防撞桶(尺寸单位：mm)

图9-5 防撞墙(尺寸单位：mm)

5.水马

水马颜色为橙色或红色，高度不得小于400mm，可用于三级及三级以上公路下坡路段养护作业，宜布设在工作区或上游过渡区与缓冲区之间，见图9-6。使用前应灌水，灌水量不应小于其内部容积的90%。在冰冻季节可采用灌沙的方法，灌沙量同样不应小于其内部容积的90%。

6.移动式标志车

移动式标志车是带有动力装置或可移动装置(拖车)的安全防护设施，颜色为醒目的黄色，装有黄色警示灯，其后部有醒目的标志牌，图案和显示形式可按实际需要改变，见图9-7。

图9-6 水马

图9-7 移动式标志车

移动式标志车的显示方式比普通的交通标志更醒目,可以在不同的养护作业情况下改变显示内容,具有较强的适应性。因此,移动式标志车可以为作业内容和地点经常变化的养护作业提供更为方便的安全防护。

7.照明设施和语音提示设施

当夜间进行养护作业时,应设置照明设施。照明必须满足作业要求,照明设施应布设在工作区侧面并覆盖整个工作区,且照明方向应背对非封闭车道。

夜间作业的作业控制区布置必须设置施工警示灯,所设置的交通标志必须具有反光功能。养护作业期间和结束以后应派专人看护照明设施。

语音提示设施宜根据需要布设在远离居民生活区的养护作业控制区。

8.闪光设施

闪光设施包括闪光箭头、警示频闪灯和车辆闪光灯。闪光箭头宜布设在上游过渡区,长为1200mm,宽为400mm,颜色为蓝黑底色配上黄色箭头(图9-8)。警示频闪灯宜布设在需加强警示区域,通常为黄蓝相间的颜色。车辆闪光灯应为360°旋转黄闪灯,可用于养护车辆或移动式标志车。

图9-8 闪光箭头

还有移动式护栏、车载式防撞垫、临时交通控制信号设施等安全设施,其设置应符合《公路养护安全作业规程》(JTG H30—2015)的要求,在此不一一罗列。

此外,应当注意养护安全设施的设置与撤除,当进行养护作业时,应顺着交通流方向设置安全设施。当养护作业完成后,应逆着交通流方向撤出所设置安全设施,恢复正常交通。

9.3 公路养护作业控制区布置

公路养护作业控制区布置应考虑养护作业的内容与要求、时间和周期、交通量、经济效益等因素,控制区内交通标志的设置必须合理、前后协调,起到引导车流平稳运行的作用。

9.3.1 高速公路及一级公路养护作业控制区布置

1.基本要求

高速公路及一级公路养护作业控制区布置的基本要求是:

(1)养护作业控制区两侧,应差异化布设安全设施。车道养护作业时,在封闭车道一侧的警告区应布设施工标志和限速标志,在非封闭车道一侧的警告区应布设施工标志,并宜布设警示频闪灯。八车道及以上公路,在非封闭车道一侧尚应增设限速标志。路肩养护作业时,在封闭路肩一侧的警告区应布设施工标志和限速标志,在另一侧仅在警告区起点布设施工标志。

(2)同一行车方向不同断面同时进行养护作业时,相邻两个工作区净距不宜小于5km。

(3)封闭车道养护作业控制区与被借用车道上的养护作业控制区净距不宜小于10km。

(4)养护作业控制区应设置工程车辆专门的出入口,并宜设在顺行车方向的下游过渡区内。当工程车辆需经上游过渡区或工作区进入时,应布设警告标志并配备交通引导人员。

2.高速公路及一级公路养护作业控制区的布置

在警告区内设置施工标志、限速标志、可变标志牌、线形诱导标志等;在上游过渡区起点至下游过渡区终点之间应放置交通锥;在缓冲区与工作区交界处应布设路栏。控制区内其他安全设施可以视具体情况而定。

高速公路及一级公路养护作业控制区的布置应按以下要求进行:

(1)四车道公路封闭车道、封闭路肩的养护作业,以设计速度100km/h为例,作业控制区布置示例见图9-9、图9-10。

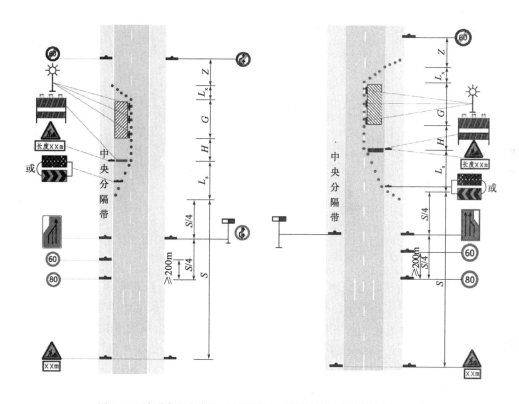

图9-9 四车道高速公路及一级公路封闭车道养护作业控制区布置示例图

(2)六车道及以上公路养护作业封闭中间车道时,宜同时封闭相邻一侧车道,并应布置两个上游过渡区,其最小间距不应小于200m。在交通量大的路段养护作业时,不能同时封闭相邻车道时,宜采取必要措施加强现场交通管控。六车道、八车道作业控制区布置与四车道情况相似,可查看现行《公路养护安全作业规程》(JTG H30)的相关章节,在此不再给出示例图。

(3)借用对向车道通行的养护作业,应结合中央分隔带的开口位置,利用靠近养护作业一侧的车道通行,双向车道都应布置作业控制区。借用车道双向通行分隔宜采用带有连接的车道渠化设施,并应在前一出口或平面交叉口布设长大车辆绕行标志。以设计速度100km/h为例,作业控制区示例如图9-11所示。

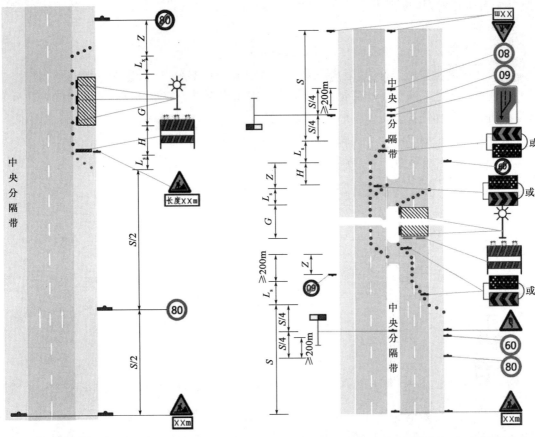

图 9-10　四车道高速公路及一级公路封闭路肩养护作业控制区布置示例图

图 9-11　借用对向车道通行的高速公路及一级公路养护作业控制区布置示例图

（4）立交处、入口匝道附近及匝道上的养护作业控制区布置，应根据工作区在匝道上的具体位置而定。匝道养护作业警告区长度不宜小于300m。当匝道长度小于警告区最小长度时，作业控制区最前端的标志应布设在匝道入口处。控制区布置示例见图9-12。

（5）临时养护作业控制区布置可采用单一限速控制，警告区长度宜取长、短期养护作业警告区长度的一半，但应配备引导人员。当布设移动式标志车时，可不布设上游过渡区。控制区布置示例如图9-13所示。

（6）机械移动养护作业宜布设移动式标志车；当作业机械配备闪光箭头或车辆闪光灯时，可不布设移动式标志车。

（7）当占用路面进行人工移动养护作业时，宜封闭一定范围的养护作业区域，并按临时养护作业的有关规定执行。对于路肩清扫等人工移动养护作业，宜布设移动式标志车或交通锥，其距人工移动养护作业起点不宜小于50m。人工移动养护作业应避开高峰时段。

（8）中央分隔带或边坡绿化内的植被灌溉养护作业，应在灌溉车辆上配备醒目的闪光箭头或车辆闪光灯，也可在车辆后布设移动式标志车。作业人员不得在中央分隔带内休息，且中央分隔带不宜多人集中作业。

（9）中央分隔带内的植被修剪、垃圾清理等养护工作，应封闭中央分隔带的内侧车道，并按临时养护作业控制区布置。

图 9-12 立交入口匝道附近养护作业控制区布置示例图

图 9-13 高速公路及一级公路布设移动式标志车的临时养护作业控制区布置示例图

9.3.2 二级和三级公路养护作业控制区布置

二级、三级公路与高速公路和一级公路有所不同,交通的特点是无隔离设施的双向交通、平面交叉,养护作业的情况比较复杂。除应满足上一节中的相关要求外,尚应兼顾养护作业控制区是否交替通行、线形特征等因素。

1. 基本要求

二级和三级公路养护作业控制区布置的基本要求是:

(1)二级、三级公路车道养护作业时,本向应布置警告区、上游过渡区、缓冲区、工作区、下游过渡区和终止区,对向应布置警告区和终止区。

(2)警告区应布设施工标志和限速标志,车道封闭养护作业尚应布设改道标志;上游过渡区应布设交通锥、闪光箭头、交通引导人员等;上游过渡区和缓冲区交界处应布设附设警示灯的路栏;终止区应布设解除限速标志。

(3)同一方向不同断面同时养护作业时,相邻两个工作区净距不宜小于3km。

(4)不满足超车视距的弯道或纵坡路段养护作业控制区布置,应提前布置警告区。

2. 二级和三级公路养护作业控制区布置

二级和三级公路养护作业控制区的布置应按以下要求进行:

(1)双向交替通行路段养护作业,除布设必要的安全设施外,尚宜配备交通引导人员,也可补设临时交通控制信号设施。以设计速度80km/h为例的作业控制区布置示例,见图9-14。

(2)路肩施工保持双向通行路段的养护作业控制区布置,紧靠路肩的预留车道宽度应满足现行《公路养护安全作业规程》(JTG H30)中的要求;当不满足要求时,应按封闭车道养护作业控制区布置。警告区可仅布设一块限速标志,工作区作业车辆上应配备警示频闪灯或反光标志。布设移动式标志车时,可不布置上游过渡区。以设计速度80km/h为例,作业控制区布置示例见图9-15。

图9-14 二级和三级公路双向交替通行的养护作业控制区布置示例图

图9-15 二级和三级公路双向通行养护作业控制区布置示例图

(3)全封闭路段养护作业,应采取分流措施或修筑临时交通便道。修筑临时交通便道时,控制区内应布设附设警示灯的路栏;作业车辆应配备警示灯或反光标志;临时修建的交通便道宜施画临时标线,可设置交通安全设施。

(4)弯道路段养护作业,应根据工作区与弯道的相对位置关系确定养护作业控制区的布置方法。弯道养护作业,工作区在弯道前,下游过渡区宜布置在弯道后的直线段;工作区在弯道后,上游过渡区宜布置在弯道前的直线段。连续弯道路段,警告区宜布置在弯道起点上,且警告区长度不宜超出最小长度200m。反向弯道路段,上游过渡区应布置在反向弯道中间的平直路段;当警告区起点在弯道上时,应将其提前至弯道起点。回头弯道路段,回头曲线的作业车道应作为缓冲区。在此给出反向弯道路段养护作业控制区布置示例(图9-16、图9-17),其余情况可参考现行《公路养护安全作业规程》(JTG H30)相关内容。

图 9-16 二级和三级公路双向交替通行的反向弯道路段养护作业控制区布置示例图

图 9-17 二级和三级公路双向通行的反向弯道路段养护作业控制区布置示例图

（5）纵坡路段养护作业，应在竖曲线定点配备交通引导人员；工作区在封闭车道行车方向的下坡路段时，在工作区或上游过渡区与缓冲区之间应布设防撞桶、水马、隔离墩等安全设施。

（6）临时养护作业控制区可简化为警告区、上游过渡区、工作区和下游过渡区。警告区宜取长、短期养护作业警告区长度的一半。当布设移动式标志车时，可不布置上游过渡区，移动式标志车与工作区净距宜为10~20m。对向车道可仅布置警告区。

（7）机械移动养护作业宜布设移动式标志车，弯道路段养护作业应将移动式标志车移至弯道前。人工移动养护作业，宜封闭一定范围的养护作业区域，并按临时养护作业的有关规定执行。

9.3.3 四级公路养护作业控制区布置

1. 基本要求

四级公路养护作业控制区布置的基本要求如下：

（1）长期和短期养护作业控制区可仅布置警告区、上游过渡区、工作区和下游过渡区，临时和移动养护作业控制区可仅布设警告区和工作区。

（2）警告区内应布设施工标志、限速标志，上游过渡区、工作区和下游过渡区应布设交通锥，上游过渡区内应配备交通引导人员，视距不良路段养护作业时应增设一名交通引导人员。

2. 四级公路养护作业控制区布置

四级公路养护作业控制区的布置应按以下要求进行：

（1）单车道四级公路通行状态的养护作业，应在工作区两端的错车台或平面交叉处各配备一名手持"停"标志的交通引导人员。

(2)四级公路全封闭车道养护作业,在作业控制区前后的交叉路口应布设道路封闭或改道标志。无法改道时,车辆等候时间不宜超过2h。

(3)四级公路临时养护作业,应在工作区及前后两端布设标志及安全设施,可配备交通引导人员。

9.3.4 桥涵养护作业控制区布置

1.基本要求

桥涵养护作业控制区布置的基本要求是:

(1)养护作业控制区的布置除应满足相关要求外,尚应兼顾养护作业控制区桥梁养护作业特点、作业位置和作业影响范围等因素。

(2)桥梁养护作业时应加强车辆限速、限宽和限载的通行限制。经批准允许的危险品运输车辆应引导通过。

(3)当预判桥梁养护作业会出现车辆排队时,应利用桥梁检查站、收费站、正常路段或警告区布置大型重载汽车停靠区,并布设"重车靠右停靠区"标志,间隔放行重载车辆,不得集中放行。

(4)立交桥上养护作业应注意,当养护作业影响桥下净空时,应在立交桥下布设施工标志、限高及限宽标志,并不得向桥下抛投任何物品。当养护作业占用下方公路路面时,立交桥下方应布置养护作业控制区。

(5)桥梁养护作业影响桥下通航净空时,应按有关规定布设标志及安全设施。

(6)特大、大桥养护作业除应满足桥梁养护作业控制区的基本要求外,尚应符合特大、大桥养护作业的特定技术要求。

2.桥涵养护作业控制区布置

桥涵养护作业控制区的布置应按以下要求进行:

(1)桥梁养护作业控制区布置应符合9.3.1~9.3.3节的规定要求。

(2)中、小桥和涵洞养护作业应封闭整条作业车道作为工作区,纵向缓冲区终点宜止于桥头。控制区布置见图9-18。

(3)特大、大桥养护作业控制区布置,工作区起点距桥头小于300m时,纵向缓冲区起点应提前至桥头。工作区起点距桥头大于或等于300m时,应按相应等级的公路养护作业控制区布置,并在桥头布设施工标志,如图9-19所示。

(4)桥梁半幅封闭养护作业控制区布置,特大、大桥中央分隔带可设开口时,应按表9-6及相关规定执行;中央分隔带不能设开口时,上游过渡区终点应止于桥头。借对向车道通行的桥梁养护作业,应全时段配备交通引导人员。

(5)机动车道与非机动车道分隔的桥梁,非机动车道养护作业,非机动车借用机动车道行驶时,可将缓冲区并入工作区。

(6)桥梁伸缩缝常规检查、清理作业可按临时养护作业控制区布置。桥梁伸缩缝更换作业应半幅封闭或全幅封闭受伸缩缝施工影响的桥孔,且在全幅封闭时应做好分流信息提示,并在作业控制区的前后交叉路口布设桥梁封闭或改道标志。

(7)桥梁拉索、悬索及桥梁下部结构养护作业影响范围内,应将对应桥面封闭为工作区,并布设养护作业控制区。对影响净高或净宽的养护作业,应布设限宽或限高标志。

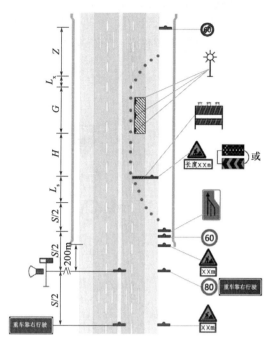

图 9-18 中、小桥桥面封闭车道养护作业控制区布置示例图   图 9-19 工作区起点距桥头大于或等于 300m 的特大、大桥封闭车道养护作业控制区布置示例图

9.3.5 隧道养护作业控制区布置

1. 基本要求

隧道养护作业控制区布置的基本要求是：

(1) 隧道养护作业影响原建筑限界时,应设置限高及限宽标志。

(2) 隧道养护作业控制区中的交通锥布设间距不宜大于 4m,缓冲区和工作区照明应满足养护作业的照明要求。

(3) 隧道养护作业人员应穿戴反光服装和安全帽,养护作业机械应配备反光标志,施工台架周围应布设防眩灯。

(4) 隧道养护作业宜在交通量较小时进行。

(5) 特长、长隧道养护作业时应全时段配备交通引导人员,轮换时间不应超过 4h。对于大型载重汽车,应间隔放行。

2. 隧道养护作业控制区布置

隧道养护作业控制区的布置应按以下要求进行：

(1) 单洞双向隧道养护作业控制区布置应注意,当封闭一条车道双向交替通行时,隧道路口应布设临时交通控制信号设施或配备交通引导人员,上游过渡区应布置在隧道入口前。中、短隧道养护作业应封闭隧道内整条作业车道,下游过渡区宜布置在隧道出口外。

(2) 单洞双向通行的隧道全幅封闭养护作业时,应做好分流信息提示,并在作业控制区前后的交叉路口布设隧道封闭或改道标志。

(3)双洞单向通行的中、短隧道养护作业应注意,上游过渡区宜布设在隧道入口前,见图9-20。隧道群养护作业,当警告区标志位于前方隧道内时,应将标志提前至前方隧道入口处。

图9-20 单洞双向中、短隧道养护作业控制区布置示例图

(4)双洞单向通行的特长、长隧道养护作业控制区布置应注意,当工作区起点距隧道入口大于1km时,应按路段养护作业控制区布置。隧道入口处增设施工标志。隧道内警告区宜采用电子屏提示。作业控制区布置示例,见图9-21。

(5)临时和移动养护作业宜布设移动式标志车,并在隧道两端布设施工标志,必要时配备交通引导人员。

9.3.6 平面交叉口养护作业控制区布置

平面交叉口养护作业控制区布置应考虑养护作业的内容与要求、时间和周期、交通量、经济效益等因素,控制区内交通标志的设置要合理、前后协调,起到引导车流平稳通行的作用。

1.基本要求

平面交叉口养护作业控制区布置的基本要求是:

(1)有渠化的平面交叉养护作业的范围应包括平面交叉规划及渠化范围;无渠化的平面交叉养护作业的范围距交叉入口不应超过停车视距。

图 9-21 双洞单向通行的隧道在入口附近养护作业控制区布置示例图

(2)当工作区上游存在交叉,且在养护作业控制区内,可将警告区起点移至其出口处。

(3)平面交叉养护作业控制区的上游视距不良时,可在视距不良处增设施工标志。

(4)平面交叉入口或出口封闭车道改为双向通行时,应画出橙色临时标线;当车道宽度无法满足双向通行时,应配备交通引导人员引导车辆交替通行。

(5)平面交叉养护作业车辆应配备闪光箭头或车辆闪光灯,可布设移动式标志车。

2.平面交叉养护作业控制区布置

平面交叉口养护作业控制区的布置应按以下要求进行:

(1)十字交叉出入口养护作业,应根据出入口封闭情况布置养护作业控制区。出入口封闭且需借用对向车道交替通行的养护作业,应布设临时交通信号灯。出入口封闭且需借用对向车道双向通行的养护作业,应在借用车道上布设车道渠化设施分隔双向交通。出口单车道封闭且本向车道维持通行的养护作业,对应入口车道宜封闭一定区域布置上游过渡区和缓冲区。十字交叉中心养护作业时,应同时在四个交叉入口布置养护作业控制区,见图 9-22。

(2)平面交叉时,被交道为单车道四级公路的十字交叉养护作业,主线养护作业的终止区应布置在通过被交道后的位置,被交道可简化作业控制区布置,应在被交道入口配备交通引导人员。

(3)环形交叉封闭入口车道养护作业,应在入口处布置养护作业控制区。当中间车道进行养护时,应封闭相邻一侧车道。环形交叉封闭出口车道养护作业,除应在出口处布设闪光箭头或导向标志和附设警示灯的路栏外,还应在另三个交叉入口处分别布设施工标志。环形交叉中心养护作业,应在交叉入口布设施工标志。

(4)T形交叉养护作业,可按十字交叉封闭入口车道养护作业控制区布置。

图 9-22　十字交叉中心处养护作业控制区布置示例图

9.3.7　收费广场养护作业控制区布置

在收费广场进行养护作业时,应关闭受作业影响的收费车道,并对作业控制区的交通进行管理。在进行各类养护作业时不得全部封闭单向收费车道。

主线收费广场养护作业控制区可简化。工作区在收费车道入口处,可仅布置警告区、上游过渡区、缓冲区和工作区,警告区应布设施工标志,上游过渡区应布设闪光箭头或导向标志,车辆无须变道时,宜布设施工标志。工作区在收费车道出口处,可仅布置工作区和下游过渡区,并关闭对应收费车道。作业控制区布置示例见图 9-23。

匝道收费广场养护作业,应按作业位置确定作业控制区。匝道收费口前养护作业,应在匝道入口处布设施工标志,并关闭养护作业的收费车道,上游过渡区和缓冲区长度均可取 10~20m。匝道收费口后养护作业,应关闭对应收费车道,并应布置下游过渡区,其长度可取 5~10m。

9.3.8　养护维修安全作业

为实现保障公路养护维修作业人员和设备的安全以及车辆的安全运行,规范养护工程的安全管理和作业行为的目的,这里主要介绍保障车辆通行和作业人员及

图 9-23　主线收费广场封闭入口中间车道养护作业控制区布置示例图

设备安全的基本规定,有关养护作业的具体操作程序和养护机具的具体安全操作应按相应的操作规定进行。

1. 公路养护安全作业

《公路养护安全作业规程》(JTG H30—2015)对公路养护安全作业作出以下规定:

(1)凡在公路上进行养护作业的人员必须穿着带有反光标志的橘红色工作装(套装),管理人员必须穿着带有反光标志的橘红色背心。

(2)公路路面养护作业必须按作业控制区交通控制标准设置相关的渠化装置和标志,并指派专人负责维持交通。

(3)在高速公路和一级公路上养护作业时,应用车辆接送养护作业人员。养护作业人员不得在控制区外活动或将任何物体置于控制区以外。

(4)在山体滑坡、塌方、泥石流等路段养护作业时,应设专人观察险情。

(5)在高路堤路肩、陡边坡等路段养护作业时,应采取防滑坠落措施,并注意防备危岩、浮石滚落。

(6)坑槽修补应当天完成,若不能完成须按规程规定布置养护作业控制区。

2. 桥梁、隧道养护安全作业

桥梁、隧道养护作业有其特殊性,二者均属于公路路线上的关键节点,对交通的畅通起着至关重要的作用,养护作业安全问题格外重要。因此,《公路养护安全作业规程》(JTG H30—2015)对桥梁、隧道养护安全作业作出以下规定:

(1)公路桥梁、涵洞、隧道养护现场要专门设置养护作业时的交通标志。桥面养护应按作业控制区布置要求设置相关的渠化装置和标志,并设专人负责维持交通。

(2)桥梁养护作业时,应首先查明架设在桥面上下的各种管线,并应注意保护公用设施(煤气、水管、电缆、架空线等),必要时应与有关单位联系,取得配合。

(3)在桥梁栏杆外进行作业须设置悬挂式吊篮等防护设施,作业人员须系安全带。

(4)桥墩、桥台维修时,应在上、下游航道两端设置安全设施,夜间须设置警示灯。必要时应与有关单位取得联系,取得配合。

(5)在养护明洞和半山洞前,应及时清除山体边坡或洞顶危石。

(6)在隧道内进行登高堵漏作业或维修照明设施时,登高设施的周围应设醒目的安全设施。

(7)对隧道衬砌局部坍塌进行养护维修作业时,应采取措施保证养护人员安全。

(8)当实测的隧道内一氧化碳浓度或烟尘浓度高于规定的允许浓度时,作业人员应及时撤离,并开启通风设备进行通风。

(9)隧道内不准存放易燃易爆物品,严禁明火作业或取暖。

(10)隧道洞口周围100m范围内,未经隧道养护机构许可,不得挖砂、采石、取土、倾倒废弃物,不得进行爆破作业及其他危及公路隧道安全的活动。

(11)养护作业宜选择在交通量较小时段进行。在进行养护作业前,应做好以下工作:

①检测隧道内一氧化碳、烟雾等有害气体的浓度及能见度是否会影响施工安全。

②检测隧道结构状况是否会影响作业安全,如有危险,应先处理后作业。

③检查施工隧道信号灯是否准确、明显,施工标志设置是否规范。

④对养护机械、台架应进行全面的安全检查,并应在机械上设置明显的反光标志,在台架周围设置防眩灯,以反映作业现场的轮廓。

(12)在隧道内进行养护作业时,应遵守以下规定:

①养护作业控制区经划定后不得随意变更。

②作业人员不得在工作区外活动或将任何施工机具、材料置于工作区以外。

③养护施工路段内的照明应满足要求。

(13)电力设施等有特别维护要求的,应按有关部门的安全操作规程执行。

(14)隧道内发生交通事故时,应通知并配合交通安全管理部门到现场处理交通事故。

(15)事故发生后,应尽快清理现场,排除路障,恢复隧道正常行车,并登记相关损失,应认真分析事故原因,恢复或改善隧道的防灾能力。

3.冬季除雪安全作业

冬季除雪是我国北方特有的公路养护工作内容之一。降雪对冬季交通及其安全影响非常大。因此,做好冬季除雪至关重要。除雪作业时应加强交通管制;除雪应以机械为主,在机械除雪不能操作的地方可辅之以人工除雪;除雪作业人员和除雪机械作业时除满足以上要求外,还应做好防滑措施。

4.雨季养护安全作业

雨水对于公路而言大多数情况下起不良作用,给养护工作带来不便甚至安全隐患,因此,雨季养护作业有其安全问题,有其特殊性。《公路养护安全作业规程》(JTG H30—2015)对雨季安全作业作出以下规定:

(1)现场道路应加强维护,斜道板和脚手板应有防滑措施。

(2)暴雨台风前后,应检查工地临时设施、脚手架、机电设备、临时线路,发现倾斜、变形、下沉、漏电、漏雨等现象,应及时修理加固。

(3)在雨季养护维修作业时,作业现场应及时排除积水,人行道的上下坡应挖步梯或铺砂,脚手板、斜道板、跳板上应采取防滑措施。加强对排架、脚手架和土方工程的检查,防止倾斜和坍塌。

(4)在雨季施工时,处于洪水可能淹没地带的机械设备、材料等应做好防范措施,施工人员要提前做好安全撤离的准备工作。

(5)长时间在雨季中作业的工程,应根据条件搭设防雨棚。作业中遇有暴风雨应停止施工。

5.雾天养护安全作业

雾天由于能见度差,养护活动对交通会有较大影响,特别是车辆驾驶员的视距有限,会影响驾驶员及时看清养护作业警示标志,容易存在交通安全隐患。因此雾天不宜进行养护作业。雾天需要进行抢修时,宜会同有关部门,封闭交通进行作业,所有安全设施上均须设置黄色施工警示灯。

6.山区养护安全作业

山区公路曲线多、高边坡多、路线坡度大,视距受限。因此,山区公路在视距条件较差或坡度较大的路段进行养护作业时,应设专人指挥交通,作业控制区应增加有关设施;控制区的施工标志应与急弯路标志、反向弯路标志或连续弯路标志等并列设置;在同一弯道不得同时设置两个或两个以上养护作业控制区。

7. 清扫、绿化养护及道路检测安全作业

清扫作业和绿化养护是公路养护工作中最经常性的工作,由于作业次数多、时间长,作业安全问题必须得到足够的重视。大多数情况下,道路检测是在行车道上移动作业,且不封闭交通,因此更应注意作业安全问题。

(1) 严禁在能见度差(如夜晚、大雾天)的条件下进行人工清扫。

(2) 凡需占用车道进行绿化作业时,必须按作业控制区布置要求设置有关标志。

(3) 遇大风、大雨、下雪、雾天等特殊气候时,必须停止绿化养护作业。

(4) 高速公路、一级公路中央分隔带绿化浇水作业时,浇水车辆尾部必须安装发光可变标志牌或按移动养护作业控制区布置。

(5) 道路检测车在高速公路、一级公路进行道路性能检测时,凡行进速度低于 50km/h 时,均应按临时定点或移动养护作业进行控制区布置,或应在检测设备尾部安装发光可变标志牌。

8. 养护维修机具安全操作

养护维修机具除按相关操作规程进行作业操作外,还应满足以下要求:

(1) 养护机械应按其技术性能要求正确使用,不得使用缺少安全装置或安全装置已失效的机械作业,不得操作带故障的机械作业。

(2) 操作人员必须执行有关工作前的检查制度、工作中的观察制度和工作后的检查保养制度。

(3) 养护机械进入施工现场前,应查明行驶路线上的隧道、跨线桥的通行净空,必要时应验算桥梁的承载力,确保机械设备安全通行。

(4) 养护机械在作业时,操作人员应熟悉作业环境与施工条件。

(5) 养护机械在靠近架空输电线路作业时,必须采取安全保护措施,养护机械工作装置运动轨迹范围与架空导线的安全距离必须符合相关规定。

(6) 养护机械应按时进行保养,严禁养护机械带故障运转或超负荷运转。

(7) 禁止在养护机械运转中进行保养、修理作业。各种电气设备的检查维修,应停电作业。

【复习思考题】

1. 试简述公路养护安全作业的基本要求。
2. 简述高速公路及一级公路养护作业控制区布置的基本要求。
3. 公路养护作业控制区由哪些区域组成?
4. 公路养护安全设施有哪些?
5. 桥涵养护作业控制区布置的基本要求是什么?

第 10 章 公路管理组织机构与工作内容

【学习目的与要求】

通过本章的学习,了解公路养护管理的组织机构模式,掌握公路养护技术管理的主要内容,熟悉公路养护生产的组织方式及公路养护计划管理的主要内容,了解路政管理的组织机构、职责及具体内容。

为了保证公路交通的安全、畅通、经济,对公路的管理十分重要。公路管理主要分为三个部分:公路基础设施养护管理、路政管理和交通管理。其中,基础设施养护管理和路政管理由公路部门负责,而交通管理则由公安交通警察部门负责。不同的管理部门担负不同的管理任务。同时,各个部门在实际管理工作中需要相互协调和配合,有时甚至需要一同工作。

10.1 公路养护管理的组织机构

经过多年的实践与发展,我国各省市都已建立起一套行之有效的公路养护管理的组织机构。目前,我国大多数省市采用将高速公路和其他等级公路分开管理的组织模式。早期高速公路管理基本采用省级设高速公路管理局,一条或几条高速公路一起设高速公路管理处的组织模式,见图 10-1,从 2013 年之后,国家政府职能改革,各省级政府开始政企分开,省级高速公路管理局和管理处逐步取消,依托高速公路资产的投资、经营、维护和管理成立了省级交通集团和高速公路运营管理公司的组织模式,见图10-2。其他等级公路基本采用省级设公路事业发展中心(各省市的名称略有差别),各地(市、区)、县设公路事业发展中心的三级公路养护管理机构,省级和地市级主要负责国省干线公路的养护管理,县级主要负责县、乡、村公路的养护管理,见图10-3。随着市场经济的不断发展,在不影响公路养护管理组织机构大框架的前提下,很多省市还探索了不同的公路养护管理模式。

图 10-1 高速公路养护管理组织机构(政府)　　　　图 10-2 高速公路养护管理组织机构(企业)

图 10-3 公路养护管理组织机构

尽管我国公路养护管理实现了三级管理,但随着经济的发展以及我国实行的管理体制改革,目前的管理工作范畴和具体内容也发生了与时俱进的变化,例如,取消养路费(费改税)之后,养护资金的申请与使用要纳入国家或地方财政预算管理。非政府财政投资建设的公路的养护资金来源于投资方。因此,在养护管理工作源头——养护资金方面发生了很大的变化,这也使组织管理机构内部进行了相应的调整等。

公路养护管理的基本流程是:下一级公路管理部门进行公路技术状况检查与评定,根据公路技术状况和工程规模,提出下一年度公路养护与管理的年度计划安排,并向上一级公路管理部门提交计划申请;上一级派技术人员进行现场考察、评估与完善后,将计划申请再向其上一级申报,直至省级公路养护管理部门派技术人员对各地市的计划申请逐项进行评估,进而提出省级公路网下一年度养护项目计划和养护资金预算方案,并向省级财政部门申请下一年度的养护资金；获得批复后，按财政部门实际拨款额度实施年度养护计划（按法律法规要求进行招投标）。

我国公路养护将逐步向市场化方向发展，养护工程将逐步实现全面招投标制（包括日常维护）。因此，目前的管理组织机构将来还会逐步发生变化，其主要职能是公路技术状况管理、养护计划管理、养护维修方案审查、养护工程招投标、养护工程质量过程管理、养护工程质量验收等。

10.2 公路养护的技术管理

公路养护必须加强技术管理，严格贯彻国家有关公路建设和养护的技术政策、标准规范、办法和相应的操作规程，以提高公路养护质量。公路养护技术管理包括：公路养护信息化管理、养护工程管理、公路检查和档案管理等。具体包括：交通情况调查、公路路况登记及调查与评定、建立路况数据库、工程检查与验收和公路定期检查。技术管理应健全制度，依靠科学养护，实行规范化管理，逐步推广应用评价管理手段，巩固、改善和提高现有公路的技术状况和服务水平。

10.2.1 交通调查

1. 调查的目的及内容

公路交通调查为公路建设总体布局与规划、公路建设可行性研究、旧路技术改造、公路工程设计、制订养护计划及交通管理措施等提供重要的基础数据。同时，为交通工程学基础理论研究和其他公路科学研究提供基础资料。

公路交通调查主要指交通流特征的调查或观测，主要通过对原始数据的计算分析获得交通流密度、速度、起讫点、轴载、车头时距、车辆横向分布及服务水平、通行能力、交通事故等特征参数。

各级公路管理部门，应采用先进的观测技术和数据处理手段确保调查数据准确可靠，应按照长期观测和档案管理的有关要求，将调查数据及时逐级上报，并归档长期保存。

2. 交通量观测

目前交通量观测主要分为下列两种：

间隙式观测：按预先确定的观测日期，对交通量进行定期观测与统计。

连续式观测：全年分小时连续不断地对交通量进行观测与统计。

（1）交通量观测方法

用人工或仪器将通过规定观测断面的各种类型车辆分车型记录在表格或计数器具上，每小时终了，将记录结果进行整理并登记于规定的表格上。采用现代化观测仪器设备能够增加观测内容，提高观测精度，真正实现连续观测。

（2）观测站（点）的设置原则

①凡列入管养范围的路段，原则上都应进行交通量观测。观测站（点）的设置应从全局出发，根据公路网布局和所划定的调查区间，分别由省、地（市）级公路管理机构决定。

②各观测站(点)应进行统一编号,并确定其代码。观测站代码结构应与交通运输部路面管理系统中路段编码一致。观测站(点)位置一经设置,不得随意变动。

③连续式观测站应设在主要干线和重要旅游公路交通量有代表性的适当地点,并应注意分布均匀、合理,避免集中在大城市周围。间隙式观测站应设在调查区间范围内能代表所在路段交通量的地点。每个调查区间只设一个观测站。当需要对特定地点,如交叉口、渡口及隧道出入口等进行交通量观测时,可根据使用目的,设立临时补充观测站(点),待完成观测任务后撤销。

④各类观测站(点)应选择在视线开阔且具备观测条件的地点,并应离开市区适当距离,以免受城市交通量的影响。

⑤高速公路的交通量观测可结合收费站(点)或监控设施实施观测。

⑥观测站(点)的数量可根据公路里程、路线交通量变化情况,由各省自行决定,并划定调查区间。每省(市、自治区)应在国道上设立若干个连续式观测站。各观测站(点)均应配备固定的观测人员:连续式观测站每站或每一个观测断面配10~20人,间隙式观测站(点)每站配4~6人,具体人数可视交通量大小确定。补充观测站人数可视观测断面的个数及交通量大小确定。

⑦连续式观测站应设立固定的观测房,配备必要的观测设备和工具。间隙式观测站(点)和补充观测站(点)可设置简易观测房(棚)或流动观测车,配备必要的观测设备和工具。

(3)观测时间

观测时间应符合下列规定:

①连续式观测站的观测时间可从建站开始,连续不断地长期进行。

②间隙式观测次数因地区而异,一般情况下应每月观测2~3次。每个观测日连续观测24h,观测时间一般定为观测日6时起至次日6时止。为了避免观测资料的偶然性,在确定观测日时,应尽量避开法定节假日。

③在间隙式观测中,观测日若遇地方性集会或一般的雨雪天气,仍应照常进行,但应在附注栏内说明。遇大雪、暴风雨等特殊气候,应改期观测。改期不应超过3日,3日内仍无法补测者,可取消本次观测。由于公路施工等原因阻断交通,短期内不能恢复通车的路段,可停止观测,直到恢复通车后再继续观测,但应在附注栏内说明。

④夜间交通量稀少的路段及北方严寒季节,在充分积累资料取得昼夜交通量换算系数的情况下,可观测白天12h或16h的交通量。观测时间一般为6时至18时或6时至22时,但应计入推算的夜间交通量。

(4)数据处理

交通量观测站(点)对取得的原始观测资料,应及时进行整理、汇总、计算和分析,上报规定的各类报表和图表,以便资料的积累和应用。

3.车速调查与观测

车速调查与观测的主要目的是通过调查,取得通过地点的车速分布状况,掌握车速变化时态和车速发展变化趋势,研究、分析公路通阻情况、服务质量、通行能力及运营管理水平,为交通规划、交通管理、公路几何设计提供依据,为提高公路通行能力、改善公路质量、改善运营管理提供重要的基础资料。

车速调查与观测包括车辆通过公路较短区间的地点车速调查和较长公路区间(或整条路线)的区间车速调查。

地点车速观测可选用下列几种方法：

(1)人工观测

在拟观测车速公路的某观测地点，选定一段30~50m的直线路段(相当于车辆通过时间为2~3s的车程)，记录车辆进入与驶出该路段的时间差，并计算车速。此方式适用于交通量较小的情况。

(2)雷达测速仪测速

利用雷达测速仪观测时，应选择地势平坦、视野开阔、线形平直的观测路段，使仪器能够从正面接收到被反射回来的雷达波，以提高观测精度。

(3)车辆检测仪测速

车辆检测仪一般由检测器(感应器式、气压式、地磁式、电磁式、超声波式、红外线式等)、数字处理机与记录显示装置构成，可自动记录交通量，计算车辆速度和部分统计特征，能够进行长期、连续的交通量观测。

(4)摄像法

当交通量较大时，可采用现场摄像的方式，记录观测点的12~24h交通流，然后利用计算机回放录像，记录固定长度路段内同一车辆进入与驶出的时间差，并计算车速。

区间(路段)车速观测可选用下列几种方法：

(1)跟车法

观测时由观测人员乘车跟随被测车辆，记录被测车辆在路段上的行驶时间、停车时间、停车原因及经过的路段长度，计算出行驶车速和综合(路段)车速。跟车法观测车速时，宜在同一路段往返重复4~6次。

(2)记车号法

本方法只适用于综合车速的观测。观测时，在观测路线的两端，由观测员分别记录通过观测断面的车辆牌号和车辆通过该点的时间，计算同一车牌号的时间差和两端距离而得到综合车速。为确保资料准确，数据宜达50组以上。对中途交叉口多或中途停车多的路段，本方法不宜采用。

(3)浮动车观测法

本方法宜用于交通流稳定、岔道较少且交通量较小的路段。观测前，自备一辆观测车，选定观测路段并丈量其长度。观测时，观测车自观测路段的起点向终点行驶，观测员分别记录与观测车对向行驶的车辆数和同向超越观测车的车辆数、被观测车超越的车辆数以及观测车行驶于该路段的行程时间。到达终点后，观测车立即调头反向行驶，仍作同样观测。应行驶6个往返，即可计算路段的车流量及路段平均车速、平均运行时间。

4.四类公路交通量比重调查

为了掌握公路交通流量的地区分布和路线分布特征，分析和评价国道、省道、县道、乡道四类公路的使用功能，论证和探讨现有公路网的合理性，应开展四类公路交通量比重调查。通过调查，为公路规划、可行性研究、技术经济分析论证、设计、改造等提供依据。

(1)调查的范围、内容、时间和观测点的设置

调查的范围为辖区内的各条国、省、县、乡道,调查内容为辖区内机动车保有量、四类公路的里程、各条公路的交通量。

调查日宜选择在运输旺季中的某一天,一般选择间隙式交通量观测日作为调查日。调查日应避开节假日。调查时段可根据需要选定,可为调查日的6时起的连续24h或16h,或7时起的连续12h。

按区域路网交通量调查的规定要求,每条路线划分调查区间并设定一个代表性观测站。一般均利用路网中设置的交通量常规调查的观测站,可不再重新设站。

(2)观测的内容、方法和车型分类

观测的内容、方法和车型分类与交通量常规调查的规定相同,分小时、分车型记录通过观测断面的机动车交通量。

在取得比重调查资料后,应对资料进行整理汇总。计算每个观测站日机动车交通量和日汽车交通量(均为绝对值)、每条路线的交通量和日交通量、调查区域内行政区的四类公路里程比重、路线交通量所占比重、日交通量及年路线总交通量。

5.轴载调查

轴载调查是为了预测某一时期内行车对路面的破坏作用,科学地确定公路养护对策,合理地分配公路养护和改造资金。

为确保轴载调查的质量,有效地利用现有交通量调查资料,轴载调查的车辆分类可在现行交通量分类的基础上,对每类车辆再分成若干档次。调查时,应按分类分档记录。

对每档车辆选取一种车型为该档车辆的代表车型。根据该代表车型的轴载和作用次数,换算成标准轴载的当量轴次。再根据每类车辆中若干档代表车型换算成标准轴载的当量轴次的总和,即可计算得到各类车辆的当量轴次换算系数,然后利用现有的交通量调查资料,换算成标准轴载的当量轴次。

不同路面类型的标准轴载换算方法,按现行《公路沥青路面设计规范》(JTG D50)和《公路水泥混凝土路面设计规范》(JTG D40)的相应规定进行数据处理。

轴载调查时宜同时进行客、货车装载情况抽样调查。如无条件,则可利用交通量调查中现有的实载率资料。

轴载调查以每年一次为宜。每次调查天数可根据每类车辆的代表当量轴载换算系数稳定性而定,每次不宜少于3天。调查时间应具有代表性。

随着科技的进步,目前已经有成熟的技术可以同时进行车速、轴载、车头时距、车辆横向分布等的检测与计算分析系统。

10.2.2 公路路况登记与档案管理

公路路况登记、调查与评定是公路养护的重要基础工作,其资料是公路技术档案的主要部分。它反映各条公路及沿线构造物的全面技术状况,是制定公路规划、安排改建项目、编制年度养护计划等的重要基础资料,也是路产管理、资产评估的重要凭据,对实现公路科学化管理、提高养护质量具有重要作用。

1.公路路况登记

公路路况登记一般包括以下内容:

(1) 公路基本资料；
(2) 路况平面略图；
(3) 路况示意图；
(4) 构造物卡片：桥梁、隧道、渡口、过水路面、房屋等；
(5) 登记表：涵洞、挡土墙、绿化等。

公路路况调查与评定的内容与方法按照现行《公路技术状况评定标准》(JTG 5210)、《公路养护技术规范》(JTG H10)中的规定执行。

进行路况登记时，应以公路现况调查资料、设计文件、施工记录、竣工文件、技术总结等为依据；资料不全的应进行补充调查和测绘工作。路况登记时，必须按表、卡所列内容逐项认真填写。

进行路况登记的路线，应在每年年终将变更部分同时更新、补充到纸质资料和电子版资料中。变更登记的范围包括公路被毁、修复、改建等。变更登记应根据工程竣工验收文件、图表和实地测量的结果进行。当变更内容较多或变化较大致使登记图表难以继续使用时，应重新绘制路况登记图表，并与原资料并列保存。

路况登记资料应按路线性质（即行政等级）实行分级管理：地（市）级公路管理机构和县（市）级公路管理机构保管所管辖公路的全部资料；省公路管理局保管全省县级以上公路的资料、卡片。

县级以上公路都应建立分线登记图表。乡级公路可只填写公路技术状况汇总表，供各级公路部门存查。县（市）级公路管理机构应在每年年底前完成路况登记资料的修改；地（市）级公路管理机构应在次年一月底前完成资料修改的汇总；省公路管理局应在次年三月底完成全部资料整理，并将国道部分资料报交通运输部备案。

新建公路的路况登记，按公路分级管理规定，应在竣工验收接养后三个月内由接养单位完成。

公路路况登记资料应逐步做到用电子计算机进行数据处理和储存。在采用电子计算机建立数据库时，所有数据应按《公路数据库编目编码规则》执行。编目名称包括公路路线、公路路基、公路路面、公路桥梁、公路涵洞、公路渡口、公路工区（站）房屋、公路隧道、综合部分和图例式样十个部分。

近年来随着路面管理系统和桥梁管理系统的推广应用，公路路况管理数据库越来越完善，已实现了国、省、市、县分级管理、分级统计、数据共享的目标。

2.公路技术档案管理

加强公路技术档案的管理，是公路养护部门生产技术管理的重要环节，必须按照集中统一管理技术档案的基本原则，建立、健全技术档案，使之达到完整、准确、系统、安全和有效利用的要求。

省公路管理局、地（市）级公路管理机构和县（市）级公路管理机构都应建立、健全技术文件的形成、积累、整理、归档制度，做到每一项科研、工程等活动都有完整、准确、系统的技术文件材料归档。

省公路管理局应成立技术档案室并配备专人管理；地（市）级公路管理机构也应成立技术档案室或综合档案室，配备专人管理；县（市）级公路管理机构要逐步建立综合档案室，配备专职或兼职人员管理。

在工程竣工验收时,技术档案部门应派员参加点检、接收竣工资料,并按专业系统的技术档案分类大纲进行分类、编号、登记、统计和加工整理,编制检索工具和参考资料。对重要的技术档案应当复制副本,分别保存,以保证在非常情况下技术档案的安全。

借阅、复制或销毁技术档案要有一定的批准手续,防止遗失和泄密。保管技术档案应有专用库房,库房内应保持适当的温湿度,并应有防盗、防火、防晒、防虫、防尘等安全措施。应定期检查技术档案的保管状况,对破损或变质的档案,要及时修补和复制。

为提高技术档案工作管理水平,增强技术档案信息资源的开发能力,宜有计划、有步骤实现技术档案资料的计算机管理、微缩复制技术以及其他现代化保管技术的应用,逐步达到技术档案管理手段的现代化。

10.2.3 养护工程的技术管理

养护工程中的公路改善和大中修是技术管理的重点。主要内容包括:公路路况调查与评定结果分析、养护维修方案审查、养护工程招投标、养护工程质量过程管理、养护工程质量验收等。

1.公路路况调查与评定结果分析

各级公路管理部门对所管辖的公路的技术状况进行定期检测与评定,对评定结果进行分析,对照《公路技术状况评定标准》(JTG 5210—2018)、《公路养护技术规范》(JTG H10—2009)、《公路桥涵养护技术规范》(JTG 5120—2021)以及其他相关规范中规定的标准,进行公路设施养护维修方案的初步确定,提出养护维修计划,并提出养护资金需求计划。

对于突发事件引起的养护维修需求,要及时进行技术鉴定与评价,提出维修技术方案和计划。

2.养护维修方案审查

对于修复养护工程和专项养护工程项目,要及时组织技术人员进行设计会审。主要审查技术方案是否合理、图纸及说明是否齐全、技术可行性和可靠性、施工工艺是否合适、预算是否合理等。

由于修复养护工程和专项养护工程项目采用一阶段施工图设计,设计单位对设计质量负责,施工图预算严格限定在审批的资金限额之内,所以设计文件经过主管部门审批后,不能随意修改和变更。项目实施过程中确实出现与设计不符的情况需要设计变更时,必须按程序办理变更设计手续。

3.养护工程招投标

按照相关法律法规规定,修复养护工程和专项养护工程项目的设计与施工采用工程招投标,公路管理部门应做好招投标的前期准备工作,项目交由有相应资质的工程招标中心进行招投标。

4.养护工程质量管理

为了确保日常养护、预防养护、修复养护、专项养护工程的质量,应对养护工程实施过程进行质量管理,即进行工程检查。

工程检查分为日常作业检查、定期检查、中间检查等,应分别符合下列要求:

日常作业检查:由施工单位的现场技术负责人对施工作业班组的每个施工环节、每道工序、工程位置及各部尺寸、所用材料、操作程序、安全质量等通过班组自检后进行检查,填写原始记录,并经工地监理工程师查验核实、签证。

定期检查:省公路管理局每年由总工程师负责组织全省重点改善工程检查;地(市)级公路管理机构每半年由主任工程师负责组织本地区工程检查;担负有工程任务的县级公路管理机构每月由主管工程师负责辖区内工程检查。工程检查的内容包括:施工组织及设备的适应程度及合理与否;工程进度及质量情况;材料计量及规格质量是否符合要求;技术安全措施是否得当;技术操作是否符合规程;各项原始记录中完成的指标与实际是否符合,与设计要求相符程度等,以及岗位责任及存在问题。

中间检查:包括隐蔽工程和已完工局部工程及暂停未完工的工程检查。

(1)隐蔽工程检查的主要内容有:路基填土前的原地面处理;路面铺筑前的基层、垫层和路槽;基础施工前的基底土质、高程和各部尺寸;浇筑混凝土前的埋设钢筋规格、数量、位置;隧道衬砌前的围岩开挖质量以及其他隐蔽部分的检查。

(2)局部工程检查的内容有:路基、路面、桥梁、涵洞、构造物等部分工程或已完工的分部、分项工程的检查。

中间检查后应做好检查记录,必要时还应对隐蔽工程拍照留存。中间检查应经驻地或上级监理工程师检查、签证。

5.养护工程质量验收

为了确保修复养护工程和专项养护工程质量,应严格执行工程验收制度。

竣工验收检查:当工程已按施工合同及设计文件的要求建成,并已按规定编制完成工程竣工文件,由施工单位提出验收申请,经建设单位核实确已具备验收条件时,可报请主管部门或投资建设单位组织验收。

养护工程项目原则上采用一阶段竣工验收。工程竣工验收前,由竣工验收领导小组组织几个检查组,对全部施工资料、竣工图表、工程决算、财务决算、上级批准的有关文件、工程总结等进行审查并检验评定工程各部的质量;对比各项技术经济指标和使用指标,提出存在的问题及改进措施。竣工验收参照现行《公路工程竣(交)工验收办法》执行,检验评定标准按现行《公路工程质量检验评定标准 第一册 土建工程》(JTG F80/1)执行。工程竣工验收应根据工程规模大小,由上级主管部门或设计文件批准单位,负责组织设计单位、施工单位、养护单位代表和监理工程师等组成验收委员会或领导小组对工程进行竣工验收。

10.2.4 公路定期检查

为掌握公路质量的变化情况,考核公路养护生产和管理工作效果以及为计划编制提供依据,应定期对公路养护生产和管理工作进行检查。

县(市)级公路管理机构每季检查一次;地(市)级公路管理机构每半年检查一次;省公路管理机构每年检查一次;全国性的公路检查,由交通运输部一般每5年组织或委托组织一次大检查。

1.公路定期检查的一般内容

(1)公路养护质量。按现行《公路工程质量检验评定标准 第一册 土建工程》(JTG F80/1)、《公路工程竣(交)工验收办法》执行。

(2)修复养护工程和专项养护工程。

(3)养路机械化水平与管理。
(4)路政管理。
(5)执行公路养护技术政策情况。
(6)市(地)、县(市)公路管理。
(7)工区(站)管理。

县(市)级公路管理机构的公路养护管理工作检查的内容可适当减少。

各级公路管理机构可结合本地区的养护里程、自然条件、路况、管理水平等实际情况,组织专线、专项公路检查。

工区(站)应坚持每天巡回检查路况。危桥、险路和易出现病害地段应列为检查的重点。巡查后应做出记录。内容包括:路段桩号、公路状况(病害名称及数量、损害程度)、对策措施(修复方法及期限、责任人)等。县道以下公路或交通量很小的省道公路,可适当减少巡查次数。

公路遭受洪水、暴雨、台风、流冰、风沙和积雪等自然灾害毁坏和人为破坏,影响车辆安全通行或阻车时,工区(站)应立即查明情况,迅速向县(市)级公路管理机构报告,国、省道,应逐级向省公路管理机构报告,重要国道,省公路管理机构应上报交通运输部。

经公路管理机构批准,超过公路限载、限高、限宽、限长的超限运输车辆通行后,县(市)级公路管理机构应及时组织检查。发现公路损坏时,应将损坏的路段桩号、程度、数量等情况向地(市)级公路管理机构报告。

2.全国性公路大检查

全国性公路大检查(简称国检)由交通运输部组织实施。检查内容包括路况检查和管理规范化检查两个部分,检查范围为全国所有干线公路,检查对象为地方各级公路管理机构和收费公路经营管理公司。

(1)公路路况检查

分别对高速公路和普通干线公路的路况进行检查,对高速公路检测路面平整度、路面损坏和路面车辙三项指标,对普通干线公路检测路面平整度和路面损坏两项指标。按评分组成、组织方式、抽检里程和比例、抽检路线和形成、施工段顺延方式、现场抽检与数据提交等顺序,逐项确定具体内容和方法。

路况检测按照《公路技术状况评定标准》(JTG 5210—2018)和相关技术标准进行,采用多功能路况快速检测车完成。

(2)管理规范化检查

重点检查交通运输部相关政策的贯彻落实情况和养护管理工作的规范化程度等,主要内容包括综合评价、养护管理、路政管理、收费管理、路网服务与应急、技术保障等。按检查资料准备、确定现场检查地市(区县)和高速公路路段管理单位、初步评分、检查受检省级交通主管部门或公路管理机构、检查受检地市(区县)或高速公路管理单位、检查评分、检查组与受检省(区、市)交换意见等顺序,确定检查内容和方法。

(3)评分规则

以2015年"十二五"全国干线公路养护管理检查方案为例,采取千分制评分,其中路况评分占65%,管理规范化评分占35%,按高速公路和普通干线公路分别进行评分。图10-4给出了检查评分流程。

路况检查总评分为 650 分,全国受检省(区、市)按实际得分由高到低排序,第一名 650 分,第二名 647 分,按 3 分级差以此类推。表 10-1 给出了各级公路各评价指标评级分界值及对应的得分值。各评价指标项得分计算方法是按所有抽检的基本路段单元(一般为 1km)评级情况计算累计加权得分,计算式见式(10-1)。

路况检查公路路况评价指标分级界限值及得分　　　　　表 10-1

评级	高速公路及一级公路			普通公路		得分
	破损率 DR 沥青/水泥 (%)	平整度 IRI 沥青/水泥 (m/km)	车辙 RD 沥青路面 (mm)	破损率 DR 沥青/水泥 (%)	平整度 IRI 沥青/水泥 (m/km)	
优	≤0.4/0.8	≤2.3/2.9	≤10	≤0.4/0.8	≤3.0/3.9	1.0
良	≤2.0/4.0	≤3.5/3.8	≤15	≤2.0/4.0	≤4.5/4.7	1.0~0.8
中	≤5.5/9.5	≤4.3/4.3	≤20	≤5.5/9.5	≤5.4/5.4	0.8~0.5
次	≤11.0/18.0	≤5.0/5.0	≤35	≤11.0/18.0	≤6.2/6.2	0.5~0.3
差	>11.0/18.0	>5.0/5.0	>35	>11.0/18.0	>6.2/6.2	0.1

$$PF_j = \frac{\sum_1^n S_i \, DF_{ij}}{\sum_1^n S_i} \times 100\% \tag{10-1}$$

式中:PF_j——受检省(区、市)路面平整度 IRI、破损率 DR、车辙 RD 的得分,j=IRI、DR、RD,当为水泥混凝土路面或普通公路时,无 RD 项;

S_i——抽检路段单元长度(km),一般为 1km;

DF_{ij}——抽检路段单元路面平整度 IRI、破损率 DR、车辙 RD 的得分;

n——评定路段单元数。

受检省(区、市)的路况评价总分计算方法,每次全国公路大检查都会略有不同,但基本思路都是采取类似 PQI 的计算方法,即对各技术指标最终得分进行加权(权重之和等于 1.0)求得。

管理规范化检查总评分为 350 分,按综合评价(55 分)、养护管理(100 分)、路政管理(75 分)、收费管理(15 分)、路网服务与应急(50 分)、技术保障(40 分)、其他(15 分)等项目,分别打分,求和得到总评分。

总评分=高速公路评分×0.5+普通干线公路评分×0.5

普通干线公路评分=普通干线公路路况检查评分+普通干线公路管理规范化检查评分

高速公路评分=高速公路路况检查评分+高速公路管理规范化检查评分

"十二五"全国干线公路养护管理检查评分流程如图 10-4 所示。

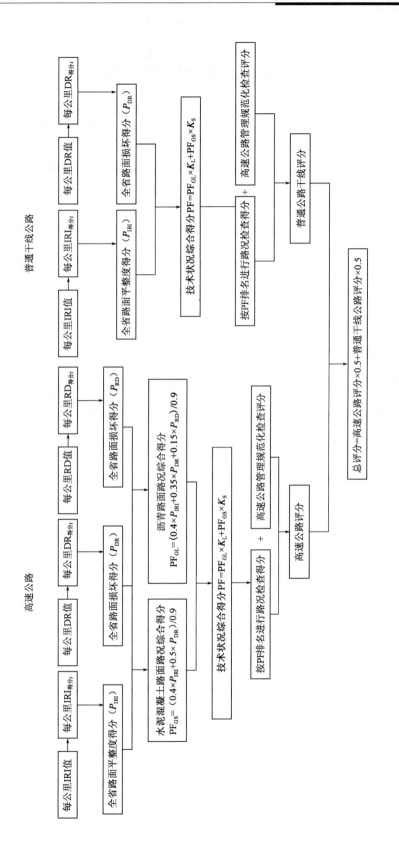

图10-4 "十二五"全国干线公路养护管理检查评分流程图

10.3 公路养护生产管理

公路养护生产管理是对公路养护生产活动的计划、组织、实施、控制以及与养护工程项目相关的管理工作的总称。公路养护生产管理的任务是公路管理部门利用在计划、组织、控制等方面的职能,将养护生产各种要素和环节有效地结合在一起,形成一个有机的生产体系,按照最佳方式完成生产任务,达到养护质量要求和最佳的经济效果。

10.3.1 公路养护生产的组织方式

随着我国基本建设越来越规范化和市场化,公路养护也将逐步向市场化方向发展。不同规模的养护工程项目实行不同的生产组织方式。

(1)修复养护工程和专项养护工程等工程项目一般由省级公路管理部门或高速公路运营公司组织项目立项、申请、设计等,设计和施工实行招投标制。这类养护生产过程中公路管理部门的主要任务是工程项目各个环节的管理,进行不同生产环节的质量控制,不参与工程项目的具体设计和施工工作。

(2)病害处治工程由于具有工作路线长、点多、面广、作业分散、形不成规模等特点,一般由省级公路管理部门或高速公路运营公司核定养护计划,实行固定定额、各县区公路管理部门或高速公路运营公司具体组织实施等管理方式,有条件的可实行分段包干等方式,由民营养护公司承担养护生产作业工作。

目前,我国有些省份在公路养护工作中不断探索新的养护工作组织模式,向着完全市场化方向发展,精简养护管理机构,提高养护工作效率和质量,提高养护资金使用效率。实行公路养护总承包制,即对某段公路在一个较长的时间段内的养护工程进行招标。公路管理部门制定养护计划、申请养护资金,在这个时间段内的养护工程全部由中标的养护公司负责工程施工,公路管理部门负责养护工程施工过程的质量检查和竣工验收的质量检查,最后由公路质量监督检验部门进行验收。

10.3.2 公路养护计划管理

1.公路养护计划管理的任务与作用

公路养护工程的计划管理是指从事公路养护的各级部门,根据公路养护相关技术规范、国家财政政策、养护资金来源、养护资金使用程序、养护工程实施法律法规等,进行养护计划编制、养护资金申报、养护计划下达、养护资金使用监督等综合性管理工作。做好计划管理工作可以提高公路养护资金的使用效率,提高公路网服务水平,取得显著的经济效益。

公路养护计划管理的主要任务如下:

(1)做好养护计划编制、养护资金申报、养护计划下达、养护资金使用与管理等工作。

(2)确保完成养护计划所下达的公路预防养护、修复养护、专项养护工程的任务,提高路网服务水平等级,不断提高公路技术标准,完善公路沿线设施。

(3)合理组织生产,包括养护技术力量协调、养护新技术应用与推广、采用先进的管理方法和手段等。

(4)依据公路技术状况和其他因素,养护计划安排应遵循先重点路线、后一般路线,先预防养护、后修复养护和专项养护工程的原则,做到养护计划安排的科学化。

2.公路养护计划编制的内容

按照计划内容可分为公路病害处治计划、预防养护计划、修复养护计划、专项工程养护计划、公路绿化计划、养护经费收支计划等。通过计划的编制,能够使各级公路养护部门明确各个时期的任务、工作量的大小,掌握工作进度,并按计划要求提前做好各项准备工作,保证养护工作的顺利进行。

以预防养护工程为例,其养护计划主要内容包括:

(1)工程量指标。公路养护里程和预防养护工程项目及其工程数量和工作量。

(2)质量指标。按照《公路技术状况评定标准》(JTG 5210—2018)规定的指标和方法,制定公路小修保养后应达到的技术评定不同等级的比例,以及各单位工程质量标准和要求。

(3)公路预防养护工程年公里成本和单项工程成本。

(4)主要材料消耗,如沥青、集料、矿粉、水泥等。

(5)主要机械台班消耗,如灌缝车、修补车、小型压路机、燃油等。

(6)人工数量,如需要技术人员、管理人员、操作人员等工作日数量。

(7)为完成任务、实现进度、保证质量、降低成本所采取的技术组织措施和安全生产措施。

3.公路养护计划编制的方法

公路养护计划包括制定长远规划,编制、执行、检查年度、季度、月(旬)计划。不同公路养护管理部门编制计划的详尽程度有所不同。

(1)长远规划。公路管理部门根据公路技术状况现状、技术状况预测、未来技术状况目标、养护资金投入预期、经济发展水平等,制定未来(一般5年)的公路养护规划。

(2)年度计划。全年养护任务计划,根据各基层养护部门所管辖公路的技术状况,结合公路网整体规划和养护资金情况,按照先重点路线、后一般路线,先预防养护、后修复养护的原则,由各基层养护部门在前一年年底前提出下一年度计划建议书,报上一级管理部门审核并逐级上报。省市公路管理部门对全省的养护计划进行审核、协调、汇总,上报省市交通主管部门审核后,向省市财政部门申请养护资金计划。

(3)季度计划。由公路段或公路管理处按照批复的年度计划编制季度计划,可根据实际情况在年度计划内做出适当的计划调整。季度计划应按时间要求上报,待批准后实施。大中修和改善工程等实施招投标的养护工程,由临时成立的项目管理机构负责编制,并报省市公路管理部门批准后实施。

(4)月度计划。实施性生产计划,由承担养护工作任务的单位负责编制并实施。

由于养护资金来源和资金使用的法律法规不断向适应市场经济的方向发展,公路养护管理体制也在发生变化,使得公路养护计划管理也在发生局部变化,在实际工作中应当不断调整工作内容,以适应公路养护工作不断向前发展的需要。

10.4 路政管理

公路路政管理,是指县级以上人民政府交通主管部门或者其设置的公路管理机构,为维护公路管理者、经营者、使用者的合法权益,根据《中华人民共和国公路法》(以下简称《公路法》)及其他有关法律、法规和规章的规定,实施保护公路、公路用地及公路附属设施(以下统称"路产")的行政管理。

公路路政管理对于加强公路管理,保障公路的完好、安全和畅通具有重要意义。

10.4.1 路政管理组织机构

路政管理工作应当遵循"统一管理、分级负责、依法行政"的原则。交通运输部根据《公路法》及其他有关法律、行政法规的规定主管全国路政管理工作。

县级以上地方人民政府交通主管部门根据《公路法》及其他有关法律、法规、规章的规定主管本行政区域内国道、省道、县道、乡道的路政管理工作。县级以上地方人民政府交通主管部门设置的公路管理机构,根据《公路法》的规定或者根据县级以上地方人民政府交通主管部门的委托,负责路政管理的具体工作。

我国各省市路政管理机构设置不尽相同。大多数省份将路政管理机构设置在公路管理局或高速公路管理局内,分别设有路政管理处,其下一级公路管理机构设置相应的科室。

10.4.2 路政管理职责

路政管理的职责如下:
(1)宣传、贯彻执行公路管理的法律、法规和规章;
(2)保护路产;
(3)实施路政巡查;
(4)管理公路两侧建筑控制区;
(5)维持公路养护作业现场秩序;
(6)参与公路工程交工、竣工验收;
(7)依法查处各种违反路政管理法律、法规、规章的案件;
(8)法律、法规规定的其他职责。

依照《公路法》的有关规定,受让公路收费权或者由国内外经济组织投资建成的收费公路的路政管理工作,由县级以上地方人民政府交通主管部门或者其设置的公路管理机构的派出机构、人员负责。

《公路法》规定,任何单位和个人不得破坏、损坏或者非法占用路产。任何单位和个人都有爱护路产的义务,有检举破坏、损坏路产和影响公路安全行为的权利。

10.4.3 路政管理许可

1.路政管理许可内容

(1)除公路防护、养护外,占用、利用或者挖掘公路、公路用地、公路两侧建筑控制区,以及更新、砍伐公路用地上的树木,应当根据《公路法》和相关规定,事先报经交通主管部门或者其设置的公路管理机构批准、同意。

(2)因修建铁路、机场、电站、通信设施、水利工程和进行其他建设工程需要占用、挖掘公路或者使公路改线的,跨越、穿越公路,修建桥梁、渡槽或者架设、埋设管线等设施,以及在公路用地范围内架设、埋设管(杆)线、电缆等设施的,建设单位应当按照《公路法》的规定,事先向交通主管部门或者其设置的公路管理机构提交申请书和设计图。

申请书包括以下主要内容:
①主要理由;
②地点(公路名称、桩号及与公路边坡外缘或者公路界桩的距离);
③安全保障措施;
④施工期限;
⑤修复、改建公路的措施或者补偿数额。

(3)因抢险、防汛需要在大中型公路桥梁和渡口周围200m范围内修筑堤坝、压缩或者拓宽河床,应当按照《公路法》的规定,事先向交通主管部门提交申请书和设计图。

申请书包括以下主要内容:
①主要理由;
②地点(公路名称、桩号及与公路边坡外缘或者公路界桩的距离);
③安全保障措施;
④施工期限。

(4)铁轮车、履带车和其他可能损害公路路面的机具需要在公路上行驶的,应当按照《公路法》的规定,事先向交通主管部门或者其设置的公路管理机构提交申请书和车辆或者机具的行驶证件。

申请书包括以下主要内容:
①主要理由;
②行驶路线及时间;
③行驶过程中采取的防护措施;
④补偿数额。

(5)超过公路、公路桥梁、公路隧道或者汽车渡船的限载、限高、限宽、限长标准的车辆,确需在公路上行驶的,按照《公路法》和交通运输部制定的《超限运输车辆行驶公路管理规定》的规定办理。

(6)在公路用地范围内设置公路标志以外的其他标志,应当按照《公路法》的规定,事先向交通主管部门或者其设置的公路管理机构提交申请书和设计图。

申请书包括以下主要内容:
①主要理由;
②标志的内容;
③标志的颜色、外廓尺寸及结构;
④标志设置地点(公路名称、桩号);
⑤标志设置时间及保持期限。

(7)在公路上增设平面交叉道口,应当按照《公路法》的规定,事先向交通主管部门或者其设置的公路管理机构提交申请书和设计图或者平面布置图。

申请书包括以下主要内容:
①主要理由;
②地点(公路名称、桩号);
③施工期限;

④安全保障措施。

(8)在公路两侧的建筑控制区内埋设管(杆)线、电缆等设施,应当按照《公路法》的规定,事先向交通主管部门或者其设置的公路管理机构提交申请书和设计图。

申请书包括以下主要内容:
①主要理由;
②地点(公路名称、桩号及与公路边坡外缘或公路界桩的距离);
③安全保障措施;
④施工期限。

(9)更新砍伐公路用地上的树木,应当依照《公路法》的规定,事先向交通主管部门或者其设置的公路管理机构提交申请书。

申请书包括以下主要内容:
①主要理由;
②地点(公路名称、桩号);
③树木的种类和数量;
④安全保障措施;
⑤时间;
⑥补种措施。

2.路政管理许可的权限

除省级人民政府根据《公路法》就国道、省道管理、监督职责做出决定外,路政管理许可的权限如下:

(1)属于国道、省道的,由省级人民政府交通运输主管部门或者其设置的公路管理机构办理;

(2)属于县道的,由市(设区的市)级人民政府交通主管部门或者其设置的公路管理机构办理;

(3)属于乡道的,由县级人民政府交通主管部门或者其设置的公路管理机构办理。

路政管理许可事项涉及有关部门职责的,应当经交通主管部门或者其设置的公路管理机构批准或者同意后,依照有关法律、法规的规定,办理相关手续。

交通主管部门或者其设置的公路管理机构自接到申请书之日起15日内应当做出决定。做出批准或者同意的决定的,应当签发相应的许可证;做出不批准或者不同意的决定的,应当书面告知,并说明理由。

10.4.4　路政案件管辖

在路政管理过程中出现的路政案件应在管理权限范围内进行处理。

(1)路政案件由案件发生地的县级人民政府交通主管部门或者其设置的公路管理机构管辖。

(2)对管辖发生争议的,报请共同的上一级人民政府交通主管部门或者其设置的公路管理机构指定管辖。

下级人民政府交通主管部门或者其设置的公路管理机构对属于其管辖的案件,认为需要由上级人民政府交通主管部门或者其设置的公路管理机构处理的,可以报请上一级人民政府交通主管部门或者其设置的公路管理机构决定。

上一级人民政府交通主管部门或者其设置的公路管理机构认为必要的,可以直接处理属于下级人民政府交通主管部门或者其设置的公路管理机构管辖的案件。

(3)报请上级人民政府交通主管部门或者其设置的公路管理机构处理的案件以及上级人民政府交通主管部门或者其设置的公路管理机构决定直接处理的案件,案件发生地的县级人民政府交通主管部门或者其设置的公路管理机构应当首先制止违法行为,并做好保护现场等工作,上级人民政府交通主管部门或者其设置的公路管理机构应当及时确定管辖权。

10.4.5 行政处罚

地方人民政府交通主管部门或者其设置的公路管理机构有权对违反《公路法》的行为进行行政处罚。

(1)有下列违法行为之一的,依照《公路法》的规定,责令停止违法行为,可处三万元以下的罚款。

①擅自占用、挖掘公路的;

②未经同意或者未按照公路工程技术标准的要求修建跨越、穿越公路的桥梁、渡槽或者架设、埋设管线、电缆等设施的;

③未经批准从事危及公路安全作业的;

④铁轮车、履带车和其他可能损害路面的机具擅自在公路上超限行驶的;

⑤车辆超限使用汽车渡船或者在公路上擅自超限行驶的;

⑥损坏、移动、涂改公路附属设施或者损坏、挪动建筑控制区的标桩、界桩,可能危及公路安全的。

(2)有下列违法行为之一的,依照《公路法》的规定,责令停止违法行为,可处五千元以下罚款。

①造成公路路面损坏、污染或者影响公路畅通的;

②将公路作为检验机动车辆制动性能的试车场地的。

(3)造成公路损坏,未报告的,处一千元以下罚款。

(4)在公路用地范围内设置公路标志以外的其他标志的,责令限期拆除,可处二万元以下罚款。

(5)未经批准在公路上设置平面交叉道口的,责令恢复原状,处五万元以下罚款。

(6)在公路建筑控制区内修建建筑物、地面构筑物或者擅自埋设管线、电缆等设施的,责令限期拆除,并可处五万元以下罚款。

《公路法》及《路政管理规定》所规定的行政处罚,由县级以上地方人民政府交通主管部门或者其设置的公路管理机构依照《公路法》有关规定实施。实施路政处罚的程序,按照《交通行政处罚程序规定》办理。

10.4.6 公路赔偿和补偿

按照《公路法》的规定,公民、法人或者其他组织造成路产损坏的,应向公路管理机构缴纳路产损坏赔(补)偿费。经批准占用、利用、挖掘公路或者使公路改线的,建设单位应当按照不低于该段公路原有技术标准予以修复、改建或者给予相应的补偿。

公路赔偿和补偿应按以下规定办理：

(1)路产损坏事实清楚,证据确凿充分,赔偿数额较小,且当事人无争议的,可以当场处理。

(2)当场处理公路赔(补)偿案件,应当制作、送达《公路赔(补)偿通知书》,收取公路赔(补)偿费,出具收费凭证。

(3)除规定可以当场处理的公路赔(补)偿案件外,处理公路赔(补)偿案件应当按照下列程序进行：

①立案；

②调查取证；

③听取当事人陈述和申辩或听证；

④制作并送达《公路赔(补)偿通知书》；

⑤收取公路赔(补)偿费；

⑥出具收费凭证；

⑦结案。

调查取证应当询问当事人及证人,制作调查笔录；需要进行现场勘验或者鉴定的,还应当制作现场勘验报告或者鉴定报告。

(4)对公路赔(补)偿案件处理程序的具体事项未作规定的,参照《交通行政处罚程序规定》办理。

(5)办理公路赔(补)偿案件涉及路政处罚的,可以一并进行调查取证,分别进行处理。

(6)当事人对《公路赔(补)偿通知书》认定的事实和赔(补)偿费数额有疑义的,可以向公路管理机构申请复核。公路管理机构应当自收到公路赔(补)偿复核申请之日起15日内完成复核,并将复核结果书面通知当事人。本条规定不影响当事人依法向人民法院提起民事诉讼的法定权利。

(7)公路赔(补)偿费应当用于受损公路的修复,不得挪作他用。

10.4.7　行政强制措施

地方人民政府交通主管部门或者其设置的公路管理机构有权对违反《公路法》规定的行为采取行政强制措施。

(1)对公路造成较大损害、当场不能处理完毕的车辆,公路管理机构应当依据《公路法》的规定,签发《责令车辆停驶通知书》,责令该车辆停驶并停放于指定场所。调查、处理完毕后,应当立即放行车辆,有关费用由车辆所有人或者使用人承担。

(2)在公路用地范围内设置公路标志以外的其他标志,依法责令限期拆除,而设置者逾期不拆除的,依照《公路法》的规定强行拆除。

(3)在公路建筑控制区内修建建筑物、地面构筑物或者擅自埋设管(杆)线、电缆等设施,依法责令限期拆除,而建筑者、构筑者逾期不拆除的,依照《公路法》的规定强行拆除。

(4)依法实施强行拆除所发生的有关费用,由设置者、建筑者、构筑者负担。

(5)依法实施路政强行措施,应当遵守下列程序：

①制作并送达路政强制措施告诫书,告知当事人做出拆除非法标志或者设施决定的事实、理由及依据,拆除非法标志或者设施的期限,不拆除非法标志或者设施的法律后果,并告知当事人依法享有的权利；

②听取当事人陈述和申辩;
③复核当事人提出的事实、理由和依据;
④经督促告诫,当事人逾期不拆除非法标志或者设施的,制作并送达路政强制措施决定书;
⑤实施路政强制措施;
⑥制作路政强制措施笔录。
实施强行拆除涉及路政处罚的,可以一并进行调查取证,分别进行处理。
(6)有下列情形之一的,可依法申请人民法院强制执行:
①当事人拒不履行公路行政处罚决定;
②依法强行拆除受到阻挠。
《公路法》及《路政管理规定》所规定的行政强制措施,由县级以上地方人民政府交通主管部门或者其设置的公路管理机构依照《公路法》有关规定实施。

10.4.8 监督检查

交通主管部门、公路管理机构应当依法对有关公路管理的法律、法规、规章执行情况进行监督检查。

(1)交通主管部门、公路管理机构应当加强路政巡查,认真查处各种侵占、损坏路产及其他违反公路管理法律、法规和本规定的行为。

(2)路政管理人员依法在公路、建筑控制区、车辆停放场所、车辆所属单位等进行监督检查时,任何单位和个人不得阻挠。

(3)公路养护人员发现破坏、损坏或者非法占用路产和影响公路安全的行为应当予以制止,并及时向公路管理机构报告,协助路政管理人员实施日常路政管理。

(4)公路经营者、使用者和其他有关单位、个人,应当接受路政管理人员依法实施的监督检查,并为其提供方便。

(5)对公路造成较大损害的车辆,必须立即停车,保护现场,并向公路管理机构报告。

(6)交通主管部门、公路管理机构应当对路政管理人员的执法行为加强监督检查,对其违法行为应当及时纠正,依法处理。

10.4.9 人员与装备

公路管理机构应当配备相应的专职路政管理人员,具体负责路政管理工作。路政管理人员的配备标准由省级人民政府交通主管部门会同有关部门按照"精干高效"的原则,根据本辖区公路的行政等级、技术等级和当地经济发展水平等实际情况综合确定。

路政管理人员录用应具备以下条件:
(1)年龄在20周岁以上,但一线路政执法人员的年龄不得超过45岁;
(2)身体健康;
(3)大专毕业以上文化程度;
(4)持有符合交通运输部规定的岗位培训考试合格证书。
路政人员及装备使用要求如下:
(1)路政管理人员实行公开录用、竞争上岗,由市级公路管理机构组织实施,省级公路管理机构批准。

(2) 路政管理人员执行公务时,必须按规定统一着装,佩戴标志,持证上岗。

(3) 路政管理人员必须爱岗敬业,恪尽职守,熟悉业务,清正廉洁,文明服务、秉公执法。

(4) 交通主管部门、公路管理机构应当加强路政管理队伍建设,提高路政管理执法水平。

(5) 路政管理人员玩忽职守、徇私舞弊、滥用职权,依法给予行政处分;构成犯罪的,依法追究刑事责任。

(6) 公路管理机构应当配备专门用于路政管理的交通、通信及其他必要的装备。用于路政管理的交通、通信及其他装备不得用于非路政管理活动。

(7) 用于路政管理的专用车辆,应当按照《公路法》和交通运输部制定的《公路监督检查专用车辆管理办法》的规定,设置统一的标志和示警灯。

10.4.10 内务管理

公路管理机构应当建立健全路政内务管理制度,加强各项内务管理工作。路政内务管理制度包括如下方面:

(1) 路政管理人员岗位职责;

(2) 路政管理人员行为规范;

(3) 路政管理人员执法考核、评议制度;

(4) 路政执法与办案程序;

(5) 路政巡查制度;

(6) 路政管理统计制度;

(7) 路政档案管理制度;

(8) 其他路政内务管理制度。

公路管理机构应当公开办事制度,自觉接受社会监督。

【复习思考题】

1. 高速公路养护管理组织机构是什么?
2. 公路养护管理的主要流程是什么?
3. 公路养护技术管理的主要内容是什么?
4. 区间(路段)车速观测可选用的方法是什么?
5. 公路路政管理的主要职责是什么?

第 11 章
公路管理系统简介

【学习目的与要求】

通过本章的学习,掌握公路路面管理系统的概念、基本模型、养护对策表的制订方法,了解公路路面养护规划及年度计划的制订方法;了解桥梁管理系统的构成及基本模型;了解高速公路绿化管理系统的构成、数据采集内容及编码系统;掌握公路资产管理系统的概念,熟悉公路资产管理系统的构成,了解公路资产价值评估及风险评估的方法。

纵观世界各发达国家的公路发展过程,公路交通的发展一般都经历了以建为主、建养并重、以养为主的三个阶段。虽然路网的发展极大地促进了各国经济的持续繁荣,但发达国家几乎无一例外地存在着路网养护资金不足的问题。如何科学有效地优化分配有限的养护资金,一直是公路管理系统需要解决的根本性问题。

目前,我国公路总里程已超过 500 万 km。由于我国公路网的建设速度一直维持在较高的水平,交通管理部门也因此巨额负债,严重地压缩了公路养护资金,造成养护资金严重不足。公路管理系统首先是为解决养护资金分配问题而产生的,近几年来在内容上得到了较大的扩展。它的根本任务是实现公路信息的数字化管理,其主要目的不仅是将检测到的各种技术数据通过中心数据库存档,同时还要回答两个最根本性的问题:即求解满足一定养护投资条件下的最优路况水平和测算维持一定路况水平目标的最优养护投资水平。

顾名思义,公路管理系统包括公路养护与管理的全部内容,由路面管理系统、桥梁管理系统、隧道管理系统、路基管理系统、交通安全设施管理系统、绿化管理系统、养护人员管理系统、养护设备管理系统、养护生产组织管理系统等组成，最近逐渐发展成为公路资产管理系统。本章重点介绍目前应用较广的路面管理系统、桥梁管理系统、绿化管理系统三个分项系统和公路资产管理系统。

11.1　路面管理系统概述

11.1.1　路面管理系统的构成

所谓路面管理系统 PMS(Pavement Management System)就是采用现代技术手段，根据路面现状和未来的使用需求，以一系列评价与分析模型为基础的投资决策过程。路面管理系统一般由数据采集、数据管理、统计评价、对策设定、优化决策、报表输出等各个子系统构成。

1. 数据采集

数据采集包括公路几何信息、路面损坏状况、路面行驶质量、路面结构强度、路面抗滑性能、路面车辙、交通量、车速、轴重、轴载谱等内容。公路几何信息来源于设计文件，路面损坏状况、路面行驶质量、路面结构强度、路面抗滑性能、路面车辙等数据由道路自动化检测设备提供，交通量、车速、轴重、轴载谱等数据依赖于交通量连续观测站、车速采集装置和收费站称重装置。

2. 数据管理

按几何属性、路面状况、交通信息、养护历史等分为 4 大类，其功能有数据编辑、打印、检索、查询等。作为数据管理的最终结果之一，它还必须为网级路面管理系统提供决策数据和为项目级路面管理系统提供工程分析数据。

3. 统计评价

统计评价包括评价标准设定、多指标权重管理，路面损坏状况指数 PCI、路面行驶质量指数 RQI、路面跳车指数 PBI、路面抗滑性能指数 SRI、路面磨耗指数、路面结构强度系数 PSSI、路面车辙深度指数 RDI 等指标的计算以及根据评价标准的统计分析等内容。

4. 对策设定

对策设定包括备选对策、对策使用性能模型、费用模型、各评价指标分级的实施对策、各种病害的养护对策等内容的管理。

5. 优化决策

采用各种优化方法，求得满足目标函数和约束条件要求的资金优化方案，以及满足一定养护目标的最小资金量。

6. 报表输出

对原始数据、各种统计结果、优化决策结果等进行规范化报表输出，报表格式满足相应的规范要求。

路面管理系统按其适用范围又分为网级路面管理系统和项目级路面管理系统(图 11-1 和图 11-2),二者既有区别又有联系。二者的区别在于网级路面管理系统主要完成路网的路况分析、路网规划、计划安排、预算编制、资源分配等任务,侧重于财政规划;而项目级路面管理系统重点在于提供满足对策目标、费用目标和使用性能目标的养护方案,侧重于技术方案的比选与优化。二者的联系在于项目级路面管理系统所确定的最优养护对策构成网级路面管理系统进行决策分析的前提条件。

图 11-1 网级路面管理系统基本流程图

图 11-2 项目级路面管理系统基本流程图

11.1.2 数据库

数据库由各种基本数据表、中间结果生成表、最终结果数据表等不同功能的数据表组成。基本数据表是存放各种原始数据或基础数据的,如路线、路面结构、交通量、弯沉、平整度、路面病害、摩擦系数或构造深度、养护历史、养护对策、评价标准等基本数据;中间结果生成表主要是存放评价、统计、优化计算过程中的最基本单元的分类统计量或中间计算量,是进一步统计、优化分析的基础数据,从而可以省去很多对原始数据库的重复统计、分析计算,提高了最终结果的计算速度;最终结果数据表主要是按照相应规程对统计报表的规范性要求,或优化决策的结果输出格式要求,与最终报表输出内容完全一致的结果数据表。三类数据表之间是有密切关联的。如果表与表之间的关联性不清晰,就会严重影响数据库的整体效率。

11.1.3 基本模型

基本模型分为评价模型、预测模型、费用模型、经济分析模型和优化模型等几个方面。

1.评价模型

评价模型可完全遵照相应规范的技术要求进行设定,如《公路技术状况评定标准》(JTG 5210—2018)、《公路养护技术规范》(JTG H10—2009)等,有技术能力的单位也可以根据本地区的实际情况独立建立。

国外比较有影响的评价模型有以下几个。

(1) PSI(Present Service Index,现时服务能力指数)

PSI 是美国 AASHTO 协会于 20 世纪 60 年代根据其著名的大型环道试验路的试验结果,建立的路面使用性能状况与各主要破损指标间数量关系式。采用 5 分制,考虑了路面平整度、裂缝、修补、车辙等对路面使用性能的综合影响,是一个综合评价指标。当 PSI<2.5 时,认为路面的服务能力不能满足交通需求,需采取不同程度的维修措施进行养护维修。

$$\text{PSI} = 5.03 - 1.91\lg(1+\text{sv}) - 0.01\sqrt{c+p} - 1.38\text{RD}^2 \quad (\text{沥青路面},\text{美国}) \tag{11-1}$$

$$\text{PSI} = 5.41 - 1.80\lg(1+\text{sv}) - 0.5\sqrt{c+3.3p} \quad (\text{水泥混凝土路面},\text{美国}) \tag{11-2}$$

式中:sv——利用 AASHO 断面仪测定的两轮迹带上的平均坡度变化;

c——严重网状裂缝率($m^2/100m^2$);

p——路面的修补面积率($m^2/100m^2$);

RD——两轮迹的平均车辙深度(cm)。

$$\text{PSI} = 4.53 - 0.518\lg\sigma - 0.371\sqrt{c} - 0.174D^2 \quad (\text{沥青路面},\text{日本}) \tag{11-3}$$

式中:σ——纵向平整度标准偏差(mm);

c——裂缝率(%);

D——平均车辙深度(cm)。

(2) PCI(Pavement Condition Index,路面损坏状况指数)

由美国空军工兵部队于 20 世纪 70 年代创立,主要用于评价机场道面使用状况。由于其物理概念明确,后来被多个国家的交通部门所采纳。该方法采用百分制,认为刚刚竣工投入使用前的路面 PCI 为 100 分。当进行路面评价时,将路面已发生的损坏分为若干类,每一类又分为若干种严重程度,再根据专家咨询的结果,确定每一类损坏每一种严重程度的单位损坏密度的扣分值,并绘制成图,以便于使用者查阅。

$$\text{PCI} = 100 - \sum_{i=1}^{n}\sum_{j=1}^{m(i)} a(T_i, S_j, D_{ij}) F(t, q) \tag{11-4}$$

式中:$a(\cdots)$——损坏类型 T_i、严重程度 S_j、损坏密度 D_{ij} 时的扣分值;

i——损坏类型下标;

j——严重程度下标;

n——总损坏类型数;

$m(i)$——第 i 种损坏的严重程度数;

$F(t,q)$——重复损坏修正系数,是累计扣分数 t 和扣分次数 q 的函数。

(3) MCI(Maintenance Condition Index,养护状况指数,日本)

$$\text{MCI} = 10 - 1.48C^{0.3} - 0.29D^{0.7} - 0.47\sigma^{0.2} \tag{11-5}$$

$$\text{MCI}_0 = 10 - 1.51C^{0.3} - 0.30D^{0.7} \tag{11-6}$$

$$\text{MCI}_1 = 10 - 2.23C^{0.3} \tag{11-7}$$

$$\text{MCI}_2 = 10 - 0.54D^{0.7} \tag{11-8}$$

式中:MCI、MCI_0、MCI_1、MCI_2——考虑不同参数的养护状况指数;

σ——纵向平整度标准偏差(mm);

C——裂缝率(%);

D——平均车辙深度(cm)。

2.预测模型

预测模型一般需要结合本地区长期的观测数据积累,建立某一类路面结构在某一养护对策下的路面使用性能(PCI、PSSI、RQI、SRI、RDI等)与使用年限或累计标准轴次之间关系。预测模型一般有两种基本形式,即确定型和概率型。所谓确定型的预测模型是指给定一个自变量,一定会给出一个与之一一对应的因变量,而概率型的预测模型则是给定一个自变量,一定会给出一个因变量的概率分布来与之对应。前者反映了路面使用性能的总体变化规律,而后者则能更好地反映出路面使用性能变化的随机性。目前,使用确定型的预测模型的案例较多,而概率型的预测模型还仅限于对PCI和路面残余寿命的预测上。

(1)路面使用性能的衰变

路面使用性能在车辆荷载和环境荷载的反复作用下,随着路龄的增长而发生衰变。根据国内的研究成果,在使用期内不采取养护维修措施的情况下,路面使用性能的衰变曲线可以概括为图11-3的四种衰变形式。在使用期内采取养护维修措施的情况下,其衰变曲线不能简单地概括为图11-4的四种衰变形式,其衰变形式可能十分复杂,需要进行路面长期使用性能观测才能建立起真实的衰变曲线。

图11-3 路面使用性能的一般衰变规律示例

图 11-4

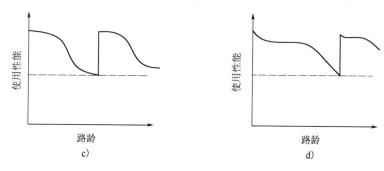

图 11-4 实际路面使用性能的衰变规律示例

(2) 确定型预测模型

包括基本反应模型(如弯沉、应力、应变随时间的变化等)、结构性能模型(如路面单一损坏或综合损坏状况的预测)、功能性能模型(如行驶质量指数 RQI 或抗滑性能指数 SRI)、使用寿命模型(如预测路面达到某一损坏状况或服务水平时的使用寿命)等几类预测模型。

该类预测模型可采取典型路段调查的方式,综合考虑各主要影响因素后,通过回归分析建立起路面使用性能与路龄或累计标准轴次的定量关系式。同济大学孙立军教授经过多年研究,建立了路面使用性能的标准衰变方程,见式(11-9)。

$$\mathrm{PPI} = \mathrm{PPI}_0 [1 - e^{-(\alpha/y)\beta}] \tag{11-9}$$

式中:PPI——路面使用性能指数(PCI,RQI,或者二者综合);

PPI$_0$——路面使用性能初值;

y——路龄(年);

α、β——回归系数,α 称为规模参数,$\alpha = 3 \sim 15$,代表路面使用寿命;β 称为形状参数,$\beta = 0.2 \sim 1.8$,表示达到使用寿命的过程;当 $y = \alpha$ 时,PPI/PPI$_0$ = 0.632,故 α 为 PPI 衰变到初值的 63.2% 时的路龄。

美国华盛顿州建立了不同养护措施情况下的综合路面使用性能预测模型,见式(11-10)~式(11-12)。该类公式反映了不同养护水平下路面使用性能衰变的差异。因此,建立不同路面结构类型在不同养护水平下、不同交通荷载和环境荷载条件下的路面使用性能衰变规律,对路面管理系统的决策分析是十分重要的。

$$R = 99.85 - 0.21112 y^{2.25} \quad (日常养护) \tag{11-10}$$

$$R = 100 - 1.4088 y^{2.00} \quad (25\mathrm{mm}\ 厚加铺层) \tag{11-11}$$

$$R = 100 - 0.13637 y^{2.50} \quad (45\mathrm{mm}\ 厚加铺层) \tag{11-12}$$

显然,能建立起标准衰变模型固然是我们所希望的。但由于我国幅员辽阔,各地区地理条件、水文地质条件、气候条件、交通组成、轴载谱分布、典型路面结构、施工工艺水平等都存在较大的差距,因此,各地区路面使用性能的衰变模型还是存在较大的差别的。例如,20 世纪 90 年代建立起来的部分地区的路面使用性能的预测模型就表现出较大的差异性,如表 11-1 所示。

路面使用性能预测模型示例　　　　　　　　　　　　　　表 11-1

预测模型类别	公式形式	参数说明
路面损坏	$PCI = 100e^{-ay^b}$ （北京）	y-路面建成后或新近一次改建后的年数； a、b-回归系数
	$PCI = 100e^{-bN}$ （天津）	N-路面新建成或最近一次改建后的累计标准轴次； b-回归系数
行驶质量	$RQI = ce^{-dy}$ （北京） $RQI = 5.0e^{cy^d}$ （广东）	y-路面建成后或新近一次改建后的年数； c、d-回归系数
弯沉	$l = l_0 e^{UVBy}$ （黑龙江）	U-土基潮湿类型影响系数； V-面层透水影响系数； B-衰变指数； y-路面建成后或新近一次改建后的年数； l_0-初始弯沉
抗滑系数	$SFC = ae^{-by}$	y-路面建成后或新近一次改建的年数； a、b-回归系数

(3) 概率型预测模型

概率型预测模型包括马尔可夫(Markov)随机过程、半马尔可夫随机过程、残存曲线等几类预测模型,主要用于网级路面管理系统。较为常用的是马尔可夫随机过程。它有三个基本假设:

①路面使用性能指标存在着有限个状态。

②路面使用性能从某一状态转移到另一状态的概率只与当前的状态有关,而与以前的状态无关,即无后效性。

③转移过程是静态的,即转移概率不随时间变化。

设路况状态分为优、良、中、次、差五个等级,用 $i,j = 1\sim5$ 表示,则各状态之间相互转移的可能性 $\tilde{P}\{p_{ij}\}$,即为转移概率矩阵。其中,p_{ij} 表示路况状态 i 向路况状态 j 转移的概率,可通过对路况多年的连续观测结果进行统计分析获得。

若定义路网在 y、$y+1$ 年的路况状态矩阵为 $\tilde{P}_y$、$\tilde{P}_{y+1}$,则根据假设,有:

$$\tilde{P}_{y+1} = \tilde{P}_y \cdot \tilde{P}$$

$$\tilde{P}_{y+2} = \tilde{P}_{y+1} \cdot \tilde{P} = \tilde{P}_y \cdot \tilde{P} \cdot \tilde{P} = \tilde{P}_y \cdot \prod_{t=1}^{2} \tilde{P}$$

以此类推,$y+n$ 年后:

$$\tilde{P}_{y+n} = \tilde{P}_y \cdot \prod_{t=1}^{n} \tilde{P} \tag{11-13}$$

(4) 建模过程

①明确建模目标,定义路况状态,选择路面使用性能变量。

②分析影响建模的主要因素,确定数据收集范围。

③选择典型路段,收集所需数据。一般包括路面结构的设计数据、竣工验收数据、路基路

面养护与改建数据、历年路面使用性能检测数据、交通组成及轴载谱分布数据、环境因素(温度、降水量、路基湿度、冻深、冻融、太阳辐射)等方面数据。

④初步分析数据,包括路面使用性能的计算、累计轴次计算、数据分类、单因素分析等,构建模型所需要的基本数据。

⑤选择模型结构形式,一般常用的包括一元线性、指数、幂函数、对数、抛物线、多元线性等几种形式。

⑥建立模型,确定模型参数,明确模型的物理意义。

⑦扩大试验路段范围,对模型进行检验和标定。

⑧对试验路段进行长期跟踪观测,不断完善模型。

3. 费用模型

费用模型主要是用来计算各种养护对策的费用,包括管理费和用户费。管理费用一般包括设计费、初期修建费、各类养护费用、管理人员工资等,因其有各种定额作为依据,所以比较容易建立起计算模型。用户费用包括车辆运营费、延误费、行程时间费、事故费、环境污染治理费用等,涉及道路线形、路况、气候环境、车辆类型、车龄、驾乘人员等众多复杂的影响因素,建立模型的过程非常繁杂。有条件时,建立符合本地区实际的模型当然最好,但也可以采用世界银行的模型或国内的最新研究成果,只需要对其中的某些参数进行标定即可。

4. 经济分析模型

经济分析方法主要包括等额年费用法 AC、净现值法 NPV、收益率法 IRR、效益费用比法 BCR 四种常用的方法。这些方法与道路工程经济中的国民经济评价方法一致。

除此之外,寿命周期成本分析法也是项目级路面管理系统中常用的方案比选的分析方法。寿命周期成本是指在一定的分析期内(一般小于等于设计年限)、一定的折现率(国家发改委公布的数据)情况下的各对策方案现值总费用。该现值总费用应该包括管理费用和用户费用在内,计算起来相当复杂。有时,为了简化计算,从管理者的角度仅计算管理费用,但其分析结果可能与考虑用户费用在内的结果之间存在本质的不同。

5. 优化模型

优化模型主要有线性规划、动态规划、近似优化等优化方法。线性规划法用起来比较简单,基本条件比较容易满足,得到的结果是静态环境下的最优结果。动态规划法虽然能很好地反映出路况变化的动态性和随机性,但进行动态规划的基本条件不容易满足,对预测模型的要求更高,因此更难以实现。近似优化法虽然得不到最优结果,但可以得到次优结果,也能够满足工程需要,实现起来相对简单。

线性规划方法是比较常用的优化方法。一般采用多目标优化模型,目标函数以社会效益最大、路况最好、日常养护工作量最小或它们组合的数学表达为主,以修复资金投入额度、需修复的路面面积、规划期内重复维修的次数等作为约束条件。

以 0~1 整数规划为例。设路网中有 n 条路段需要养护,路段编号 i 的养护对策有 k 种,用 k_i 表示,规划期为 T 年。

决策变量:

$$x_{ijt} = \begin{cases} 1 & 若第\,i\,条路段的第\,j\,种对策在第\,t\,年实施 \\ 0 & 否则 \end{cases}$$

优化目标(目标函数):

使 T 年内的总效益最大,若以总净现值表示,则为

$$\max \text{NPV} = \sum_{i=1}^{n} \sum_{j=1}^{k_i} \sum_{t=1}^{T} V_{ijt} \cdot x_{ijt} \tag{11-14}$$

式中:V_{ijt}——第 i 条路段的第 j 种对策在第 t 年实施的净现值。

约束条件:

(1)资金约束条件

$$b_t - d_t \leq \sum_{i=1}^{n} C_{ijt} \cdot x_{ijt} \leq b_t + d_t \quad (t = 1,2,3,\cdots,T) \tag{11-15}$$

(2)养护次数约束条件

$$\sum_{i=1}^{T} x_{ijt} \leq 1 \text{ (一条路段在 } T \text{ 年内只能被养护一次)} \tag{11-16}$$

$$(i = 1,2,3,\cdots,n;j = 1,2,3,\cdots,k_i)$$

式中:C_{ijt}——第 i 条路段的第 j 种对策在第 t 年实施的费用;

n——所考虑的路段数;

k_i——第 i 条路段所考虑的方案数;

b_t、d_t——第 t 年的预算额和允许偏差。

除了上述两条约束外,还有如技术约束条件、政策约束条件等。

11.1.4 养护对策表

在本教材的第 4 章中,根据路面技术状况各指标的评定结果给出了基本养护对策,是原则性的。而各地区在长期的养护实践中,形成了具有区域特色的、经过时间检验过的、切实有效的养护维修对策,包括各种病害的处理、罩面、加铺层、大修路面结构等,在路面管理系统中,都要将当地成功的养护对策作为备选对策列入养护对策表中,其形式如表 11-2 所示。

备选养护对策表　　　表 11-2

对 策 分 类	沥青路面养护对策	水泥混凝土路面养护对策
病害处理	A1:坑槽处治 A2:龟裂处治 A3:松散处治 A4:车辙处治 A5:拥包、推移处治 A6:灌缝处理 A7:泛油处治 A8:沉陷处理	C1:接缝修补 C2:裂缝修补 C3:板边、板角修补 C4:错台处治 C5:拱起处治 C6:坑洞处治 C7:沉陷处理
小修保养	A9:病害处理+稀浆封层 A10:病害处理+微表处 A11:病害处理+沥青表处	C8:唧泥处治 C9:板块脱空处治 C10:表面起皮处治
中修	A12:病害处理+超薄磨耗层 A13:病害处理+30mm 罩面 A14:病害处理+50mm 罩面	C11:病害处理+稀浆封层 C12:病害处理+微表处 C13:病害处理+超薄磨耗层

续上表

对策分类	沥青路面养护对策	水泥混凝土路面养护对策
大修	A15:病害处理+沥青混凝土双层补强 A16:单基层+单层沥青混凝土补强 A17:单基层+双层沥青混凝土补强 A18:双基层+单层沥青混凝土补强 A19:双基层+双层沥青混凝土补强 A20:翻浆处治+A16 A21:翻浆处治+A17 A22:翻浆处治+A18 A23:翻浆处治+A19	C14:更换破碎板 C15:病害处理+沥青混凝土加铺层 C16:病害处理+水泥混凝土加铺层
改扩建	A24:加宽,提高路线等级 A25:改线,改善线形条件 A26:旧沥青路面再生利用	C17:加宽,提高路线等级 C18:改线,改善线形条件 C19:旧水泥混凝土路面再生利用

以养护对策表为基础,根据路面技术状况评定结果,进行路面养护对策决策。在形式上,决策过程可参照图11-5的决策树法。

图11-5 决策树示例

11.1.5 路面养护规划与年度计划

路面养护规划是在科学决策的基础上制定的,是满足一定约束条件下的最优结果。第一,需要确定决策优化的目标函数,一般是以社会总效益最大为主要的目标函数;第二,是明确各种约束条件,如年投入费用限额、路况水平限值、养护面积限值、规划期限等;第三,选择参与优化决策的目标对象;第四,给出不同工况条件下的优化结果;第五,绘制不同工况的比较曲线;

第六,确定最合适的规划结果,明确规划方案。在每个规划方案中,都会给出每一年的养护费用额度、参与养护的某一类路段单元清单及其所需费用。

养护决策规划的结果将在宏观上对制订每年的养护计划起到指导作用。但要制订可供实施的年度养护计划,还必须经过排序和还原。排序是为了确定某一类路段单元的各具体养护单元的养护先后顺序,是为了将优化结果具体化到各个实际的路段单元上,以便按年度实施具体的养护活动。排序可按某一评价指标(如 PCI、RQI 等)进行排序,也可按重要性(如道路等级、交通量、政治影响等)排序,或者按经济性指标(如社会效益、收益等)的大小进行排序。表 11-3 给出了养护计划表示例。

养护计划表示例 表 11-3

路线代码	起点桩号	止点桩号	等级	路面类型	单元长度(km)	路面宽度(m)	处理对策	单价(元/m²)	处理费用(万元)	实施时间
G209422822	K1874+770	K1876+770	三级	水泥混凝土路面	2.000	7	原有结构+15mm 面层	50	74.4059	2003
G209422823	K1466+905	K1426+927	二级	水泥混凝土路面	10.022	7	路面加宽	57	474.9825	2003
S232422825	K23+800	K24+800	二级	水泥混凝土路面	1.000	7	原有结构+30mm 面层	65	47.7029	2004
S232422827	K49+000	K50+000	三级	水泥混凝土路面	1.000	4	路面加宽	57	27.0822	2004

11.1.6　路面养护管理系统的发展

路面管理系统起源于美国,于 20 世纪 70 年代起步,逐渐由最初的路面设计系统发展成为项目级路面管理系统。到 80 年代初期又进一步发展为网级路面管理系统,并得到了迅速的推广应用。这一阶段国际上比较有代表性的路面管理系统有:美国加利福尼亚州路面管理系统(1978 年),华盛顿州路面管理系统(1980 年)、亚利桑那州路面管理系统(1980 年)、陆军工兵团 PAUER 系统(1983 年)、空军机场道面管理系统(1980 年)等;加拿大的阿尔伯特省路面信息与需求分析(PIAS,1983 年)、改建信息与优化系统(RIPPS,1984 年)、城市路面管理系统(MPMS,1987 年)等;英国的公路养护与评价系统(CHART,1980 年)等。

我国于 1984 年引进英国的 BMS 路面管理系统。在辽宁省营口市进行了成功的移植,积累了宝贵的应用经验。"七五"期间,国家重点攻关项目《干线公路路面养护系统成套技术(CPMS)》的顺利完成,标志着我国路面管理系统已经具备了推广应用条件。1991 年,开始在全国 14 个省(区、市)推广应用,如安徽、山东、北京、天津、云南、河北、广东、江西、新疆等,后来又开展了第二批 10 个省(区、市)的推广应用,包括吉林、黑龙江等。

目前,我国路面管理系统已发展成为一个集 GIS、GNSS、路况自动采集、多媒体合成技术于一体的综合性的信息管理系统。而我国近几年路面自动检测车技术的发展,特别是交通运输部公路科学研究院、哈尔滨工业大学交通科学与工程学院、武汉大学、南京理工大学等在道路多功能检测车技术方面所取得的成功,为路面管理系统的推广应用提供了真实可信的数据支持。可以断言,我国路面管理系统发挥作用的时期已经到来。

11.2 桥梁管理系统概述

11.2.1 桥梁管理系统构成

桥梁管理系统 BMS(Bridge Management System)是指对既有桥梁进行技术状况检测、评价分析、养护决策和状态预测的综合性管理系统,它涉及桥梁结构工程、桥梁基础工程、病害机理诊断、桥梁状况检测技术和数据管理等多方面技术。一般由数据采集、数据管理、统计查询、评价决策、状态预测和维修计划等几个子系统组成。

1. 数据采集

数据采集包括桥梁基础、承台、桥墩、盖梁、支座、梁、桥面、栏杆等方面基本数据、设计参数、各部位病害类型、病害几何尺寸与严重程度、病害图片、历年交通量及轴载谱、历年维修信息、管养单位信息等数据。

2. 数据管理

对桥梁数据库实施录入、删除、插入、更新、批量修改、查询修改、数据校验、数据汇总、数据备份、输出、导入导出、图片存档、用户管理、系统参数设置等管理。

3. 统计查询

完成日常管理工作中所需要的各项统计、查询工作,包括桥梁的基本信息、病害信息、养护信息等的报表分类处理、统计结果输出和高级查询输出等。

4. 评价决策

完成对桥梁各部位及各构件的评价、评分、性能排序以及技术状况指数 BCI 分析等,采用层次分析法、模糊理论评判法、人工智能决策理论等决策模型,确定不同层次的养护维修对策,并完成费用分析,为不同层次的管理者服务。

5. 状态预测

根据桥梁各时期的动态反应数据和动态参数,针对不同桥型,采用不同的力学模型和退化模型,对桥梁状况发展趋势进行预测,对加固方案进行性能与利弊分析,为桥梁养护决策提供技术支持。

6. 维修计划

根据每座桥梁养护决策的结果及其重要性,确定桥梁维修顺序和桥梁检查计划,完成年度养护维修计划和预算报告。

桥梁管理系统按其适用的行政范围可分为国家级、省级、县级三个级别。县级桥梁管理系统是省级系统的基础,而省级系统又是国家级系统的基础。

同路面管理系统一样,桥梁管理系统也分为网级和项目级两类。网级管理系统主要针对特定区域的桥梁群体的管理,需要综合考虑结构退化、维修措施、交通量、道路等级、政治因素等对路网服务水平的要求,其主要目的是评估每座桥梁的工作状态,在满足一定的服务水平的情况下,合理分配养护维修资金。项目级管理系统的对象是某个独立的桥梁或桥梁的组成部分,主要考虑桥梁本身的病害与性能退变规律、维修效果、维护时机和相关费用,其主要目的是确定科学合理的养护维修计划。项目级管理系统可作为网级管理系统的组成部分。

11.2.2 数据库

桥梁管理系统数据库包括桥梁识别标志、桥梁结构、经济指标、桥梁档案、桥梁病害、桥梁水毁、交通量及轴载谱、重车过桥、桥面交通事故、气候环境、评价准则、桥梁评价、桥梁计算参数、桥梁计算模型、桥梁健康监测、桥梁维修对策、桥梁养护历史及桥梁病害图片库等多个数据表。在数据库设计过程中,一定要注意表与表之间数据的关联性设计,以减少数据的冗余。

11.2.3 基本模型

基本模型分为评价模型、预测模型、费用模型、经济分析模型和优化模型。

1. 评价模型

桥梁状态评价包括安全性、适用性和耐久性评价三个方面。安全性评价主要指对桥梁承载力的评价,是状态评价的主要内容,可采用动静载试验来完成。适用性评价是对结构运营状态的评估,确定其是否适应现实交通量和轴载分布的要求。耐久性评价则侧重于结构损伤及材料物理特性的变化,确定其能否达到设计要求。可完全采用《公路桥梁技术状况评定标准》(JTG/T H21—2011)、《公路桥涵养护规范》(JTG 5120—2021)等规定的评价内容、评价方法和评价标准,也可根据本地区的实际情况建立自己的评估标准。评价结果是给出每座桥梁的状态评级。

2. 预测模型

预测模型依据桥梁结构形式、气候环境条件、交通荷载等内外部条件的不同而不同,因此模型的建立过程是极其复杂的。例如,水泥混凝土模量与强度、钢筋的有效截面积、发生损伤后结构承载力、构件的剩余寿命等的变化规律预测,都是复杂因素(施工质量、荷载、徐变、预应力损失、冻融循环、疲劳损伤等)共同作用的结果,需要长期的观测数据积累才能建立起预测模型。可以通过回归分析建立一个少因素的预测模型,也可以通过可靠度理论、马尔可夫链法、人工智能系统、灰色系统模型以及组合预测法等建立多因素复杂预测模型,主要是依赖于所掌握的数据积累情况。

3. 费用模型

费用模型主要用来计算各种养护维修措施对策的费用组成及资金数量,其主要依据是国家或行业的概预算规程。

4. 经济分析模型

路面管理系统中的经济分析方法也同样适用于桥梁养护维修对策的经济分析。

5. 优化模型

常用的优化方法有动态规划、线性和非线性规划、人工神经网络及遗传算法等。优化的目标函数一般是寿命周期内的费用最小化或结构等级(包括承载力和耐久性)最大化,其约束条件包括结构失效概率临界值、可接受的结构状态等级、承载力水平、结构剩余寿命等。

11.2.4 桥梁管理系统的发展

一般认为,桥梁管理系统经历了三个发展阶段。第一阶段,建立一个简单的数据库,建立桥梁的电子档案;第二阶段,在桥梁数据库的基础上,增加了桥梁及其构件的检测及维修信息;第三阶段,增加了桥梁病害维修决策和优化功能,并引进了寿命周期成本分析、预防性养护、可靠度方法与优化技术等新技术,进一步建立以提高桥梁无损检测、评价技术和管理水平为目的的桥梁资产管理系统。

美国开发的桥梁管理系统,是目前世界上最先进的桥梁管理系统,它被美国和其他许多国家或地区所采用,已成为桥梁管理系统的典范。20世纪70年代,由于多起桥梁突然倒塌事故的触动,美国率先开始制定桥梁检查标准,强化桥梁的养护管理,建立桥梁档案数据库,形成桥梁管理系统的雏形。1987年起,由美国联邦公路管理局投资,并与各州的交通局协作,逐步开发完成了具有现代意义的桥梁管理系统——PONTIS系统。该系统运用动态整体规划法、概率条件状态劣化模型等手段对桥梁数据进行处理,以预测桥梁未来的维修管理和改建需要等。该系统目前在美国约有80%以上的州的公路桥梁管理中得到推广应用。

在欧洲,典型的桥梁管理系统有丹麦目前使用的系统DANBRO、法国的EDOUARD、英国的NATS、挪威的BRUTUS、芬兰的国家公路署管理系统等。在亚洲,较为典型的管理系统有日本的道路公用桥梁管理系统、韩国的SHBMS等。日本建设省1995年完成的第一版桥梁管理系统的优点之一为可逐年更新桥梁的实际检测资料。建设省土木研究所于1998年结合营建信息运筹管理与桥梁资料共享标准技术,进一步开发了桥梁维护管理信息系统BMMIS。2006年韩国开发了一种基于ISO 10303的钢桥产品模型的集成框架。

我国桥梁管理系统起步较晚。虽然在1980—1990年也开发了一些各具特色的桥梁管理系统,如四川省桥梁数据库管理系统、广东省桥梁管理系统、北京市公路桥梁管理系统、河南省桥梁管理系统等,但影响最大、使用最广的还是中国公路桥梁管理系统CBMS。它于20世纪90年代初,由交通部公路科学研究所首先开发,后经多次升级,已经发展成集数据管理、统计查询、评价决策、投资分析、状态预测、GIS、多媒体应用等于一体的综合性桥梁管理系统,适用于各级公路的桥梁养护管理。

11.3 高速公路绿化管理系统概述

11.3.1 系统构成

高速公路绿化管理系统由具有文档管理、影像管理、数据管理、统计查询、对策、评价、打印输出、编码管理等功能的各个子系统构成。

1. 文档管理

文档管理主要是对各种关于绿化的文字文件进行存档、编辑、查询、备份等。这些文件包括政策文件、设计文件、设计图纸、招标文件、合同文件、验收文件、会议纪要、课题报告、论文资料等。

2. 影像管理

影像管理主要是对公路路线、沿线景点、苗木基地、管护单位、施工单位等录像资料、图片资料进行存档、配文编辑、查询、播放、备份等管理。

3.数据管理

数据管理包括对线路、景点、苗木基地、管护单位、施工单位等数据进行录入、个别修改、批量修改、数据导入导出等功能。由于各部分的数据类型差别较大,因此,要形成统一的管理模式比较困难。

4.统计查询

统计查询包括对线路、景点、苗木基地、管护单位、施工单位等数据进行按固定条件或按任意条件进行统计查询等功能。所谓固定条件是指系统的使用单位常用的统计分析模式,而任意条件是在数据库所涵盖的字段内,可以自由组合统计查询条件。统计查询完成后直接显示结果数据。

5.对策

对策包括本地区植被种类与特性、植物病害与防治、常用药物性能及使用方法等方面,是绿化预案和绿化管理知识的储备库。

6.评价

评价主要是对主线绿化和景点绿化的植被保存率、覆盖率和郁闭度进行评价。同时,也可以对环境评价中的自然景观、人文景观、公路影响、综合评价等进行分析,并输出分析结果。

7.打印输出

打印原始数据表、各种统计报表与统计图。具有自主确定输出内容的选择功能。

8.编码管理

对植被种类、路线、景点、苗木基地、施工单位、对策措施等均实行编码管理,以方便数据管理、统计查询等有序进行。

11.3.2 数据采集

数据采集包含了路线路段横断面数据、路线路段基本数据、路线路段绿化数据、景点基本数据、景点绿化数据、苗木基地基本数据、苗木基地植被数据、绿化施工单位数据等。

1.路线路段横断面数据

采集内容包括路线编码、路段起点桩号、路段终点桩号、路段长度、横断面类型、地势、土质、养护水源、村屯、左隔离栅外侧宽度、左隔离栅内侧宽度、左挡土墙宽度、左碎落台(挖)宽度、左排水沟宽度、左护坡道(填)宽度、左边坡宽度、左路肩宽度、左路面宽度、左中央分隔带宽度、中央排水沟宽度、右中央分隔带宽度、右路面宽度、右路肩宽度、右边坡宽度、右护坡道(填)宽度、右排水沟宽度、右碎落台(挖)宽度、右挡土墙宽度、右隔离栅内侧宽度、右隔离栅外侧宽度等。

2.路线路段绿化数据

采集内容包括基本数据和绿化数据两部分。

(1)基本数据

路线编码、路段起点桩号、路段终点桩号、路段长度、横断面类型编码、管护单位编码。

(2)绿化数据

植被编码、计量单位、植被位置编码、植被数量、规格、行距、株距、主要作用编码、管护时间、管护单价、管护措施编码、管护费、建设时间、建设单价、建设费。

3.景点绿化数据

景点绿化数据指主线路侧景点、互通立交绿地、管理处庭院绿地、服务场区绿地、收费站绿地等数据。

采集内容包括基本数据和绿化数据两部分。

(1)基本数据

路线编码、景点编码、管护单位编码、景点位置、景点面积。

(2)绿化数据

植被编码、计量单位、植被数量、规格、行距、株距、主要作用编码、管护时间、管护单价、管护措施编码、管护费、建设时间、建设单价、建设费。

4.苗木基地数据

采集内容包括基本数据和植被数据等两部分。

(1)基本数据

苗木基地编码、所在地、联系人、联系电话。

(2)植被数据

植被编码、计量单位、苗龄、规格、数量、单价。

5.绿化施工单位数据

采集内容包括基本数据和工程数据等两部分。

(1)基本数据

单位编码、所在地、法人代表、联系电话。

(2)工程数据

技术力量、施工设备、工程履历、工程位置、工程内容、工程数量、工作量、信誉度、苗源状况。

6.影像数据采集

采用数码摄像机或数码照相机进行录像或拍照。录像方式采用全程录像或典型路段录像均可。照相则是针对典型的路段或有代表性的绿化措施。为了数据与图像对应显示的方便，一条路的录像文件可以划分为若干段，分别存储。

11.3.3 编码系统

编码系统设置具有简单灵活的特点，用户可根据自己使用的方便，按一定的规则确定。

1.编码标识

为了使用户能够根据自己实际情况设置编码系统，特别设置了编码标识表。请注意，编码标识是编码系统的基础，以下任何编码的变动，都必须与编码标识保持一致。为了防止引起编码系统的混乱，任何与编码标识不一致的编码变动，系统都会自动禁止。编码标识为编码中的前1~4个字符(表11-4)。

编 码 标 识 示 例　　　　　　　　表 11-4

编码类型	编码标识	编码类型	编码标识
路线	JLGS	植被藤本类	ZBTB
管护单位	GHDW	植被宿根花卉类	ZBSG
横断类型	DXHD	主要作用	ZYZY
横断部位	HDBW	管护措施	GHCS
植被草本类	ZBCB	固定景点	GDJD
植被灌木类	ZBGM	苗木基地	MMJD
植被乔木针叶类	ZBQZ	施工单位	SGDW
植被乔木阔叶类	ZBQK		

2. 路线编码

编码格式:采用6位编码(编码标识+编号),可以根据用户要求自行确定。

例如:JLGS01~JLGS99。JLGS:吉林高速的拼音缩写。

3. 管护单位编码

编码格式:采用6位编码(编码标识+编号),可以根据用户要求自行确定。

例如:GHDW01~GHDW99。GHDW:管护单位的拼音缩写。

4. 桩号组成

采用公路里程桩以 0.000~9999.999 的形式表示,整数部分表示千米,小数部分表示米。

5. 典型横断面类型编码

编码格式:采用6位编码(编码标识+编号),可以根据用户要求自行确定。

例如:DXHD01~DXHD99。DXHD:典型横断的拼音缩写。

6. 横断面各部位编码

编码格式:采用6位编码(编码标识+编号),可以根据用户要求自行确定。

例如:HDBW01~HDBW99。HDBW:横断部位的拼音缩写。

7. 植被种类编码

编码格式:采用6位编码(编码标识+编号),可以根据用户要求自行确定。

例如:

草本类:ZBCB01~ZBCB99。ZBCB:植被草本的拼音缩写。

灌木类:ZBGM01~ZBGM99。ZBGM:植被灌木的拼音缩写。

乔木针叶类:ZBQZ01~ZBQZ99。ZBQZ:植被乔针的拼音缩写。

乔木阔叶类:ZBQK01~ZBQK99。ZBQK:植被乔阔的拼音缩写。

藤本类:ZBTB01~ZBTB99。ZBTB:植被藤本的拼音缩写。

宿根花卉类:ZBSG01~ZBSG99。ZBSG:植被宿根的拼音缩写。

8. 主要作用编码

编码格式:采用6位编码(编码标识+编号),可以根据用户要求自行确定。

例如:ZYZY01~ZYZY99。ZYZY:主要作用的拼音缩写。

9.管护措施编码

编码格式:采用6位编码(编码标识+编号),可以根据用户要求自行确定。
例如:GHCS01~GHCS99。GHCS:管护措施的拼音缩写。

10.景点编码

编码格式:采用8位编码(编码标识+编号),可以根据用户要求自行确定。
例如:JD&&0101~JD&&9999。JD:景点的拼音缩写、&&表示部位。

11.苗木基地编码

编码格式:采用7位编码(编码标识+编号),可以根据用户要求自行确定。
例如:MMJD001~MMJD999。MMJD:苗木基地的拼音缩写。

12.施工单位编码

编码格式:采用6位编码(编码标识+编号),可以根据用户要求自行确定。
例如:SGDW01~SGDW99。SGDW:施工单位的拼音缩写。

11.4 公路资产管理系统概述

11.4.1 基本概念

公路资产管理(也可称为交通资产管理)已成为一种战略性投资的决策方式。在国际上,一般将公路资产管理定义为一个商业过程,一个决策框架,覆盖了一个寿命周期,经济和工程因素均考虑在列。管理的资产范围也非常宽泛,并不仅仅局限于道路桥梁等基础设施,还包括运营性硬件装备、车辆、不动产、材料、人力资源及数据等,其目的就是实现公路资产的保值和增值。

我国公路网总规模已达到世界第三位,高速公路网总规模已达到世界第一位,其固定资产规模庞大,仅2006—2021年的十六年间,我国公路建设与养护的投资就超过了24.7万亿元。面对这么庞大的固定资产,如何实现其保值增值,如何使其服务质量保持在一个较高的水平上,是一个非常复杂的研究课题。

1.公路资产的属性

公路资产的经济属性包括自然垄断性、准公共产品属性、规模效益性、范围效益性、级差效益性。

(1)自然垄断性

交通行业是垄断性极强的产业。由于具有稀缺资源和规模经济效益的特点,作为基础设施的公路不得不在政府的统一规划下进行建设,以避免在完全市场经济条件下的重复建设而造成的资源浪费。因此,公路具有自然垄断性。

(2)准公共产品属性

介于纯公共物品和个人物品之间有一种社会产物,称为准公共物品。准公共物品在消费方面具有非竞争性但是却不具有排他性,同时在收益方面具有排他性但是却不具有非竞争性。公路具有很强的社会福利性,一般是国有的,可以在全社会共同使用,在本质上属于公共物品。由于在消费方面具有不完全竞争性,而且在收益方面具有排他性,所以是典型的准公共物品,具有准公共物品属性。

(3) 规模效益性

以高速公路为例,在某些条件下,公路上具有一个明显的规模效益递增。以单条高速公路的通行能力为例,当由 4 车道变为 6 车道时,车道数增加至 1.5 倍,但是通行能力增大至 2 倍;在从 4 车道改为 8 车道的情况下,车道数增加至 2 倍,但通行能力却提高至 4 倍,见表 11-5。这种将产品的数量按比例增加时,使得收益增加的数量远远大于投资增加的数量的特征,正是规模效益性的本质。所以,可以确定公路资产具有规模效益性。

高速公路车道数与通行能力表　　　　　表 11-5

高速公路车道数	一般通行能力(pcu/d)	高速公路车道数	一般通行能力(pcu/d)
4 车道	25000 左右	8 车道	100000 左右
6 车道	50000 左右		

(4) 范围效益性

公路在技术上是车辆的载体,而在经济上,公路只要不完整就会失去它原有的功能。只有一直保持公路完整,才能完全地发挥公路的功能和作用,也就是公路的范围效益性。公路的这一特性要求公路间必须紧密相连,形成逐步完整的网状结构。

(5) 级差效益性

公路产品在市场经济条件下,运输一批相同的物品,在等级不同的公路上所需要的运输成本也各不相同,于是就造成了收益的不同。这种现象即为"级差效益"。

一般来说,理论界认为各级公路间级差效益主要表现为车辆运营成本的节约效益、货物和驾乘人员的时间效益、里程缩短的行程效益、交通事故减少和环境污染减轻的社会效益等。这些效益都是公路使用者能够直接体会到的,还有一些使用者不容易直接体会到的效益,包括驾乘人员舒适性提高效益、货损率降低效益等。如果将高速公路与普通公路相比,高速公路全封闭、中间设有隔离带、平纵面技术指标高、路面状况好、拥挤程度低,会提高使用者的行驶速度、减少车辆磨损、降低交通事故率、减少空气污染等,这些都会给使用者带来相应的级差效益。

2. 公路资产组成

公路资产是指公路所有的基础设施,包括路基、路面、桥梁、各类设施及人员、资金等,具体内容见表 11-6。

公 路 资 产 组 成　　　　　表 11-6

序号	公路资产	具体对象
1	路面	刚性路面、柔性路面
2	路基	土路基、石路基、土石路基
3	桥梁	各种类型的桥梁
4	公路构造物	涵洞、挡墙、隧道
5	路基设施	路肩、防护设施、排水设施管线
6	绿化设施	分隔绿化带、行道树、地被、苗圃
7	交通安全设施	护栏、隔离栅、分隔带、隔音墙、照明、防眩设施、标志标线
8	公路沿线设施	养护房屋、服务设施、收费处
9	其他附属设施	交叉口、监控设施、非机动车道
10	人员	施工人员、设计人员、养护人员等
11	资金	建设资金、养护资金等

11.4.2 系统构成

公路资产管理系统是在路面管理系统、桥梁管理系统、隧道管理系统等的基础上发展而来的,进一步融合各类设施、人力资源、建养资金等管理系统后,逐步成为公路管理最具综合性、最具系统化的决策支持系统。

1. 系统组成元素

公路资产管理系统是由相互关联且相互之间有着连接关系的元素组成,主要包括:

(1) 目标

目标就是为了实现公路资产的保值增值。

(2) 政策

政策是指为了实施公路资产管理所需要的方法、管理标准、经济指标以及环境状况等。

(3) 资产数据

资产数据包括对公路现有的状态进行评估,对人力、环境的信息进行调查与归档等。

(4) 系统优化

系统优化是指通过比较、修改和调整公路资产管理的不同方法,不断完善、优化公路资产管理方法。

(5) 资产评估

资产评估即公路资产价值的评估,是指聘用专门的机构或专门的评估人员,按照法定或公允的标准和程序,运用科学的方法,以货币作为计算权益的统一尺度,对公路资产在某一时间点的价值进行估算。

2. 系统功能构成

与路面、桥梁等管理系统一样,公路资产管理系统包括数据采集、信息管理、综合分析、优化决策、计划管理等子系统。

(1) 数据采集子系统

数据采集子系统主要实现公路设施的静、动态数据的采集,一般应采用自动化的采集设备,也可根据公路设施的实际特点和管理部门的具体情况选择合适的设备。

(2) 信息管理子系统

信息管理子系统主要是对空间数据和属性数据进行录入、查询、统计、分析、处理、维护及更新等,使数据存储、处理、分析和维护更有效和方便。

(3) 综合分析子系统

综合分析子系统包括技术评价分析、资金分配与管理两个相辅相成的部分。在网级层面上,要完成对基础设施的性能预测和评价、需求分析、资产评估、年度大中修计划及资金分配、中长期项目规划及资金分配等;在项目级层面上,要依据具体项目时空分布信息,确定长期规划项目的具体实施方案和年度维修项目的具体实施方案。

(4) 优化决策子系统

优化决策子系统以综合分析子系统为基础,为决策者提供实施正确决策的各种支持。要求公路资产优化决策子系统必须能够提高资产经营效益,必须有能力带动存量资产的输出,必须能够提供优化公路资产功能的方案,必须能够为企事业单位提供具有科学依据的"公路资产再投资决策",以尽可能小的风险获得尽可能大的投资效益。

(5)计划管理子系统

计划管理子系统主要是显示和输出年度维护计划报告、长期规划报告、每年维修项目的具体实施计划报告和长期规划项目的具体实施计划报告。

3.系统框架及流程

根据以上分析内容,确定了公路资产管理系统框架的基本内容,如图11-6所示,其各组成部分的流程如图11-7所示。

图11-6 公路资产管理系统框架

11.4.3 公路资产价值评估

资产评估的方法有很多,但在公路交通方面的应用主要有三种方法,即收益现值法、市场比较法、重置成本法。

1.收益现值法

收益现值法又名收益还原法。某项被评估的资产,通过专业人员来预估其在将来某段时间的收益,将该收益按某一社会折现率折算成现值,并以此作为资产优良程度的评价,计算公式见式(11-17)。

$$V = \frac{\sum_{i=1}^{n} R_t}{(1+r)^t} \qquad (11-17)$$

式中：R_t——逐年的预计收益；

r——折现率。

由于公路资产对社会经济具有重要的作用,集政策性、区域性及公益性于一体,其效益多以不断促进社会经济发展作为表现形式。采用收益现值法对公路资产进行评估时,需要将其从社会的整体经济效益中剥离开来,具有较大的不稳定性,因此该方法可能存在较大的评估误差。

图 11-7 公路资产管理系统流程图

2.市场比较法

市场比较法也称为市场价格比较法。基于市场最近出售的相同或类似的资产的价格,通过比较已出售资产和被评估资产的差异,从而确定被评估资产价值的方法。市场法是一种最简单、有效的方法,因为评估过程中的资料直接来源于市场,同时又为被评估资产的即将发生的市场行为进行估价,所以市场法的应用与市场经济的建立和发展、资产的市场化程度密切相关。在我国,随着社会主义市场经济的建立和完善,为市场法提供了有效的应用空间,市场法日益成为一种重要的资产评估方法。

3.重置成本法

所谓重置成本,即重新建造一条公路所需要的全部成本。而重置成本法即在现在的时间点上建造一条公路的重置成本,减去实体性贬值、功能性贬值、经济性贬值后所得到的价值来评估公路资产价值的方法。其中,实体性贬值是在使用期内,在内外因素的共同作用下,导致公路资产不断消耗、磨损而引起的贬值;功能性贬值是在公路技术不断发展,新公路建设不断增多的情况下,旧的公路逐步丧失其原有的功能而引起的贬值。经济性贬值是指由于公路以外的因素(政治因素、宏观政策因素)变化而引起的公路资产价值降低。

重置成本法包括复原重置成本和更新重置成本。复原重置成本是采用与原资产相同的材料、设计结构、建造标准和技术条件等,以现时价格水平重新构建与评估对象相同的全新资产所需的全部成本。而更新重置成本指利用新材料、新结构、新标准、新技术条件等,以现时价格水平构建与评估对象具有相同功能的全新资产所需的全部成本。对路龄较短的公路或新建公路进行资产价值评估时,可选用复原重置成本进行计算,而路龄较长的公路往往应选用更新重置成本进行计算。

4.公路资产保值途径

国内外研究公路资产管理的目的就是为了实现公路资产的保值和增值。公路资产的保值,顾名思义是公路资产保持其原有价值,即在某段时间的公路资产所具有的价值等于初期公路资产所具有的价值。为实现公路资产的保值,需要从建设、养护及管理等方面探索公路资产保值的技术途径。

在建设方面,为使公路长期保持在较高的使用品质和服务水平,一是要使用耐久性良好的建筑材料,二是要有积极的技术措施,保证施工质量。

在养护方面,要按照使用性能和服务水平的要求,对公路资产采取及时、正确的维修和保养措施,积极实施预防性养护,延长大修或重建的时间,增加公路资产的使用寿命。

在管理方面,一是对公路资产要依法进行监督管理,防止公路资产流失;二是要处理好资产评价、清产核资等问题,根据"谁投资,谁拥有产权"的原则进行产权界定;三是要建立公路资产管理预算和预警体系,完善公路资产责任制,将预算和管理单位业绩考核挂钩,使公路资产始终得到严格有效的管理。

11.4.4 风险评估

1.基本概念

风险:某一不确定性事件可能带来的消极影响。

概率:是一种对可能性程度的量化,分为极其可能、很可能、可能、很不可能、极其不可能五个等级。

风险分析:明确公路资产管理过程中不受主观控制的因素,评估各种风险发生的概率并排序,分析各种风险的影响范围和影响方式。风险分析分为定性风险分析和定量风险分析两种类型,包括三个组成部分,即风险评估、风险管理以及风险信息交流。

定性风险分析:明确已识别的风险在公路资产管理系统中的影响和可能性的过程。

定量风险分析:在对风险进行定性分析的基础上,计算出各种风险对公路资产管理系统的影响程度。

风险评估:在知道某一风险可能会发生的情况下,计算出该风险给公路资产管理带来的影响。

风险管理:风险管理是管理者用以降低公路资产管理系统风险的工作程序,是通过风险识别、风险评估等,实现最大限度地降低风险对系统造成影响的过程。

风险信息交流:评估人员、风险管理者、消费者和其他相关单位就有关风险的信息进行交换意见的过程。

2. 公路资产管理的风险

在对公路资产进行管理时,会遇到各种各样的风险。如何识别这些风险以及意识到这些风险可能给系统带来的影响就格外重要。表11-7给出了公路资产管理系统在养护、政策及环境等方面可能存在的风险及其影响。

系统存在的风险来源与影响　　　　　　　　　　表11-7

风险因素	来源与影响
环境(自然)风险	如雨雪、洪水、泥石流等不可抗的自然因素影响,不仅延缓工程进度,还造成工程的财产损失,导致资产流失
经济风险	公路工程的成本受市场价格上涨影响,导致预算增多;公路工程的经济效益受到金融市场的利率变动、货币贬值等因素的影响,导致资产减少;公路资产的价值会贬值,导致资产数量的降低
政策风险	工资、税收、税率的调整等国家政策给公路工程项目带来一定的经济风险
人为风险	在进行资产评估、养护管理等步骤时,人为的主观或客观因素造成的公路资产损失
其他风险	包括公路占用田地或者管理单位缺少管理经验等造成的风险

因此,风险分析对公路资产管理的作用是决定性的。风险分析实际上是对公路资产管理实施过程的每一个步骤进行风险识别、评估、预防和管控等,其目的是使得风险造成的影响最小。

3. 风险分析的方法

风险分析的方法有很多种,本章简要介绍综合分析法、专家调查法和蒙特卡洛模拟法。

(1) 综合分析法

风险综合分析法中最简单最常见的方法就是通过调查专家们的意见并进行总结归纳,进而得到产生风险的概率或风险成分占的比重,从而评估公路资产管理系统整体的风险程度。

一般需要通过风险调查表进行风险识别,列出公路资产管理系统的主要风险清单,并根据专家们的意见判断出风险的权重,确定风险等级。

(2) 专家调查法

专家调查法就是通过专家们的知识、直觉、经验等因素找出未知风险的方法。其优势在于使用时不需要初始数据、不需要烦琐的算法,使用起来简明直观,适用范围广且适用于项目的整个周期;其劣势在于耗时比较长,而且所获得的结果比较依赖于专家的水平、主观能动性和专家数量。因此,采用专家调查法时,应注重专家的个人文化修养和人数,一般人数宜为10~20人。

常用的专家调查法有头脑风暴法和德尔菲法。头脑风暴法是邀请不同领域的权威人物进行无限制的自由联想和讨论,就一个特定的问题发表意见、畅所欲言,共同探讨损益。该方法适用于分析目标单一的、范围窄的项目,适用范围比较有限,其结果也需要辩证地分析,不能盲目地采用。德尔菲法是就某一项目匿名询问众多专家们的意见,再将专家们的意见分析汇总后,反馈给专家们继续征询新的意见,如此往复循环,以得到更加准确的意见。

(3)蒙特卡洛模拟法

蒙特卡洛模拟法就是把风险的影响以概率的形式表现出来。对于公路资产管理,采用随机抽样方法获得一组公路资产要素的随机输入变量的数值模拟,在随机抽样次数达到 200～500 次时,就可以获得评估目标的整体概率分布、累计概率分布、方差、期望值等参数,进而评估公路资产管理所承担的风险。该方法适用于大量样本的风险事件或者有确定概率的风险事件。

【复习思考题】

1. 路面管理系统的构成要素是什么?
2. 网级路面管理系统与项目级路面管理系统的区别是什么?
3. 简述路面管理系统的基本模型。
4. 桥梁管理系统的基本构成要素是什么?
5. 绿化管理系统与路面管理系统、桥梁管理系统在功能上的异同是什么?
6. 试设计一套公路资产管理实施方案。

参 考 文 献

[1] 浙江省公路管理局.公路养护技术规范:JTG H10—2009[S].北京:人民交通出版社,2009.
[2] 交通运输部公路科学研究院.公路路基养护技术规范:JTG 5150—2020[S].北京:人民交通出版社股份有限公司,2020.
[3] 中交第三公路工程局有限公司.公路路基施工技术规范:JTG/T 3610—2019[S].北京:人民交通出版社股份有限公司,2019.
[4] 交通运输部公路科学研究院.公路技术状况评定标准:JTG 5210—2018[S].北京:人民交通出版社股份有限公司,2019.
[5] 交通运输部公路科学研究院.多功能路况快速检测设备:GB/T 26764—2011[S].北京:中国标准出版社,2011.
[6] 交通运输部公路科学研究院.公路路面技术状况自动化检测规程:JTG/T E61-—2014[S].北京:人民交通出版社股份有限公司,2014.
[7] 交通运输部公路科学研究院.公路路基路面现场测试规程:JTG 3450—2019[S].北京:人民交通出版社股份有限公司,2020.
[8] 柴彩萍.路基路面检测技术[M].北京:人民交通出版社股份有限公司,2020.
[9] 李平,等.沥青路面抗滑性能评价与控制技术[M].北京:人民交通出版社股份有限公司,2023.
[10] 交通部公路科学研究所.公路沥青路面施工技术规范:JTG F40—2004[S].北京:人民交通出版社,2004.
[11] 交通运输部公路科学研究院.公路工程沥青及沥青混合料试验规程:JTG E20—2011[S].北京:人民交通出版社,2011.
[12] 中交路桥技术有限公司.公路沥青路面设计规范:JTG D50—2017[S].北京:人民交通出版社股份有限公司,2017.
[13] 交通运输部公路科学研究院.公路沥青路面养护设计规范:JTG 5421—2018[S].北京:人民交通出版社股份有限公司,2019.
[14] 交通运输部公路科学研究院.公路沥青路面养护技术规范:JTG 5142—2019[S].北京:人民交通出版社股份有限公司,2019.
[15] 交通部公路规划设计院.公路工程名词术语:JTJ 002—1987[S].北京:中国标准出版社,1988.
[16] 交通部公路规划设计院.道路工程术语标准:GBJ 124—1988[S].北京:中国计划出版社,1988.
[17] 交通部公路科学研究院.微表处技术规程:T/CECS G:M53-02—2020[S].北京:人民交通出版社股份有限公司,2021.
[18] 交通部公路科学研究院.微表处和稀浆封层技术指南:JTG/T F40-02—2005[S].北京:人民交通出版社,2005.
[19] 王玉顺,朱敏清.高速公路沥青路面预防性养护技术与应用[M].北京:中国建材工业出

版社,2008.

[20] 黄颂昌,徐剑,秦永春.改性乳化沥青与微表处技术[M].北京:人民交通出版社,2010.

[21] 徐剑,黄颂昌.沥青路面预防性养护理念与技术[M].北京:人民交通出版社,2011.

[22] 王中平.公路沥青路面预防性养护新技术[M].北京:中国矿业大学出版社,2015.

[23] 孙祖望.沥青路面预防性养护实用技术[M].北京:中国建材工业出版社,2017.

[24] 郑晓光.沥青路面预防性养护决策研究与应用[M].北京:人民交通出版社股份有限公司,2018.

[25] 马涛,朱俊清,拾方治.沥青路面乳化沥青冷再生关键技术[M].北京:科学出版社,2022.

[26] 徐剑,黄颂昌,邹桂莲.高等级公路沥青路路面再生技术[M].北京:人民交通出版社,2011.

[27] 施伟斌,张义甫.沥青路面就地热再生技术研究与应用[M].北京:人民交通出版社股份有限公司,2019.

[28] 美国沥青再生协会.美国沥青再生指南[M].北京:人民交通出版社股份有限公司,2019.

[29] 交通运输部公路科学研究院.公路沥青路面再生技术规范:JTG/T 5521—2019[S].北京:人民交通出版社股份有限公司,2019.

[30] 黄晓明,赵永利.沥青路面再生利用理论与实践[M].北京:科学出版社,2021.

[31] 江苏省交通厅公安局.公路水泥混凝土路面养护技术规范:JTJ 073.1—2001[S].北京:人民交通出版社,2001.

[32] 李昌铸,卢铁瑞,刘月莲.水泥混凝土路面再生利用关键技术[M].北京:人民交通出版社,2010.

[33] 王松根,陈拴发.水泥混凝土路面维修与改造[M].北京:人民交通出版社,2011.

[34] 中交公路规划设计院有限公司.公路水泥混凝土路面设计规范:JTG D40—2011[S].北京:人民交通出版社,2011.

[35] 交通运输部公路科学研究院.公路水泥混凝土路面再生利用技术细则:JTG/T F31—2014[S].北京:人民交通出版社股份有限公司,2014.

[36] 田波.水泥混凝土铺面工程[M].北京:人民交通出版社股份有限公司,2021.

[37] 交通运输部公路科学研究院.公路桥梁技术状况评定标准:JTG/T H21—2011[S].北京:人民交通出版社,2011.

[38] 交通运输部公路科学研究院.公路桥梁承载能力检测评定规程:JTG/T J21—2011[S].北京:人民交通出版社,2011.

[39] 中交第一公路勘察设计研究院有限公司.公路桥涵养护规范:JTG 5120—2021[S].北京:人民交通出版社股份有限公司,2021.

[40] 余金山.体外预应力加固PC简支梁桥静动力理论与实践研究[D].哈尔滨:哈尔滨工业大学,2013.

[41] 林阳子.桥梁索体系特殊检测及维修加固技术[M].北京:人民交通出版社股份有限公司,2016.

[42] 黄平明,陈万春,许汉铮.桥梁养护与加固[M].北京:人民交通出版社股份有限公司,2021.

[43] 龙兴灿.桥梁养护与加固技术[M].北京:人民交通出版社股份有限公司,2021.

[44] 塔城公路管理局.公路隧道养护管理手册[M].北京:人民交通出版社股份有限公司,2021.

[45] 重庆市交通委员会.公路隧道养护技术规范:JTG H12—2015[S].北京:人民交通出版社股份有限公司,2015.

[46] 中华人民共和国交通运输部.道路交通标志和标线:GB 5768—2022[S].北京:中国标准出版社,2022.

[47] 交通运输部公路科学研究院.公路交通安全设施设计规范:JTG D81—2017[S].北京:人民交通出版社股份有限公司,2018.

[48] 交通运输部公路科学研究院.公路交通安全设施施工技术规范:JTG/T 3671—2021[S].北京:人民交通出版社股份有限公司,2021.

[49] 交通运输部公路科学研究院.公路养护安全作业规程:JTG H30—2015[S].北京:人民交通出版社股份有限公司,2015.

[50] 全国人大常委会办公厅.中华人民共和国公路法(新修正本)[M].北京:中国民主法制出版社,2017.

[51] 中华人民共和国交通运输部. 交通运输部关于修改《路政管理规定》的决定(中华人民共和国交通运输部令 2016 年第 81 号)[EB/OL].[2016-12-22].https://xxgk.mot.gov.cn/2020/jigou/fgs/202006/t20200623_3307822.html.

[52] 常魁和,高群.公路沥青路面养护新技术[M].北京:人民交通出版社,2001.

[53] 高速公路养护管理编委会.高速公路养护管理[M].北京:人民交通出版社,2008.

[54] 宋林锦.路基路面养护[M].北京:人民交通出版社,2011.

[55] 周秀民,李素梅.高等级公路养护[M].北京:人民交通出版社股份有限公司,2015.

[56] 李中秋.公路养护与管理[M].北京:中国水利水电出版社,2016.

[57] 王凯英,张振华,李惠霞,等.公路养护与管理[M].北京:机械工业出版社,2017.

[58] 赵伟强,蒋玲,张澄,等.沥青路面养护施工技术[M].北京:人民交通出版社股份有限公司,2020.

[59] 周传林,王淑娟.公路养护技术与管理[M].北京:机械工业出版社,2021.

[60] 展朝勇,刘洪海,陈新轩.公路养护机械与运用技术[M].北京:人民交通出版社,2014.

[61] 潘玉利.路面管理系统基础教程[M].北京:人民交通出版社,2002.

[62] 资建民.路面管理和管理系统[M].广州:华南理工大学出版社,2003.

[63] 武建民.路面养护管理系统[M].北京:人民交通出版社,2014.

[64] 谢峰.高速公路路面管理智能决策模型研究[M].成都:西南交通大学出版社,2015.

[65] AASHTO.AASHTO guidelines for pavement management systems [S].American Association of State Highway and Transportation Officials,Washington DC,USA,1990.

[66] World Bank.Road monitoring for maintenance management [R].Organization for Economic Cooperation and Development,1990.

[67] Haas R,Hudson W R.Pavement asset management [M].Wiley-Scrivener,Beverly,USA,2015.

[68] Haas R, Hudson W R, Zaniewski John. Modern pavement management [M]. Krieger Publishing Company, Malabar, Florida, USA, 1994.

[69] McGhee K H. NCHRP Synthesis 334: Automated pavement distress collection techniques: a synthesis of highway practice [R]. National Cooperative Highway Research Program, Transportation Research Board, Washington, DC, USA, 2004.

[70] UK Roads Board. SCANNER surveys for local roads, user guide and specification [S]. Halcrow Group Limited, UK, 2007.